全国高职高专规划教材

浙江省普通高校“十三五”新形态教材

生态环境执法

阮亚男　主编

中国环境出版集团·北京

图书在版编目（CIP）数据

生态环境执法/阮亚男主编．—北京：中国环境出版集团，2023.3

全国高职高专规划教材．浙江省普通高校“十三五”新形态教材

ISBN 978-7-5111-5479-8

Ⅰ．①生…　Ⅱ．①阮…　Ⅲ．①生态环境—环境保护—行政执法—中国—高等职业教育—教材　Ⅳ．①D922.68

中国国家版本馆 CIP 数据核字（2023）第 046816 号

出 版 人　武德凯
责任编辑　侯华华
封面设计　宋　瑞

出版发行　中国环境出版集团
（100062　北京市东城区广渠门内大街 16 号）
网　　址：http://www.cesp.com.cn
电子邮箱：bjgl@cesp.com.cn
联系电话：010-67112765（编辑管理部）
010-67112735（第一分社）
发行热线：010-67125803，010-67113405（传真）

印　　刷　北京中科印刷有限公司
经　　销　各地新华书店
版　　次　2023 年 3 月第 1 版
印　　次　2023 年 3 月第 1 次印刷
开　　本　787×960　1/16
印　　张　23
字　　数　389 千字
定　　价　69.00 元

前　言

2018 年以来，以习近平同志为核心的党中央对加强生态环境保护、加快推进生态文明建设做出了一系列重大决策部署，国务院推进机构改革，设立生态环境部，生态环境保护工作得到前所未有的重视。继修订《中华人民共和国环境保护法》之后，又修订或出台了一系列生态环境保护专项法律、法规、标准。为提升生态环境保护现代化执法能力，中共中央办公厅、国务院办公厅印发了《关于深化生态环境保护综合行政执法改革的指导意见》，环境执法的管理机制、职责、工作方式发生了重大变化，中央对地方实施生态环境保护督察，地方开展生态环境综合执法。为满足基层生态环境监督管理高技能人才培养的基础性教育的需要，发挥教材对生态环境执法的实用性指导作用，我们根据《国务院关于印发国家职业教育改革实施方案的通知》，开发建设了高职高专《生态环境执法》新形态教材。

本书作为高职高专环保类专业教材，其内容经过十几年的教材改革和实践，为培养基层环境监督管理人才起到了良好的指导作用。本书基于校企合作、工学结合项目化开发建设，是浙江省 “十一五”重点教材建设项目（详见浙教高教〔2011〕10 号）——《环境监察》研究成果的不断深化，也是浙江省普通高校“十三五”新形态教材建设项目（详见浙高教学会〔2020〕11 号）、浙江省教育科学规划重点立项课题“‘校企双元合作+二维码’探索高职‘生态环境监察与执法’新形态教材的实践与研究”（2021SB013）的研究成果，更是“十三五”职业教育规划教材——《环境监察》的全面更新和立体化改革。

本教材目标为新时代生态环境执法高素质技能型人才的全面塑造，重视课程思政教育，引导学生树立生态环境保护的责任感和职业操守，体现了立德树人的思想性和时代性。按照我国一线生态环境执法“是什么、做什么、怎么做”的技术路线，构建五大项目15个任务知识模块，基于工作任务导向制订教学目标和教学实施方案，教学内容包含生态环境各要素的法律规定、管理要求、监督执法清单、执行各项任务的工作程序和相关违法行为的查处，设置职场情境案例分析，强化知识应用和能力训练，将生态环境执法与法律法规贯通，便于学生活学活用；纸质教材嵌入二维码，配套多媒体课件、微视频、案例、习题、思政素材等数字化资源，实现教材、教学、网络资源一体化。本书为新形态教材，更加实用、丰富和灵活，体现了科学性和系统性，有助于提高教学效率和质量。

本书由杭州万向职业技术学院教师与行业专家共同完成。主编阮亚男，前言、概论、项目二由阮亚男、陶星名编写，项目一、项目三、项目四由阮亚男、夏爱萍、何锦英编写，项目五由阮亚男、姚华珍、张志学编写，部分案例、环保资讯由夏爱萍、何锦英提供，阮亚男负责全书的统稿。本书在编写过程中参考了各级人民政府、生态环境主管部门官网以及环保公众号的大量资料，也得到了司法专家王东明法官的大力支持，编者在此一并表示感谢。

由于编者水平有限，书中难免出现错误和纰漏，敬请读者予以批评指正。

（多媒体课件与习题参考答案申请邮箱：ruanyn@126.com。本教材配套的电子书格式的学习资料，请扫描二维码下载至电脑后使用。）

编　者

2022年10月

目　录

概　论……1

项目一　污染源执法……24

任务 1　污染源调查与常规执法……24

任务 2　水污染源执法……40

任务 3　大气污染源执法……64

任务 4　固体废物污染源执法……89

任务 5　土壤污染源执法……108

任务 6　噪声及放射性污染源执法……128

项目二　生态环境执法……160

任务 7　建设项目环境执法……160

任务 8　陆地生态环境执法……182

任务 9　海洋生态环境执法……218

项目三　生态环境行政处罚与行政复议……234

任务 10　生态环境行政处罚……234

任务 11　生态环境行政复议……258

项目四　排污许可与污染源自动监测的监督执法……279

任务 12　排污许可的监督执法……279

任务 13　污染源自动监测的监督执法……297

项目五　突发环境事件的应急管理与环境侵权民事纠纷的调解处理 314
任务 14　突发环境事件的应急管理 314
任务 15　环境侵权民事纠纷的调解处理 334

参考文献 359

概　论

工作任务：认知生态环境执法。

建议学时：3～4 学时。

学习目标：①认知生态环境保护与生态环境执法；

②认知生态环境执法岗位职责与能力建设；

③认知生态环境执法人员的任职条件和行为规范。

教学过程：设计“课前+课中+课后”学习任务，实施“线上+线下”立体化教学。

教学方法：启发式教学、微视频、师生互动。

教学模式：任务引领→思政与问题导入→模块知识领学→任务实践、教学方法应用→任务完成与点评→练习与训练。

教学平台及媒体：多媒体教室、移动设备、云班课、钉钉、微信、腾讯会议；教学课件包、教材。

思政元素：分析我国的生态环境问题，对比与发达国家生态环境质量的差距；宣讲党中央、国务院对生态环境保护、生态文明建设做出的重大部署，强调生态环境执法的重要性；学习优秀生态环境执法人员的敬业精神。

一、生态环境管理

（一）生态环境与生态环境保护

1．环境与生态环境

通常来说，环境是指围绕着人类的外部世界，是人类赖以生存和发展的物质条件的综合体。《中华人民共和国环境保护法》（以下简称《环境保护法》）所称环境，“是指影响人类生存和发展的各种天然的和经过人工改造的自然因素的总体，包括大气、水、海洋、土地、矿藏、森林、草原、湿地、野生生物、自然遗迹、人文遗迹、自然保护区、风景名胜区、城市和乡村等”。

生态环境，一般指影响人类生存与发展的水资源、土地资源、生物资源以及气候资源数量与质量的总称，是关系社会和经济持续发展的复合生态系统。“生态环境”最早成为正式的法律术语出现于《宪法》第二十六条：“国家保护和改善生活环境和生态环境，防治污染和其他公害。”中国科学院地理科学与资源研究所研究员陈百明认为生态环境应定义为：“不包括污染和其他重大问题的、较符合人类理念的环境，或者说是适宜人类生存和发展的物质条件的综合体。”

生态与环境既有区别又有联系。生态偏重于生物与其周边环境的相互关系，更多地体现出系统性、整体性、关联性，而环境更强调以人类生存和发展为中心的外部因素，更多地体现为为人类社会的生产和生活提供的广泛空间、充裕资源和必要条件。

2. 生态环境保护的法定义务

环境保护是指采取行政、经济、技术、法律等措施，保护和改善生活环境与生态环境，合理利用自然资源，防治污染和其他公害，使之更适合人类的生存和发展。

《环境保护法》规定：“保护环境是国家的基本国策。”

“地方各级人民政府应当对本行政区域的环境质量负责。”

“一切单位和个人都有保护环境的义务。”“公民应当增强环境保护意识，采取低碳、节俭的生活方式，自觉履行环境保护义务”。“企业事业单位和其他生产经营者应当防止、减少环境污染和生态破坏，对所造成的损害依法承担责任。”

2018 年 6 月，《中共中央　国务院关于全面加强生态环境保护　坚决打好污染防治攻坚战的意见》提出“良好生态环境是实现中华民族永续发展的内在要求，是增进民生福祉的优先领域”。

（二）生态环境管理与生态环境执法

1. 生态环境管理与人民政府的基本职能

生态环境管理是指综合运用经济、技术、法律、行政、宣传教育等手段，调整人类与自然生态环境的关系，通过全面规划使社会经济发展与生态环境相协调，达到既满足人类生存和发展的基本需要，又不超出生态环境的容许极限，最终实现可持续发展的目的。生态环境管理的手段及其释义如下所述。

①法律手段。依法管理生态环境是防治污染、保障自然资源合理利用并维护生态平衡的重要措施。我国已形成由国家宪法、环境保护法、与环境保护有关的相关法、环境保护单行法、环保法规、环境标准等组成的生态环境法律体系，成为生态环境管理的基本依据。

②行政手段，指国家通过各级行政管理机关，根据国家有关生态环境方针、政策、法律、法规和标准实施的生态环境管理措施，如《固定污染源排污许可分类管理名录》《关于优化生态环境保护执法方式提高执法效能的指导意见》等。

③经济手段，指运用经济杠杆、经济规律和市场经济理论，促进和诱导人们的生产、生活活动遵循环境保护和生态建设的基本要求，如《碳排放权交易管理办法（试行）》，地方实施排污权交易上网竞价、开展生态补偿机制等。

④技术手段，指借助那些既能提高生产效率，又能把对环境的污染和对生态的破坏控制到最小限度的管理技术、生产技术、消费技术及先进的污染治理技术等，达到保护环境的目的，如清洁生产技术、污染源在线监控技术等。

⑤宣传教育手段，指通过基础的、专业的和社会的生态环境宣传教育，不断提高环保工作人员的业务水平和公民的环境意识，促进全民爱护环境。如“六•五”环境日宣传活动、“建设环境友好型社会”宣传教育等。

生态环境管理是一项公益性十分突出的事业，早已成为人民政府的一项基本职能。《环境保护法》第十条规定，“国务院环境保护主管部门对全国环境保护工作实施统一监督管理；县级以上地方人民政府环境保护主管部门，对本行政区域环境保护工作实施统一监督管理。县级以上人民政府有关部门和军队环境保护部门，依照有关法律的规定对资源保护和污染防治等环境保护工作实施监督管理”。

2018 年 3 月 13 日，十三届全国人大一次会议审议通过国务院机构改革方案，组建生态环境部，作为国务院组成部门。其主要职责包括：负责建立健全生态环境基本制度；负责重大生态环境问题的统筹协调和监督管理；负责监督管理国家减排目标的落实；负责环境污染防治、核与辐射安全、生态环境准入的监督管理；指导协调和监督生态保护修复工作；负责提出生态环境领域固定资产投资规模和方向、国家财政资金安排的意见，按国务院规定权限审批、核准国家规划内和年度计划规模内固定资产投资项目，配合有关部门做好组织实施和监督工作；负责生态环境监测和应对气候变化工作；组织开展中央生态环境保护督察；统一负责生态环境监督执法；组织指导和协调生态环境宣传教育工作；开展生态环境国际合作交流；完成党中央、国务院交办的其他工作；职能转变等。

2. 生态环境执法与行政执法专职机构

执法是法制建设的一项重要内容，是立法和守法的桥梁与纽带，其概念有广义和狭义之分。从广义上讲，执法是指在政治、社会生活中，所有组织和个人按法律办事的过程。从狭义上讲，执法是特指国家机关执行法律的活动，包括司法机关执法和行政机关执法。这里所说的生态环境执法，指的是行政执法的范畴，是指生态环境主管部门依据环境保护法律、法规、规章和其他规范性文件实施的行政执法活动。

生态环境行政执法是生态环境管理的重要工作之一，其目的是促进环境行为人加强其守法意识，发现环境行为人的违法行为，纠正其违法行为。1999 年，国家环境保护总局发文确定，各级环境监察机构是依法对辖区内一切单位和个人履行环保法律、法规，执行环境保护各项政策、标准的情况进行现场监督、检查、处理的专职机构。2016 年，中共中央办公厅、国务院办公厅印发了《关于省以下环保机构监测监察执法垂直管理制度改革试点工作的指导意见》，提出试点省份将市、县两级环境保护主管部门的环境监察职能上收，由省级环境保护主管部门统一行使，通过向市或跨市、县区域派驻等形式实施环境监察。环境执法的重心向市、县下移，强化属地环境执法。

2018 年，中共中央办公厅、国务院办公厅发布了《关于深化生态环境保护综合行政执法改革的指导意见》，全面推进生态环境综合行政执法改革。各级环境监察执法机构陆续更名为生态环境执法机构。中央对地方实施生态环境保护督察，主要是对地方党委、政府及其部门落实环保“党政同责”、“一岗双责”情况进行监督检查，重在“督政”。地方开展生态环境综合执法，专职负责辖区内生态环境保护的执法工作，主要围绕环境污染或生态破坏情况进行现场检查并参与处理，重在“查企”。

二、我国生态环境执法的历史沿革

我国生态环境执法的历史沿革如图 1 所示。

图 1 我国生态环境执法的历史沿革

（一）环境执法初现

1982 年 2 月，国务院发布《征收排污费暂行办法》，同年 7 月 1 日起施行，全国环境保护主管部门开始排污费征收工作，这是我国早期环境执法的主要形式。

（二）环境监理阶段

1986—1992 年，国家环保局先后在广东顺德、山东威海等地开展环境监理试点，探索建设了一支与环境法律法规相适应的专职执法队伍。1991 年和 1992 年，国家环保局分别制定了《环境监理工作暂行办法》和《环境监理执法标志管理办法》。1995 年，国家环保局发布《环境监理人员行为规范》，人事部批复同意国家环境保护系统环境监理人员按照国家公务员制度进行管理。1999 年，国家环保总局发出《关于进一步加强环境监理工作若干意见的通知》，对环境监理队伍的性质、机构、职能、队伍管理、规范执法行为和标准化建设作了具体规定。初步形成了以环境监察队伍为主体的环境执法监督体系。

（三）环境监察阶段

2002 年 7 月，国家环保总局发文要求全国各级环境保护机关所属的“环境监理”类机构统一更名为“环境监察”机构，树立执法权威。2003 年 10 月，中央机构编制委员会办公室批复同意国家环保总局成立环境监察局。2006 年 11 月，环境监察局印发了《全国环境监察标准化建设标准》和《环境监察标准化建设达标验收暂行办法》，要求加快推进环境监察标准化建设，提高环境执法能力与水平。

2012 年，环境保护部公布《环境监察办法》，自 2012 年 9 月 1 日起施行。

（四）环境监察与执法阶段

2016 年，中共中央办公厅、国务院办公厅印发《关于省以下环保机构监测监察执法垂直管理制度改革试点工作的指导意见》，环境执法重心向市、县下移，加强基层执法队伍建设，强化属地环境执法。依法赋予环境执法机构实施现场检查、行政处罚、行政强制的条件和手段。将环境执法机构列入人民政府行政执法部门序列，配备调查取证、移动执法等装备，统一环境执法人员着装，保障一线环境执法用车。确保“十三五”时期全面完成环保机构监测监察执法垂直管理制度改革任务。

针对一些企业仍存在违法排污、难以监管等突出环境问题，2018 年生态环境部印发《关于进一步强化生态环境保护监管执法的意见》，提出“大力推进非现场监管执法，加快建设完善污染源实时自动监控体系，依托在线监控、卫星遥感、无人机等科技手段，充分发挥物联网、大数据、人工智能等信息技术作用，打造监管大数据平台，推动‘互联网＋监管’，提高生态环保监管智慧化、精准化水平”。

（五）生态环境综合执法阶段

2018 年 12 月，中共中央办公厅、国务院办公厅印发《关于深化生态环境保护综合行政执法改革的指导意见》，规范生态环境行政检查、行政处罚、行政强制、行政许可等行为。2019 年发布《国务院办公厅关于全面推行行政执法公示制度执法全过程记录制度重大执法决定法制审核制度的指导意见》，推行行政执法公示制度、执法全过程记录制度、重大执法决定法制审核制度，促进执法队伍严格规范公正文明执法，切实保障人民群众合法环境权益。按照文件精神，生态环境部印发《关于在生态环境系统推进行政执法公示制度执法全过程记录制度重大执法决定法制审核制度的实施意见》，提出加快建立完善持证上岗和资格管理、考核奖惩、责任追究和尽职免责、执法全过程记录、重大执法决定法制审核、执法案卷评查和评议考核、领导干部违法违规责任追究等制度；加快建立完善奖惩、信息共享和大数据执法监管、行政执法和刑事司法衔接等机制，全面推进环境执法标准化、现代化、专业化建设。

2020 年，为贯彻落实《国务院办公厅关于生态环境保护综合行政执法有关事项的通知》，生态环境部印发《生态环境保护综合行政执法事项指导目录（2020 年版）》（以下简称《指导目录》），将生态环境保护行政执法事项纳入地方综合行政执法指挥调度平台统一管理，积极推行“互联网+统一指挥+综合执法”，加强部门联动和协调配合，逐步实现行政执法行为、环节、结果等全过程网上留痕，强化对行政执法权运行的监督。

三、生态环境执法的依据和工作特点

（一）生态环境执法依据

执法依据是生态环境执法工作的法治基础。

生态环境执法的依据主要有法律依据、标准依据和事实依据。

1. 法律依据

生态环境保护法律体系是指国家现行的有关保护和改善生态环境、自然资源，防治污染及其他公害的各种法律、规范等所组成的相互联系、相互补充、协调一致的法律规范的统一整体。

我国现行的生态环境保护法律体系构成如下：

①生态环境保护法律，由《中华人民共和国宪法》（以下简称《宪法》）中的环境保护规定、《环境保护法》、自然资源和生态保护法、环境污染防治法（单行法）、环保纠纷解决程序法和其他法律中关于生态环境与资源保护的规定等组成。

②生态环境保护法规，包括条例、实施细则、规定等，例如《排污许可管理条例》。

③生态环境保护行政规章，包括决定、规定、办法等，分为部门行政规章和地方行政规章，例如《生态环境标准管理办法》。

④生态环境保护法律、法规、规章的司法解释，例如《全国人民代表大会常务委员会关于加强法律解释工作的决议》《最高人民法院关于审理环境民事公益诉讼案件适用法律若干问题的解释》。

⑤生态环境保护规范性文件，是指具有普遍约束力的决定、规定、办法、制度、说明、意见、通知等。例如，《国务院办公厅关于生态环境保护综合行政执法

有关事项的通知》、生态环境部《关于〈生态环境保护综合行政执法事项指导目录（2020年版）〉有关事项说明的通知》。

⑥部门行政规章，是由生态环境部或其他有关部门制定并发布的环保法规性文件，可以单独制定或者联合制定。单独制定的例如环境保护部制定的《环境行政处罚证据指南》，联合制定的例如2014年12月公安部、工业和信息化部、环境保护部、农业部、国家质量监督检验检疫总局联合制定的《行政主管部门移送适用行政拘留环境违法案件暂行办法》。

⑦地方行政规章，是由各省、直辖市、自治区、省会城市以及国务院批准的较大城市的人民政府制定并公布的有关生态环境保护的法规性文件。例如《浙江省建设项目环境保护管理办法》《浙江省畜禽养殖污染防治办法》等。

⑧我国参加或缔结的重要的国际环境公约。例如《保护臭氧层维也纳公约》《生物多样性公约》《联合国海洋法公约》《联合国气候变化框架公约》《控制危险废物越境转移及其处置巴塞尔公约》等。

2. 标准依据

《生态环境标准管理办法》所称生态环境标准，“是指由国务院生态环境主管部门和省级人民政府依法制定的生态环境保护工作中需要统一的各项技术要求”。

我国的生态环境标准分二级，即国家生态环境标准和地方生态环境标准。

（1）国家生态环境标准类别

《生态环境标准管理办法》规定：“国家生态环境标准包括国家生态环境质量标准、国家生态环境风险管控标准、国家污染物排放标准、国家生态环境监测标准、国家生态环境基础标准和国家生态环境管理技术规范。国家生态环境标准在全国范围或者标准指定区域范围执行。”

①生态环境质量标准，指为保护生态环境，保障公众健康，增进民生福祉，促进经济社会可持续发展，限制环境中有害物质和因素而制定的标准。例如《地表水环境质量标准》（GB 3838—2002）、《环境空气质量标准》（GB 3095—2012）。

②生态环境风险管控标准，指为保护生态环境，保障公众健康，推进生态环境风险筛查与分类管理，维护生态环境安全，控制生态环境中的有害物质和因素而制定的标准。例如《土壤环境质量 农用地土壤污染风险管控标准（试行）》（GB 15618—2018）。

③污染物排放（控制）标准，指为改善生态环境质量，控制排入环境中的污染物或者其他有害因素，根据生态环境质量标准和经济、技术条件而制定的标准。例如大气污染物排放标准、固体废物污染控制标准、环境噪声排放控制标准等。

《生态环境标准管理办法》规定，“污染物排放标准规定的污染物排放方式、排放限值等是判定污染物排放是否超标的技术依据。”

④生态环境监测标准，指为监测生态环境质量和污染物排放情况，开展达标评定和风险筛查与管控，规范布点采样、分析测试、监测仪器、卫星遥感影像质量、量值传递、质量控制、数据处理等监测技术要求而制定的标准。例如《水质 pH 值的测定 电极法》（HJ 1147—2020）等。

⑤生态环境基础标准，指为统一规范生态环境标准的制订技术工作和生态环境管理工作中具有通用指导意义的技术要求而制定的生态环境基础标准。例如《空气质量 词汇》（HJ 492—2009）、《集中式饮用水水源编码规范》（HJ 747—2015）。

⑥生态环境管理技术规范，指为规范各类生态环境保护管理工作的技术要求而制定的技术规范。例如《人体健康水质基准制定技术指南》（HJ 837—2017）。

（2）地方生态环境标准类别

《生态环境标准管理办法》规定，“地方生态环境标准包括地方生态环境质量标准、地方生态环境风险管控标准、地方污染物排放标准和地方其他生态环境标准。地方生态环境标准在发布该标准的省、自治区、直辖市行政区域范围或者标准指定区域范围执行”。例如浙江省地方标准《污染场地风险评估技术导则》（DB 33/T 892—2013）、《农村生活污水集中处理设施水污染物排放标准》（DB 33/973—2021），地方其他生态环境标准《长三角生态绿色一体化发展示范区环境空气质量预报技术规范》（DB 32/T 310004—2021）等。

《生态环境标准管理办法》规定，“有地方生态环境质量标准、地方生态环境风险管控标准和地方污染物排放标准的地区，应当依法优先执行地方标准。”

（3）标准发布的执行规定

《生态环境标准管理办法》规定，“国家和地方生态环境质量标准、生态环境风险管控标准、污染物排放标准和法律法规规定强制执行的其他生态环境标准，以强制性标准的形式发布。法律法规未规定强制执行的国家和地方生态环境标准，以推荐性标准的形式发布。

强制性生态环境标准必须执行。

推荐性生态环境标准被强制性生态环境标准或者规章、行政规范性文件引用并赋予其强制执行效力的，被引用的内容必须执行，推荐性生态环境标准本身的法律效力不变。”

扫码下载学习资料
概论-1 生态环境标准

3. 事实依据

生态环境执法的事实依据包括下列3项：

①监测数据与物料衡算数据。数据反映了环境质量状况和污染物排放情况，是环境污染预测与判断的基础，是实施总量控制、征收排污费（或环境保护税）、污染治理设施运行效率评估、建设项目环境管理、环境污染及纠纷调查处理等项监督管理必不可少的依据。没有环境监测数据作依据，就很难进行生态环境执法。

②排污许可申请与核查结果。排污核查是生态环境主管部门依法征收排污费（或环境保护税）、实施总量控制以及防止污染危害的基础。例如根据《排污许可管理条例》第三十三条，排污单位未取得排污许可证排放污染物的，由生态环境主管部门责令改正或限制生产、停产整治，处20万元以上100万元以下的罚款；情节严重的，报经有批准权的人民政府批准，责令停业、关闭。

③现场调查取得的证据。《中华人民共和国行政处罚法》（以下简称《行政处罚法》）第五十六条规定：“行政执法机关在收集证据时，可以采取抽样取证的方法；在证据可能灭失或者以后难以取得的情况下，经行政机关负责人批准，可以先行登记保存，并应当在七日内及时作出处理决定，在此期间，当事人或者有关人员不得销毁或者转移证据。”证据包括：

- 书证，如文件、报告、计划、记录等文字材料；
- 物证，如损伤的物品、受污染的植物茎叶、毒死的鱼虾、变色的水体等；
- 视听资料，如现场的录音录像、照片、资料片等；
- 电子数据，如在线监测数据；
- 证人证言，如事发现场目击证人的证言；
- 当事人的陈述；
- 鉴定意见，如各种科学鉴定和司法鉴定；

- 勘验笔录、现场笔录，是现场进行勘验时或在现场调查研究及相关人员谈话时的笔录。

此外还包括环境监测分析的结果。

证据必须经查证属实，方可作为认定案件事实的根据。以非法手段取得的证据，不得作为认定案件事实的根据。

（二）生态环境执法的特点

生态环境执法的特点主要体现在以下 5 个方面。

1. 直接性

生态环境执法的主要工作任务是现场执法，要遵守“谁执法，谁普法”的原则，具体工作包括环保政策法规宣传、现场检查和取证、询问被检查人、进行现场处理。因此，需要直接面对被执法对象，并且取得的信息是最迅速的。

2. 强制性

生态环境执法是单方面的执法行为。《环境保护法》第二十四条规定：“县级以上人民政府环境保护主管部门及其委托的环境监察机构和其他负有环境保护监督管理职责的部门，有权对排放污染物的企业事业单位和其他生产经营者进行现场检查。被检查者应当如实反映情况，提供必要的资料。实施现场检查的部门、机构及其工作人员应当为被检查者保守商业秘密。”

3. 及时性

生态环境执法工作的核心是加强对生态环境和排污现场的监督、检查和处理，对违法行为依法实施处罚等行政和法律手段，来强化对污染源的监督处理。这决定了生态环境执法必须及时、快速、准确、高效，生态环境执法人员要做到赶赴现场快、原因分析快、事故处理快，充分发挥“生态铁军”的作用。

4. 公正性

生态环境执法代表国家监督环保法律法规的执行情况，必须顾全国家和人民的根本利益。不允许生态环境执法机构与执法人员直接参与企业的生产经营活动，也不允许执法人员与执法的相对人有直接的利害关系。

5. 规范性

2021 年，生态环境部发布了《关于优化生态环境保护执法方式提高执法效能的指导意见》，强调规范执法工作，严格约束行政执法行为，推行行政执法公示制度，落实执法全过程记录制度，规范行政处罚自由裁量权，完善典型执法案例指导制度，健全执法普法制度。

四、生态环境执法的组织与工作职责

（一）生态环境执法的组织

《关于深化生态环境保护综合行政执法改革的指导意见》提出：

“整合环境保护和国土、农业、水利、海洋等部门相关污染防治和生态保护执法职责。生态环境保护执法包括污染防治执法和生态保护执法，其中，生态保护执法是指生态环境保护综合执法队伍依法查处破坏自然生态系统水源涵养、防风固沙和生物栖息等服务功能和损害生物多样性的行政行为。”

“整合后，生态环境保护综合执法队伍以本级生态环境部门的名义，依法统一行使污染防治、生态保护、核与辐射安全的行政处罚权以及与行政处罚相关的行政检查、行政强制权等执法职能。”

“依法合规设置执法机构，除直辖市外，县（市、区、旗）执法队伍在整合相关部门人员后，随同级生态环境部门并上收到设区的市，由设区的市生态环境局统一管理、统一指挥。县级生态环境分局一般实行‘局队合一’体制，地方可根据实际情况探索具体落实形式，压实县级生态环境分局履行行政执法职责和加强执法队伍建设的责任，改变重审批轻监管的行政管理方式，把更多行政资源从事前审批转到加强事中事后监管上来。”

“推进人财物等资源向基层下沉，增强市县级执法力量，配齐配强执法队伍，强化属地执法。乡镇（街道）要落实生态环境保护职责，明确承担生态环境保护责任的机构和人员，确保责有人负、事有人干。开发区的生态环境保护综合行政执法体制由各省、自治区、直辖市确定。”

《关于优化生态环境保护执法方式提高执法效能的指导意见》要求，“2021 年 6 月底前，市、县两级生态环境部门要建立生态环境执法、监测机构联合行动、联合培训等机制。依据环境执法需求制定执法监测计划，将执法监测经费纳入执法工作预算。加强省驻市监测机构对所在市执法工作的支持，探索适合省以下生态环境机构监测执法垂直管理模式的县区级‘局队站合一’运行方式。发挥市场机制作用，鼓励有资质、能力强、信用好的社会环境监测机构参与执法监测工作。”

（二）生态环境执法机构的主要职责

我国县级以上生态环境执法机构的主要职责如下：

①贯彻执行生态环境保护综合行政执法有关法律、法规、规章，国家和地方人民政府生态环境主管部门有关政策、制度及其他规范性文件；

②负责组织开展污染防治、生态保护及核与辐射等方面的执法工作；

③负责行政辖区内生态环境保护综合行政执法、污染举报调查处理、突发生态环境（辐射）事件和生态破坏事件的应急处置等工作；

④负责组织查处辖区内和跨区域跨流域生态环境保护违法案件，协调突发环境事件和生态破坏事件的应急处置，协调解决有关跨区域跨流域环境污染纠纷；

⑤受理辖区内污染举报并督促办理，参与重要举报问题的现场调查处理，承担上级生态环境执法机构反馈问题及信访件整改情况的指导督促工作；

⑥负责监督检查生态环境主管部门审批的建设项目“三同时”（建设项目中防治污染的设施应当与主体工程同时设计、同时施工、同时投产使用）制度的执行情况，组织开展生态环境保护领域“双随机、一公开”（随机抽取检查对象、随机选派执法检查人员，将抽查情况和查处结果及时向社会公开）监管工作；

⑦负责辖区内生态环境保护综合行政执法体系规范化、制度化建设工作，建立健全与其他执法部门的联合协作机制；

⑧完成上级交办的其他任务。

乡镇（街道）生态环境执法机构，履行本行政区域污染日常巡查、监督落实污染防治任务和措施、开展生态环境信访投诉的纠纷调解、组织生态环境宣传教育等管理职责。按照有关法律规定开展执法工作，并接受县级主管部门的业务指导和监督。鼓励区、县和有条件的乡镇（街道）通过购买服务、聘用人员的方式，组建一线生态环境巡查队伍。

五、生态环境执法能力建设

（一）生态环境保护综合行政执法队伍建设

生态环境保护综合行政执法队伍的职责是负责监督生态环境政策、规划、法规、标准的执行，组织开展全国生态环境保护执法检查活动。至2021年，全国生态环境保护执法队伍大约8万人。根据2021年生态环境部发布的《关于加强生态环境保护综合行政执法队伍建设的实施意见》，生态环境保护综合行政执法队伍建设要全面提高人员素质，优化人员结构，"到2025年，执法人员具有大专以上学历的应达到90%，取得法学类或生态环境相关专业学位的应达到50%。设区的市级执法机构应争取配备1名取得国家统一法律职业资格的执法人员。执法机构新招录的人员原则上应在一线执法岗位锻炼1年以上，县（区）级执法机构主要负责人原则上应具有一线执法工作经验"。

1．生态环境保护综合行政执法队伍实行资格管理制度

一是建立生态环境保护专业培训考核体系。生态环境部负责对本级和省级执法机构人员、市级执法机构负责人和县级执法机构主要负责人的培训；省级生态环境部门负责对其他执法人员的培训。二是实行实战练兵技能培训的制度化管理。地方各级生态环境部门开展执法大练兵常态化管理，培养一批行业执法能手。三是建立执法人员资格管理制度。生态环境部协调相关部委推进建立执法人员资格管理制度，制定行政执法证件管理办法。省级生态环境部门统一负责执法证件的管理，严格审查申领人员资格，严格组织培训、考试，成绩合格方可发放执法证件。

2．生态环境保护综合行政执法队伍综合能力建设

一是政治能力。要不断提高政治判断力、政治领悟力、政治执行力，做生态文明的忠实践行者。二是行政执法能力。要具备高度的执法责任感，严格遵循执法程序，规范执法，对守法者无事不扰，对违法者处罚到位。三是业务能力。熟练掌握生态环境保护执法技能，充分运用现代执法科技手段，精准执法。四是服务意识。在坚持严格执法的主基调下，向执法对象做好宣传教育的主动服务，推行阳光执法。要牢固树立真抓实干、执法为民、清正廉洁的理念，严格落实中央八项规定精神，做到不敢腐、不能腐、不想腐，作风正派，廉洁奉公。

3. 生态环境保护综合行政执法队伍的着装与行为规范

为加强生态环境保护综合行政执法队伍规范化建设，2021 年生态环境部制定了《生态环境保护综合行政执法人员着装管理规定》。执法人员在开展生态环境执法检查时，应当穿着全国统一的生态环境保护综合行政执法制式服装。两名或以上执法人员同时在同一场所执法，应当穿着相同季节款式的执勤服或常服。按照规定佩戴相关标志，出示行政执法证件表明身份，说明执法事项。在现场执法时，执法人员可以根据实际需要佩戴安全帽等个人防护装备。着装时应当保持制服整洁统一，仪容端庄，并严格遵守有关规定。

为保障执法人员严格、规范、公正、文明、廉洁执法，执法人员进行现场检查、案件调查与督察时，遵循《环境执法人员行为规范》，依法开展执法工作。

扫码获取学习资源
概论-2 环境执法人员行为规范

（二）生态环境保护综合行政执法装备标准化建设

根据中共中央办公厅、国务院办公厅《关于深化生态环境保护综合行政执法改革的指导意见》要求，为全面推进生态环境保护综合行政执法队伍装备标准化建设，生态环境部发布了《生态环境保护综合行政执法装备标准化建设指导标准（2020 年版）》（以下简称《指导标准》）。地方各级生态环境部门要参照《指导标准》加强队伍装备建设，持续提升执法能力。同时按照属地管理、重心下移的原则，重点加强市、县两级执法力量，着力提升基层执法监管能力。

《指导标准》分为标配（表 1）和选配（表 2）两部分。

表 1　生态环境保护综合行政执法装备标准化建设指导标准①（标配）（2020 年版）

类别	序号	名称	计量单位	省级②	市级	县级
交通工具	1	执法执勤专用车（含设备）	辆	至少 1 辆/5 人		
个人移动执法设备	2	移动执法包［笔记本电脑（含 4G 上网卡）、便携打印机、移动路由器、录音笔等］	套	至少 1 套/4 人		
	3	移动执法终端	台	1 台/人		
	4	现场执法记录仪	套	1 套/人		
	5	个人防护包（含强光手电、安全帽、有毒有害物质防护服、辐射防护设备、护目镜、防护鞋等）	套	1 套/人		

类别	序号	名称	计量单位	省级[②]	市级	县级
现场执法辅助设备	6	测距仪	部	2 部/机构	2 部/机构	3 部/机构
	7	流量计	部	2 部/机构	2 部/机构	3 部/机构
	8	采样设备	套	1 套/机构	2 套/机构	3 套/机构
	9	无人机（载荷大于 4 kg）	架	至少 1 架以上/机构		
	10	数码照相机（防爆照相机）	部	1 部/机构	2 部/机构	2 部/机构
	11	红外摄像机	部	至少 1 部以上/机构		
	12	快检试剂包（含常见土壤重金属快检）	套	2 套/机构	3 套/机构	4 套/机构
	13	热成像仪	部	至少 1 部以上/机构		
	14	粉尘快速测定仪	部	2 部/机构	2 部/机构	3 部/机构
	15	多参数气体检测仪	部	2 部/机构	2 部/机构	3 部/机构
	16	手持式光离子化检测仪（PID）	部	1 部/机构	2 部/机构	3 部/机构
	17	油气回收三项检测仪	部	1 部/机构	2 部/机构	3 部/机构
	18	微风风速计（热球风速仪等）	部	1 部/机构	2 部/机构	3 部/机构
	19	便携式水污染物监测设备	部	2 部/机构	2 部/机构	3 部/机构
通信与办公设备	20	固定电话	部	1 部/人		
	21	传真机	台	1 台/办公室		
	22	台式计算机	台	1 台/人		
	23	打印机	台	1 台/3 人		
	24	复印机	台	1 台/机构		
	25	扫描仪	台	2 台/机构	3 台/机构	4 台/机构
	26	便携式快速扫描仪	台	1 台/3 人		
	27	投影仪	台	1 台/机构		
信息化设备	28	污染源在线监控系统维护[③]	套	1 套		

注：①以上现场执法辅助设备为最低配备标准，各地可以结合实际情况进行增加。

②省级结合机构改革情况，有执法队伍的参照本《指导标准》进行配备；无执法队伍的根据实际需求进行配备。

③已经建成污染源监控中心平台的，加强系统软件的维护更新、功能扩展和升级改造。

表 2　生态环境保护综合行政执法装备标准化建设指导标准*（选配）（2020 年版）

类别	序号	名称	计量单位	省级	市级	县级
交通工具	1	特种专业技术用车（含车载设备）	辆	根据执法工作需要配备		
	2	车载样品保存设备	套	根据执法工作需要配备		
	3	车载电源转换器	台	根据执法工作需要配备		
	4	执法船（含船载装备）	艘	根据执法工作需要配备		
现场执法辅助设备	5	热成像夜视仪	部	根据执法工作需要配备		
	6	小型无人机（载荷小于 4 kg）	架	根据执法工作需要配备		
	7	无人船（水下声呐探测仪）	艘	根据执法工作需要配备		
	8	管道探测仪	部	根据执法工作需要配备		
	9	探地雷达（暗管探测仪）	部	根据执法工作需要配备		
	10	溶解氧仪	部	根据执法工作需要配备		
	11	恶臭监测仪	台	根据执法工作需要配备		
	12	便携式油烟检测仪	台	根据执法工作需要配备		
	13	红外热成像气体泄漏检测仪	台	根据执法工作需要配备		
	14	便携式氢火焰离子化检测仪（FID）	台	根据执法工作需要配备		
	15	手持式林格曼黑度仪	台	根据执法工作需要配备		
	16	移动源执法监测设备（在用车尾气检测仪、车用尿素检定仪、油品硫含量检测仪、通用车载论断仪、氮氧化物检测仪等）	台	根据执法工作需要配备		
	17	便携式 X 射线荧光测定仪	台	根据执法工作需要配备		
	18	海水水质快速测定仪	台	根据执法工作需要配备		
	19	个人剂量报警仪	台	根据执法工作需要配备		
	20	便携式核素识别仪	台	根据执法工作需要配备		
	21	便携式 α、β 表面污染测量仪	台	根据执法工作需要配备		
	22	便携式 X/γ/中子剂量率仪	台	根据执法工作需要配备		
	23	伸缩杆式 X、γ 剂量率测量仪	台	根据执法工作需要配备		
	24	电磁辐射检测设备（电磁辐射射频综合场强仪、电磁辐射选频分析仪、工频场强测量仪）	套	根据执法工作需要配备		
	25	手持扩音器	台	根据执法工作需要配备		
	26	撬棍	个	根据执法工作需要配备		
通信与办公设备	27	便携式卫星电话	台	根据执法工作需要配备		
个人防护设备	28	防爆对讲机	部	根据执法工作需要配备		
信息化设备	29	卫星终端系统及遥感图片	套	根据执法工作需要配备		

注：* 各地可以结合实际情况，充分利用好现有装备，并按工作需要增补符合现场执法需要的选配装备，避免过度采购、过度装备。

（三）生态环境执法精细化机制管理

1. 完善“双随机、一公开”监管制度

市、县两级生态环境部门要按照“双随机、一公开”制度要求，落实现场检查计划。将所有检查对象纳入名录库，按区域、行业、规模、要素等分类管理。日常监管执法要统筹整合检查对象的排污许可证执行情况、环境管理水平、守法状况、信用评价、信访投诉等信息，设置不同的检查比例。专项监管执法活动，按照专项检查对象和时间要求，也应纳入“双随机、一公开”监管。将执法人员按业务专长分类标注，将专家和专业机构分类纳入。积极配合市场监管等部门建立“双随机、一公开”联合检查制度。将检查计划和检查结果及时、准确、规范地向社会公开。

2. 建立实施监督执法正面清单制度

2021 年 6 月底前，各省级生态环境部门要结合环境信用体系建设建立实施常态化监督执法正面清单管理制度。优先将治污水平高、环境管理规范的企业纳入正面清单，明确严格的清单编制、审定、公开程序，并实施动态调整。采取差异化监管措施，对正面清单内的企业原则上只开展非现场监管，在一定时期内免除现场检查；细化轻微环境违法行为减免处罚的情形和程序，对主动报告、妥善处置、未造成污染后果的，依法减轻或免除处罚，审慎采取查封扣押、限产停产等措施。加大正向激励力度，鼓励实施多部门联合激励。

3. 完善区域交叉检查制度

国家和省级生态环境部门要针对生态环境保护重点任务，突出的区域性、流域性、行业性生态环境问题，以交叉检查方式，统筹调用行政区域内执法力量，定期组织开展监督帮扶，并建立相关工作制度。检查发现的问题原则上由当地生态环境主管部门查处，并持续督促整改到位。

4. 建立专案查办制度

对案情重大、影响恶劣、后果严重的生态环境违法案件实施专案查办，配备精干执法力量成立专案组，加大资源投入和后勤保障。涉及其他部门的，应采取部门联合执法、联合挂牌督办等方式。充分发挥业务主管部门、技术专家和法律顾问作用，加强案件办理过程中的技术、法律支撑。

（四）完善生态环境执法机制

1．健全执法监测工作机制

2021 年 6 月底前，市、县两级生态环境部门要建立生态环境执法、监测机构联合行动、联合培训等机制。依据环境执法需求制定执法监测计划，将执法监测经费纳入执法工作预算。加强省驻市监测机构对所在市执法工作的支持，探索适合省以下生态环境监测机构执法垂直管理模式的县区级“局队站合一”运行方式。发挥市场机制作用，鼓励有资质、能力强、信用好的社会环境监测机构参与执法监测工作。

2．健全部门协调联动机制

各级生态环境部门要积极与行业管理部门共同研究明确职责分工，推动联合发文，建立生态环境问题线索通报反馈和信息共享机制，形成边界清晰的执法职责体系，实现行业监管责任与综合执法责任依法区分、有效衔接。对行业管理部门在日常监管中发现并移送的属于生态环境保护综合行政执法职责范围的问题，各级生态环境部门要积极依法查处。

3．强化行政执法与刑事司法衔接机制

各级生态环境部门要积极协调，建立健全生态环境主管部门、公安机关、检察机关、审判机关联席会议制度，完善信息共享、案情通报、证据衔接、案件移送等机制，联合制定线索通报、提前介入、涉案物品保管和委托鉴定等程序，推动解决法律适用争议和执法实践中的难点问题。加大部门联合培训力度，加强“以案释法”和交流借鉴。依法做好生态环境损害赔偿工作。

4．完善举报奖励机制

省、市两级生态环境部门要按照有关规定，抓紧出台举报奖励制度，将群众举报以及信访信息作为发现违法问题的重要途径。明确获奖条件，细化奖励标准，积极探索互联网支付新模式，简化发放流程，丰富奖励形式。对通过举报避免重大生态环境违法行为发生、消除重大生态环境安全隐患，或协助查处重大生态环境违法犯罪案件等情形，可对举报人实施重奖，对举报人个人信息严格保密。落实奖励经费保障。

5. 探索第三方辅助执法机制

探索以政府公共采购方式委托第三方社会机构辅助执法，开展污染源排查、污染防治设施运行评估、整改措施跟踪等工作。利用第三方服务加强遥感监测、大数据分析等技术手段运用，为精准发现生态环境违法问题提供技术支持。加强生态环境执法智库建设，邀请专家、律师参与重大复杂案件办理，为高效查处生态环境违法行为提供专业支持。

（五）生态环境执法规范化的制度建设

1. 推行行政执法公示制度

按照“谁执法、谁公示”的原则，以当地生态环境部门官方网站为主要载体，以“两微”平台、新闻媒体、服务窗口等为补充，拓展公示渠道。强化事前公开，主动公开检查计划；规范事中公示，亮明执法身份，做好告知说明；加强事后公开，及时公开行政执法决定。明确公示的内容、标准、格式，规范公示内容的采集、审核、发布、更正及撤除程序。

2. 落实执法全过程记录制度

各级生态环境部门要将移动执法系统使用作为落实执法全过程记录制度的主要手段，同时进一步规范文字、音像等记录形式。各省级生态环境部门要统筹强化移动执法系统建设、管理和应用。2022 年年底前，在执法工作中要做到全员、全业务、全流程使用移动执法系统，全面配备使用执法记录仪，实现现场执法和案件办理全程实时留痕、全过程记录。

3. 规范行政处罚自由裁量权

要结合地方实际和综合行政执法事项目录，对适用自由裁量权的事项进行修订补充和完善。对主动消除或减轻违法行为危害后果的，违法行为轻微并及时纠正、没有造成危害后果的，明确依法从轻、减轻或免予处罚的情形。推动行政裁量系统开发运用，逐步实现裁量电子化。

4. 完善典型执法案例指导制度

2021 年年底前，国家和省级生态环境部门要建立典型案例收集、解析和发布机制。市、县两级生态环境主管部门要积极开展案件总结、分析和报送工作。从执法方式创新、执法程序规范、案卷说理明晰等方面挖掘案例的典型性、前瞻性，提炼可推广的经验做法。充分发挥专家学者、行业和社会组织的作用。建立健全案例发布的业务审核、法律审核和集体审议决定制度。加强案例发布宣传，扩展案例应用，定期组织汇编。生态环境部将对优秀的典型案例向社会公开发布并对办案单位予以表扬和肯定。

5. 健全执法普法制度

各级生态环境部门要按照“谁执法、谁普法”的原则，以现场检查环节为重点，以推进说理式文书为突破，推行全程说理式执法。利用面对面陈述申辩、听证等程序，加强对行政相对人的普法。开展“送法入企”活动，与企业集团、行业协会联合举办环境守法培训，发放环境普法读本。市、县生态环境主管部门重点要针对中小企业进行执法帮扶，每年至少开展一次普法培训。对区域典型行业或存在的普遍性问题组织专家集中把脉会诊，及时发现问题，帮助企业消除违法隐患，降低违法风险，营造良好的执法守法环境。

6. 全面推行重大执法决定法制审核制度

各级生态环境部门在作出重大执法决定前，应严格进行法制审核，未经法制审核或审核未通过的，不得作出决定。

①明确审核机构。进行法制审核的机构一般是各级生态环境主管部门负责法制工作的内设机构，没有条件单独设立的，应设立专门的法制审核岗位，按规定配备具有法律专业背景并与法制审核工作任务相适应的法制审核人员。

②明确审核范围。凡涉及重大公共利益，可能造成重大社会影响或引发社会风险，直接关系行政相对人或第三人重大权益，经过听证程序作出行政执法决定，以及案件情况疑难复杂、涉及多个法律关系的，都应进行法制审核。

③明确审核内容。审核内容重点包括执法主体、管辖权限、执法程序、事实认定、法律适用、证据使用、自由裁量权运用等。法制审核机构完成审核后，应根据不同情形，提出同意或存在问题的书面审核意见。对法制审核机构提出的问题，行政执法承办机构应及时进行研究，作出相应处理后再次报送法制审核。

④明确审核责任。各级生态环境部门应结合实际，确定本部门法制审核流程，明确送审材料报送要求和审核的方式、时限、责任，建立健全法制审核机构与行政执法承办机构对审核意见不一致时的协调机制。行政执法承办机构对送审材料的真实性、准确性、完整性，以及执法的事实、证据、法律适用、程序的合法性

负责。法制审核机构对重大执法决定的法制审核意见负责。

根据“十四五”生态环境保护的总体思路“提气、降碳、强生态，增水、固土、防风险”，我国要深入推进生态环境保护综合行政执法改革，完成执法队伍组建工作，持续打击破坏生态环境资源违法犯罪。

扫码下载学习资料

概论-3 资料链接

概论-4 更多资讯和案例

知识点应用与训练

【填空题】

1．一切单位和个人都有___________的义务。

2．企业事业单位和其他生产经营者应当防止、减少________和________，对所造成的损害依法_______。

3．地方各级人民政府应当对本行政区域的__________负责。

4．生态环境执法的依据主要有_________、__________和__________。

【单选题】

1．生态环境执法人员属于（　）。

A.技术人员　　B.行政人员　　C.社会服务人员　　D.司法人员

2．进行生态环境现场执法时执法人员不得少于（　）。

A.1 人　　B.2 人　　C.3 人　　D.看情况

3．王某及时向生态环境主管部门举报某单位偷排大量有毒废水，避免了重大环境污染事故的发生。根据举报激励机制，生态环境主管部门以下做法正确的是（　）。

A.为树立举报有奖典范，对王某进行重奖并公开王某个人信息

B.对王某进行重奖，对其个人信息严格保密

C.对王某颁发环保卫士奖状，以示鼓励

D.保护环境人人有责，这是王某应该做的，打电话表示感谢

【多选题】

1．以下属于环境保护对象的是（　　）。

A.江、湖、河　B.野生动物　C.湿地　D.学校　E.宠物猫、狗

2．环境管理的手段有（　　）。

A.经济　B.法律　C.教育　D.行政　E.技术

3．以下属于生态环境执法的特点的有（　　）。

A.公正　B.直接　C.及时　D.事先沟通　E.强制　F.规范

4．以下属于规范行政执法的管理制度的是（　　）。

A.行政执法公示制度

B.监督执法正面清单制度

C.谁执法谁负责制度

D.重大执法决定法制审核制度

E.行政执法全过程记录制度

【判断题】

1．现场检查发现当事人有环境违法行为的，应当责令改正，提出整改要求。（　）

2．生态环境执法人员可以将被执法单位的信息进行公开。（　）

3．执法人员在开展污染源现场突击执法时，为了达到出其不意的效果，可以穿便服去执法。（　）

【思考与分析】

就“如何做一名合格的基层生态环境执法员”撰写一篇分析报告。结合生态环境执法人员的从业资格、行为规范，以及生态环境执法能力建设要求，从技能、知识和素养三方面进行阐述，做到条理清晰、分析到位。字数要求800字以上。

项目一　污染源执法

任务 1　污染源调查与常规执法

工作任务： 进行污染源建档并开展常规执法。

建议学时： 2～3 学时。

学习目标： ①能承担污染源调查和建档工作；
②能列出污染源常规执法清单并按程序进行执法；
③能根据相关法律分析处理环境违法行为。

教学过程： 设计“课前+课中+课后”学习任务，实施“线上+线下”立体化教学。

教学方法： 启发式教学、微视频、案例分析。

教学模式： 任务引领→思政与任务提出→模块知识领学→任务实践、教学方法应用→任务完成与点评→练习与实践训练。

教学平台及媒体： 多媒体教室、移动设备、校外实训基地、云班课、钉钉、微信、腾讯会议；教学课件包、教材。

思政元素： 导入企业非法排污造成环境污染的案例、图片；展示现场执法与查处环境违法行为的警示篇；地方人民政府生态环境执法网格化管理的经验推广。激发新时代生态环保铁军的使命感和自豪感。

一、污染源调查与档案管理

（一）识别污染源与污染源分类

根据《全国污染源普查条例》，污染源是指因生产、生活和其他活动向环境排放污染物或对环境产生不良影响的场所、设施、装置以及其他污染发生源。这里专指人为污染源。

污染源按人类社会活动功能可分为工业污染源、农业污染源、交通污染源和生活污染源（表 1-1）。

表 1-1 污染源分类及来源

污染源分类	具体来源
农业污染源	畜禽养殖业（如水污染物的排放、粪尿的产生）、种植业（如化肥、农药的流失，地膜残留等）、水产养殖业（如水污染物排放）、农产品加工、农村日常生活等
工业污染源	工业企业（如钢铁、有色金属、电力、矿业、石油采炼、化工、造纸、建材等工业行业企业）生产中的各个环节（如原料粉碎、筛分、加工、化学反应、燃烧、洗选、热交换等过程），产品的包装与库存等生产设备和场所都可能成为工业污染源
生活污染源	城市和人口密集的居住区，居民的日常生活、商业活动及公共设施
交通污染源	飞机、船舶、汽车、火车等运输工具及其管理场所、配套设施和服务企业。它们具有移动性、间歇排放污染物等特点

（二）污染源调查

我国环境统计制度建立于 1980 年，此后，在全国范围内开展了一次工业污染源调查、两次乡镇工业污染源调查，并以此为基础，逐步形成了以抽样调查为主、科学估算为辅的年度环境统计制度。污染源调查是环境统计制度的具体体现，是取得污染源详细资料的有效途径。

污染源调查是在生态环境部门的领导下，生态环境执法机构会同其他环境管理部门共同开展环境污染源动态调查和数据采集工作，掌握辖区内污染源的基本情况，建立辖区内重点污染源、一般污染源名录和各污染源排放的主要污染物的动态数据库。

重点污染源是指生态环境部门在生态环境管理中确定的污染物排放量大、环境危害严重的污染源。对重点污染源实行重点监控、重点管理。

污染源调查分普查与详查两种方式。

1. 污染源普查

现行的环境统计制度在全面掌握污染源情况方面存在明显不足，不能适应加强环境保护、减少污染物排放的现实需要。为切实加强环境监督管理，提高科学决策水平，国务院于 2008 年年初开展第一次全国污染源普查。根据《全国污染源普查条例》，全国污染源普查每 10 年进行 1 次，标准时点为普查年份的 12 月 31 日。2017 年开展了第二次全国污染源普查，普查结果及普查条例请扫码查看“任务 1-1”。

扫码获取学习资源
任务 1-1

污染源普查的任务是掌握各类污染源的数量、行业和地区分布情况，了解主要污染物的产生、排放和处理情况，建立健全重点污染源档案、污染源信息数据库和环境统计平台，为制定经济社会发展和环境保护政策、规划提供依据。

根据 2018 年国家统计局发布的《第二次全国污染源普查制度》，污染源普查的对象是我国境内有污染源的单位和个体经营户。普查对象类别及统计范围见表 1-2。污染源普查制度、表格填报方式请扫码查看“任务 1-2”。

扫码获取学习资源
任务 1-2

表 1-2　污染源普查对象类别及统计范围

普查类别	统计范围
工业污染源	普查对象为产生废水污染物、废气污染物及固体废物的所有工业行业产业活动单位。对可能伴生天然放射性核素的 8 类重点行业 15 个类别矿产采选、冶炼和加工产业活动单位进行放射性污染源调查。 对国家级、省级开发区中的工业园区（产业园区），包括经济技术开发区、高新技术产业开发区、保税区、出口加工区等进行登记调查
农业污染源	普查对象为纳入农业统计的农业生产活动对象。范围包括种植业、畜禽养殖业和水产养殖业。其中，畜禽养殖业主要对生猪、奶牛、肉牛、蛋鸡、肉鸡五类畜种的规模养殖场及规模以下养殖户开展调查
生活污染源	普查对象为除工业企业生产使用以外所有单位和居民生活使用的锅炉（以下统称生活源锅炉），城市市区、县城、镇区的市政入河（海）排污口；以城市市区、县城、镇区、行政村为单位统计城乡居民能源使用情况，生活污水产生、排放情况

普查类别	统计范围
集中式污染治理设施	普查对象为集中处理处置生活垃圾、危险废物和污水的单位。其中： 生活垃圾集中处理处置单位包括生活垃圾填埋场、生活垃圾焚烧厂以及以其他处理方式集中处理生活垃圾和餐厨垃圾的单位。 危险废物集中处理处置单位包括危险废物处置厂和医疗废物处理（处置）厂。危险废物处置厂包括危险废物综合处理（处置）厂、危险废物焚烧厂、危险废物安全填埋场和危险废物综合利用厂等；医疗废物处理（处置）厂包括医疗废物焚烧厂、医疗废物高温蒸煮厂、医疗废物化学消毒厂、医疗废物微波消毒厂等。 集中式污水处理单位包括城镇污水处理厂、工业污水集中处理厂和农村集中式污水处理设施
移动源	普查对象为全国范围内机动车、非道路移动源和油品储运销污染源。机动车污染源包括载客汽车、载货汽车、低速汽车和摩托车。非道路污染源包括飞机、船舶、铁路内燃机车、工程机械和农业机械等。油品储运销污染源包括储油库、加油站和油罐车。以直辖市、地（区、市、州、盟）为单元分别统计

注：①按照依法普查原则，任何地方、部门、单位和个人均不得虚报、瞒报、拒报、迟报，不得伪造、篡改普查资料；
②各级普查机构及其工作人员，对普查对象的技术和商业秘密，必须履行保密义务。

2．污染源详查

污染源详查的内容主要有排污方式和规律，污染物的物理、化学和生物特性，主要污染物的跟踪分析，污染物流失原因分析等，见表 1-3。

表 1-3　污染源详查清单

项　目	详查清单
企业基本情况	企业所在位置、功能区及环境现状；企业经济类型、开工年份、产量、产值、环境管理和检测机构以及人员配置等
原料、能源和水资源情况	能源的类型、产地、成分、实际消耗量，主要产品的能耗及节能措施；水资源类型、供水方式、重复用水情况、主要产品的水耗及节水措施；原辅材料的种类、成分、消耗定额，主要产品的原辅材料消耗量
生产工艺和排污情况	生产工艺流程、主要设备、主要化学反应、主要技术路线及生产工艺的水平；污染物的产生规律、产生部位、排放方式和去向，污染物的种类、毒性、浓度和排放量
污染治理情况	污染治理设施的治理方法、种类、投资、运行成本，污染治理的效率效果及存在的问题
污染危害情况	污染危害的程度、原因、损失，污染事故的隐患及周围群众的反映
生产发展情况	企业的发展方向、规模、发展趋势、预期污染物排放量及影响

（三）污染源数据库管理

按照污染源的位置、所属行业类别、排放污染物的类型、规模、经济类别、所属流域、污染物排放去向等分类，建立健全污染源信息的动态数据库，并加强日常管理和维护更新。

污染源普查资料档案的保管、调用和移交应当遵守国家有关档案管理规定。国家建立污染源普查资料信息共享制度。

二、污染源执法

《环境保护法》第二十四条规定："县级以上人民政府环境保护主管部门及其委托的环境监察机构和其他负有环境保护监督管理职责的部门，有权对排放污染物的企业事业单位和其他生产经营者进行现场检查。被检查者应当如实反映情况，提供必要的资料。实施现场检查的部门、机构及其工作人员应当为被检查者保守商业秘密。"当前，各级生态环境部门的生态环境执法机构是污染源执法的专职机构。

污染源执法的基本特征是执法活动具有现场性和微观性，即在现场实施监督检查，进行微观环境管理。污染源执法属于行政执法的范畴。其主要特点有：

①污染源执法必须严格依据法律、法规授权或行政部门行政管辖的执法范围开展检查活动，不能越权越职执法。

②污染源执法要坚持深入现场、深入实际，及时发现和查处各种环境违法行为，并积极受理人民群众的投诉举报。

③污染源执法是一种单方的具体行政行为。它是对特定的环境行政管理相对人和特定事件所采取的具体行政行为，并且由现场执法主体即生态环境执法机构单方面意思表达即告成立。

④污染源执法是直接影响环境行政管理相对人权利和义务的行政行为。

⑤污染源执法是具有程序要求的行为。生态环境执法机构在进行现场执法活动时，必须按照法律、法规规定的程序进行，不能随意违反或超越执法程序的各个环节。

⑥污染源执法是具有技术性的行政行为，必须借助一定的技术手段，比如使用无人机、监测采样和使用快速测定仪器。

三、污染源常规执法任务清单

排污单位依法应当防止、减少环境污染和生态破坏。

（一）对排污单位内部落实环境管理制度的检查

排放污染物的企业事业单位，应当依法建立环境保护责任制度，明确单位负责人和相关人员的责任。检查清单如表 1-4 所示。

表 1-4 对排污单位内部落实环境管理制度的检查清单

检查项目	具体要求
环境管理机构设置	企业应建立健全自身环保机构与规章制度，如编制企业环保计划，建立和落实各项环境管理制度，实施企业环境监督管理。根据其规模、生产的复杂程度、环境污染的大小等，可采用专门机构、联合机构、专职岗位等多种形式进行设置
环境管理人员设置	企业环境管理机构必须有相应的人员负责落实生态环境保护责任。厂长（法人代表）是当然的企业污染防治法定责任者，承担污染物削减和防止造成污染的责任目标，并将责任目标层层分解，并进行监督检查和考核，做到具体工作专人负责。企业环境管理人员可以是专职或兼职，但必须具备一定的业务素质
环境管理制度建设	制定企业环境保护规划和年度计划，落实企业环保目标责任制。内容包括：污染物达标排放、总量控制和削减指标、排污许可证的可量化指标等；实施环境监测制度（图 1-1）、污染防治设施运行操作规程及管理制度、危险化学品管理制度、环境突发应急管理和报告制度、污染源档案管理制度、环保人员的岗位责任制度等

（二）污染源检查

参照《工业污染源现场检查技术规范》（HJ 606—2011）的有关规定，结合当前环境法律法规的相关规定，污染源执法检查清单见表 1-5。

具体涉及各环境要素的现场执法清单，按照相关项目任务进行操作。

表 1-5　污染源执法检查清单

检查项目	具体检查内容
环境管理手续检查	①排污者的环评审批和验收手续是否齐全、有效 ②是否有被处罚记录以及处罚决定的执行情况
生产设施检查	排污者的工艺、设备及生产状况，是否有国家规定淘汰的工艺、设备和技术；污染物的来源、产生规模、排污去向。具体内容应包括： ①原辅材料、中间产品，产品的类型、数量及特性等情况 ②生产工艺、设备及运行情况 ③原辅材料、中间产品、产品的贮存场所与输移过程 ④生产变动情况，如果发生变动是否办理环评手续
污染治理设施检查	①排污者拥有污染治理设施的类型、数量、性能和污染治理工艺，是否符合环境影响评价文件的要求 ②污染治理设施的管理维护情况、运行情况及运行记录，是否存在停运或不正常运行情况，是否按规程操作 ③污染物处理量、处理率及处理达标率，有无违法、违章的行为
污染源自动监控系统检查	重点排污单位应当按照国家有关规定和监测规范安装使用监测设备，保证监测设备正常运行，保存原始监测记录，并按规定与生态环境部门的监控设备联网
污染物排放情况检查	①污染物排放口（源）的类型、数量，位置的设置是否规范（具体操作见任务 12），是否有暗管排污等偷排行为 ②排污口（源）排放污染物的种类、数量、浓度、排放方式等是否满足国家或地方污染物排放标准的要求 ③是否按照《环境保护图形标志——排放口（源）》《环境保护图形标志——固体废物贮存（处置）场》以及环保图形标志规定，设置环境保护图形标志。具体操作见任务 7
环境应急管理检查	①现场环境事故隐患排查及治理情况 ②是否编制和及时修订突发性环境事件应急预案 ③应急预案是否具有可操作性 ④是否按预案配置应急处置设施和落实应急处置物资（图 1-2、图 1-3） ⑤是否定期开展应急预案演练
指导性执法	①提供技术改造建议 ②提出回收利用建议 ③提出合理的污染治理建议 ④指导区域性或企业间的集中污染控制

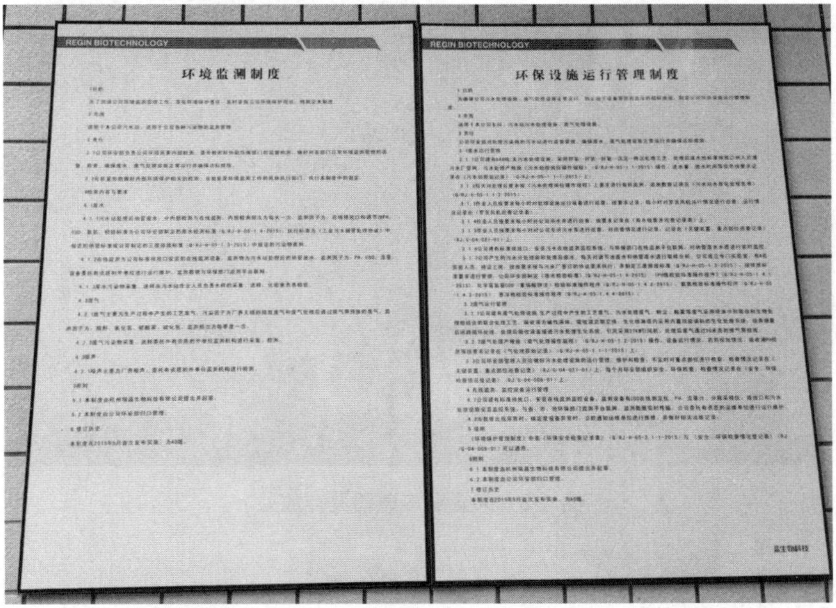

图 1-1　某企业的环境监测与环保设施运行管理制度

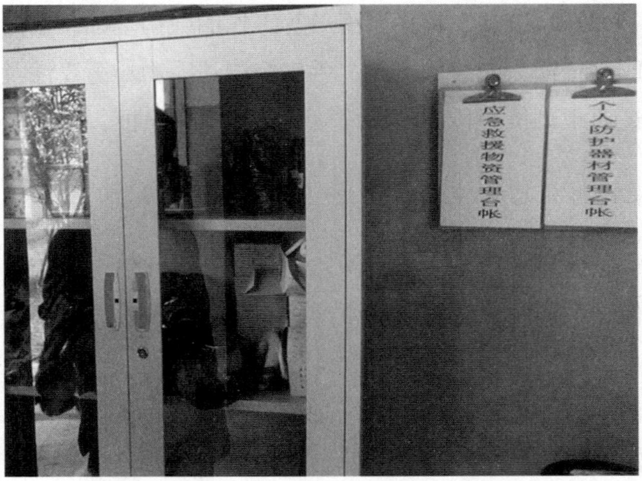

图 1-2　某企业部分应急物资及管理台账

图 1-3　某企业应急器具存放处

（三）排污量核定

核定排污量是判断企业是否按照许可证进行排污的重要内容，也是排污收费（或环境保护税）、环境统计、污染源清单等工作的数据基础。实际排放量核定方法采用的优先顺序依次为在线监测法、手工监测法、物料衡算法及排放因子法。企业根据许可证要求，按期核算实际排放量，并定期申报、公开。

（四）污染物排放总量控制检查

①检查是否符合产业政策。根据国家产业和技术政策，属于国务院和省级人民政府明令关停、取缔和淘汰的落后生产能力、工艺设备、产品等排污单位的，不得给予排污总量控制指标。

②检查排污单位排放污染物是否满足国家和地方污染物排放标准，是否落实本单位的重点污染物排放总量控制指标。排污单位进行改制、改组或兼并后，其排污总量不得超过原指标值；对于分离出来的排污单位，其排污总量控制指标按照《建设项目主要污染物排放总量指标审核及管理暂行办法》的规定，原则上应从原单位排污总量控制指标中划拨，或通过当地人民政府设立的排污权交易平台进行排污权交易。

③检查区域或流域的污染物排放总量控制计划执行情况。所有建设项目的污染物排放指标必须纳入所在区域或流域的污染物排放总量控制计划。当建设项目新增的污染物排放量超过该区域污染物总量控制计划或严重影响城市、区域环境质量时，总量控制指标只能在该区域内调剂，不得新增指标。

四、污染源执法的工作步骤

（一）常规工作步骤

污染源执法的常规工作步骤如图 1-4 所示。

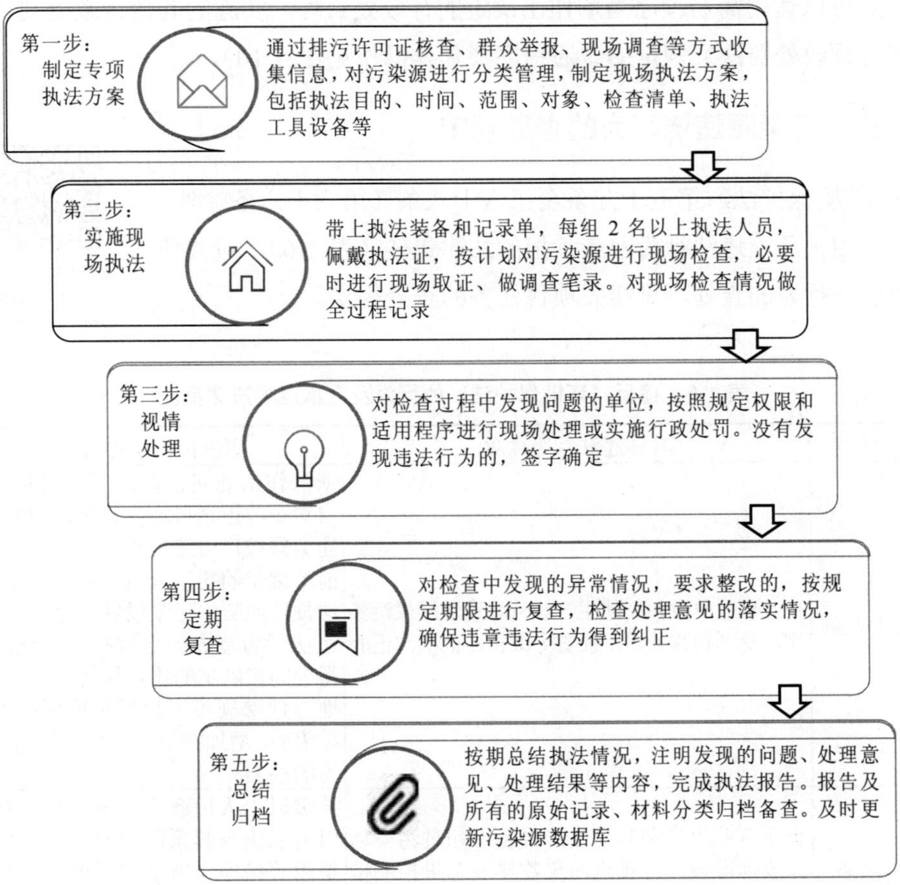

图 1-4　污染源执法常规工作步骤

（二）异常情况的处理

1. 适用行政处罚简易程序的处理

生态环境执法人员在污染源执法过程中，对违章违法行业需根据问题性质、情节轻重，按照法律法规的规定，当场采取责令减轻、消除污染，责令限制排污、停止排污，责令改正等处理措施，按照《行政处罚法》规定适用于简易程序的，当场作出行政处罚决定，填发《现场处理决定书》。《现场处理决定书》一式两份，一份当场交排污单位，一份由生态环境执法机构留存（具体操作见任务 10）。

2. 适用行政处罚普通程序的处理

除可以适用简易程序当场作出决定的行政处罚外，实施的其他行政处罚均应遵守《行政处罚法》规定的普通程序（具体操作见任务 10）。

五、污染源违法行为的查处规定

《环境保护法》第五十九条至第六十八条（第六十六条除外）规定了相关环境违法行为及应承担的法律责任（表 1-6）。对其他环境违法行为的查处，见相关项目任务的查处规定。

扫码获取学习资源
任务 1-3 生态环境保护综合行政执法事项指导目录

表 1-6 违反《环境保护法》的行为及应承担的法律责任

责任条款	具体违法行为款项	应承担的法律责任
第五十九条	企业事业单位和其他生产经营者违法排放污染物，受到罚款处罚，被责令改正，拒不改正的	依法作出处罚决定的行政机关可以自责令改正之日的次日起，按照原处罚数额按日连续处罚。 前款规定的罚款处罚，依照有关法律法规按照防治污染设施的运行成本、违法行为造成的直接损失或违法所得等因素确定的规定执行。 地方性法规可以根据环境保护的实际需要，增加按日连续处罚的违法行为的种类
第六十条	企业事业单位和其他生产经营者超过污染物排放标准或超过重点污染物排放总量控制指标排放污染物的	县级以上人民政府生态环境主管部门可以责令其采取限制生产、停产整治等措施；情节严重的，报经有批准权的人民政府批准，责令停业、关闭

责任条款	具体违法行为款项	应承担的法律责任
第六十一条	建设单位未依法提交建设项目环境影响评价文件或环境评价文件未经批准，擅自开工建设的	由负有环境保护监督管理职责的部门责令停止建设，处以罚款，并可以责令恢复原状
第六十二条	重点排污单位不公开或不如实公开环境信息的	由县级以上地方人民政府生态环境主管部门责令公开，处以罚款，并予以公告
第六十三条	（一）建设项目未依法进行环境影响评价，被责令停止建设，拒不执行的 （二）违反法律规定，未取得排污许可证排放污染物，被责令停止排污，拒不执行的 （三）通过暗管、渗井、渗坑、灌注或篡改、伪造监测数据，或者不正常运行防治污染设施等逃避监管的方式违法排放污染物的 （四）生产、使用国家明令禁止生产、使用的农药，被责令改正，拒不改正的	企业事业单位和其他生产经营者有本条款项行为之一，尚不构成犯罪的，除依照有关法律法规规定予以处罚外，由县级以上人民政府生态环境主管部门或其他有关部门将案件移送公安机关，对其直接负责的主管人员和其他直接责任人员，处 10 日以上 15 日以下拘留；情节较轻的，处 5 日以上 10 日以下拘留
第六十四条	因污染环境和破坏生态造成损害的	应当依照《中华人民共和国侵权责任法》的有关规定承担侵权责任
第六十五条	环境影响评价机构、环境监测机构以及从事环境监测设备和防治污染设施维护、运营的机构，在有关环境服务活动中弄虚作假，对造成的环境污染和生态破坏负有责任的	除依照有关法律法规规定予以处罚外，还应当与造成环境污染和生态破坏的其他责任者承担连带责任
第六十七条	下级人民政府及其有关部门环境保护的工作人员有违法行为，应当给予处分的	上级人民政府及其生态环境主管部门依法应当向其任免机关或监察机关提出处分建议
	依法应当给予行政处罚，而有关生态环境主管部门不给予行政处罚的	上级人民政府生态环境主管部门可以直接作出行政处罚的决定
第六十八条	（一）不符合行政许可条件准予行政许可的 （二）对环境违法行为进行包庇的 （三）依法应当作出责令停业、关闭的决定而未作出的 （四）对超标排放污染物、采用逃避监管的方式排放污染物、造成环境事故以及不落实生态保护措施造成生态破坏等行为，发现或接到举报未及时查处的 （五）违反本法规定，查封、扣押企业事业单位和其他生产经营者的设施、设备的 （六）篡改、伪造或指使篡改、伪造监测数据的 （七）应当依法公开环境信息而未公开的 （八）将征收的排污费截留、挤占或挪作他用的 （九）法律法规规定的其他违法行为	地方各级人民政府、县级以上人民政府生态环境主管部门和其他负有环境保护监督管理职责的部门有本条款项行为之一的，对直接负责的主管人员和其他直接责任人员给予记过、记大过或降级处分；造成严重后果的，给予撤职或开除处分，其主要负责人应当引咎辞职
第六十九条	违反本法规定，构成犯罪的	依法追究刑事责任

六、污染源执法的执法对象、频次和形式

（一）执法对象及频次

污染源执法的执法对象及频次如表 1-7 所示。

表 1-7 污染源执法的执法对象及频次

执法对象	执法频次
重点污染源	每月不少于 1 次
一般污染源	每季不少于 1 次
扰民严重的餐饮、娱乐业的污染，群众来信来访和举报的污染源	及时进行随机执法

除了要满足污染源监督管理制度规定的频次，还应根据本地区的污染源特点和环境特点，适当扩大执法范围和增加执法次数并进行突击性执法检查，如北方取暖期间应增加锅炉和窑炉的执法次数，环保专项行动应增加污染源的执法次数等，高考和中考期间应加强对夜间建筑施工和噪声污染的执法。

对污染源应采取定期和不定期的检查、抽查、暗查。在保证重点污染源每月 1 次、一般污染源每季度 1 次检查的同时，还应保证必要的抽查、暗查频次。

（二）执法形式

各种执法形式的检查重点有所不同，具体归纳如表 1-8 所示。

表 1-8 不同执法形式的重点检查内容

执法形式	重点检查内容
定期检查	对于辖区的重点污染源，必须事先了解和掌握污染源的生产工艺，了解和掌握产污的关键设备、工艺特点和基本情况，产污节点、产污种类和产污数量，排放的方式和去向，污染治理设施的基本情况，对外的环境影响等。此外，还应了解以往的执法过程中记录的被执法对象的行为特征，据此做好行动计划

执法形式		重点检查内容
定期巡查	重点污染源巡查	针对定期检查中发现的问题以及重点污染源的排污特征，定期复查和巡视检查其整改情况、排污变动情况等
	一般污染源巡视	针对一般污染源的排污口，对其水量、颜色、气味进行必要的观察和快速测定；对烟囱排烟的黑度进行测定，查看烟气污染状况，巡视废气的颜色、气味、大气环境表观特征等，查看工艺废气的排放情况；检测厂界噪声，确定噪声影响等，如发现问题要深入污染源内部追根溯源
	废物倾倒巡查	一些排污单位无视环保法规，为了减少清运、处理费用，随意倾倒废渣、污泥、垃圾、废液等，检查其将废物随意倒入废坑、谷、偏僻角落、路边、湖边、河边等区域
	重点保护区巡视	检查饮用水水源保护区、生态保护区（如防护林）和植被的破坏造成水土流失、泥石流甚至洪水和塌方、滑坡等灾难风险
定点观察		在适当位置设立固定观察点，发现问题并进行拍照或录像，及时取证处理
不定期检查	突击检查	针对某一地区或行业的普遍环境问题，重点检查目标源的各类生产与环保记录、污染物处理及排放情况
	临时性检查	一些突发性环境污染事件、信访案件；特别时期安排临时性检查，如举办大型国际会议、重要的国际运动会、庆典等对环境质量要求较高的活动时，为了保证活动的正常进行，避免产生不良的政治影响和国际影响，开展临时性检查
特殊形式检查	污染源执法检查	部分企业和社会公众法制意识比较淡薄，要采取有针对性的污染源执法大检查，由主抓环保的人民政府有关领导和生态环境主管部门领导带队，以生态环境执法机构为主，检查重点污染源，采取边检查、边纠正、边处理的方法，特别要注意宣传，扩大影响
	联片执法	为了提高效率、便于管理，一般采取网格化管理、责任到人、奖罚分明；为了协助解决一些难点执法问题，采取定期联片执法方法，在辖区内将不同辖区的执法机构和执法人员混合编队，进行交叉执法
	节假日、夜间检查	加强节假日和夜间巡视检查，防止一些违法排污单位为了逃避检查，利用节假日、夜间等执法人员休息的时间集中排污
	污染源监视	针对有些违法排污单位排污行为十分隐蔽，以不定期、短时间、偷排等方式排污的现象，执法人员采取长期蹲点办法，配以先进的技术手段，日夜监视，直到发现问题，立即进行现场取证
	联合执法检查	与有处理权、监督权的其他执法部门相衔接，采取联合执法方式解决问题，联合公安、法院、交通、工商、城管等执法单位实施执法行动，解决权限不清的环境污染问题。例如，一些社会生活噪声污染源扰民问题，交通噪声和汽车尾气执法，跨省界、跨流域的污染问题的监督检查等，因污染源常常隶属不同行政区域和部门，必须联合执法

扫码下载学习资料

任务 1-4　案例放送

任务 1-5　更多资讯和案例

知识点应用与训练

【填空题】

1．污染源是指因生产、生活和其他活动向环境排放__________或对环境产生_______的_____、_____、_____以及其他污染发生源。

2．污染源普查的对象是国内____________和__________。

3．根据国家产业和技术政策，属于国务院和省级人民政府明令_________、_________和__________的落后生产能力、工艺设备、产品等排污单位的，不得给予______________。

【单选题】

1．重点污染源的执法检查，一般不少于 1 次是指（　）。

A. 每月　B.每季　C.每年　D.看情况而定

2．关于污染源调查，被列为重点污染源的调查对象，要进行（　）。

A.普查　B.详查　C.不确定

3．以下属于合法行为的是（　）。

A.建设单位未依法办理环评审批手续开工建设

B.某企业所排放废水 pH 为 8.9

C.生态环境主管部门对偷排废水行为接到举报未及时进行查处

D.企业实验室分析人员编造漏做样品的监测原始数据

【多选题】

1．环境执法的形式有（　　）。

A.定期检查

B.定期巡查

C.定点观察

D.不定期检查

2．对污染源的检查包括（　　）。

A.排污者环境管理手续

B.排污者的生产设备

C.污染源的污染治理设施

D.污染源安装自动监控系统情况

E.污染物排放情况

F.污染源的应急管理情况

3．污染源按人类活动功能可分为（　　）。

A.工业污染源

B.农业污染源

C.交通污染源

D.生活污染源

【判断题】

1．污染源信息建立的是动态数据库，要进行日常管理和维护更新。（　）

2．生态环境现场执法是一种双方友好合作的行政行为。（　）

3．企业环境管理人员可以是专职或兼职，但必须具备一定的业务素质。（　）

【简答题】

分步骤简述污染源执法的一般工作流程，详细列出污染源常规执法检查清单。

【实训项目】

选择一家工业类企业或校外实训基地，进行污染源常规模拟执法训练。根据现场执法记录表，带上相应的取证工具进行实操训练。训练中按照检查内容询问企业的有关人员并检查，辨识其是否存在违法行为，要对异常情况进行记录、取证，并依法提出处理建议。

扫码下载学习资料

任务1-6 污染源现场模拟执法检查记录表

任务2 水污染源执法

工作任务： 水污染防治设施与污水排放执法检查。

建议学时： 3～4学时。

学习目标： ①能识别废水特征污染物并进行样品采集和快速测定。

②能辨识污水处理设施运营及废水排放是否存在违法行为。

③能规范执法并对水污染违法行为提出处理建议。

教学过程： 设计"课前+课中+课后"学习任务，实施"线上+线下"立体化教学。

教学方法： 微视频教学、现场教学、案例分析。

教学模式： 任务引领→思政与工作任务导入→模块知识领学→任务实践、教学方法应用→任务完成与点评→练习与校外训练。

教学平台及媒体： 多媒体教室、工厂或校外实训基地、移动设备、云班课、钉钉、微信、腾讯会议；教学课件包、教材。

思政元素： 展示企业非法排污造成环境污染事件的实时报道、现场执法与查处环境违法行为的警示案例；宣讲地方生态环境保护执法大练兵的时事报道；分享区域水环境整治取得的成果，提升职业责任感和荣誉感。

一、水污染源监测指标及监督性监测

根据《中华人民共和国水污染防治法》（以下简称《水污染防治法》），水污染"指水体因某种物质的介入，而导致其化学、物理、生物或放射性等方面特性的改变，从而影响水的有效利用，危害人体健康或破坏生态环境，造成水质恶化的现象"。

水污染物，是指直接或间接向水体排放的，能导致水体污染的物质。《水污染防治法》第十条规定："排放水污染物，不得超过国家或者地方规定的水污染物排放标准和重点水污染物排放总量控制指标。"

有毒污染物，是指那些直接或间接被生物摄入体内后，可能导致该生物或其后代发病、行为反常、遗传异变、生理机能失常、机体变形或者死亡的污染物。

（一）水污染物来源及水污染物监测指标

污（废）水的特征污染物及其来源见表 1-9。

表 1-9　污（废）水的特征污染物及其来源

污染类型			污染物	污染标志	污（废）水来源
物理性污染	热污染		热的冷却水、热废水	升温、缺氧或气体过饱和、富营养化	动力、电站、冶金、石油、化工等工业废水
	放射性污染		铀、钚、锶、铯	放射性污染	核研究、生产、试验，核医疗、核电站
	表观污染	浑浊	泥、渣、沙、漂浮物	浑浊	地表径流、生活污水、工业废水
		颜色	腐殖质、色素染料、铁、锰	颜色异常	地表径流，食品、印染、造纸、冶金类废水
		臭味	酚、氯、胺、硫醇、硫化铵等	恶臭	食品、制革、炼油、化肥、农药等工业废水
化学性污染	酸碱污染		酸、碱等	pH 异常	矿山、化工、化肥、造纸、电镀、酸洗废水
	重金属污染		汞、镉、铬、铜、铅、锌等	毒性	矿山、冶金、电镀、仪表类工业废水
	非金属污染		砷、氰、氟、硫、硒的化合物等	毒性	化工、火电、农药、化肥类工业废水
	需氧有机物污染		糖类、蛋白质、油脂、木质素等	耗氧致水体缺氧	食品、印染、制革、造纸、化工类工业废水，生活污水，农田排水
	农药污染		有机氯农药类、多氯联苯、有机磷农药等	水中生物中毒	农药、化工、炼油工业废水，农田排水
	难降解有机物污染		酚、苯、醛类等	耗氧、异味、毒性	制革、化工、炼油、煤矿、化肥工业废水，地表径流
	油类污染		石油及其制品	漂浮、乳化油增加	石油开采、炼油、油轮等废水
生物性污染	病原菌污染		病菌、虫卵、病毒等	水体带菌、传播疾病	医院、屠宰、畜牧、制革等工业废水，生活污水，地表径流
	霉菌污染		霉菌素等	毒性、致癌	制药、酿造、食品、制革工业废水
	藻类污染		无机、有机氮磷	富营养化、水体恶化	化肥、化工、食品工业废水，生活污水，农田排水

根据《地表水和污水监测技术规范》（HJ/T 91—2002），工业废水监测项目见表 1-10。

扫码获取学习资源
任务 2-1 相关技术规范

表 1-10 工业废水监测项目

类型		必测项目	选测项目①
黑色金属矿山（包括磷铁矿、赤铁矿、锰矿等）		pH、悬浮物、重金属②	硫化物、锑、铋、锡、氯化物
钢铁工业（包括选矿、烧结、炼焦、炼铁、炼钢、连铸、轧钢等）		pH、悬浮物、COD、挥发酚、氰化物、油类、六价铬、锌、氨氮	硫化物、氟化物、BOD_5、铬
选矿药剂		COD、BOD_5、悬浮物、硫化物、重金属	
有色金属矿山及冶炼（包括选矿、烧结、电解、精炼等）		pH、COD、悬浮物、氰化物、重金属	硫化物、铍、铝、钒、钴、锑、铋
非金属矿物制品业		pH、悬浮物、COD、BOD_5、重金属	油类
煤气生产和供应业		pH、悬浮物、COD、BOD_5、油类、重金属、挥发酚、硫化物	多环芳烃、苯并[a]芘、挥发性卤代烃
火力发电（热电）		pH、悬浮物、硫化物、COD	BOD_5
电力、蒸汽、热水生产和供应业		pH、悬浮物、硫化物、COD、挥发酚、油类	BOD_5
煤炭采选业		pH、悬浮物、硫化物	砷、油类、汞、挥发酚、COD、BOD_5
焦化		COD、悬浮物、挥发酚、氨氮、氰化物、油类、苯并[a]芘	总有机碳
石油开采		COD、BOD_5、悬浮物、油类、硫化物、挥发性卤代烃、总有机碳	挥发酚、总铬
石油加工及炼焦业		COD、BOD_5、悬浮物、油类、硫化物、挥发酚、总有机碳、多环芳烃	苯并[a]芘、苯系物、铝、氯化物
化学矿开采	硫铁矿	pH、COD、BOD_5、硫化物、悬浮物、砷	
	磷矿	pH、氟化物、悬浮物、磷酸盐（P）、黄磷、总磷	
	汞矿	pH、悬浮物、汞	硫化物、砷
无机原料	硫酸	酸度（或 pH）、硫化物、重金属、悬浮物	砷、氟化物、氯化物、铝
	氯碱	碱度（或酸度、pH）、COD、悬浮物	汞
	铬盐	酸度（或碱度、pH）、六价铬、总铬、悬浮物	汞

类型		必测项目	选测项目[①]
化肥	磷肥	pH、COD、BOD_5、悬浮物、磷酸盐、氟化物、总磷	砷、油类
	氮肥	COD、BOD_5、悬浮物、氨氮、挥发酚、总氮、总磷	砷、铜、氰化物、油类
农药	有机磷	COD、BOD_5、悬浮物、挥发酚、硫化物、有机磷、总磷	总有机碳、油类
	有机氯	COD、BOD_5、悬浮物、硫化物、挥发酚、有机氯	总有机碳、油类
兵器工业	弹药装药	pH、COD、BOD_5、悬浮物、梯恩梯（TNT）、地恩梯（DNT）、黑索今（RDX）	硫化物、重金属、硝基苯类、油类
	火工品	pH、COD、BOD_5、悬浮物、铅、氰化物、硫氰化物、铁（I、II）氰络合物	肼和叠氮化物（叠氮化钠生产厂为必测）、油类
	火炸药	pH、COD、BOD_5、悬浮物、色度、铅、TNT、DNT、硝化甘油（NG）、硝酸盐	油类、总有机碳、氨氮
有机原料		COD、挥发酚、氰化物、悬浮物、总有机碳	苯系物、硝基苯类、总有机碳、有机氯类、邻苯二甲酸酯等
塑料		COD、BOD_5、油类、总有机碳、硫化物、悬浮物	氯化物、铝
化学纤维		pH、COD、BOD_5、悬浮物、总有机碳、油类、色度	氯化物、铝
橡胶		COD、BOD_5、油类、总有机碳、硫化物、六价铬	苯系物、苯并[*a*]芘、重金属、邻苯二甲酸酯、氯化物等
医药生产		pH、COD、BOD_5、油类、总有机碳、悬浮物、挥发酚	苯胺类、硝基苯类、氯化物、铝
染料		COD、苯胺类、挥发酚、总有机碳、色度、悬浮物	硝基苯类、硫化物、氯化物
颜料		COD、硫化物、悬浮物、总有机碳、汞、六价铬	色度、重金属
油漆		COD、挥发酚、油类、总有机碳、六价铬、铅	苯系物、硝基苯类
合成洗涤剂		COD、阴离子合成洗涤剂、油类、总磷、黄磷、总有机碳	苯系物、氯化物、铝
合成脂肪酸		pH、COD、悬浮物、总有机碳	油类
聚氯乙烯		pH、COD、BOD_5、总有机碳、悬浮物、硫化物、总汞、氯乙烯	挥发酚

类型	必测项目	选测项目[①]
感光材料、广播电影电视业	COD、悬浮物、挥发酚、总有机碳、硫化物、银、氰化物	显影剂及其氧化物
其他有机化工	COD、BOD_5、悬浮物、油类、挥发酚、氰化物、总有机碳	pH、硝基苯类、氯化物
合成氨工业	pH、COD、悬浮物、氨氮、总有机碳、挥发酚、硫化物、氰化物、石油类、总氮	镍
除草剂工业	pH、COD、悬浮物、总有机碳、百草枯、阿特拉津、吡啶	除草醚、五氯酚、五氯酚钠、2,4-D、丁草胺、绿麦隆、氯化物、铝、苯、二甲苯、氨、氯甲烷、联吡啶
电镀	pH、碱度、重金属、氰化物	钴、铝、氯化物、油类
烧碱	pH、悬浮物、汞、石棉、活性氯	COD、油类
电气机械及器材制造业	pH、COD、BOD_5、悬浮物、油类、重金属	总氮、总磷
普通机械制造	COD、BOD_5、悬浮物、油类、重金属	氰化物
电子仪器、仪表	pH、COD、BOD_5、氰化物、重金属	氟化物、油类
造纸及纸制品业	酸度（或碱度）、COD、BOD_5、可吸附有机卤化物（AOX）、pH、挥发酚、悬浮物、色度、硫化物	木质素、油类
纺织染整业	pH、色度、COD、BOD_5、悬浮物、总有机碳、苯胺类、硫化物、六价铬、铜、氨氮	总有机碳、氯化物、油类、二氧化氯
皮革、毛皮、羽绒服及其制品	pH、COD、BOD_5、悬浮物、硫化物、总铬、六价铬、油类	总氮、总磷
水泥	pH、悬浮物	油类
油毡	COD、BOD_5、悬浮物、油类、挥发酚	硫化物、苯并[*a*]芘
玻璃、玻璃纤维	COD、BOD_5、悬浮物、氰化物、挥发酚、氟化物	铅、油类
陶瓷制造	pH、COD、BOD_5、悬浮物、重金属	
石棉（开采与加工）	pH、石棉、悬浮物	挥发酚、油类
木材加工	COD、BOD_5、悬浮物、挥发酚、pH、甲醛	硫化物
食品加工	pH、COD、BOD_5、悬浮物、氨氮、硝酸盐氮、动植物油	总有机碳、铝、氯化物、挥发酚、铅、锌、油类、总氮、总磷
屠宰及肉类加工	pH、COD、BOD_5、悬浮物、动植物油、氨氮、大肠菌群	石油类、细菌总数、总有机碳

类型	必测项目	选测项目[1]
饮料制造业	pH、COD、BOD_5、悬浮物、氨氮、粪大肠菌群	细菌总数、挥发酚、油类、总氮、总磷
航天推进剂	pH、COD、BOD_5、悬浮物、氨氮、氰化物、甲醛、苯胺类、肼、一甲基肼、偏二甲基肼、三乙胺、二乙烯三胺	油类、总氮、总磷
船舶工业	pH、COD、BOD_5、悬浮物、油类、氨氮、氰化物、六价铬	总氮、总磷、硝基苯类、挥发性卤代烃
制糖工业	pH、COD、BOD_5、色度、油类	硫化物、挥发酚
电池	pH、重金属、悬浮物	酸度、碱度、油类
发酵和酿造工业	pH、COD、BOD_5、悬浮物、色度、总氮、总磷	硫化物、挥发酚、油类、总有机碳
货车洗刷和洗车	pH、COD、BOD_5、悬浮物、油类、挥发酚	重金属、总氮、总磷
管道运输业	pH、COD、BOD_5、悬浮物、油类、氨氮	总氮、总磷、总有机碳
宾馆、饭店、游乐场所及公共服务业	pH、COD、BOD_5、悬浮物、油类、挥发酚、阴离子洗涤剂、氨氮、总氮、总磷	粪大肠菌群、总有机碳、硫化物
绝缘材料	pH、COD、BOD_5、挥发酚、悬浮物、油类	甲醛、多环芳烃、总有机碳、挥发性卤代烃
卫生用品制造业	pH、COD、悬浮物、油类、挥发酚、总氮、总磷	总有机碳、氨氮
生活污水	pH、COD、BOD_5、悬浮物、氨氮、挥发酚、油类、总氮、总磷、重金属	氯化物
医院污水	pH、COD、BOD_5、悬浮物、油类、挥发酚、总氮、总磷、汞、砷、粪大肠菌群、细菌总数	氟化物、氯化物、醛类、总有机碳

注：表中所列必测项目、选测项目的增减，由县级以上生态环境主管部门认定。

①监测项目中，有的项目监测结果低于检出限，并确认没有新的污染源增加时可减少监测频次。根据各地经济发展情况不同，在有监测能力（配置 GC/MS）的地区每年应监测 1 次选测项目。

②重金属是指 Hg、Cr、Cr（VI）、Cu、Pb、Zn、Cd 和 Ni 等，具体监测项目由县级以上生态环境主管部门确定。

（二）污水排放的监督性监测

对排污者排放的污水采集的样品为生态环境执法的重要证据之一。采集过程和质控要求参照《污水监测技术规范》（HJ 9.1—2019）、《地表水和污水监测技术规范》（HJ/T 91—2002）、《水质　样品的保存和管理技术规定》（HJ 493—2009）、《水质　采样技术指导》（HJ 494—2009）、《水质　采样方案设计技术规定》（HJ 495—2009）、《固定污染源监测质量保证与质量控制技术规范（试行）》（HJ/T 373—2007）等有关规定实施。

扫码获取学习资源
任务 2-2 相关标准

1．污水的监测点位置

①不同污染物排放（控制）的监测点位置不同。第一类污染物在车间或车间设备设施排放口设置监测点位，第一类污染物指危害严重的物质，共 13 种：总汞、烷基汞、总镉、总铬、六价铬、总砷、总铅、总镍、苯并[*a*]芘、总铍、总银、总 α 放射性、总 β 放射性；第二类污染物在排污单位的废水总排放口布设监测点位，除第一类污染物以外的其他监测项目一般都按本要求布设监测点位置。图 1-5 为采样人员在某企业废水总排放口进行样品采集。

图 1-5　某企业废水总排放口及样品采集

②已有废水处理设施的工厂，在处理设施的排放口布设监测点位，为了解废水处理效果，在进口和出口分别设置监测点位。

③在厂区内排污渠道上，监测点位应设在渠道较直、水量稳定、上游无污水汇入的地方。

④当废水以水路形式排到公共水域时，为了不使公共水域的水倒流进排放口，在排放口应设置适当的堰，监测点位布设在堰溢流处。

⑤污水处理厂的进水口和出水口常选作监测点位；此外，还可根据污水处理厂工艺控制的要求在各处理构筑物进水口、出水口及构筑物内适当的位置布点。

污染源执法采样时，执法监测人员应认真填写《采样取证清单》（表 1-11）。

表 1-11　采样取证清单

采样地点（场所）			采样时间		
名 称	数 量	容 量	编 号	形 态	备 注

2．污水的采样方法

①污水的监测项目根据行业类型有不同要求。在分时间单元采集样品时，测定 pH、COD、BOD_5、溶解氧、硫化物、油类、有机物、余氯、粪大肠菌群、悬浮物、放射性等项目的样品，不能混合，只能单独采样。

用样品容器直接采样时，必须用水样冲洗容器 3 次后再进行采样。但当水面有浮油时，采油的容器不能冲洗。采样时应注意除去水面的杂物、垃圾等漂浮物。

②用自动采样器进行自动采样，有时间等比例采样和流量等比例采样两种方法。当污水排放量较稳定时，可采用时间等比例采样，否则必须采用流量等比例采样。

③采样的位置应在采样断面的中心，当水深大于 1 m 时应在表层下 1/4 深度处采样，当水深小于或等于 1 m 时在水深的 1/2 处采样。

3．污水的采样频次

（1）监督性监测

地方环境监测站对污染源的监督性监测每年不少于 1 次，如被国家或地方生态环境主管部门列为年度监测的重点排污单位，应增加到每年 2～4 次。因管理或执法的需要所进行的抽查性监测由各级生态环境主管部门确定频次。

对排污单位排放污染物情况进行正常的监督性检查时，即时采样或监测的结果可作为判定排污行为合法性、排放污染物是否超标以及实施相关环境保护管理措施的依据。

（2）企业自控监测

工业废水按生产周期和生产特点确定监测频次。一般每个生产周期不得少于 3 次。排污单位为了确定自行监测的采样频次，应在正常生产条件下的一个生产周期内进行加密监测：周期在 8 h 以内的，每小时采 1 次样；周期大于 8 h 的，每 2 h 采 1 次样，但每个生产周期采样次数不少于 3 次。采样的同时测定流量。根据加密监测结果，绘制污水污染物排放曲线（浓度—时间、流量—时间、总量—时间），并与所掌握资料进行对照，如基本一致，即可据此确定企业自行监测的采样频次。根据管理需要进行污染源调查性监测时，也按此频次采样。

重点排污单位应当按照国家有关规定和监测规范安装使用监测设备，保证监测设备正常运行，保存原始监测记录。

4．流量测量方法

通常采用污水流量计法。工业类废水污染源、集中式污水处理厂等污水排放口都要设置规范化排污口，安装污水流量计（图 1-6），其性能指标必须符合污水流量计技术要求。

图 1-6　某企业排放口安装的超声波流量计

5．采样记录与标志

现场采样取证应填写采样记录。采样记录应一式两份，第一份随样品送检，第二份留存环境执法机构备查。

采样后，除进行现场快速检测或必要的前处理外，现场采样人员应立即填制样品标签及样品封条。样品标签应贴在样品盛装容器上；样品封条应贴在样品盛装容器封口，封条的样式应保证检测单位接收前确认样品未经开封。采样人员应在封条上签名。

每个水样瓶标签内容有采样点位编号、采样日期和时间、测定项目、保存方法，并写明用何种保存剂。

6．水样的保存与运输

（1）水样的保存

各种水质的水样，从采集到分析这段时间内，由于物理的、化学的、生物的作用会发生不同程度的变化，这些变化使得进行分析时的样品已不再是采集时的样品，为了使这种变化降低到最小程度，必须在采样时对样品加以保护。具体按照《水质　样品的保存和管理技术规定》（HJ 493—2009）执行。

一般选用塑料容器，强烈推荐聚氯乙烯或聚乙烯等塑料容器。

（2）样品的运输

水样采集后必须立即送回实验室，根据采样点的地理位置和每个项目分析前最长可保存时间，选用适当的运输方式。水样运输前应将容器的外（内）盖盖紧。装箱时应用泡沫塑料等分隔，以防破损。

污水样品的组成往往相当复杂，其稳定性通常比地表水样更差，应尽快测定。

7．常用现场快速废水测定方法

首先选用国家标准分析方法、统一分析方法或行业标准方法。必要时，环境执法人员可对污染源进行现场快速监测，检测结果可作为执法证据。现场快速监测结果应填写在采样记录中，并注明使用的方法与设备。适宜进行现场监测的指标和监测方法参考表 1-12。

表 1-12 废水现场监测的指标和监测方法

现场监测指标	现场监测方法和仪器
物理性状	对污水排放检查时，应首先进行目视观察，查看颜色、水生物、漂浮物、污浊或油膜等与记录的正常情况有无较大差异，气味是否异常等，用文字表述
水温	采用水温计，也可采用水温测定仪
臭味	文字描述法
pH	一般采用玻璃电极法，执法人员随身携带 pH 试纸进行定性判断，确定是否进行样品采集
COD	COD 速测仪的检测方法有光度法、化学滴定法、库仑滴定法等。其中库仑滴定法方法简便、试剂用量少，简化了用标准溶液标定的步骤，缩短了加热回流时间，适合于在现场测定 COD。一般不超过 2 h 即可得出数据
BOD	相较于检压库仑式 BOD 测定仪、测压法来说，微生物电极法更快捷，它可在 30 min 内完成一次测定

（三）污水排放量核定及排放标准类别

排污者的废水排放量及排放去向必须要明确，这关系到生态环境执法标准依据的应用，判断废水排放是否超标和总量控制的依据。

1. 核实污水排放量

实际排放量是判断企业是否按照许可证排污的重要内容，也是排污收费（或环境保护税）、环境统计、污染源清单等工作的数据基础。按照 2017 年环境保护部发布的《企业实际排放量如何确定》有关规定，确定实际排放量的基本原则是以“企业自行核算为主、环保部门监管执法为准、公众社会监督为补充”。规定如下：

①企业自行核算为主。生态环境主管部门制定发布实际排放量核算技术规范。实际排放量核定方法采用的优先顺序依次包括在线监测法、手工监测法、物料衡算及排放因子法。

对于应当安装而未安装在线监测设备的污染源及污染因子，以及数据缺失的情形，在实际排放量核算技术规范中，制定惩罚性的核算方法，督促企业按规定安装和维护在线监测设备。企业在线监测数据可以作为生态环境主管部门监管执法的依据。企业根据许可证要求，按期核算实际排放量，并定期申报、公开。

②生态环境主管部门监管执法为准。采用同一计算方法，当监督性监测核算的实际排放量与符合要求的企业在线监测、手工监测等核算的实际排放量不一致时，相应时段实际排放量以监督性监测为准。

③公众社会监督为补充。生态环境部制定的实际排放量核算技术规范以及企业实际排放量信息向社会公开（涉密的除外），公众可以根据掌握的信息，对认为存在问题的进行核算、举报，提供线索。

2. 核实污水去向

扫码获取学习资源
任务 2-3 企业实际排放量如何确定？

排污单位在统计污水排放量时，还要分别填写污水排放的去向，包括直接排入海量、直接排入江河湖库量、排入城市管网量、排入城镇污水处理量和其他去向量。直接排入是指未经城市下水道或其他中间体，直接排入水域的污水。

①直接排入海量是指直接排入海域的污水量之和。

②直接排入江河湖库量是指直接排入江河湖库的污水量之和。排入城市管网量是指每一排放口排入城市管网的污水量之和。

③排入城镇污水处理厂量是指每一排放口直接或间接排入城镇污水处理厂的

污水量之和。

④其他去向量是指每一排放口除直接排入海（江河湖库）量、城市管网量外的污水量之和。

污水排放去向根据排污单位的排污口实际流入的海或江河湖库的具体名称，按《中国地表水环境水体代码编码规则》（HJ 932—2017）填写污水排放去向代码。

扫码获取学习资源
任务2-4 中国地表水环境水体代码编码规则

3．水污染排放标准执行类别

按照综合性排放标准与行业性标准不交叉执行的原则，行业标准优先于综合排放标准执行。标准按照污水排放去向执行。

地下水回灌水质按照《城市污水再生利用　地下水回灌水质》（GB/T 19772—2005）执行。污水污染物排放执行标准类别如表 1-13 所示。

扫码下载学习资料
任务 2-5 相关标准

表 1-13　地表水环境功能与污水污染物排放执行标准类别

<table>
<tr><th colspan="2">地表水环境</th><th rowspan="2">污水排放标准执行类别</th></tr>
<tr><th>类别</th><th>功能和保护目标</th></tr>
<tr><td>Ⅰ类</td><td>主要适用于源头水、国家自然保护区</td><td>禁止排放污水</td></tr>
<tr><td>Ⅱ类</td><td>主要适用于集中式生活饮用水地表水源地一级保护区、珍稀水生生物栖息地、鱼虾类产卵场、仔稚幼鱼的索饵场等</td><td>禁止排放污水</td></tr>
<tr><td>Ⅲ类</td><td>主要适用于集中式生活饮用水地表水源地二级保护区、鱼虾类越冬场、洄游通道、水产养殖区等渔业水域和游泳区</td><td>一级（划定的保护区和游泳区除外）</td></tr>
<tr><td>Ⅳ类</td><td>主要适用于一般工业用水区及人体非直接接触的娱乐用水区</td><td rowspan="2">二级</td></tr>
<tr><td>Ⅴ类</td><td>主要适用于农业用水区及一般景观要求水域</td></tr>
<tr><td colspan="2">注意：水污染源执法有关标准依据参照《地表水环境质量标准》《污水综合排放标准》以及相关行业排放标准</td><td>三级（排入二级城镇污水处理厂）</td></tr>
</table>

二、水污染源防治的监督管理

（一）水污染防治监督管理机构

水污染防治，指的是中华人民共和国领域内的江河、湖泊、运河、渠道、水库等地表水体以及地下水体的污染防治。海洋污染防治适用《中华人民共和国海洋环境保护法》。

水污染防治应当坚持预防为主、防治结合、综合治理的原则，优先保护饮用水水源，严格控制工业污染、城镇生活污染，防治农业面源污染，积极推进生态治理工程建设，预防、控制和减少水环境污染和生态破坏。

地方各级人民政府对本行政区域的水环境质量负责，应当及时采取措施防治水污染。国家实行水环境保护目标责任制和考核评价制度，将水环境保护目标完成情况作为对地方人民政府及其负责人考核评价的内容。

省、市、县、乡建立河长制，分级分段组织领导本行政区域内江河、湖泊的水资源保护、水域岸线管理、水污染防治、水环境治理等工作。

县级以上人民政府生态环境主管部门对水污染防治实施统一监督管理。交通主管部门的海事管理机构对船舶污染水域的防治实施监督管理。县级以上人民政府水行政、国土资源、卫生、建设、农业、渔业等部门以及重要江河、湖泊的流域水资源保护机构，在各自的职责范围内，对有关水污染防治实施监督管理。

（二）水污染源防治的监督管理

生态环境主管部门和其他依照本法规定行使监督管理权的部门，有权对管辖范围内的排污单位进行现场检查。被检查的单位应当如实反映情况，提供必要的资料。检查机关有义务为被检查的单位保守在检查中获取的商业秘密。

1．建设项目依法办理环保管理手续

新建、改建、扩建直接或间接向水体排放污染物的建设项目和其他水上设施，应当依法进行环境影响评价。

建设单位在江河、湖泊新建、改建、扩建排污口的，应当取得水行政主管部门或流域管理机构同意；涉及通航、渔业水域的，生态环境主管部门在审批环境影响评价文件时，应当征求交通、渔业主管部门的意见。

建设项目的水污染防治设施，应当与主体工程同时设计、同时施工、同时投入使用。应当符合经批准或备案的环境影响评价文件的要求。具体操作见任务 7。

2．重点水污染物排放实施总量控制制度

省、自治区、直辖市人民政府应当按照国务院的规定削减和控制本行政区域的重点水污染物排放总量。省、自治区、直辖市人民政府可以根据本行政区域水环境质量状况和水污染防治工作的需要，对国家重点水污染物之外的其他水污染物排放实行总量控制。

对超过重点水污染物排放总量控制指标或未完成水环境质量改善目标的地区，省级以上人民政府生态环境主管部门应当会同有关部门约谈该地区人民政府的主要负责人，并暂停审批新增重点水污染物排放总量的建设项目的环境影响评价文件。约谈情况应当向社会公开。

3．依法取得排污许可证的排污单位按规范排污，并进行自控监测

向水体排放污染物的企业事业单位和其他生产经营者，应当依法设置规范排污口。具体操作见任务 7。

直接或间接向水体排放工业废水和医疗污水以及其他按照规定应当取得排污许可证（含城镇污水集中处理设施的运营单位）方可排放的废水、污水的排污单位，应当取得排污许可证。禁止无排污许可证或违反排污许可证的规定向水体排放前款规定的废水、污水。具体操作见任务 12。

实行排污许可管理的企业事业单位和其他生产经营者应当按照国家有关规定和监测规范，对所排放的水污染物自行监测，并保存原始监测记录。由设区的市级以上地方人民政府生态环境主管部门商同级有关部门确定的属于重点排污单位名录的，应当安装水污染物排放自动监测设备的，与生态环境主管部门的监控设备联网，并保证监测设备正常运行。

三、水污染源的污染防治措施

《水污染防治法》第三十二条至第七十五条规定了水污染防治措施，见表 1-14。

表 1-14　各类水污染源的污染防治措施

水污染源	水污染防治具体措施
1.普遍适用类	①有毒有害水污染物名录中所列有毒有害水污染物的排污单位，应当对排污口和周边环境进行监测，并公开监测信息，防范环境风险 ②禁止向水体排放油类、酸液、碱液或剧毒废液。禁止在水体清洗装贮过油类或有毒污染物的车辆和容器 ③禁止向水体排放、倾倒放射性固体废物或含有高、中放射性物质的废水。按国家有关放射性污染防治的规定达标排放含低放射性物质的废水 ④向水体排放含热废水，应当保证水体的水温符合水环境质量标准 ⑤含病原体的污水应当经过消毒处理；符合国家有关标准后，方可排放 ⑥禁止向水体排放、倾倒废弃物。禁止将含有汞、镉、砷、铬、铅、氰化物、黄磷等的可溶性剧毒废渣向水体排放、倾倒或直接埋地。规范建设危废贮存场所 ⑦禁止在江河、湖泊、运河、渠道、水库最高水位线以下的滩地和岸坡堆放、存贮固体废物和其他污染物 ⑧禁止利用渗井、渗坑、裂隙、溶洞，私设暗管，篡改、伪造监测数据，或不正常运行水污染防治设施等逃避监管的方式排放水污染物 ⑨化学品生产企业以及工业集聚区、矿山开采区、尾矿库、危险废物处置场、垃圾填埋场等的运营、管理单位，应做好防渗漏措施防止地下水污染，并建设地下水监测井进行监测。加油站等的地下油罐应当使用双层罐或建造防渗池等防止地下水污染，并进行防渗漏监测 ⑩禁止利用无防渗漏措施的沟渠、坑塘等输送或存贮含有毒污染物的废水、含病原体的污水和其他废弃物 ⑪多层地下水的含水层水质差异大的，应当分层开采；对已受污染的潜水和承压水，不得混合开采。人工回灌补给地下水，不得恶化地下水质 ⑫兴建地下工程设施或进行地下勘探、采矿等活动，应当采取防护性措施，防止地下水污染。报废矿井、钻井或取水井等，应当实施封井或回填
2.工业类	①造成水污染的企业进行技术改造，采取措施，提高水的重复利用率，减少排放 ②排放工业废水的企业应当收集和处理产生的全部废水，防止污染环境。含有毒有害水污染物的工业废水应当分类收集和处理，不得稀释排放 ③工业园区应当配套建设污水集中处理设施，安装自动监测设备，与生态环境主管部门的监控设备联网，并保证监测设备正常运行。纳入污水处理厂的工业废水，应当按规定进行预处理，达到纳管排放标准 ④生产、销售、进口或使用者应当限期停止生产、销售、进口或使用列入国家规定的设备名录中的名录。工艺的采用者应当限期停止采用列入前款规定的工艺名录中的工艺。规定被淘汰的设备，不得转让给他人使用 ⑤禁止新建不符合国家产业政策的小型造纸、制革、印染、染料、炼焦、炼硫、炼砷、炼汞、炼油、电镀、农药、石棉、水泥、玻璃、钢铁、火电以及其他严重污染水环境的生产项目 ⑥企业应当采用清洁工艺，并加强管理，减少水污染物的产生

水污染源	水污染防治具体措施
3.城镇污水类	①城镇污水处理厂的运营者按规定向排污者提供污水处理的有偿服务，保证污水处理正常运行。污水处理费应当专用于污水处理的建设运行和污泥处理处置 ②向城镇污水处理厂排放水污染物，应当符合国家或地方规定的水污染物排放标准。城镇污水处理厂的运营单位，应当保证出水水质达标，保证处理处置后的污泥符合国家标准，并对污泥的去向等进行记录
4.农业和农村类	①使用农药，应当符合国家有关规定和标准。运输、存贮农药和处置过期失效农药，应当加强管理，防止造成水污染 ②畜禽养殖场、养殖小区应当保证其畜禽粪便、废水的综合利用或无害化处理设施正常运转，保证污水达标排放。畜禽散养密集区所在地县、乡级人民政府应当组织对畜禽粪便污水进行分户收集、集中处理利用 ③水产养殖应当科学确定养殖密度，合理投饵和使用药物，防止污染、破坏水环境 ④农田灌溉用水应当符合标准，防止污染土壤、地下水和农产品。禁止向农田灌溉渠道排放工业废水或医疗污水。排放城镇污水和未综合利用的畜禽养殖废水、农产品加工废水，应当保证其下游最近的灌溉取水点水质符合相应标准
5.船舶水污染类	①船舶应当达标排放含油污水、生活污水。海洋航运船舶进入内河和港口，应当遵守内河有关排放标准；残油、废油应当回收，禁止排水；禁止向水体倾倒垃圾；装载运输油类或有毒货物，应防止溢流和渗漏，防止货物落水造成污染 ②进入我国内河的国际航线船舶排放压载水的，应当采用压载水处理或其他装置，对压载水进行灭活等处理。禁止排放不达标压舱水 ③船舶应当按规定配置相应的防污设备和器材，并持有合法有效的防止水域环境污染的证书与文书。进行涉及污染物排放的作业，应当严格规范操作并如实记载 ④港口、码头、装卸站和船舶修造厂应当具备足够的接收设施。接收船舶污染物、废弃物作业，或清洗装载油类、污染性货物船舱作业的单位，应当具备相应的接收处理能力 ⑤船舶及有关作业单位从事有污染风险的作业活动，应当依法采取有效措施，防止造成水污染。船舶进行散装液体污染危害性货物的过驳作业，应当编制方案，采取有效措施，并报作业地海事管理机构批准。禁止冲滩方式船舶拆解作业

四、水污染防治设施与污水排放现场执法清单

《水污染防治法》第三十条规定："环境保护主管部门和其他依照本法规定行使监督管理权的部门，有权对管辖范围内的排污单位进行现场检查，被检查的单位应当如实反映情况，提供必要的资料。检查机关有义务为被检查的单位保守在检查中获取的商业秘密。"

参照环境保护部发布的《工业污染源现场检查技术规范》（HJ 606—2011）有

关规定，结合水污染源监督管理要求，水污染防治设施与污水排放现场执法清单如下所述。

1. 用水情况

检查企业的用水量是否合理，用水工艺和设备是否属于国家规定禁止和淘汰的范围，是否浪费水资源。

2. 水污染防治设施检查

水污染防治设施检查清单见表1-15。

表1-15 水污染防治设施检查清单

检查项目	具体要求
（1）设施的运行状态与历史状况	水污染防治设施的运行状态及运行管理情况，是否不正常使用、擅自拆除或闲置；检查设施的历史运行记录中的运行时间、处理水量、能耗、药耗等数据，判断运行记录的真实性和历史运行是否正常
（2）处理能力及处理量	①计量装置是否完备，处理能力是否能够满足处理水量的需要 ②核定处理水量与生产系统产生的水量是否相符，如果处理水量低于应处理水量，应检查未处理废水的排放去向 ③是否按照规定安装了计量装置和污染物自动监控设备，其运行是否正常 ④污水计量装置是否按时计量检定，是否在检定有效期内
（3）废水的分质管理	①对于含不同种类和浓度污染物的废水，是否进行必要的分质管理 ②是否按规范设置初期雨水收集池（图1-7），满足初期雨量的容积要求 ③雨水收集系统采用明沟，雨水排放口要采用规则明沟，并安装应急阀门 ④冷却水通过密闭管道循环使用 ⑤所有沟、池采用混凝土浇筑，有防渗或防腐措施 ⑥产生一类污染物的排污单位是否在车间或车间污水处理设施排放口设置了采样监测点，是否在车间处理达标，是否将污染物在处理达标前与其他废水混合稀释
（4）处理效果	主要污染物的去除率是否达到设计规定的水平，处理后的水质是否达标排放
（5）污泥处理、处置	污泥产生量和污水处理量是否匹配，污泥的堆放是否规范，是否得到及时、有效的处置，是否产生二次污染
（6）重点排污单位	是否安装水污染物排放自动监测设备，是否与生态环境主管部门的监管设备联网，监测设备是否正常运行

3. 污水排放口的检查

①污水排放口的位置是否符合规定。是否位于国务院、国务院有关部门和省、自治区、直辖市人民政府规定的风景名胜区、自然保护区、饮用水水源保护区以

及其他需要特别保护的区域内。

②排污者的污水排放口数量是否符合相关规定。每个企业原则上只允许设置一个污水排放口和一个雨水排放口，并设置采样监控井和标志牌。污水排放口（图 1-8）要符合规范化要求，做到“一明显、二合理、三便于”即环保标志明显、排污口设置合理、排污去向合理、便于采集样品、便于监测计量、便于公众参与和监督管理。具体要求见任务 7。

图 1-7　某排污单位初期雨水收集池

图 1-8　某排污单位规范排污口

③是否按照相关污染物排放标准、HJ/T 91、HJ/T 373 的规定设置了监测采样点，并设置了规范的便于测量流量、流速的测流段。

4．污水排放量的复核

①有流量计和污染源监控设备的，检查运行记录。

②有给水计量装置的或有上水消耗凭证的，根据耗水量计算排水量。

③无计量数及有效的用水量凭证的，参照国家有关标准、手册给出的同类企业用水排水系数进行估算。

5．有毒物质排放

检查排污单位是否向水体和地下排放有毒物质。具体内容见“任务 2 三、1.普遍使用类”。

6．排水水质的检查

①排放废水水质是否达到国家或地方污染物排放标准的要求。

②监测仪器、仪表、设备的型号和规格以及检定、校验情况是否合规。

③采用的监测分析方法和水质监测记录是否合规。可进行现场监测或采样。

7. 排水分流及废水的重复利用检查

①是否实行清污分流、雨污分流。工业污水与间接冷却水，雨水应严格实行排水的清污分流，以减少治理设施的负荷，减少污水排放。是否建设初期雨水收集装置并按规定处理。

②处理后废水的回用情况。从生产工艺、设备、循环用水等方面检查单位产品用水量是否超过国家规定的标准；是否实施污水的重复使用，以节约水资源和减少废水排放。

8. 事故废水应急处置设施检查

事故废水应急处置设施是否完备，是否可以保障对发生环境污染事故时产生的废水实施截流、贮存及处理。

五、水污染相关违法行为的查处规定

《水污染防治法》第八十条至第一百零一条规定了有关水污染违法行为及应承担的法律责任，见表 1-16。造成水环境污染事故以及因水污染引起的污染纠纷的责任追究见项目五。

表 1-16 违反《水污染防治法》的行为及应承担的法律责任

责任条款	违法行为款项	应承担的法律责任
第八十条	生态环境主管部门或其他依照本法规定行使监督管理权的部门，不依法作出行政许可或办理批准文件的，发现违法行为或接到对违法行为的举报后不予查处的，或有其他未依照本法规定履行职责的行为的	对直接负责的主管人员和其他直接责任人员依法给予处分
第八十一条	以拖延、围堵、滞留执法人员等方式拒绝、阻挠生态环境主管部门或其他依照本法规定行使监督管理权的部门的监督检查，或在接受监督检查时弄虚作假的	由县级以上人民政府生态环境主管部门或其他依法规定行使监督管理权的部门责令改正，处二万元以上二十万元以下的罚款
第八十二条	（一）未按照规定对所排放的水污染物自行监测，或未保存原始监测记录的 （二）未按照规定安装水污染物排放自动监测设备，未按照规定与生态环境主管部门的监控设备联网，或未保证监测设备正常运行的 （三）未按照规定对有毒有害水污染物的排污口和周边环境进行监测，或未公开有毒有害水污染物信息的	有本条款项行为之一的，由县级以上人民政府生态环境主管部门责令限期改正，处二万元以上二十万元以下的罚款；逾期不改正的，责令停产整治

责任条款	违法行为款项	应承担的法律责任
第八十三条	（一）未依法取得排污许可证排放水污染物的 （二）超过水污染物排放标准或超过重点水污染物排放总量控制指标排放水污染物的 （三）利用渗井、渗坑、裂隙、溶洞，私设暗管，篡改、伪造监测数据，或不正常运行水污染防治设施等逃避监管的方式排放水污染物的 （四）未按照规定进行预处理，向污水集中处理设施排放不符合处理工艺要求的工业废水的	有本条款项行为之一的，由县级以上人民政府生态环境主管部门责令改正或责令限制生产、停产整治，并处十万元以上一百万元以下的罚款；情节严重的，报经有批准权的人民政府批准，责令停业、关闭
第八十四条	在饮用水水源保护区内设置排污口的	由县级以上地方人民政府责令限期拆除，处十万元以上五十万元以下的罚款；逾期不拆除的，强制拆除，所需费用由违法者承担，处五十万元以上一百万元以下的罚款，并可以责令停产整治
	违反法律、行政法规和生态环境部的规定设置排污口的	由县级以上地方人民政府生态环境主管部门责令限期拆除，处二万元以上十万元以下罚款；逾期不拆除的，强制拆除，所需费用由违法者承担，处十万元以上五十万元以下罚款；情节严重的，可以责令停产整治
	未经水行政主管部门或流域管理机构同意，在江河、湖泊新建、改建、扩建排污口的	由县级以上人民政府水行政主管部门或流域管理机构依据职权，依照前款规定采取措施、给予处罚
第八十五条	（一）向水体排放油类、酸液、碱液的 （二）向水体排放剧毒废液，或将含有汞、镉、砷、铬、铅、氰化物、黄磷等的可溶性剧毒废渣向水体排放、倾倒或直接埋入地下的 （三）在水体清洗装贮过油类、有毒污染物的车辆或容器的 （四）向水体排放、倾倒工业废渣、城镇垃圾或其他废弃物，或在江河、湖泊、运河、渠道、水库最高水位线以下的滩地、岸坡堆放、存贮固体废弃物或其他污染物的 （五）向水体排放、倾倒放射性固体废物或含有高放射性、中放射性物质的废水的 （六）违反国家有关规定或标准，向水体排放含低放射性物质的废水、热废水或含病原体的污水的 （七）未采取防渗漏等措施，或未建设地下水水质监测井进行监测的 （八）加油站等的地下油罐未使用双层罐或采取建造防渗池等其他有效措施，或未进行防渗漏监测的 （九）未按照规定采取防护措施，或利用无防渗漏措施的沟渠、坑塘等输送或存贮含有毒污染物的废水、含病原体的污水或其他废弃物的	有本条款项行为之一的，由县级以上地方人民政府生态环境主管部门责令停止违法行为，限期采取治理措施，消除污染，处以罚款；逾期不采取治理措施的，生态环境主管部门可以指定有治理能力的单位代为治理，所需费用由违法者承担。 有前款第三项、第四项、第六项、第七项、第八项行为之一的，处二万元以上二十万元以下的罚款。有前款第一项、第二项、第五项、第九项行为之一的，处十万元以上一百万元以下的罚款；情节严重的，报经有批准权的人民政府批准，责令停业、关闭

责任条款	违法行为款项	应承担的法律责任
第八十六条	生产、销售、进口或使用列入禁止生产、销售、进口、使用的严重污染水环境的设备名录中的设备，或采用列入禁止采用的严重污染水环境的工艺名录中的工艺的	由县级以上人民政府经济综合宏观调控部门责令改正，处五万元以上二十万元以下的罚款；情节严重的，由县级以上人民政府经济综合宏观调控部门提出意见，报请本级人民政府责令停业、关闭
第八十七条	建设不符合国家产业政策的小型造纸、制革、印染、染料、炼焦、炼硫、炼砷、炼汞、炼油、电镀、农药、石棉、水泥、玻璃、钢铁、火电以及其他严重污染水环境的生产项目的	由所在地的市、县人民政府责令关闭
第八十八条	城镇污水集中处理设施的运营单位或污泥处理处置单位，处理处置后的污泥不符合国家标准，或对污泥去向等未进行记录的	由城镇排水主管部门责令限期采取治理措施，给予警告；造成严重后果的，处十万元以上二十万元以下的罚款；逾期不采取治理措施的，城镇排水主管部门可以指定有治理能力的单位代为治理，所需费用由违法者承担
第八十九条	船舶未配置相应的防污染设备和器材，或未持有合法有效的防止水域环境污染的证书与文书的	由海事管理机构、渔业主管部门按照职责分工责令限期改正，处二千元以上二万元以下的罚款；逾期不改正的，责令船舶临时停航
	船舶进行涉及污染物排放的作业，未遵守操作规程或未在相应的记录簿上如实记载的	由海事管理机构、渔业主管部门按照职责分工责令改正，处二千元以上二万元以下罚款
第九十条	（一）向水体倾倒船舶垃圾或排放船舶的残油、废油的 （二）未经作业地海事管理机构批准，船舶进行散装液体污染危害性货物的过驳作业的 （三）船舶及有关作业单位从事有污染风险的作业活动，未按照规定采取污染防治措施的 （四）以冲滩方式进行船舶拆解的 （五）进入中华人民共和国内河的国际航线船舶，排放不符合规定的船舶压载水的	有本条款项行为之一的，由海事管理机构、渔业主管部门按照职责分工责令停止违法行为，处一万元以上十万元以下的罚款；造成水污染的，责令限期采取治理措施，消除污染，处二万元以上二十万元以下的罚款；逾期不采取治理措施的，上述部门按照职责分工可以指定有治理能力的单位代为治理，所需费用由船舶承担

责任条款	违法行为款项	应承担的法律责任
第九十一条	（一）在饮用水水源一级保护区内新建、改建、扩建与供水设施和保护水源无关的建设项目的 （二）在饮用水水源二级保护区内新建、改建、扩建排放污染物的建设项目的 （三）在饮用水水源准保护区内新建、扩建对水体污染严重的建设项目，或改建建设项目增加排污量的	有本条款项行为之一的，由县级以上地方人民政府生态环境主管部门责令停止违法行为，处十万元以上五十万元以下的罚款；并报经有批准权的人民政府批准，责令拆除或关闭
	在饮用水水源一级保护区内从事网箱养殖或组织进行旅游、垂钓或其他可能污染饮用水水体的活动的	由县级以上人民政府生态环境主管部门责令停止违法行为，处二万元以上十万元以下的罚款
	个人在饮用水水源一级保护区内游泳、垂钓或从事其他可能污染饮用水水体的活动的	由县级以上人民政府生态环境主管部门责令停止违法行为，可以处五百元以下的罚款
第九十二条	饮用水供水单位供水水质不符合国家规定标准的	由所在地市、县级人民政府供水主管部门责令改正，处二万元以上二万元以下罚款；情节严重的，报经有批准权的人民政府批准，可以责令停业整顿；对直接负责的主管人员和其他直接责任人员依法给予处分
第九十三条	（一）不按照规定制定水污染事故的应急方案的 （二）水污染事故发生后，未及时启动水污染事故的应急方案，采取有关应急措施的	企业事业单位有本条款项行为之一的，由县级以上人民政府生态环境主管部门责令改正；情节严重的，处二万元以上十万元以下的罚款
第九十五条	企业事业单位和其他生产经营者违法排放水污染物，受到罚款处罚，被责令改正的，依法作出处罚决定的行政机关应当组织复查，发现其继续违法排放水污染物或拒绝、阻挠复查的	依照《环境保护法》的规定按日连续处罚
第一百零一条	违反本法规定，构成犯罪的	依法追究刑事责任

扫码下载学习资料

任务 2-6　案例放送

任务 2-7　更多资讯和案例

知识点应用与训练

【填空题】

1．《水污染防治法》规定，排放水污染物，不得超过国家或地方规定的____________和重点____________。

2．在饮用水水源保护区内，______设置排污口。

3．《环境保护法》规定，重点排污单位应当按照国家有关规定和监测规范安装使用监测设备，保证监测设备正常运行，保存____________。

【单选题】

1．在饮用水水源一级保护区内可以从事的活动包括（ ）。

A.网箱养殖　B.旅游　C.游泳　D.垂钓　E.自来水公司设置取水口

2．某企业生产废水含有重金属污染物，对其进行污染源执法时采样点应在（ ）。

A.总排放口　B.车间排放口　C.雨水排放口　D.附近河道

3．工业废水按生产周期和生产特点确定监测频次。一般每个生产周期监测频次不得少于（ ）。

A.1 次　B.2 次　C.3 次　D.4 次　E.不确定

4．某企业废水处理后就近排到附近作为一般景观用途的河道，废水排放执行的标准是（ ）。

A.一级　B.二级　C.三级　D.不确定

【多选题】

1．废水处理防治设施的检查清单包括（ ）。

A.设施的运行状态（包括历史）

B.处理能力和实际处理水量

C.废水是否有清污分流

D.处理效果是否达标

E.污泥是否得到处理处置

2．根据污染源实际情况，统计其污水排放量去向时分别要确定（ ）。

A.直接排海量

B.排江河量

C.排城镇污水处理厂量

D.排入城市下水管网去其他去向量

3．污染源执法时，对部分企业排放污水进行抽查采样，水样需要贴上标签，规范的标签信息应包括（　　）。

A.采样点编号

B.采样点具体企业名称

C.采样日期和时间

D.监测项目

4．以下属于污水的有（　　）。

A.初期雨水

B.直接冷却水

C.独立外排的间接冷却水

D.生产车间废水

E.冲洗地面后的水

F.河水

【判断题】

1．对海洋污染违法行为责任追究，适用《水污染防治法》。（　）

2．按照法律规定，实行排污许可管理的企业事业单位和其他生产经营者，应当按规范对所排放的水污染物自行监测，并保存原始监测记录。（　）

3．对企业排水情况进行执法检查时，当发现排水口水面有浮油时，采油的容器不能用水样进行冲洗。（　）

【简答题】

1．列出工业废水污染源现场执法工作清单。

2．列出农村与农业类水污染防治清单。

【实训项目】

选择一家制造类工业企业，带上执法采样工具和取证工具，开展水污染防治设施与污水排放现场模拟执法实训。

扫码下载学习资料
任务2-8 工业企业废水污染源现场执法检查表

任务3 大气污染源执法

工作任务： 大气污染防治设施与废气排放执法检查。

建议学时： 3～4学时。

学习目标： ①能识别排放单位的废气特征污染物及能使用快速监测方法。
②能辨识废气处理设施运行维护和废气排放是否存在违法行为。
③能规范执法并对大气违法行为提出处理建议。

教学过程： 设计“课前+课中+课后”学习任务，实施“线上+线下”立体化教学。

教学方法： 微视频教学、案例分析、现场教学。

教学模式： 任务引领→思政与任务发布→模块知识领学→任务实践、教学方法应用→任务完成与点评→练习与现场训练。

教学平台及媒体： 多媒体教室、工厂或校外实训基地、移动设备、云班课、钉钉、微信、腾讯；教学课件包、教材。

思政元素： 引入“跑、冒、漏”、露天焚烧、扬尘污染、修改监测数据等大气污染违法查处警示案件；展示典型城市蓝天保卫战的成果；学习生态环境执法员日夜兼程守护环境一线执法的敬业精神。

一、大气污染源监测指标及监督性监测

根据《固定源废气监测技术规范》（HJ/T 397—2007），污染源是指排放大气污染物的设施或建筑构造（如车间）。

固定源：燃煤、燃油、燃气的锅炉和工业炉窑以及石油化工、冶金、建材等生产过程中产生的废气通过排气筒向空气中排放的污染源。

颗粒物：燃料和其他物质在燃烧、合成、分解以及各种物料在机械处理中所产生的悬浮于排放气体中的固体和液体颗粒状物质。

气态污染物：以气体状态分散在排放气体中的各种污染物。

最高允许排放浓度，指处理设施后排气筒中污染物任何 1 小时浓度平均值不得超过的限值；或指无处理设施排气筒中污染物任何 1 小时浓度平均值不得超过的限值。

最高允许排放速率，指一定高度的排气筒任何 1 小时排放污染物的质量不得超过的限值。

排气筒高度，指自排气筒（或其主体建筑构造）所在的地平面至排气筒出口计的高度。

无组织排放，指大气污染物不经过排气筒的无规则排放。

（一）废气来源及主要污染物指标

1. 大气污染物来源的主要形式

大气污染物的排放一般可分为有组织排放和无组织排放两大类。大型锅炉、窑炉、反应器等，排气量大，污染物浓度高，设备封闭性好，排气便于集中处理，容易进行有组织排放。在生产过程中，某些污染源产生大气污染物的点比较分散或难以收集，如原料堆放场产生扬尘或挥发成分的挥发等形成的无组织排放。大气污染物来源的主要形式包括以下几种。

（1）燃料燃烧产生的废气污染

燃料燃烧的污染源主要是各类锅炉，在燃料燃烧过程中产生的废气污染，还有各类工业炉窑在生产过程中使用燃料产生的废气污染中，有相当比例是由于使用燃料产生的废气污染，其余为生产工艺原辅料及燃料产生的废气污染。工业燃料燃烧污染源主要是各类工业锅炉和火电、冶金、建材的工业锅炉和炉窑，燃料燃烧产生的废气污染与燃料成分、燃烧设备性能有关。

（2）生产工艺产生的废气污染

生产工艺过程废气排放量是指在钢铁、有色金属冶炼、建材工业、人造纤维、石油化工等行业在生产工艺过程中，如物料加工、破碎、筛分、输送、冶炼、气体泄漏、液体蒸发等都会产生大气污染，产生和排放的废气污染成为生产工艺废气污染。

生产工艺过程产生的废气污染分为有组织排放和无组织排放。有组织排放是将产生的废气使用固定的排气筒，收集、处理并向高空排放，无组织排放是从设备的各部位分散地、成面源性地排放。有组织排放的工艺废气，比较容易控制和计量，便于监控，无组织排放的工艺废气，既不便于控制，也不便于计量。

（3）流动污染源产生的废气污染

交通污染源主要是机动车船和飞机。交通工具主要靠燃油提供动力，其尾气排放主要含有氮氧化物、碳氮化合物、铅、碳氧化物等污染物质，另外机动车在运行过程还会产生大量扬尘。

（4）扬尘污染源产生的废气污染

采矿、道路施工、建筑施工、仓储、运输，装卸及某些农业活动会产生大量扬尘，极易造成局部污染。在许多城市环境管理过程中，扬尘污染正在引起人们的极大关注。

2．大气污染物主要监测项目

大气污染物的种类包括几十种，常见的污染物主要是SO_2、烟尘、粉尘、NO_x、CO、有机废气等，其来源和主要监测指标见表 1-17、表 1-18。

表 1-17　大气污染源及主要污染物监测项目

主要工业行业或产品	主要污染物质监测项目
燃料燃烧（火电、热电、工业、民用锅炉）	SO_2、NO_x、烟尘、烃类（油气燃料）等
黑色金属冶炼工业	SO_2、NO_x、CO、粉尘、氰化物、硫化物、氟化物等
有色金属冶炼工业	SO_2、NO_x、粉尘（含铜、砷、铅、锌、镉等）、CO、氟化物、汞等
炼焦工业	SO_2、CO、烟尘、粉尘、硫化氢、苯并[*a*]芘、氨、酚
矿山	粉尘、NO_x、CO、硫化氢等
选矿	SO_2、硫化氢、粉尘等
有机化工	酚、氰化氢、氯、苯、粉尘、酸雾、氟化氢等
石油化工	SO_2、NO_x、硫化氢、烃、苯类、酚、醛、粉尘等
氮肥工业	硫化氢、氰化氢、氨、粉尘等
磷肥工业	粉尘、氟化物、酸雾、SO_2等
化学矿山	NO_x、粉尘、CO、硫化氢等
硫酸工业	SO_2、NO_x、粉尘、氟化物、酸雾等
氯碱工业	氯、氯化氢、汞等
化纤工业	硫化氢、粉尘、二氧化碳、氨、VOCs 等
燃料工业	氯、氯化氢、SO_2、氯苯、苯胺类、硫化氢、硝基苯类、光气、汞等

主要工业行业或产品	主要污染物质监测项目
橡胶工业	硫化氢、VOCs、粉尘、甲硫醇等
油脂化工	氯、氯化氢、SO_2、氟化氢、氯磺酸、NO_x、粉尘、VOCs 等
制药工业	氯、氯化氢、硫化氢、SO_2、醇、醛、苯、肼、氨等
农药工业	氯、硫化氢、苯、粉尘、汞、二硫化碳、氯化氢等
油漆、涂料工业	苯、酚、粉尘、醇、醛、酮类、铅等
造纸工业	粉尘、SO_2、甲醛、硫醇等
纺织印染工业	粉尘、硫化氢、VOCs 等
皮革及皮革加工业	铬酸雾、硫化氢、粉尘、甲醛、VOCs 等
电镀工业	铬酸雾、氰化氢、粉尘、NO_x 等
灯泡、仪表工业	粉尘、汞、铅等
水泥工业	粉尘、SO_2、NO_x 等
石棉制品	石棉尘等
铸造工业	CO、SO_2、NO_x、氟化氢、粉尘、铅等
玻璃钢制品	苯类
油毡工业	沥青烟、粉尘、VOCs 等
蓄电池、印刷工业	铅尘、VOCs 等
油漆施工	溶剂、VOCs

表 1-18　大气污染物类别

类 别	污染物
无机气态污染物	SO_2、NO_x、CO、氯气、氯化氢、氟化物、氰化物
无机雾态污染物	硫酸雾、铬酸雾、汞及其化合物
颗粒状污染物	一般性粉尘、石棉尘、玻璃棉尘、炭黑尘、铅及其化合物、铬及其化合物、铍及其化合物、镍及其化合物、锡及其化合物、烟尘
有机烃或碳氢氧化合物	苯、甲苯、二甲苯、苯并[a]芘，甲醛、乙醛、丙烯醛、甲醇、酚类、沥青烟
有机碳氢氧或其他	苯胺类、氯苯类、硝基苯、丙烯腈、氯乙烯、光气
恶臭污染物	硫化氢、氨气、三甲氨、甲硫醇、甲硫醚、二甲二硫、苯乙烯、二硫化碳

（二）大气污染源监督性监测及排放标准执行类别

对排污者排放的大气污染物进行取证是大气污染源现场执法的重要证据之一。固定污染源参照《固定源废气监测技术规范》（HJ/T 397—2007）、《固定污染源监测质量保证与质量控制技术规范（试行）》（HJ/T 373—2007）执行，无组织排放源按照《大气污染物无组织排放监测技术导则》（HJ/T 55—2000）执行。

扫码获取学习资源
任务 3-1 相关标准

必要时，环境执法监测人员对污染源进行现场快速监测，检测结果可以作为执法证据。现场快速监测结果应填写在采样记录中，并注明使用的方法与设备。《中华人民共和国大气污染防治法》（以下简称《大气污染防治法》）第二十九条规定：“生态环境主管部门及其环境执法机构和其他负有大气环保护监督管理职责的部门，有权通过现场检查监测、自动监测、遥感监测、远红外摄像等方式，对排放大气污染物的企业事业单位和其他生产经营者进行监督检查。被检查者应当如实反映情况，提供必要的资料。实施检查的部门、机构及其工作人员应当为被检查者保守商业秘密。”

1. 污染源现场监测与快速测定方法

（1）监督性监测现场条件

被测单位应积极配合监测工作，保证监测期间生产设备和治理设施正常运行，工况条件符合监测要求。

在确定的采样位置开设采样孔，设置采样平台（图 1-9），采样平台应有足够的工作面积，保证监测人员安全及方便操作。设置监测仪器设备需要的工作电源。

图 1-9 某工厂废气排放口采样平台及监督性监测

准备现场采样和实验室所需的化学试剂、材料、器具、记录表格和安全防护用品。

相关标准中对监测时工况有规定的，按相关标准的规定执行。

（2）采样位置与采样点

采样位置应避开对测试人员操作有危险的场所。采样位置应优先选择在垂直管段，应避开烟道弯头和断面急剧变化的部位。采样位置应设置在距弯头、阀门、变径管下游方向不小于 6 倍直径，和距上述部件上游方向不小于 3 倍直径处。

测试现场空间位置有限，很难满足上述要求时，可选择比较适宜的管段采样，但采样断面与弯头等的距离至少是烟道直径的 1.5 倍，并应适当增加测点的数量和采样频次。

必要时应设置采样平台，采样平台应有足够的工作面积使工作人员安全、方便地操作。采样孔距平台面为 1.2～1.3 m。

采样位置与采样点数目具体规范按照《固定源废气监测技术规范》（HJ/T 397—2007）执行。

（3）现场监测的指标和测定方法

现场进行废气采样时，必须同时测定烟气的温度、含湿量、成分（CO、CO_2、O_2 等气体）、压力、排气流速及流量等参数。

部分主要污染物测定方法参考表 1-19。

表 1-19　部分主要污染物测定方法

主要污染物	采样或测定方法
颗粒物	维持等速采样的方法有普通型采样管法（预测流速法）、皮托管平行测速采样法、动压平衡型采样管法和静压平衡型采样管法 4 种。有条件的，应尽可能采用自动调节流量烟尘采样仪，以减少采样误差，提高工作效率
气态污染物	一般有化学法采样（使用吸收瓶或吸附管采样系统采样；使用真空瓶或注射器采样）和仪器直接测试法采样，具体参照 HJ/T 397—2007
固定污染源烟气黑度	一般采用烟尘黑度计（林格曼仪）以目视法观测烟气，按林格曼烟气浓度图观测、分级。仪器前端为测烟望远镜，由目镜调节和接口装置组成。目镜调节在目测时调节，仪器内应有各国通用的标准林格曼烟气浓度图，缩制在望远镜焦面近处的分划板上。林格曼黑度划分为六级别。在仪器后端可安装照相机，可以拍下照片作为证据。 目视法观测烟气参考《固定污染源排放烟气黑度的测定——林格曼烟气黑度图法》（HJ/T 398—2007）。 工业生产尾气确需燃烧排放的，其烟气黑度不得超过林格曼 1 级

2．废气的监测频次

（1）监督性监测

地方环境监测站对污染源的监督性监测每年不少于 1 次，如被国家或地方生态环境主管部门列为年度监测的重点排污单位，应增加到每年 2～4 次。因管理或执法的需要所进行的抽查性监测由各级生态环境主管部门确定。

对排污单位排放污染物情况进行正常的监督性检查时，即时采样或监测的结果可作为判定排污行为合法性是否超标以及实施相关环境保护管理措施的依据。

（2）企业自控监测

《环境保护法》第四十二条规定，“排放污染物的企业事业单位，应当建立环境保护责任制度，明确单位负责人和相关人员的责任。重点排污单位应当按照国家有关规定和监测规范安装使用监测设备，保证监测设备正常运行，保存原始监测记录。严禁通过暗管、渗井、渗坑、灌注或篡改、伪造监测数据，或不正常运行防治污染设施等逃避监管的方式违法排放污染物”。

工业废气按生产周期和生产特点确定监测频次。一般每个生产周期不得少于 3 次。

3．样品保存

样品保存方式应符合废气监测方法标准和技术规范的要求。需要在保存前进行前处理的，应当按照规定的方法处理后进行保存。

4．废气排放执行标准类别

排污者的废气来源及废气排放执行标准类别必须要明确，这是废气排放是否超标的依据。

按照综合性排放标准与行业性标准不交叉执行的原则，行业标准优先于综合排放标准执行。

废气排放标准设置 3 项指标：

①通过排气筒排放废气的最高允许排放浓度。

②通过排气筒排放的废气，按排气筒高度规定的最高允许排放速率。任何一个排气筒必须同时遵守上述两项指标，超过其中一项均为超标排放。

③以无组织方式排放的废气，规定无组织排放的监控点及相应的监控浓度限值。无组织排放监控浓度限值，由省、自治区、直辖市人民政府生态环境主管部

门决定是否在本地区实施，并报生态环境部备案。

大气污染物排放执行标准类别见表 1-20。

扫码获取学习资源
任务 3-2 相关标准

表 1-20　大气环境质量功能标准及大气污染物排放速率标准类别

大气环境质量功能区域		大气污染物最高允许排放速率执行标准类别
类别	功能	
一类区	自然保护区、风景名胜区和其他需要特殊保护的区域	一级（一类区禁止新、扩建污染源，现有污染源改建时执行现有污染源一级标准）
二类区	规划的居住区、商业交通居民混合区、文化区、一般工业区和农村地区	二级
三类区	特定工业区	三级
其他规定	排气筒高度除须遵守表列排放速率标准值外，还应高出周围 200 m 半径范围的建筑 5 m 以上，不能达到该要求的排气筒，应按其高度对应的表列排放速率标准值严格 50%执行。新污染源的排气筒一般不应低于 15 m。若新污染源的排气筒必须低于 15 m 时，其排放速率标准值按有关规定计算结果再严格 50%执行	

三、大气污染防治的监督管理

根据《大气污染防治法》，大气污染防治的监督管理规定要求如下。

1．对废气排污单位的监督管理

①对大气环境有影响的建设项目，应当依法进行环境影响评价、公开环境影响评价文件；应当达标排放大气污染物，并遵守重点大气污染物排放总量控制要求。

②企业事业单位和其他生产经营者向大气排放污染物的，应当按规定设置大气污染物排放口。具体操作见任务 7。

禁止通过偷排、篡改或伪造监测数据、以逃避现场检查为目的的临时停产、非紧急情况下开启应急排放通道、不正常运行大气污染防治设施等逃避监管的方式排放大气污染物。

③排放工业废气或《大气污染防治法》规定名录中所列有毒有害大气污染物的企业事业单位、集中供热设施的燃煤热源生产运营单位以及其他依法实行排污许可管理的单位，应当取得排污许可证。具体操作见任务 12。

2. 重点大气污染物排放总量控制的监督管理

国家对重点大气污染物排放实行总量控制。

①省、自治区、直辖市人民政府应当按照国务院下达的总量控制目标，控制或削减本行政区域的重点大气污染物排放总量。国家逐步推行重点大气污染物排污权交易。

②对超过国家重点大气污染物排放总量控制指标或未完成国家下达的大气环境质量改善目标的地区，省级以上人民政府生态环境主管部门应当会同有关部门约谈该地区人民政府的主要负责人，并暂停审批该地区新增重点大气污染物排放总量的建设项目环境影响评价文件。约谈情况应当向社会公开。

3. 大气环境质量和大气污染源监测的管理

县级以上地方人民政府生态环境部门负责组织建设与管理本行政区域大气环境质量和大气污染源监测网，开展大气环境质量和大气污染源监测，统一发布本行政区域大气环境质量状况信息。

①企业事业单位和其他生产经营者应当按照国家有关规定和监测规范，对排放的工业废气和有毒有害大气污染物进行监测，并保存原始监测记录。其中，重点排污单位应当安装、使用大气污染物排放自动监测设备，与生态环境部门的监控设备联网，保证监测设备正常运行并依法公开排放信息。

重点排污单位名录由设区的市级以上地方人民政府生态环境部门按国家有关规定和相关技术规范，商有关部门确定，并向社会公布。

②重点排污单位应当对自动监测数据的真实性和准确性负责。生态环境部门对数据异常情况及时进行调查。

③禁止侵占、损毁或擅自移动、改变大气环境质量监测设施和大气污染物排放自动监测设备。

4. 对严重污染大气环境的工艺、设备和产品实行淘汰制度

生产者、进口者、销售者或使用者应当在规定期限内停止生产、进口、销售或使用列入《产业结构调整指导目录（2019 年本）》的设备和产品。工艺的采用者应当在规定期限内停止采用列入前款规定目录中的工艺。被淘汰的设备和产品，不得转让给他人使用。

扫码获取学习资源
任务 3-3 产业结构调整目录

5. 对排放大气污染物的排污单位进行监督检查

①排污单位违法排放大气污染物，造成或可能造成严重大气污染，或有关证据可能灭失、被隐匿的，生态环境主管部门和其他负有大气环境保护监督管理职责的部门，可以对有关设施、设备、物品采取查封、扣押等行政强制措施。

②生态环境主管部门和其他负有大气环境保护监督管理职责的部门应当公布举报电话、电子邮箱等，方便公众举报。有关部门接到举报后应当及时处理并对举报人的相关信息予以保密；对实名举报的，应当反馈处理结果等情况，查证属实的，处理结果依法向社会公开，并对举报人给予奖励。

举报人举报所在单位的，该单位不得以解除、变更劳动合同或其他方式对举报人进行打击报复。

四、大气污染源的污染防治清单

按照《大气污染防治法》规定，大气污染防治措施如表 1-21 所示。

表 1-21　大气污染源的大气污染防治清单

废气污染类别	大气污染防治具体规定
1.燃煤和其他能源的污染防治	①地方各级人民政府推广清洁能源的生产和使用；推广煤炭清洁高效利用，逐步降低煤炭的一次能源消费，减少煤炭生产、使用、转化过程中的大气污染物排放 ②推行煤炭洗选加工，降低煤炭的硫分和灰分，限制高硫分、高灰分煤炭的开采。新建煤矿同步建设配套的煤炭洗选设施，使煤炭的硫分、灰分含量达标；已建成未达标的煤矿限期建成配套设施 扫码获取学习资源 任务 3-4 关于划分高污染燃料的规定 ③禁止开采含放射性和砷等有毒有害物质超过规定标准的煤炭 ④采取有利于煤炭清洁高效利用的经济、技术政策和措施，鼓励和支持洁净煤技术的开发和推广。鼓励煤矿企业等采用新技术对煤层气进行规范开采利用并达标排放，对煤矸石进行综合利用 ⑤禁止进口、销售和燃用不符合质量标准的煤炭，鼓励燃用优质煤炭。单位存放煤炭、煤矸石、煤渣、煤灰等物料，做好防燃、防止大气污染 ⑥地方各级人民政府加强民用散煤的管理，禁止销售不符合民用散煤质量标准的煤炭，鼓励居民燃用优质煤炭和洁净型煤，推广节能环保型炉灶 ⑦石油炼制企业按照燃油质量标准生产燃油。禁止进口、销售和燃用不符合质量标准的石油焦

废气污染类别	大气污染防治具体规定
1.燃煤和其他能源的污染防治	⑧城市人民政府可以划定并公布高污染燃料禁燃区，为改善空气质量逐步扩大高污染燃料禁燃区范围。禁燃区禁止销售、燃用高污染燃料；禁止新建、扩建燃用高污染燃料的设施，已建成的应当限期改用天然气等清洁能源 ⑨城市建设统筹规划燃煤供热地区，推进热电联产和集中供热。集中供热管网覆盖地区禁止新建、扩建分散燃煤供热锅炉；已建不能达标排放的应当限期拆除 ⑩县级以上市场监督管理部门会同生态环境主管部门对锅炉生产、进口、销售和使用执行环保标准或要求的情况进行检查；不符合的不得生产、进口、销售和使用 ⑪燃煤电厂和其他燃煤单位采用清洁生产工艺，配套建设除尘、脱硫、脱硝等装置，或采取技术改造等其他控制大气污染物排放的措施 ⑫电力调度优先安排清洁能源发电上网
2.工业污染防治	①钢铁、建材、有色金属、石油、化工等企业生产过程中排放粉尘、硫化物和氮氧化物的，采用清洁生产工艺，配套建设除尘、脱硫、脱硝等装置，或采取技术改造等减少大气污染物排放的措施 ②生产、进口、销售和使用含挥发性有机物的原料和产品的，其含量符合质量标准或要求。国家鼓励生产、进口、销售和使用低毒、低挥发性有机溶剂 ③产生含挥发性有机物废气的生产和服务活动，在密闭空间或设备中进行，并按规定安装、使用污染防治设施；无法密闭的，采取措施减少废气排放 ④工业涂装企业使用低挥发性有机物含量的涂料并建立台账，记录生产原料、辅料使用量、废弃量、去向和挥发性有机物含量。台账保存不得少于三年。石油、化工等生产和使用有机溶剂的企业，对管道、设备维护、维修，减少物料泄漏，有泄漏应当及时收集处理；储油储气库、加油加气站、原油成品油码头、运输船舶和油罐车、气罐车等，按规定安装油气回收装置并保持正常使用 ⑤钢铁、建材、有色金属、石油、化工、制药、矿产开采等企业，采取集中收集处理等措施严格控制粉尘和气态污染物的排放。生产企业进行密闭、围挡、遮盖、清扫、洒水，减少物料堆存、传输、装卸等产生废气排放 ⑥工业生产、垃圾填埋或其他活动产生的可燃性气体回收利用，不具备条件的进行污染防治处理。回收利用装置不能正常作业的，及时修复或更新。不能正常作业期间确需排放可燃性气体的，将其充分燃烧或采取其他控制污染措施，并向当地生态环境主管部门报告，限期修复或更新
3.机动车船等污染防治	①城市人民政府加强并改善城市交通管理，优化道路设置，保障人行道和非机动车道的连续、畅通 ②机动车船、非道路移动机械不得超标排放尾气。禁止生产、进口或销售尾气超标的机动车船、非道路移动机械

废气污染类别	大气污染防治具体规定
3.机动车船等污染防治	③生产企业对新生产的机动车和非道路移动机械进行排放检验。检验合格方可出厂销售。检验信息向社会公开。省级以上人民政府生态环境主管部门可以现场检查、抽样检测，加强对新生产、销售机动车和非道路移动机械尾气排放状况的监督检查。工业、市场监督管理等有关部门予以配合 ④在用机动车按规定由机动车排放检验机构定期排放检验。检验合格方可上路。未合格，交通管理部门不得核发合格标志。县级以上人民政府生态环境主管部门可以在机动车集中停放地、维修地抽测在用机动车尾气；不影响正常通行时，可通过遥感监测等技术对行驶机动车的尾气进行监督抽测，交通管理部门予以配合 ⑤机动车排放检验机构依法通过计量认证，使用经检定合格的机动车排放检验设备，按规范对机动车进行排放检验，并与生态环境主管部门联网，实现数据实时共享。检验机构及其负责人对检验数据的真实性和准确性负责。生态环境主管部门和认证认可监督管理部门对检验机构的排放检验情况进行监督检查 ⑥机动车生产、进口企业向社会公布其生产、进口机动车车型的排放检验、污染控制技术和维修技术信息；维修单位按防治要求和技术规范对在用机动车进行维修并达标排放；交通运输、生态环境主管部门应当依法加强监督管理。禁止机动车所有人以临时更换机动车污染控制装置等弄虚作假通过排放检验；禁止维修单位提供该类维修服务；禁止破坏机动车车载排放诊断系统 ⑦生态环境主管部门会同交通运输、住房城乡建设、农业、水行政等部门对非道路移动机械的尾气进行监督检查，不合格不得使用。倡导环保驾驶，鼓励燃油车驾驶人在不影响通行且需停车三分钟以上的熄灭发动机，减少废气排放 ⑧国家建立机动车和非道路移动机械环境保护召回制度 ⑨在用重型柴油车、非道路移动机械未安装污染控制装置或装置不符合要求，不能达标排放的，加装或更换符合要求的污染控制装置 ⑩在用机动车排放尾气超标要维修，经维修或采用污染控制技术后，仍不达标的强制报废。其所有人是否将车交售给报废车回收拆解企业，并按规定进行登记、拆解、销毁等处理 ⑪船舶检验机构对船舶发动机及有关设备进行排放检验。达标排放方可运营 ⑫内河和江海直达船舶使用符合标准的普通柴油。远洋船舶靠港后使用合格的船舶用燃油。新建码头规划、设计和建设岸基供电设施，已建成的码头逐步实施岸基供电设施改造。船舶靠港后优先使用岸电 ⑬禁止生产、进口、销售不符合标准的机动车船、非道路移动机械用燃料；禁止向汽车和摩托车销售普通柴油以及其他非机动车用燃料；禁止向非道路移动机械、内河和江海直达船舶销售渣油和重油 ⑭发动机油、氮氧化物还原剂、燃料和润滑油添加剂以及其他添加剂的有害物质含量和其他大气环境保护指标，要符合标准要求。不得损害机动车船污染控制装置效果和耐久性，不得增加新的大气污染物排放 ⑮民用航空器符合国家规定的适航标准中的有关发动机排出物要求

废气污染类别	大气污染防治具体规定
4.扬尘污染防治	①建设方将防治扬尘污染的费用列入工程造价，并在施工承包合同中明确施工单位责任。施工方应当制定具体的施工扬尘污染防治实施方案，并向负责监督管理部门备案。工地设置硬质围挡，并覆盖、分段作业、择时施工、洒水抑尘、冲洗地面和车辆等防尘降尘；建筑土方、渣土、建筑垃圾及时清运；场地内堆存采用密闭式防尘网遮盖；工程渣土、建筑垃圾资源化处理。在工地公示扬尘防治措施、负责人、扬尘监督管理部门等信息。暂时不能开工的，建设方对裸露地面进行覆盖；超过三个月的，进行绿化、铺装或遮盖 ②运输煤炭、垃圾、渣土、砂石、土方、灰浆等散装、流体物料的车辆采取密闭或其他措施防止扬尘污染，并按规定路线行驶。装卸物料要密闭或喷淋等防治扬尘污染 ③市政河道以及河道沿线、公共用地的裸露地面以及其他城镇裸露地面，有关部门按照规划组织实施绿化或透水铺装 ④贮存煤炭、煤矸石、煤渣、煤灰、水泥、石灰、石膏、砂土等物料是否密闭；不能密闭设置不低于堆放物高度的严密围挡，并采取有效覆盖措施防治扬尘污染。码头、矿山、填埋场和消纳场实施分区作业，并采取防治扬尘污染措施
5.农业和其他污染防治	①农业生产经营者科学合理施用化肥并按国家规定使用农药，减少氨、挥发性有机物等污染大气。禁止在人口集中地区对树木、花草喷洒剧毒、高毒农药 ②畜禽养殖场、养殖小区及时对污水、畜禽粪便和尸体等进行收集、贮存、清运和无害化处理，防止排放恶臭气体 ③各级人民政府及其农业行政等有关部门应当鼓励和支持采用先进适用技术，对农业垃圾进行肥料化、饲料化、能源化、工业原料化、食用菌基料化等综合利用，加大对秸秆还田、收集一体化农业机械的财政补贴力度。县级人民政府应当组织建立秸秆收集、贮存、运输和综合利用服务体系，采用财政补贴等措施支持农村农业企业等开展秸秆收集、贮存、运输和综合利用服务 ④省、自治区、直辖市人民政府应当划定区域，禁止露天焚烧秸秆、落叶 ⑤产生属于有毒有害大气污染物名录的企业事业单位，按规定建设环境风险预警体系，对排放口和周边进行定期监测评估，排查环境安全隐患并防范环境风险 ⑥排放持久性有机污染物的企事业单位和其他生产经营者以及废物焚烧运营单位，按国家规定采取减少排放的技术方法、工艺和净化装置，实现达标排放 ⑦企事业单位和其他生产经营者在生产经营活动中产生恶臭气体的，科学选址并设置合理的防护距离，安装净化装置或其他措施，防止排放恶臭气体 ⑧排放油烟的餐饮经营者安装油烟净化设施等措施并保持正常使用，使油烟达标排放，并防止对附近居民正常生活环境的污染。禁止在住宅楼、未配套设立专用烟道的商住楼及商住楼内与居住层相邻的商业楼层内新、改、扩建餐饮服务项目。任何单位和个人不得在当地政府禁止的区域内露天烧烤食品或为此类活动提供场地 ⑨禁止在人口集中区和其他依法需特殊保护的区域内焚烧沥青、油毡、橡胶、塑料、皮革、垃圾及其他产生有毒有害烟尘和恶臭气体。禁止生产、销售和燃放不符合质量标准的烟花爆竹。任何单位和个人不得在城市政府禁止时段和区域内燃放烟花爆竹 ⑩国家鼓励和倡导文明、绿色祭祀。火葬场设置除尘等污染防治设施并保持正常使用，防止影响周边环境 ⑪从事服装干洗和机动车维修等服务的经营者，按国家标准或要求设置异味和废气处理装置并保持正常使用，防止影响周边环境 ⑫国家鼓励、支持消耗臭氧层物质替代品的生产和使用，逐步减少直至停止消耗臭氧层物质的生产和使用。国家对消耗臭氧层物质的生产、使用、进出口实行总量控制和配额管理

五、大气污染源现场执法清单

参照环境保护部发布的《工业污染源现场检查技术规范》（HJ 606—2011）有关规定，结合《大气污染防治法》的监督管理要求，大气污染防治设施与排放现场执法的清单如下。

1. 燃烧废气的检查

①检查燃烧设备的审验手续及性能指标。检查锅炉的性能指标是否符合国家和地方规定的锅炉大气污染物排放标准；检查环保设备的配套状况及环保审批、验收手续。

锅炉房的烟囱高度应符合《锅炉大气污染物排放标准》（GB 13271—2014）规定的要求。各种锅炉的烟囱应按规定设置便于永久采样的监测孔及相关设施，如安装了自动监测设施，应保证设施能够正常运行。

②检查燃烧设备的运行状况。检查排气口的林格曼黑度是否超标，如果超标则分析原因；检查除尘设备的运行状况，干清除是否漏气或堵塞，湿清除灰水的色泽和流量是否正常；检查灰水及灰渣的去向，防止二次污染。

③检查二氧化硫的控制。检查燃烧设备的设置、使用是否符合国家控制二氧化硫和酸雨的政策，用煤的含硫量是否符合国家规定，大型燃烧设备是否有脱硫装置。

④检查氮氧化物的控制。检查是否采取了控制氮氧化物排放的技术和设备。

2. 工艺废气、粉尘和恶臭污染物的检查

①检查有毒有害的废气、粉尘排放是否符合相关污染物排放标准的要求。对有组织排放大气污染源排放有异味污染物的一定要督促其进行净化，达到排放标准，如检查屠宰、制革、炼胶、饲料加工、食品发酵、石油生产等向大气排放恶臭的物质及治理情况。对无组织排放大气污染源排放有异味污染物的，应要求其对排放有毒气体进行有组织收集（图 1-10），并进行必要的净化。

向大气排放持久性有机污染物的企事业单位和其他生产经营者以及废弃物焚烧设施的运营单位，应当按照国家有关规定，采取有利于减少持久性有机污染物排放的技术方法和工艺，配备有效的净化装置，实现达标排放（图 1-11）。

图 1-10 某化工厂有组织收集有毒有害废气的管网和收集器

图 1-11 某工厂生产车间配备 VOCs 的净化装置

②检查排放恶臭的情况。企事业单位和其他生产经营者在生产经营活动中产生恶臭气体的，应当科学选址，设置合理的防护距离，并安装净化装置或采取其他措施，防止排放恶臭气体。

③检查可燃性气体的回收利用情况。不具备条件的进行污染防治处理。

④检查可散发有毒、有害气体和粉尘的运输、装卸、贮存的环保防护措施。对有组织排放大气污染源排放有毒污染物的一定要督促其进行净化，达到排放标

准，如检查含汞、铅、锡、氟、氯、硫化物、氯气、酸雾等无机有毒物质和苯、醛、酵、硝基苯、丙烯腈等有机有毒物质的废气和粉尘排放和治理情况。对无组织排放大气污染源排放有毒污染物的，应要求其对排放有毒气体进行有组织收集，并进行净化达标排放。

⑤查煤场、料场、货场等场所的防扬尘措施。贮存煤炭、煤矸石、煤渣、煤灰、水泥、石灰、石膏、砂土等物料是否密闭；不能密闭设置不低于堆放物高度的严密围挡，并采取有效覆盖措施防治扬尘污染。码头、矿山、填埋场和消纳场实施分区作业，并采取防治扬尘污染措施。

3．检查消耗臭氧层物质

按照《消耗臭氧层物质管理条例》规定，国家逐步削减并最终淘汰作为制冷剂、发泡剂、灭火剂、溶剂、清洗剂、加工助剂、杀虫剂、气雾剂、膨胀剂等用途的消耗臭氧层物质。检查企业是否违反规定生产、进口消耗臭氧层物质。对消耗臭氧层物质的生产、销售、使用和进出口等活动进行监督检查。

检查内容包括：①要求被检查单位提供有关资料；②要求被检查单位就执行本条例规定的有关情况作出说明；③进入被检查单位的生产、经营、储存场所进行调查和取证；④责令被检查单位停止违反本条例规定的行为，履行法定义务；⑤扣押、查封违法生产、销售、使用、进出口的消耗臭氧层物质及其生产设备、设施、原料及产品。

执法人员对监督检查中知悉的商业秘密负有保密义务。

扫码下载学习资料

任务 3-5 消耗臭氧层物质的管理要求

4．检查大气污染防治设施

（1）除尘系统的检查

①检查实际除尘效率是否符合要求；除尘器是否得到较好的维护，保持密封性；除尘设施产生的废水、废渣是否得到妥善处理、处置，避免二次污染；处理后的烟气黑度是否达到国家或地方规定的排放标准。

燃料燃烧时产生的烟尘中包括黑烟和飞灰两部分，它们的产生量与燃料成分、设备、燃烧状况有关。层式燃烧方式锅炉的烟尘排放一般使用林格曼黑度检查排气口；对于非层式燃烧的锅炉的烟尘排放量一般不应采用黑度法确定，而应采用实测方法进行测定，即先采样确定排烟浓度和废气排放量，再测算烟气中排放的烟尘总量。

锅炉排放烟尘超标可能有多种原因：锅炉刚点火的初始烟尘；锅炉设备的原因；燃烧状况不好；加煤不均匀，有空洞；通风不恰当，挡板位置不对；渣坑未封住，有冷空气进入；集尘设备不密封，有磨损，锁气器未锁，未及时清灰造成堵塞；操作工未按规范操作等。

②检查炉灰与炉渣。若含碳量高则说明燃烧不完全，可在煤种、设备、操作等方面找原因。

③检查除尘、集尘设备。干清除要防止漏气或堵塞；湿清除要检查灰水的色泽与流量，流量太小是不正常的，无灰水说明不运行。要检查灰水及灰渣的去向，防止二次污染。

（2）脱硫系统的检查

检查是否对旁路挡板实行铅封，增压风机电池等关键环节是否正常；检查脱硫设施的历史运行记录，结合记录中的运行时间、能耗、材料消耗、副产品产生量等数据，综合判断历史运行记录的真实性，确定脱硫设施的历史运行情况；检查脱硫设施产生的废水、废渣是否得到妥善处理、处置，避免二次污染。

（3）其他气态污染物净化系统的检查

检查锅炉是否有低氮燃烧措施、是否有脱硝措施。

检查废气收集系统效果；检查气体排放口主要污染物的排放是否符合国家或地方标准；检查处理中产生的废水和废渣的处理、处置情况。

5. 废气排放口的检查

①检查排污单位是否在禁止设置新建排气筒的区域内新建排气筒。

②检查排气筒高度是否符合国家大气污染物排放标准的规定。

③对于无组织排放有毒有害气体、粉尘、烟尘的排放点，有条件做到有组织排放的，检查排污单位是否进行了整治，实行有组织排放；新污染源一般不允许有无组织排放存在。

④检查排气筒是否设置采样口和采样监测平台（图 1-12）。有污染物处理、净化设施的，应在其进出口分别设置采样口。采样口、采样点的设置应当符合国家和地方关于固定污染源大气污染物监测的规范。

图 1-12　某化工厂废气净化装置的排气筒兼采样监测平台

⑤对于新建、扩建、改建和已投入使用的单台容量等于或大于 14 MW（20 t/h）的锅炉，检查是否安装了二氧化硫和烟尘在线监测仪。

6. 扬尘污染源

检查堆料的扬尘和建筑生产过程中的扬尘，是否按建筑施工防止扬尘污染管理要求，采取防治扬尘污染的措施或设置防扬尘设备。

六、大气污染相关违法行为的查处

《大气污染防治法》第九十八条至第一百二十七条规定了有关污染大气的违法行为应承担的法律责任，具体见表 1-22。造成大气环境污染事故及因大气污染引起纠纷的责任追究见项目五。

表 1-22　违反《大气污染防治法》的行为及应承担的法律责任

责任条款	违法行为款项	应承担的法律责任
第九十八条	以拒绝进入现场等方式拒不接受生态环境主管部门及其环境执法机构或其他负有大气环境保护监督管理职责的部门的监督检查，或在接受监督检查时弄虚作假的	由县级以上人民政府生态环境主管部门或其他负有大气环保监督管理职责的部门责令改正，处二万元以上二十万元以下的罚款； 构成违反治安管理行为的，由公安机关依法予以处罚

责任条款	违法行为款项	应承担的法律责任
第九十九条	（一）未依法取得排污许可证排放大气污染物的； （二）超过大气污染物排放标准或超过重点大气污染物排放总量控制指标排放大气污染物的； （三）通过逃避监管的方式排放大气污染物的	有本条款项行为之一的，由县级以上人民政府生态环境主管部门责令改正或限制生产、停产整治，并处十万元以上一百万元以下的罚款；情节严重的，报经有批准权的人民政府批准，责令停业、关闭
第一百条	（一）侵占、损毁或擅自移动、改变大气环境质量监测设施或大气污染物排放自动监测设备的； （二）未按照规定对所排放的工业废气和有毒有害大气污染物进行监测并保存原始监测记录的； （三）未按照规定安装、使用大气污染物排放自动监测设备或未按照规定与生态环境主管部门的监控设备联网，并保证监测设备正常运行的； （四）重点排污单位不公开或不如实公开自动监测数据的； （五）未按照规定设置大气污染物排放口的	有本条款项行为之一的，由县级以上人民政府生态环境主管部门处二万元以上二十万元以下的罚款；拒不改正的，责令停产整治
第一百零一条	生产、进口、销售或使用国家综合性产业政策目录中禁止的设备和产品，采用国家综合性产业政策目录中禁止的工艺，或将淘汰的设备和产品转让给他人使用的	由县级以上人民政府经济综合主管部门、海关按照职责责令改正，没收违法所得，并处货值金额一倍以上三倍以下的罚款；拒不改正的，报经有批准权的人民政府批准，责令停业、关闭。 进口行为构成走私的，由海关依法予以处罚
第一百零二条	煤矿未按照规定建设配套煤炭洗选设施的	由县级以上人民政府能源主管部门责令改正，处十万元以上一百万元以下的罚款；拒不改正的，报经有批准权的人民政府批准，责令停业、关闭
	开采含放射性和砷等有毒有害物质超过规定标准的煤炭的	由县级以上政府按照国务院规定的权限责令停业、关闭
第一百零三条	（一）销售不符合质量标准的煤炭、石油焦的； （二）生产、销售挥发性有机物含量不符合质量标准或要求的原材料和产品的； （三）生产、销售不符合标准的机动车船和非道路移动机械用燃料、发动机油、氮氧化物还原剂、燃料和润滑油添加剂以及其他添加剂的； （四）在禁燃区内销售高污染燃料的	有本条款项行为之一的，由县级以上地方人民政府市场监督管理部门按照职责责令改正，没收原材料、产品和违法所得，并处货值金额一倍以上三倍以下的罚款

责任条款	违法行为款项	应承担的法律责任
第一百零四条	（一）进口不符合质量标准的煤炭、石油焦的； （二）进口挥发性有机物含量不符合质量标准或要求的原材料和产品的； （三）进口不符合标准的机动车船和非道路移动机械用燃料、发动机油、氮氧化物还原剂、燃料和润滑油添加剂以及其他添加剂的	有本条款项行为之一的，由海关责令改正，没收原材料、产品和违法所得，并处货值金额一倍以上三倍以下的罚款；构成走私的，由海关依法予以处罚
第一百零五条	单位燃用不符合质量标准的煤炭、石油焦的	由县级以上人民政府生态环境主管部门责令改正，处货值金额一倍以上三倍以下的罚款
第一百零六条	使用不符合标准或要求的船舶用燃油的	由海事管理机构、渔业主管部门按照职责处一万元以上十万元以下的罚款
第一百零七条	在禁燃区内新建、扩建燃用高污染燃料的设施的	由县级以上地方人民政府生态环境主管部门没收燃用高污染燃料的设施，组织拆除燃煤供热锅炉，并处二万元以上二十万元以下的罚款
	未按照规定停止燃用高污染燃料	
	在城市集中供热管网覆盖地区新建、扩建分散燃煤供热锅炉	
	未按照规定拆除已建成的不能达标排放的燃煤供热锅炉	
	生产、进口、销售或使用不符合规定标准或要求的锅炉	由县级以上人民政府质量监督、生态环境主管部门责令改正，没收违法所得，并处二万元以上二十万元以下的罚款
第一百零八条	（一）产生含挥发性有机物废气的生产和服务活动，未在密闭空间或设备中进行，未按照规定安装、使用污染防治设施，或未采取减少废气排放措施的； （二）工业涂装企业未使用低挥发性有机物含量涂料或未建立、保存台账的； （三）石油、化工以及其他生产和使用有机溶剂的企业，未采取措施对管道、设备进行日常维护、维修，减少物料泄漏或对泄漏的物料未及时收集处理的； （四）储油储气库、加油加气站和油罐车、气罐车等，未按照国家有关规定安装并正常使用油气回收装置的； （五）钢铁、建材、有色金属、石油、化工、制药、矿产开采等企业，未采取集中收集处理、密闭、围挡、遮盖、清扫、洒水等措施，控制、减少粉尘和气态污染物排放的； （六）工业生产、垃圾填埋或其他活动中产生的可燃性气体未回收利用，不具备回收利用条件未进行防治污染处理，或可燃性气体回收利用装置不能正常作业，未及时修复或更新的	有本条款项行为之一的，由县级以上人民政府生态环境主管部门责令改正，处二万元以上二十万元以下的罚款；拒不改正的，责令停产整治

责任条款	违法行为款项	应承担的法律责任
第一百零九条	生产超过污染物排放标准的机动车、非道路移动机械的	由省级以上人民政府生态环境主管部门责令改正，没收违法所得，并处货值金额一倍以上三倍以下罚款，没收销毁无法达到污染物排放标准的机动车、非道路移动机械；拒不改正的，责令停产整治，并由国务院机动车生产主管部门责令停止生产该车型
	机动车、非道路移动机械生产企业对发动机、污染控制装置弄虚作假、以次充好，冒充排放检验合格产品出厂销售的	由省级以上人民政府生态环境主管部门责令停产整治，没收违法所得，并处货值金额一倍以上三倍以下的罚款，没收销毁无法达到污染物排放标准的机动车、非道路移动机械，并由国务院机动车生产主管部门责令停止生产该车型
第一百一十条	进口、销售超过污染物排放标准的机动车、非道路移动机械的	由县级以上人民政府市场监督管理部门、海关按照职责没收违法所得，并处货值金额一倍以上三倍以下的罚款，没收销毁无法达到污染物排放标准的机动车、非道路移动机械；进口行为构成走私的，由海关依法予以处罚
	销售的机动车、非道路移动机械不符合污染物排放标准的	销售者应当负责修理、更换、退货；给购买者造成损失的，销售者应当赔偿损失
第一百一十一条	机动车生产、进口企业未按照规定向社会公布其生产、进口机动车车型的排放检验信息或污染控制技术信息的	由省级以上人民政府生态环境主管部门责令改正，处五万元以上五十万元以下的罚款
	机动车生产、进口企业未按照规定向社会公布其生产、进口机动车车型的有关维修技术信息的	由省级以上人民政府交通运输主管部门责令改正，处五万元以上五十万元以下的罚款
第一百一十二条	伪造机动车、非道路移动机械排放检验结果或出具虚假排放检验报告的	由县级以上人民政府生态环境主管部门没收违法所得，并处十万元以上五十万元以下的罚款；情节严重的，由负责资质认定的部门取消其检验资格
	伪造船舶排放检验结果或出具虚假排放检验报告的	由海事管理机构依法予以处罚
	以临时更换机动车污染控制装置等弄虚作假的方式通过机动车排放检验或破坏机动车车载排放诊断系统的	由县级以上人民政府生态环境主管部门责令改正，对机动车所有人处五千元的罚款；对机动车维修单位处每辆机动车五千元的罚款

责任条款	违法行为款项	应承担的法律责任
第一百一十三条	机动车驾驶人驾驶排放检验不合格的机动车上道路行驶的	由公安机关交通管理部门依法予以处罚
第一百四十四条	使用排放不合格的非道路移动机械，或在用重型柴油车、非道路移动机械未按照规定加装、更换污染控制装置的	由县级以上人民政府生态环境等主管部门按照职责责令改正，处五千元的罚款
	在禁止使用高排放非道路移动机械的区域使用高排放非道路移动机械的	由城市人民政府生态环境等主管部门依法予以处罚
第一百一十五条	（一）施工工地未设置硬质密闭围挡，或未采取覆盖、分段作业、择时施工、洒水抑尘、冲洗地面和车辆等有效防尘降尘措施的	有本条款项行为之一的，由县级以上人民政府住房城乡建设等主管部门按照职责责令改正，处一万元以上十万元以下的罚款；拒不改正的，责令停工整治
	（二）建筑土方、工程渣土、建筑垃圾未及时清运，或未采用密闭式防尘网遮盖的	
	建设单位未对暂时不能开工的建设用地的裸露地面进行覆盖，或未对超过三个月不能开工的建设用地的裸露地面进行绿化、铺装或遮盖的	由县级以上人民政府住房城乡建设等主管部门依照前款规定予以处罚
第一百一十六条	运输煤炭、垃圾、渣土、砂石、土方、灰浆等散装、流体物料的车辆，未采取密闭或其他措施防止物料遗撒的	由县级以上地方人民政府确定的监督管理部门责令改正，处二千元以上二万元以下的罚款；拒不改正的，车辆不得上道路行驶
第一百一十七条	（一）未密闭煤炭、煤矸石、煤渣、煤灰、水泥、石灰、石膏、砂土等易产生扬尘的物料的； （二）对不能密闭的易产生扬尘的物料，未设置不低于堆放物高度的严密围挡，或未采取有效覆盖措施防治扬尘污染的； （三）装卸物料未采取密闭或喷淋等方式控制扬尘排放的； （四）存放煤炭、煤矸石、煤渣、煤灰等物料，未采取防燃措施的； （五）码头、矿山、填埋场和消纳场未采取有效措施防治扬尘污染的； （六）排放有毒有害大气污染物名录中所列有毒有害大气污染物的企业事业单位，未按照规定建设环境风险预警体系或对排放口和周边环境进行定期监测、排查环境安全隐患并采取有效措施防范环境风险的； （七）向大气排放持久性有机污染物的企业事业单位和其他生产经营者以及废弃物焚烧设施的运营单位，未按照国家有关规定采取有利于减少持久性有机污染物排放的技术方法和工艺，配备净化装置的； （八）未采取措施防止排放恶臭气体的	有本条款项行为之一的，由县级以上人民政府生态环境等主管部门按照职责责令改正，处一万元以上十万元以下的罚款；拒不改正的，责令停工整治或停业整治

责任条款	违法行为款项	应承担的法律责任
第一百一十八条	排放油烟的餐饮服务业经营者未安装油烟净化设施、不正常使用油烟净化设施或未采取其他油烟净化措施，超过排放标准排放油烟的	由县级以上地方人民政府确定的监督管理部门责令改正，处五千元以上五万元以下的罚款；拒不改正的，责令停业整治
	在居民住宅楼、未配套设立专用烟道的商住综合楼、商住综合楼内与居住层相邻的商业楼层内新建、改建、扩建产生油烟、异味、废气的餐饮服务项目的	由县级以上地方人民政府确定的监督管理部门责令改正；拒不改正的，予以关闭，并处一万元以上十万元以下的罚款
	在当地人民政府禁止的时段和区域内露天烧烤食品或为露天烧烤食品提供场地的	由县级以上地方人民政府确定的监督管理部门责令改正，没收烧烤工具和违法所得，并处五百元以上二万元以下的罚款
第一百一十九条	在人口集中地区对树木、花草喷洒剧毒、高毒农药，或露天焚烧秸秆、落叶等产生烟尘污染的物质的	由县级以上地方人民政府确定的监督管理部门责令改正，并可以处五百元以上二千元以下罚款
	在人口集中地区和其他依法需要特殊保护的区域内，焚烧沥青、油毡、橡胶、塑料、皮革、垃圾以及其他产生有毒有害烟尘和恶臭气体的物质的	由县级人民政府确定的监督管理部门责令改正，对单位处一万元以上十万元以下的罚款，对个人处五百元以上二千元以下罚款
	在城市人民政府禁止的时段和区域内燃放烟花爆竹的	由县级以上地方人民政府确定的监督管理部门依法予以处罚
第一百二十条	从事服装干洗和机动车维修等服务活动，未设置异味和废气处理装置等污染防治设施并保持正常使用，影响周边环境的	由县级以上地方人民政府生态环境主管部门责令改正，处二千元以上二万元以下的罚款；拒不改正的，责令停业整治
第一百二十一条	擅自向社会发布重污染天气预报预警信息，构成违反治安管理行为的	由公安机关依法予以处罚
	拒不执行停止工地土石方作业或建筑物拆除施工等重污染天气应急措施的	由县级以上地方人民政府确定的监督管理部门处一万元以上十万元以下的罚款
第一百二十三条	（一）未依法取得排污许可证排放大气污染物的； （二）超过大气污染物排放标准或超过重点大气污染物排放总量控制指标排放大气污染物的； （三）通过逃避监管的方式排放大气污染物的； （四）建筑施工或贮存易产生扬尘的物料未采取有效措施防治扬尘污染的	企业事业单位和其他生产经营者有本条款项行为之一的，受到罚款处罚，被责令改正，拒不改正的，依法作出处罚决定的行政机关可以自责令改正之日的次日起，按照原处罚数额按日连续处罚
第一百二十四条	对举报人以解除、变更劳动合同或其他方式打击报复的	应当依照有关法律的规定承担责任
第一百二十六条	地方各级人民政府、县级以上人民政府生态环境主管部门和其他负有大气环境保护监督管理职责的部门及其工作人员滥用职权、玩忽职守、徇私舞弊、弄虚作假的	依法给予处分
第一百二十七条	条违反本法规定，构成犯罪的	依法追究刑事责任

扫码下载学习资料

任务 3-6　案例放送

任务 3-7　更多资讯和案例

知识点应用与训练

【填空题】

1．大气污染的排放一般可分为__________和__________两大类。

2．废气采样时必须同时测定烟气的______、______、成分、______、______及流量等参数。

3．生态环境执法人员对排污单位排放污染物情况进行正常的监督性检查时，______或_______可作为判定排污行为合法性是否_______以及实施相关环境保护管理措施的依据。

【单选题】

1．一般工业区废气排放执行大气的污染物排放标准为（　）。

A.一级　B.二级　C.三级　D.四级

2．工业废气按生产周期和生产特点确定监测频次，一般每个生产周期不得少于（　）次。

A.1 次　B.2 次　C.3 次　D.4 次　E.不确定

3．按照综合性排放标准与行业性标准不交叉执行的原则，企业排放大气污染物优先执行（　）。

A.有行业性标准的优先执行　B.综合排放标准优先执行

C.兼顾综合性排放标准与行业性标准　D.以最新标准优先执行

【多选题】

1．大气污染的主要形式包括（　）。

A.燃料燃烧产生　B.生产工艺产生　C.流动污染源产生

D.扬尘污染源产生　E.火山爆发产生

2．大气污染防治设施的检查包括（　）。

A.除尘系统　　B.脱硫系统　　C.其他气态污染物系统　　D.无组织排放

3．以下属于违法行为的有（　　）。

A.露天堆放煤炭、煤渣、煤灰等

B.不公开自动监测数据

C.未取得排污许可证排放废气

D.以不安全为由拒绝接受环境执法人员进生产车间进行检查

4．判断排污单位有组织排放的废气符合达标排放的，必须同时满足以下两项指标的是（　　）。

A.有组织排放废气的最高允许排放浓度

B.按排气筒高度规定的有组织排放的废气最高允许排放速率

C.排气筒高度

D.排放的废气符合总量控制指标

【判断题】

1．在大气污染源排放现场执法检查过程中，必要时，环境执法监测人员可对污染源进行现场快速监测，检测结果可作为执法证据。（　）

2．按照法律规定，环境空气一类区禁止新、扩建污染源，现有污染源改建时执行现有污染源一级标准。（　）

3．产生含挥发性有机物废气的工业生产和服务活动，按规定应当在密闭空间或设备中进行，并安装、使用污染防治设施。如果无法实行密闭，应当停止生产或活动。（　）

【简答题】

1．简述工业企业大气污染源现场执法工作清单。

2．简要列出废气排污单位依法规定的监督管理清单。

【实训项目】

选择一家制造类工业企业，带上取证工具和必要的采样工具，进行大气污染防治设施与废气排放模拟现场执法实训。

扫码下载学习资料
任务3-8 工业企业废气污染物处理与排放现场检查表

任务4　固体废物污染源执法

工作任务： 开展某企业固体废物贮存、处置与综合利用的模拟执法检查。

建议学时： 3～4学时。

学习目标： ①认知固体废物（含危险废物）监督管理要求。

②能列出固体废物污染源的执法清单并按程序进行执法。

③能依法辨识固废环境违法行为并提出处理建议。

教学过程： 设计“课前+课中+课后”学习任务，实施“线上+线下”立体化教学。

教学方法： 微视频教学、案例分析、现场教学。

教学模式： 任务引领→思政与任务发布→模块知识领学→任务实践、教学方法应用→任务完成与点评→练习与现场训练。

教学平台及媒体： 多媒体教室、工厂或校外实训基地、移动设备、云班课、钉钉、微信、腾讯；教学课件包、教材。

思政元素： 导入危险废物违法处置污染环境破坏生态刑事警示案例、图片；宣传我国禁止进口垃圾的政策背景；城市人民政府推行无废城市的成果分享推广；树立循环经济理念。

一、固体废物来源和去向

根据《中华人民共和国固体废物污染环境防治法》（以下简称《固体废物污染环境防治法》），固体废物为在生产、生活和其他活动中产生的丧失原有利用价值或虽未丧失利用价值但被抛弃或放弃的固态、半固态和置于容器中的气态的物品、物质以及法律、行政法规规定纳入固体废物管理的物品、物质。

经无害化加工处理，并且符合强制性国家产品质量标准，不会危害公众健康和生态安全，或根据固体废物鉴别标准和鉴别程序认定为不属于固体废物的除外。

1. 固体废物的分类

根据产生来源的不同，固体废物可分为以下 5 种。

①工业固体废物，是指在工业生产活动中产生的固体废物。例如，高炉冶炼产生高炉渣，高炉煤气净化产生的瓦斯泥和瓦斯灰，除尘器产生除尘灰，设备维修产生废耐火材料，废水处理产生污泥等。

②生活垃圾，是指在日常生活中或为日常生活提供服务的活动中产生的固体废物，以及法律、行政法规规定视为生活垃圾的固体废物。

③建筑垃圾，是指建设单位、施工单位新建、改建、扩建和拆除各类建筑物、构筑物、管网等，以及居民装饰装修房屋过程中产生的弃土、弃料和其他固体废物。

④污泥，是指污水处理过程中产生的半固态或固态物质。

⑤农业固体废物，是指在农业生产活动中产生的固体废物，如秸秆、废旧农具、农膜、畜禽养殖粪便、烂草等。

按危害性可分为一般固体废物和危险废物。危险废物指列入《国家危险废物名录》或根据危险废物鉴别标准和《危险废物鉴别技术规范》（HJ 298—2019）认定的具有危险特性的固体废物。通常具有爆炸性、易燃性、易氧化性、毒性、腐蚀性、易传染疾病等危险特性之一的废物。

扫码获取学习资源
任务 4-1 相关文件

各类污染源产生的主要固体废物种类，见表 1-23。

表 1-23　各类污染源产生的主要固体废物种类

来源	主要固体废物
矿业	剥离废石、废旧设备、木材、砖瓦、混凝土等建筑废料等
冶金	高炉渣、钢渣、铁合金渣、铅鼓风炉渣、铜反应炉渣、新罐渣、新窑渣、锑炉渣、锡钢化炉渣、汞沸腾炉渣等
石化工业	硫铁矿渣、铬渣、电石渣、合成氨煤灰渣、磷渣、白土渣、盐泥、酸渣、碱渣、添加剂渣、废催化剂渣、硼矿渣、氯化钙、页岩渣、油泥、废石膏、水处理污泥、炉灰渣、废旧设备、建筑废料等
机械交通工业	金属碎屑、沙石、废模型、废设备、废汽车、废仪表、废电器、水处理污泥、工业炉窑渣、建筑废料等

来源	主要固体废物
轻纺食品工业	铬渣、废橡胶、废塑料、废布、废纤维、废染料、金属碎屑、废玻璃瓶、废罐头盒、炉灰渣、水处理污泥、建筑废料、酸造渣等
工业	钴进出渣、镍冶炼渣、赤泥、铬渣、砷铁渣、含砷烟尘、碱渣、废旧设备、建筑废料等
电器仪表工业	金属碎屑、废塑料、废玻璃、碱渣、酸渣、废油、废溶剂、废电器、废仪器、炉渣、重金属渣、水处理渣、建筑废料等
建材工业	水泥窑灰、建筑废料等
居民生活垃圾	锅炉渣、灰渣、脏土、废金属、废玻璃、废器皿、杂品、建筑废料、污泥、粪便、厨房垃圾、废塑料、废纸张、废布头等
农业固体废物	秸秆、杂草、烂果菜、糠秕、人畜粪便、废旧农具、废农药容器、农膜塑料等

2. 固体废物的去向

固体废物的去向有以下 3 种：

①贮存，是指将固体废物临时置于特定设施或场所中的活动。

②利用，是指从固体废物中提取物质作为原材料或燃料的活动。

③处置，是指将固体废物焚烧和用其他改变固体废物的物理、化学、生物特性的方法，达到减少已产生的固体废物数量、缩小固体废物体积、减少或消除其危险成份的活动，或将固体废物最终置于符合环保规定要求的填埋场的活动。

二、固体废物的污染防治管理

《固体废物污染环境防治法》第四条规定："固体废物污染环境防治坚持减量化、资源化和无害化的原则。任何单位和个人都应当采取措施，减少固体废物的产生量，促进固体废物的综合利用，降低固体废物的危害性。"

第五条规定："固体废物污染环境防治坚持污染担责的原则。产生、收集、贮存、运输、利用、处置固体废物的单位和个人，应当采取措施，防止或减少固体废物对环境的污染，对所造成的环境污染依法承担责任。"

第六条规定："国家推行生活垃圾分类制度。"

（一）监督管理机构

生态环境部对全国固体废物污染环境防治工作实施统一监督管理。国务院发展改革、工业和信息化、自然资源、住房城乡建设、交通运输、农业农村、商务、卫生健康、海关等主管部门在各自职责范围内负责固体废物污染环境防治的监督管理工作。生态环境部应当会同国务院有关部门建立全国危险废物等固体废物污染环境防治信息平台，推进固体废物收集、转移、处置等全过程监控和信息化追溯。

地方生态环境主管部门对本行政区域固体废物污染环境防治工作实施统一监督管理。地方人民政府发展改革、工业和信息化、自然资源、住房城乡建设、交通运输、农业农村、商务、卫生健康等主管部门在各自职责范围内负责固体废物污染环境防治的监督管理工作。

（二）固体废物的监督管理

（1）建设产生、贮存、利用、处置固体废物的项目，应当依法进行环境影响评价，需要配套建设的固体废物污染环境防治设施执行“三同时”制度，并将配套建设的固体废物污染环境防治设施验收报告向社会公开。产生工业固体废物的单位应当取得排污许可证。

（2）产生、收集、贮存、运输、利用、处置固体废物的单位和其他经营者，应当采取防扬散、防流失、防渗漏或其他防止污染环境的措施，不得擅自倾倒、堆放、丢弃、遗撒固体废物。跨省转移固体废物处理、处置必须执行转移联单制度，跨省转移固体废物利用必须报备。依法及时公开固体废物污染环境防治信息，主动接受社会监督。

（3）禁止境外的固体废物进境倾倒、堆放、处置，逐步实现固体废物零进口。

（三）工业固体废物的污染控制管理

工业固体废物实行“三化”原则。

1. 限期淘汰落后生产工艺、设备

生产者、销售者、进口者、使用者应当按规定停止生产、销售、进口或使用列入《限期淘汰产生严重污染环境的工业固体废物的落后生产工艺、设备的名录》中的设备。列入名录被淘汰的设备，不得转让给他人使用。

扫码获取学习资源

任务 4-2 限期淘汰产生严重污染环境的工业固体废物的落后生产工艺、设备的名录

2. 建立工业固体废物全过程管理台账

产生工业固体废物的单位应当建立健全工业固体废物产生、收集、贮存、运输、利用、处置全过程的污染环境防治责任制度，建立工业固体废物管理台账，如实记录产生工业固体废物的种类、数量、流向、贮存、利用、处置等信息，实现其可追溯、可查询，并采取防治其污染环境的措施。请有资质的单位规范运输、利用、处置工业固体废物。禁止向生活垃圾收集设施中投放工业固体废物。

3. 做好工业固体废物的源头控制和末端治理

产生工业固体废物的单位应当依法实施清洁生产审核，减少工业固体废物的产生量，降低其危害性；应当取得排污许可证；应当根据经济、技术条件对其加以利用，对暂时不利用或不能利用的，应当按规定建设贮存设施、场所，安全分类存放，或无害化处置；产生工业固体废物的单位终止的，应当在终止前对贮存、处置设施、场所的采取污染防治措施，对未处置的作出妥善处置，防止污染环境。发生变更的，变更后的单位按照规定妥善处置，防止污染环境。另有约定的，从其约定。但是，不得免除当事人的污染防治义务。

4. 矿业固体废物的管理

矿山企业应当采取科学的开采方法和选矿工艺，减少尾矿、煤矸石、废石等矿业固体废物的产生量和贮存量，国家鼓励采取先进工艺对其进行综合利用。有关贮存设施停止使用后，矿山企业应当按国家规定进行封场，防止造成环境污染和生态破坏。

（四）生活垃圾的污染控制管理

县级以上地方人民政府环境卫生主管部门负责组织开展厨余垃圾资源化、无害化处理工作。

1. 生活垃圾产生者责任

产生生活垃圾的单位、家庭和个人应当依法履行生活垃圾源头减量、定点分类投放的义务和责任；禁止随意倾倒、抛撒、堆放或焚烧生活垃圾；从生活垃圾中回收的物质应当按照国家规定的用途、标准使用，不得用于生产可能危害人体健康的产品。

2．生活垃圾处理、处置

建设生活垃圾处理设施、场所，应当符合生态环境部与住房和城乡建设部规定的环境保护标准和环境卫生标准；关闭、闲置或拆除其处理设施、场所，应当经所在地的市、县级人民政府环境卫生主管部门商所在地生态环境主管部门同意后核准，并采取防止污染环境的措施；生活垃圾处理单位应当按照国家有关规定，安装使用监测设备。监测设备应当与所在地生态环境主管部门的监控设备联网，实时监测污染物的排放情况，将污染排放数据实时公开。

禁止畜禽养殖场、养殖小区利用未经无害化处理的厨余垃圾饲喂畜禽。

（五）建筑垃圾的污染控制管理

县级以上地方人民政府环境卫生主管部门负责建筑垃圾污染环境防治工作，建立建筑垃圾全过程管理制度，规范其产生、收集、贮存、运输、利用、处置行为，推进综合利用，加强其处置设施、场所建设，保障处置安全，防止污染环境。

工程施工单位应当编制建筑垃圾处理方案，采取污染防治措施并报卫生主管部门备案；施工过程中产生的建筑垃圾及时清运，并按规定进行利用或处置；不得擅自倾倒、抛撒或堆放。

（六）农业固体废物的污染控制管理

县级以上人民政府农业农村主管部门负责指导农业固体废物回收利用体系建设，鼓励和引导有关单位和其他生产经营者依法收集、贮存、运输、利用、处置全过程污染控制农业固体废物。

产生秸秆、废弃农用薄膜、农药包装废弃物等农业固体废物的单位和其他生产经营者，应当回收利用和其他污染防止措施；从事畜禽规模养殖应当及时收集、贮存、利用或处置养殖过程中产生的畜禽粪污等固体废物，避免造成环境污染；禁止在人口集中地区、机场周围、交通干线附近以及当地人民政府划定的其他区域露天焚烧秸秆。

国家鼓励研究开发、生产、销售、使用在环境中可降解且无害的农用薄膜。

（七）电子、电器、快递包装废弃物、一次性产品等污染控制管理

1. 电器电子、铅蓄电池、车用动力电池等产品的生产者管理

国家建立电器电子、铅蓄电池、车用动力电池等产品的生产者责任延伸制度，生产者应当按照规定自建或委托，建立与产品销售量相匹配的废旧产品有效回收体系，并向社会公开；国家对废弃电器电子产品等实行多渠道回收和集中处理制度，禁止将废弃机动车船等交由不符合规定条件的企业或个人回收、拆解；拆解、利用、处置废弃电器电子产品、废弃机动车船等，应当依法采取防止污染环境的措施。

2. 产品和包装物的设计、制造，应当遵守国家有关清洁生产

生产经营者应当遵守限制商品过度包装的强制性标准，避免过度包装；生产、销售、进口依法被列入强制回收目录的产品和包装物的企业，应当按规定对该产品和包装物进行回收；电子商务、快递、外卖等行业应当优先采用可重复使用、易回收利用的包装物，优化物品包装，减少包装物的使用，积极回收利用包装物。

3. 一次性制品的污染控制

国家依法禁止、限制生产、销售和使用不可降解塑料袋等一次性塑料制品。商品零售场所、电子商务平台和快递业、外卖业按规定向商务、邮政等主管部门报告塑料袋等一次性塑料制品的使用、回收情况，推广应用可循环、易回收、可降解的替代产品；旅游、住宿等行业应当按照规定推行不主动提供一次性用品；机关、企事业单位等办公场所减少使用一次性办公用品。

4. 污泥及实验室产生的固体废物的管理

城镇污水处理设施维护运营单位或污泥处理单位应当安全处理污泥，对其流向、用途、用量等进行跟踪、记录，并报告城镇排水主管部门、生态环境主管部门；禁止擅自倾倒、堆放、丢弃、遗撒污水处理产生的污泥和处理后的污泥；禁止重金属或其他有毒有害物质含量超标的污泥进入农用地；从事水体清淤疏浚应当按规定处理清淤疏浚中产生的底泥。

各级各类实验室及其设立单位应当加强对实验室产生的固体废物的管理，依法收集、贮存、运输、利用、处置实验室固体废物。属于危险废物的，应当按照危险废物管理。

（八）危险废物的污染控制管理

生态环境部应当会同国务院有关部门制定国家危险废物名录，规定统一的危险废物鉴别标准、鉴别方法、识别标志和鉴别单位管理要求；危险废物实施分级分类管理，建立信息化监管体系，共享危险废物转移数据和信息。

省、自治区、直辖市人民政府应当组织有关部门编制危险废物集中处置设施、场所的建设规划，科学评估、合理布局危险废物集中处置设施、场所，确保本行政区域的危险废物得到妥善处置。

1. 产生危险废物的管理

产生单位应当按规定制订其管理计划报所在地生态环境主管部门备案，计划包括减少其产生量和降低其危害性的措施以及其贮存、利用、处置措施；建立危险废物管理台账，如实记录有关信息（图 1-13），并通过国家危险废物信息管理系统向所在地生态环境主管部门申报其种类、产生量、流向、贮存、处置等有关资料，执行排污许可管理制度；应当按规定和环境保护标准要求贮存、利用、处置危险废物，不得擅自倾倒、堆放。

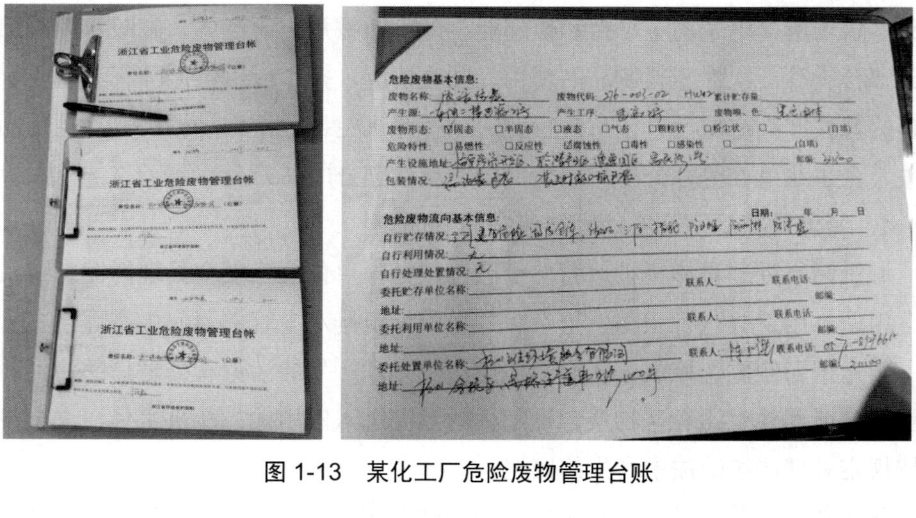

图 1-13　某化工厂危险废物管理台账

2. 从事收集、贮存、利用、处置危险废物经营活动

相关单位依法申请取得许可证并依法经营；应当按照其特性分类收集、贮存危险废物，采取符合国家环境保护标准的防护措施贮存危险废物；超过期限的，

应当报经颁发许可证的生态环境主管部门批准。

根据《危险废物转移管理办法》，危险废物转移应当遵循就近原则。转移危险废物的，应当按规定填写、运行危险废物电子或纸质转移联单；跨省转移的，应当执行转移联单制度。

扫码获取学习资源
任务 4-3 危险废物转移管理办法

危险废物移出人、危险废物承运人、危险废物接受人在危险废物转移过程中应当采取防扬散、防流失、防渗漏或其他防止污染环境的措施，不得擅自倾倒、堆放、丢弃、遗撒危险废物，并对所造成的环境污染及生态破坏依法承担责任；相关单位应当依法制定突发环境事件的防范措施和应急预案，并报有关部门备案；发生危险废物突发环境事件时，应当立即采取有效措施消除或减轻对环境的污染危害，并按相关规定向事故发生地有关部门报告，接受调查处理。

3．运输危险废物遵守国家有关危险货物运输管理

危险废物电子转移联单数据应当在信息系统中至少保存十年。因特殊原因无法运行危险废物电子转移联单的，可以先使用纸质转移联单，并于转移活动完成后十个工作日内在信息系统中补录电子转移联单。

禁止将危险废物与旅客在同一运输工具上载运。

扫码下载学习资料
任务 4-4 危险货物道路运输安全管理办法

4．危险废物相关的场所、设施、设备和容器、包装物及其他物品

收集、贮存、运输、利用、处置危险废物的场所、设施、设备和容器、包装物及其他物品转作他用时，应当按规定经过消除污染处理，方可使用；相关经营单位应当依法制定意外事故的防范措施和应急预案，并向有关部门备案，依法接受监督检查。重点危险废物集中处置设施、场所退役前，运营单位应当按照国家有关规定对设施、场所采取污染防治措施。

禁止经我国过境转移危险废物。

5．医疗废物按照国家危险废物名录管理

县级以上人民政府卫生健康、生态环境等部门应当在各自职责范围内加强对医疗废物收集、贮存、运输、处置的监督管理。医疗卫生机构应当依法分类收集本单位产生的医疗废物，交由医疗废物集中处置单位处置。医疗废物集中处置单位应当及时收集、运输和处置医疗废物，防止其流失、泄漏、渗漏、扩散。

重大传染病疫情等突发事件发生时，县级以上人民政府应当统筹协调医疗废物收集、贮存、运输、处置等工作，保障所需的车辆、场地、处置设施和防护物资。卫生健康、生态环境、环境卫生、交通运输等主管部门应当协同配合，依法履行应急处置职责。

对违反医疗废物管理规定的行为按照《医疗废物管理行政处罚办法》规定执行。

扫码获取学习资源
任务 4-5 医疗废物管理行政处罚办法

三、固体废物污染源的现场执法清单

（一）检查固体废物来源

了解生产工艺产生固体废物的种类、数量、理化性质、产生规律、产生方式。

（二）检查危险废物

①根据国家规定的危险废物名录，或根据国家规定的危险废物鉴别标准和鉴别方法认定，确定生产中危险废物的种类，了解其数量、处置方式及处置单位的资质。

②检查收集、贮存危险废物，是否按照危险废物特性进行分类（图 1-14）。

③是否将危险废物混入非危险废物中贮存。

④是否贮存危险废物超过 1 年期限。

图 1-14　某化工厂贴有识别标识的危险废物分类存放、贮存

（三）检查固体废物包括危险废物全过程管理台账是否齐全

产生工业固体废物的单位应当建立健全其产生、收集、贮存、运输、利用、处置全过程的污染环境防治责任制度，建立工业固体废物管理台账，如实记录产生工业固体废物的种类、数量、流向、贮存、利用、处置等信息，实现其可追溯、可查询，如图 1-15 所示。

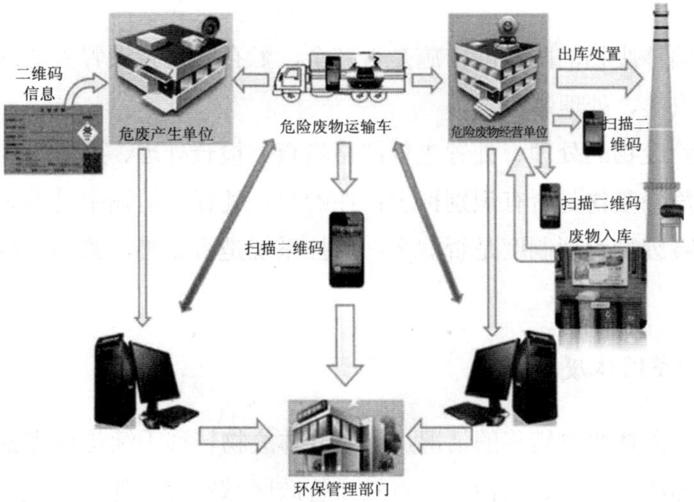

图 1-15　某市危险废物转移全过程监管网络示意图

（四）检查固体废物贮存、堆放场

①露天贮存冶炼废渣、化工废渣、炉渣、粉煤灰、废矿石、尾矿和其他工业固体废物的，检查是否设置了符合环境保护要求的专用贮存设施或贮存场。

②易造成二次扬尘污染的固体废物，检查是否采取喷洒防尘等防治措施。

③对于有毒有害等危险废物，检查是否设置专用贮存、处置场所，是否设置明显的标志，边界是否采取封闭措施，是否有防扬散、防流失、防渗漏等防治措施。

④对于临时性固体废物贮存、堆放场所，检查是否采取了适当的环境保护措施。

⑤检查排污单位是否向江河、湖泊、运河、渠道、水库及其最高水位线以下的滩地和岸坡等法律、法规规定禁止倾倒、堆放废弃物的地点倾倒、堆放固体废物。

（五）检查固体废物处理处置设施

①检查排污单位是否在自然保护区、风景名胜区、饮用水水源保护区、基本农田保护区和其他需要特别保护的区域内，建设工业固体废物集中贮存、处置的设施、场所和生活垃圾填埋场。

②检查在固体废物的收集、贮存、运输、利用、处置过程中，防扬散措施是否齐全。

③检查固体废物的防渗漏措施是否齐全，贮存时是否设置人造或天然衬里，配备浸出液收集、处理装置。

④对危险废物的处理、处置进行严格检查。检查处理、处置机构是否具有合法的资质；危险废物是否有识别标志；在贮存、处置、运输中是否采取足够的防护措施；危险废物管理制度是否健全；监控系统是否完善，监测计量装置数据是否连续完整。

（六）检查固体废物转移

对于发生固体废物转移的情况，检查固体废物转移手续是否完备。

转移固体废物出省、自治区、直辖市行政区域贮存、处置的，是否由移出地的省、自治区、直辖市人民政府生态环境主管部门商经接受地的省、自治区、直辖市人民政府生态环境主管部门同意。

转移危险废物的，是否填写危险废物转移联单，是否执行危险废物管理要求。

（七）检查固体废物的综合利用

应当根据经济、技术条件对固体废物加以利用，对暂时不利用或不能利用的，应当按规定建设贮存设施、场所，安全分类存放，或采取无害化处置措施。

四、固体废物污染有关违法行为的查处规定

《固体废物污染环境防治法》第一百零一条至第一百二十三条，规定了有关固体废物污染的违法行为以及应承担的法律责任，具体规定如表 1-24 所示。关于固体废物污染事故的行为及因固体废物污染引起纠纷的责任追究见项目五。

表 1-24　违反《固体废物污染环境防治法》的行为及应承担的法律责任

责任条款	违法行为款项	应承担的法律责任
第一百零一条	（一）未依法作出行政许可或办理批准文件的； （二）对违法行为进行包庇的； （三）未依法查封、扣押的； （四）发现违法行为或接到对违法行为的举报后未予查处的； （五）有其他滥用职权、玩忽职守、徇私舞弊等违法行为的	生态环境主管部门或其他负有固体废物污染环境防治监督管理职责的部门违反本法规定，有本条款项行为之一，由本级人民政府或上级人民政府有关部门责令改正，对直接负责的主管人员和其他直接责任人员依法给予处分
	依照本法规定应当作出行政处罚决定而未作出的	上级主管部门可以直接作出行政处罚决定
第一百零二条	（一）产生、收集、贮存、运输、利用、处置固体废物的单位未依法及时公开其污染环境防治信息的； （二）生活垃圾处理单位未按照国家有关规定安装使用监测设备、实时监测污染物的排放情况并公开污染排放数据的； （三）将列入限期淘汰名录被淘汰的设备转让给他人使用的； （四）在生态保护红线区域、永久基本农田集中区域和其他需要特别保护的区域内，建设工业固体废物、危险废物集中贮存、利用、处置的设施、场所和生活垃圾填埋场的； （五）转移固体废物出省、自治区、直辖市行政区域贮存、处置未经批准的； （六）转移固体废物出省、自治区、直辖市行政区域利用未报备案的； （七）擅自倾倒、堆放、丢弃、遗撒工业固体废物，或未采取相应防范措施，造成其扬散、流失、渗漏或其他环境污染的； （八）产生工业固体废物的单位未建立其台账并如实记录的； （九）产生工业固体废物的单位违反本法规定委托他人运输、利用、处置工业固体废物的； （十）贮存工业固体废物未采取符合国家环境保护标准的防护措施的； （十一）单位和其他生产经营者违反固体废物管理其他要求，污染环境、破坏生态的	有本条款项行为之一，由生态环境主管部门责令改正，处以罚款，没收违法所得；情节严重的，报经有批准权的人民政府批准，可以责令停业或关闭。 有前款第一项、第八项行为之一，处五万元以上二十万元以下的罚款；有前款第二项、第三项、第四项、第五项、第六项、第九项、第十项、第十一项行为之一，处十万元以上一百万元以下的罚款；有前款第七项行为，处所需处置费用一倍以上三倍以下的罚款，所需处置费用不足十万元的，按十万元计算。对前款第十一项行为的处罚，有关法律、行政法规另有规定的，适用其规定
第一百零三条	以拖延、围堵、滞留执法人员等方式拒绝、阻挠监督检查，或在接受监督检查时弄虚作假的	由生态环境主管部门或其他负有固体废物污染环境防治监管职责的部门责令改正，处五万元以上二十万元以下的罚款；对直接负责的主管人员和其他直接责任人员，处二万元以上十万元以下的罚款

责任条款	违法行为款项	应承担的法律责任
第一百零四条	未依法取得排污许可证产生工业固体废物的	由生态环境主管部门责令改正或限制生产、停产整治，处十万元以上一百万元以下的罚款；情节严重的，报经有批准权的人民政府批准，责令停业或关闭
第一百零五条	生产经营者未遵守限制商品过度包装的强制性标准的	由县级以上地方人民政府市场监督管理部门或有关部门责令改正；拒不改正的，处二千元以上二万元以下的罚款；情节严重的，处二万元以上十万元以下的罚款
第一百零六条	未遵守国家有关禁止、限制使用不可降解塑料袋等一次性塑料制品的规定，或未按国家规定报告塑料袋等一次性塑料制品的使用情况的	由县级以上地方人民政府商务、邮政等主管部门责令改正，处一万元以上十万元以下的罚款
第一百零七条	从事畜禽规模养殖未及时收集、贮存、利用或处置养殖过程中产生的畜禽粪污等固体废物的	由生态环境主管部门责令改正，可以处十万元以下的罚款；情节严重的，报经有批准权的人民政府批准，责令停业或关闭
第一百零八条	城镇污水处理设施维护运营单位或污泥处理单位对污泥流向、用途、用量等未进行跟踪、记录，或处理后的污泥不符合国家有关标准的	由城镇排水主管部门责令改正，给予警告；造成严重后果的，处十万元以上二十万元以下的罚款；拒不改正的，城镇排水主管部门可以指定有治理能力的单位代为治理，所需费用由违法者承担
	擅自倾倒、堆放、丢弃、遗撒城镇污水处理设施产生的污泥和处理后的污泥的	由城镇排水主管部门责令改正，处二十万元以上二百万元以下的罚款，对直接负责的主管人员和其他直接责任人员处二万元以上十万元以下的罚款；造成严重后果的，处二百万元以上五百万元以下的罚款，对直接负责的主管人员和其他直接责任人员处五万元以上五十万元以下罚款；拒不改正的，可以指定有治理能力的单位代为治理，所需费用由违法者承担
第一百零九条	生产、销售、进口或使用淘汰的设备，或采用淘汰的生产工艺的	由县级以上地方人民政府指定的部门责令改正，处十万元以上一百万元以下的罚款，没收违法所得；情节严重的，由县级以上地方人民政府指定的部门提出意见，报经有批准权的人民政府批准，责令停业或关闭
第一百一十条	尾矿、煤矸石、废石等矿业固体废物贮存设施停止使用后，未按照国家有关环境保护规定进行封场的	由生态环境主管部门责令改正，处二十万元以上一百万元以下罚款

责任条款	违法行为款项	应承担的法律责任
第一百一十一条	（一）随意倾倒、抛撒、堆放或焚烧生活垃圾 （二）擅自关闭、闲置或拆除生活垃圾处理设施、场所的 （三）工程施工单位未编制建筑垃圾处理方案报备案，或未及时清运施工过程中产生的固体废物的 （四）工程施工单位擅自倾倒、抛撒或堆放工程施工中产生的建筑垃圾，或未按照规定对施工中产生的固体废物进行利用或处置的 （五）产生、收集厨余垃圾的单位和其他生产经营者未将厨余垃圾交由具备相应资质条件的单位进行无害化处理的 （六）畜禽养殖场、养殖小区利用未经无害化处理的厨余垃圾饲喂畜禽的 （七）在运输过程中沿途丢弃、遗撒生活垃圾	有本条款项行为之一，由县级以上地方人民政府环卫主管部门责令改正，处以罚款，没收违法所得。 单位有前款第一项、第七项行为之一，处五万元以上五十万元以下的罚款； 单位有前款第二项、第三项、第四项、第五项、第六项行为之一，处十万元以上一百万元以下的罚款； 个人有前款第一项、第五项、第七项行为之一，处一百元以上五百元以下罚款
	未在指定的地点分类投放生活垃圾	由县级以上地方人民政府环卫主管部门责令改正；情节严重的，对单位处五万元以上五十万元以下的罚款，对个人依法处以罚款
第一百一十二条	（一）未按照规定设置危险废物识别标志的 （二）未按照国家有关规定制订危险废物管理计划或申报危险废物有关资料的 （三）擅自倾倒、堆放危险废物的 （四）将危险废物提供或委托给无许可证的单位或其他生产经营者从事经营活动的 （五）未按照国家有关规定填写、运行危险废物转移联单或未经批准擅自转移危险废物的 （六）未按照国家环境保护标准贮存、利用、处置危废或将危险废物混入非危险废物中贮存的 （七）未经安全性处置，混合收集、贮存、运输、处置具有不相容性质的危险废物的 （八）将危险废物与旅客在同一运输工具上载运的 （九）未经消除污染处理，将收集、贮存、运输、处置危险废物的场所、设施、设备和容器、包装物及其他物品转作他用的 （十）未采取相应防范措施，造成危险废物扬散、流失、渗漏或其他环境污染的 （十一）在运输过程中沿途丢弃、遗撒危险废物的 （十二）未制定危险废物意外事故防范措施和应急预案的 （十三）未按照国家有关规定建立危险废物管理台账并如实记录的	有本条款项行为之一，由生态环境主管部门责令改正，处以罚款，没收违法所得；情节严重的，报经有批准权的人民政府批准，可以责令停业或关闭。有前款第一项、第二项、第五项、第六项、第七项、第八项、第九项、第十二项、第十三项行为之一，处十万元以上一百万元以下的罚款；有前款第三项、第四项、第十项、第十一项行为之一，处所需处置费用三倍以上五倍以下的罚款，所需处置费用不足二十万元的，按二十万元计算

责任条款	违法行为款项	应承担的法律责任
第一百一十三条	危险废物产生者未按照规定处置其产生的危险废物被责令改正后拒不改正的	由生态环境主管部门组织代为处置，处置费用由危废产生者承担；拒不承担代为处置费用的，处代为处置费用一倍以上三倍以下罚款
第一百一十四条	无许可证从事收集、贮存、利用、处置危险废物经营活动的	由生态环境主管部门责令改正，处一百万元以上五百万元以下的罚款，并报经有批准权的人民政府批准，责令停业或关闭；对法定代表人、主要负责人、直接负责的主管人员和其他责任人员，处十万元以上一百万元以下罚款
	未按照许可证规定从事收集、贮存、利用、处置危险废物经营活动的	由生态环境主管部门责令改正，限制生产、停产整治，处五十万元以上二百万元以下的罚款；对法定代表人、主要负责人、直接负责的主管人员和其他责任人员，处五万元以上五十万元以下罚款；情节严重的，报经有批准权的人民政府批准，责令停业或关闭，还可以由发证机关吊销许可证
第一百一十五条	将中华人民共和国境外的固体废物输入境内的 承运人对前款规定的固体废物的退运、处置，与进口者承担连带责任	由海关责令退运该固体废物，处五十万元以上五百万元以下的罚款
第一百一十六条	经中华人民共和国过境转移危险废物的	由海关责令退运该危险废物，处五十万元以上五百万元以下的罚款
第一百一十七条	对已经非法入境的固体废物	由省级以上人民政府生态环境主管部门依法向海关提出处理意见，海关应当依照本法第一百一十五条的规定作出处罚决定
	已经造成环境污染的	由省级以上人民政府生态环境主管部门责令进口者消除污染
第一百一十九条	单位和其他生产经营者违反本法规定排放固体废物，受到罚款处罚，被责令改正的，依法作出处罚决定的行政机关应当组织复查，发现其继续实施该违法行为的	依照《环境保护法》规定按日连续处罚

责任条款	违法行为款项	应承担的法律责任
第一百二十条	（一）擅自倾倒、堆放、丢弃、遗撒固体废物，造成严重后果的 （二）在生态保护红线区域、永久基本农田集中区域和其他需特别保护的区域内，建设工业固体废物、危险废物集中贮存、利用、处置的设施、场所和生活垃圾填埋场的 （三）将危险废物提供或委托给无许可证的单位或其他生产经营者堆放、利用、处置的 （四）无许可证或未按照许可证规定从事收集、贮存、利用、处置危险废物经营活动的 （五）未经批准擅自转移危险废物的 （六）未采取防范措施，造成危险废物扬散、流失、渗漏或其他严重后果的	有本条款项行为之一，尚不构成犯罪的，由公安机关对法定代表人、主要负责人、直接负责的主管人员和其他责任人员处十日以上十五日以下的拘留；情节较轻的，处五日以上十日以下的拘留
第一百二十三条	构成违反治安管理行为的	由公安机关依法给予治安管理处罚
	构成犯罪的	依法追究刑事责任
	造成人身、财产损害的	依法承担民事责任

扫码下载学习资料
任务 4-6　案例放送
任务 4-7　更多资讯和案例

知识点应用与训练

【填空题】

1. 我国推行生活垃圾________制度。

2. 我国固体废物污染环境防治坚持________、________和________的原则。

3. 跨省转移固体废物、危险废物处理、处置必须执行________制度。

4. __________境外的固体废物进境倾倒、堆放、处置，国家逐步实现固体废物__________进口。

【单选题】

1．从固体废物中提取物质作为原材料或燃料的活动称为（　）。

A.收集　B.处理　C.利用　D.处置　E.贮存

2．以下属于危险废物的是（　）。

A.废塑料　B.废纸　C.电镀污泥　D.污泥　E.厨余垃圾

3．贮存危险废物不得超过规定时限，确需延长期限的，应当报经颁发许可证的生态环境主管部门批准。时限要求为（　）。

A.三个月　B.半年　C.一年　D.二年

【多选题】

1．固体废物根据来源，分为（　）。

A.工业固体废物

B.农业固体废物

C.生活垃圾

D.建筑垃圾

E.污泥

2．以下属于违法行为的有（　）。

A.在生态保护红线区域建工业固体废物利用设施

B.贮存、处置固体废物的单位不公开固体废物污染环境防治信息

C.企业未制定危险废物意外事故应急预案

D.将未经无害化处理的厨余垃圾饲喂畜禽

E.固体废物转移出省内某市进行利用未报备

3．通常具有以下危险特性之一的废物属于危险废物（　）。

A.爆炸性

B.易燃性

C.毒性

D.腐蚀性

E.易氧化性

F.易传染性

4．产生危险废物的单位应当依法遵循以下管理规定（　　）。

A.应当按规定制订危险废物管理计划报所在地生态环境主管部门备案

B.建立危险废物管理台账，如实记录有关信息

C.应当通过国家危险废物信息管理系统向所在地生态环境主管部门申报危险废物的种类、产生量、流向、贮存、处置等有关资料

D.应当执行排污许可管理制度

E.应当按规定和环境保护标准要求贮存、利用、处置危险废物

【判断题】

1．工厂跨省转移固体废物处理、处置，必须执行转移联单制度。（　）

2．境外的废塑料进境进行堆放、处置是违法的。（　）

3．产生少量一般工业固体废物的单位可以不用建立工业固体废物管理台账。（　）

【简答题】

列出危险废物的污染控制执行清单。

【实训项目】

选择一家产生工业固体废物（含危险废物）的企业，带上取证工具，进行固体废物污染源现场模拟执法训练。

扫码下载学习资料
任务4-8 工业企业固废污染源现场检查表

任务5　土壤污染源执法

工作任务：选择重点污染企业是否进行土壤污染控制模拟执法检查。
建议学时：2～3学时。
学习目标：①能识别生产或经营行为是否存在污染土壤行为。
②能对土壤污染依法进行现场执法。
③能对土壤污染违法行为提出处理建议。
教学过程：设计“课前+课中+课后”学习任务，实施“线上+线下”立体化教学。
教学方法：微视频教学、案例分析、现场教学。
教学模式：任务引领→思政与问题导入→模块知识领学→任务实践、教学方法应用→任务完成与点评→练习与现场训练。
教学平台及媒体：多媒体教室、工厂或校外实训基地、移动设备、云班课、钉钉、微信、腾讯；教学课件包、教材。
思政元素：展示国内外土壤污染问题、我国土壤污染违法案例警示片；宣讲土壤污染预防与风险管控的重要性；提升土壤安全保护意识，敬畏自然，呵护自然。

一、土壤污染及其来源

地球环境由岩石圈、水圈、土壤圈、生物圈和大气圈构成，土壤位于该系统的中心，既是各圈层相互作用的产物，又是各圈层物质循环与能量交换的枢纽。受自然和人为作用，内在或外显的土壤状况称为土壤环境。

根据《中华人民共和国土壤污染防治法》（以下简称《土壤污染防治法》），土壤污染，是指因人为因素导致某种物质进入陆地表层土壤，引起土壤化学、物理、生物等方面特性的改变，影响土壤功能和有效利用，危害公众健康或破坏生态环境的现象。

根据 2022 年 5 月河北省自然资源厅发布的《当前我国的土壤污染现状及防治措施》表明，现阶段我国 48% 的土壤存在着严重污染的状况，认定成无法进行运用的土壤为 23%，影响了我国的经济发展。在非重度污染土壤之中，有 34%涉及轻微污染的情况，土地板结属于农业区在土地污染方面的主要标新，工业区则会排放不可降解与辐射物质。同时，在土壤结构方面，表现为重金属污染的约 1/6。此类土壤涉及辐散性以及不确定性，每当下雨时，土壤之中包含的各类重金属物质会进入河流之中，进而再一次污染其他环境。造成土壤污染的主要原因有以下几个方面。

1．农药、化肥施用过量

我国每年会施用 50 万～60 万 t 农药，有超过 2.8 亿 hm^2 的耕地施用了农药，平均用药量为 l4 kg/hm^2。这些农药直接喷到土壤或作物中，一方面，土壤吸附了诸多农药；另一方面，农药喷施在农作物上被农作物吸收，直接积累在叶、茎、果实和根部，部分进入到土壤。

在化肥施用量方面，我国每年高达 4 100 万 t。化肥长期使用，会对土壤结构造成破坏，导致生物学性质恶化、降低保水肥能力、耕地土质退化、土壤板结。对于未被植物吸收以及土壤吸附残留的磷、氮化合物，在出现土壤风蚀或地面径流的时候，会随之转移，进一步增大土壤污染范围。

2．工业废水的污染

电镀、印染、化工以及冶金等行业废水带给土壤的污染极为严重，不能逆转，其容易引发病原体、热污染、重金属的污染，这些污染会直接对农作物造成影响，导致农作物中的重金属等过量，进而带给人民群众健康和生命极大的威胁。现阶段，我国存在重金属污染的土壤总面积约为 2 000 万 hm^2，在总耕地面积中占 1/60。

3．大气的污染

工业车辆和机动车辆的废气也会污染土壤，工业排出的各类气体之中存在有害物质，如氮氧化物、硫化物等，这些有害物质落到土壤中会对植物的生长和发展造成阻碍，而大气污染严重影响了整个生态链，同时也会直接影响人类的身体健康。

4．固体废物造成的污染

工业固体废物、生活垃圾，尤其是危险废物随意排放、倾倒和填埋，污染土壤。

二、土壤环境质量监测及执行标准类别

（一）实行土壤环境监测制度

1. 重点监测的农用地地块

《土壤污染防治法》第十六条规定：“地方人民政府农业农村、林业草原主管部门应当会同生态环境、自然资源主管部门对下列农用地地块进行重点监测：

（一）产出的农产品污染物含量超标的；

（二）作为或曾作为污水灌溉区的；

（三）用于或曾用于规模化养殖，固体废物堆放、填埋的；

（四）曾作为工矿用地或发生过重大、特大污染事故的；

（五）有毒有害物质生产、贮存、利用、处置设施周边的；

（六）国务院农业农村、林业草原、生态环境、自然资源主管部门规定的其他情形。”

2. 重点监测的建设用地地块

《土壤污染防治法》第十七条规定：“地方人民政府生态环境主管部门应当会同自然资源主管部门对下列建设用地地块进行重点监测：

（一）曾用于生产、使用、贮存、回收、处置有毒有害物质的；

（二）曾用于固体废物堆放、填埋的；

（三）曾发生过重大、特大污染事故的；

（四）国务院生态环境、自然资源主管部门规定的其他情形。”

（二）土壤现场监测与样品采集

土壤监测按照《土壤环境监测技术规范》（HJ/T 166—2004）开展。

扫码获取学习资源
任务 5-1 土壤环境
监测技术规范

1. 监测类型

根据土壤监测目的，土壤环境监测有 4 种主要类型：区域土壤环境背景监测、农田土壤环境质量监测、建设项目土壤环境评价监测和土壤污染事故监测。

2．监测项目与频次

监测项目分常规项目、特定项目和选测项目。土壤监测项目与监测频次如表 1-25 所示。

表 1-25　土壤监测项目与监测频次

项目类别		监测项目	监测频次
常规项目	基本项目	pH、阳离子交换量	每 3 年一次，农田在夏收或秋收后采样
	重点项目	镉、铬、汞、砷、铅、铜、锌、镍、六六六、滴滴涕	
特定项目（污染事故）		特征项目	及时采样，根据污染物变化趋势决定监测频次
选测项目	影响产量项目	全盐量、硼、氟、氮、磷、钾等	每 3 年监测一次，农田在夏收或秋收后采样
	污水灌溉项目	氰化物、六价铬、挥发酚、烷基汞、苯并[*a*]芘、有机质、硫化物、石油类等	
	POPs 与高毒类	农药 苯、挥发性卤代烃、有机磷农药、PCB、PAH 等	
	其他项目	结合态铝（酸雨区）、硒、钒、氧化稀土总量、钼、铁、锰、镁、钙、钠、铝、硅、放射性比活度等	

3．布点方法与数量

布点方法分为简单随机、分块随机、系统随机 3 种。

土壤监测的布点数量要满足样本容量的基本要求。实际工作中土壤布点数量还要根据调查目的、调查精度和调查区域环境状况等因素确定。一般要求每个监测单元最少设 3 个点。

4．土壤采样

土壤采样基本要点如表 1-26 所示。

表 1-26　土壤采样基本要点

土壤分类	采样方法
农田土壤	按照监测单元划分进行布点和采样。一般农田土壤环境监测采集耕作层土样，种植一般农作物采 0～20 cm，种植果林类农作物采 0～60 cm。为了保证样品的代表性，减低监测费用，采取采集混合样的方案。每个土壤单元设 3～7 个采样区，单个采样区可以是自然分割的一个田块，也可以由多个田块构成，其范围以 200 m×200 m 左右为宜。每个采样区的样品为农田土壤混合样。 混合样的采集主要有 4 种方法：①对角线法；②梅花点法；③棋盘式法；④蛇形法
建设项目土壤环境评价监测	每 100 hm^2 占地不少于 5 个且总数不少于 5 个采样点，其中小型建设项目设 1 个柱状样采样点，大中型建设项目不少于 3 个柱状样采样点，特大型建设项目或对土壤环境影响敏感的建设项目不少于 5 个柱状样采样点
城市土壤	城区内大部分土壤被道路和建筑物覆盖，只有小部分土壤栽植草木，本规范中城市土壤主要是指后者，由于其复杂性分两层采样，上层（0～30 cm）可能是回填土或受人为影响大的部分，另一层（30～60 cm）为受人为影响相对较小的部分。两层分别取样监测。 城市土壤监测点以网距 2 000 m 的网格布设为主，功能区布点为辅，每个网格设 1 个采样点。 对于专项研究和调查的采样点可适当加密
污染事故监测土壤	污染事故不可预料，接到举报后立即组织采样。现场调查和观察，取证土壤被污染时间，根据污染物及其对土壤的影响确定监测项目，尤其是污染事故的特征污染物是监测的重点。据污染物的颜色、印渍和气味以及结合考虑地势、风向等因素初步界定污染事故对土壤的污染范围。 ①固体污染物抛洒污染型，打扫后采集表层 5 cm 土样，采样点不少于 3 个。 ②液体倾翻污染型，污染物向低洼处流动的同时向深度方向渗透并向两侧横向方向扩散，每个点分层采样，事故发生点、样品点较密，采样深度较深，离事故发生点相对远处样品点较疏，采样深度较浅。采样点不少于 5 个。 ③爆炸污染型，以放射性同心圆方式布点，采样点不少于 5 个，爆炸中心采分层样，周围采表层土（0～20 cm）。 事故土壤监测要设定 2～3 个背景对照点，各点（层）取 1 kg 土样装入样品袋，有腐蚀性或要测定挥发性化合物，改用广口瓶装样。含易分解有机物的待测定样品，采集后置于低温（冰箱）中，直至运送、移交到分析室

5．样品流转

①装运前核对。在采样现场样品必须逐件与样品登记表、样品标签和采样记录进行核对，核对无误后分类装箱。

②运输中防损。运输过程中严防样品的损失、混淆和沾污。对光敏感的样品

应有避光外包装。

③样品交接。由专人将土壤样品送到实验室，送样者和接样者双方同时清点核实样品，并在样品交接单上签字确认，样品交接单由双方各存一份备查。

样品分析及实验室质量控制按照 HJ/T 166—2004 执行。

（三）执行标准

按照生态环境部发布的《土壤环境质量　农用地土壤污染风险管控标准（试行）》（GB 15618—2018）、《土壤环境质量　建设用地土壤污染风险管控标准（试行）》（GB 36600—2018）执行土壤环境质量监测标准。

扫码获取学习资源
任务 5-2 相关标准

1．农用地土壤污染风险管控标准

（1）农用地土壤污染风险筛选值

农用地土壤中污染物含量等于或低于该值的，对农产品质量安全、农作物生长或土壤生态环境的风险低，一般情况下可以忽略；超过该值的，对农产品质量安全、农作物生长或土壤生态环境可能存在风险，要加强土壤环境监测和农产品协同监测，原则上应采取安全利用措施。

农用地土壤污染风险筛选值分为两类。其中，基本项目包括镉、汞、砷、铅、铬、铜、镍、锌；其他项目包括六六六总量、滴滴涕总量、苯并[*a*]芘。

（2）农用地土壤污染风险管制值

农用地土壤中污染物含量超过该值的，食用农产品不符合质量安全标准等农用地土壤污染风险高，原则上应当采取严格管控措施。

农用地土壤污染风险管制值包括镉、汞、砷、铅、铬。

2．建设用地分类及土壤污染风险管控标准

（1）建设用地分类

建设用地根据保护对象暴露情况的不同划分为两类：

第一类用地包括 GB 50137 规定的城市建设用地中的居住用地（R），公共管理与公共服务用地中的中小学用地（A33）、医疗卫生用地（A5）和社会福利设施用地（A6），以及公园绿地（G1）中的社区公园或儿童公园用地等。

第二类用地包括 GB 50137 规定的城市建设用地中的工业用地（M），物流仓

储用地（W），商业服务业设施用地（B），道路与交通设施用地（S），公用设施用地（U），公共管理与公共服务用地（A）（A33、A5、A6 除外），以及绿地与广场用地（G）（G1 中的社区公园或儿童公园用地除外）等。

（2）建设用地土壤污染风险管控标准

标准确定了建设用地土壤污染风险筛选值和管制值，基本项目分重金属和无机物类、挥发性有机物类、半挥发性有机物类 3 大类，共 45 项。建设用地土壤污染风险筛选值、管制值其他项目分重金属和无机物类、挥发性有机物类、半挥发性有机物类、有机农药类、多氯联苯、多溴联苯和二噁英类、石油烃类，共 40 项。

二、土壤污染防治管理

（一）土壤污染防治职责

土壤污染防治应当坚持预防为主、保护优先、分类管理、风险管控、污染担责、公众参与的原则。任何组织和个人都有保护土壤、防止土壤污染的义务。

①土地使用权人从事土地开发利用活动，企事业单位和其他生产经营者从事生产经营活动，应当采取有效措施，防止、减少土壤污染，对所造成的土壤污染依法承担责任。

②地方各级人民政府应当对本行政区域土壤污染防治和安全利用负责。

③生态环境部对全国土壤污染防治工作实施统一监督管理；国务院农业农村、自然资源、住房和城乡建设、林业草原等主管部门在各自职责范围内对土壤污染防治工作实施监督管理。

④地方人民政府生态环境主管部门对本行政区域土壤污染防治工作实施统一监督管理；地方人民政府农业农村、自然资源、住房城乡建设、林业草原等主管部门在各自职责范围内对土壤污染防治工作实施监督管理。

（二）预防与保护

1. 建设用地土壤预防与保护清单

①各类涉及土地利用的规划和可能造成土壤污染的建设项目，应当依法进行

环境影响评价。环境影响评价文件应当包括对土壤可能造成的不良影响及应当采取的相应预防措施等内容。

②生产、使用、贮存、运输、回收、处置、排放有毒有害物质的单位和个人，应当采取有效措施，防止有毒有害物质渗漏、流失、扬散，避免土壤受污染。

③土壤污染重点监管单位应当履行的义务：严格控制有毒有害物质排放，并按年度向生态环境主管部门报告；建立土壤污染隐患排查制度，保证持续有效防止有毒有害物质渗漏、流失、扬散；制定、实施自行监测方案，并将监测数据报生态环境主管部门。应当对监测数据的真实性和准确性负责，并应当在排污许可证中载明。

④土壤污染重点监管单位拆除设施、设备或建筑物、构筑物的，应当制定包括应急措施在内的土壤污染防治工作方案，报地方人民政府生态环境、工业和信息化主管部门备案并实施。

⑤尾矿库运营、管理单位应当按照规定，加强尾矿库的安全管理，采取措施防止土壤污染。危库、险库、病库以及其他需要重点监管的尾矿库的运营、管理单位应当按照规定，进行土壤污染状况监测和定期评估。

⑥禁止在土壤中使用重金属含量超标的降阻产品。国家鼓励在建筑、通信、电力、交通、水利等领域的信息、网络、防雷、接地等建设工程中采用新技术、新材料，防止土壤污染。

⑦建设和运行污水集中处理设施、固体废物处置设施，应当依照法律法规和相关标准的要求，采取措施防止土壤污染。

2. 农用地土壤预防与保护的管控清单

①禁止向农用地排放重金属或其他有毒有害物质含量超标的污水、污泥，以及可能造成土壤污染的清淤底泥、尾矿、矿渣等。

县级以上人民政府有关部门应当加强对畜禽粪便、沼渣、沼液等收集、贮存、利用、处置的监督管理，防止土壤污染。

农田灌溉用水应当符合相应的水质标准，防止土壤、地下水和农产品污染。地方人民政府生态环境主管部门应当会同农业农村、水利主管部门加强对农田灌溉用水水质的管理，对农田灌溉用水水质进行监测和监督检查。

②禁止生产、销售、使用国家明令禁止的农业投入品。其生产者、销售者和使用者应当及时回收农药、肥料等农业投入品的包装废弃物和农用薄膜，并将农

药包装废弃物交由专门的机构或组织进行无害化处理。

③禁止在居民区和学校、医院、疗养院、养老院等单位周边新建、改建、扩建可能造成土壤污染的建设项目。

④禁止将重金属或其他有毒有害物质含量超标的工业固体废物、生活垃圾或污染土壤用于土地复垦。对开发建设过程中剥离的表土，应当单独收集和存放，符合条件的应当优先用于土地复垦、土壤改良、造地和绿化等。

⑤国家鼓励和支持农业生产者采取下列措施：使用低毒、低残留农药以及先进喷施技术；使用符合标准的有机肥、高效肥；采用测土配方施肥技术、生物防治等病虫害绿色防控技术；使用生物可降解农用薄膜；综合利用秸秆、转移高富集污染物的秸秆；按照规定对酸性土壤等进行改良。

⑥因科学研究等特殊原因，需要进口土壤的，应当遵守国家出入境检验检疫的有关规定。

三、风险管控和修复

（一）一般规定

土壤污染风险管控和修复，包括土壤污染状况调查和土壤污染风险评估、风险管控、修复、风险管控效果评估、修复效果评估、后期管理等活动。

1. 实施土壤污染状况调查活动，应当编制土壤污染状况调查报告

调查报告应当主要包括地块基本信息、污染物含量是否超过土壤污染风险管控标准等内容。污染物含量超过土壤污染风险管控标准的，土壤污染状况调查报告还应当包括污染类型、污染来源以及地下水是否受到污染等内容。

2. 实施土壤污染风险评估活动，应当编制土壤污染风险评估报告

土壤污染风险评估报告应当主要包括下列内容：①主要污染物状况；②土壤及地下水污染范围；③农产品质量安全风险、公众健康风险或生态风险；④风险管控、修复的目标和基本要求等。

3. 实施风险管控、修复活动，应当因地制宜、科学合理

实施风险管控、修复活动，不得对土壤和周边环境造成新的污染。

①实施风险管控、修复活动前，地方人民政府有关部门有权根据实际情况，

要求土壤污染责任人、土地使用权人采取移除污染源、防止污染扩散等措施。

②实施风险管控、修复活动中产生的废水、废气和固体废物，应当按照规定进行处理、处置，并达到相关环境保护标准。实施风险管控、修复活动中产生的固体废物以及拆除的设施、设备或建筑物、构筑物属于危险废物的，应当依照法律法规和相关标准的要求进行处置。修复施工期间，应当设立公告牌，公开相关情况和环境保护措施。

③修复施工单位转运污染土壤的，应当制订转运计划，将运输时间、方式、线路和污染土壤数量、去向、最终处置措施等，提前报所在地和接收地生态环境主管部门。转运的污染土壤属于危险废物的，修复施工单位应当依照法律法规和相关标准的要求进行处置。

④实施风险管控效果评估、修复效果评估活动，应当编制效果评估报告。效果评估报告应当主要包括是否达到土壤污染风险评估报告确定的风险管控、修复目标等内容。风险管控、修复活动完成后，需要实施后期管理的，土壤污染责任人应当按照要求实施后期管理。

⑤从事土壤污染状况调查和土壤污染风险评估、风险管控、修复、风险管控效果评估、修复效果评估、后期管理等活动的单位，应当具备相应的专业能力。受委托从事前款活动的单位对其出具的调查报告、风险评估报告、风险管控效果评估报告、修复效果评估报告的真实性、准确性、完整性负责，并按照约定对风险管控、修复、后期管理等活动结果负责。

4．发生突发事件可能造成土壤污染的应急管理

发生突发事件可能造成土壤污染的，地方人民政府及有关部门和相关企业事业单位以及其他生产经营者应当立即采取应急措施，防止土壤污染，并依照本法规定做好土壤污染状况监测、调查和土壤污染风险评估、风险管控、修复等工作。

土壤污染责任人负有实施土壤污染风险管控和修复的义务。责任人无法认定的，土地使用权人应当实施土壤污染风险管控和修复。地方人民政府及有关部门可以根据实际情况组织实施土壤污染风险管控和修复。

国家鼓励和支持有关当事人自愿实施土壤污染风险管控和修复。

5．土壤污染调查与管控的活动费用的承担者

因实施或组织实施土壤污染状况调查和土壤污染风险评估、风险管控、修复、风险管控效果评估、修复效果评估、后期管理等活动所支出的费用，由土壤污染责任人承担。

土壤污染责任人变更的，由变更后承继其债权、债务的单位或个人履行相关土壤污染风险管控和修复义务并承担相关费用。

土壤污染责任人不明确或存在争议的，农用地由地方人民政府农业农村、林业草原主管部门会同生态环境、自然资源主管部门认定，建设用地由地方人民政府生态环境主管部门会同自然资源主管部门认定。

（二）对农用地的风险管控和修复建立分类管理制度

按照土壤污染程度和相关标准，将农用地划分为优先保护类、安全利用类和严格管控类。

①县级以上地方人民政府应当依法将符合条件的优先保护类耕地划为永久基本农田，实行严格保护。在永久基本农田集中区域，不得新建可能造成土壤污染的建设项目；已经建成的，应当限期关闭拆除。

②未利用地、复垦土地等拟开垦为耕地的，地方人民政府农业农村主管部门应当会同生态环境、自然资源主管部门进行土壤污染状况调查，依法进行分类管理。

③调查表明有土壤污染风险的农用地地块，地方人民政府农业农村、林业草原主管部门应当会同生态环境、自然资源主管部门进行土壤污染状况调查。对污染物含量超过土壤污染风险管控标准的农用地地块，上述单位组织进行土壤污染风险评估，并按照农用地分类管理制度管理。

④对安全利用类农用地地块，地方人民政府农业农村、林业草原主管部门，应当结合主要作物品种和种植习惯等情况，制定并实施安全利用方案。安全利用方案应当包括下列内容：农艺调控、替代种植；定期开展土壤和农产品协同监测与评价；对农民、农民专业合作社及其他农业生产经营主体进行技术指导和培训；其他风险管控措施。

⑤对严格管控类农用地地块，地方人民政府农业农村、林业草原主管部门应当采取的风险管控措施。具体如下：提出划定特定农产品禁止生产区域的建议，报本级人民政府批准后实施；按照规定开展土壤和农产品协同监测与评价；对农民、农民专业合作社及其他农业生产经营主体进行技术指导和培训；其他风险管

控措施。

各级人民政府及其有关部门应当鼓励对严格管控类农用地采取调整种植结构、退耕还林还草、退耕还湿、轮作休耕、轮牧休牧等风险管控措施，并给予相应的政策支持。

⑥安全利用类和严格管控类农用地地块的土壤污染影响或可能影响地下水、饮用水水源安全的，地方人民政府生态环境主管部门应当会同农业农村、林业草原等主管部门制定防治污染的方案，并采取相应的措施。

土壤污染责任人应当按照国家有关规定以及土壤污染风险评估报告的要求，采取相应的风险管控措施，并定期向地方人民政府农业农村、林业草原主管部门报告。

⑦对产出的农产品污染物含量超标，需要实施修复的农用地地块，土壤污染责任人应当编制修复方案，报地方人民政府农业农村、林业草原主管部门备案并实施。修复方案应当包括地下水污染防治的内容。规定要求如下：修复活动应当优先采取不影响农业生产、不降低土壤生产功能的生物修复措施，阻断或减少污染物进入农作物食用部分，确保农产品质量安全；风险管控、修复活动完成后，土壤污染责任人应当另行委托有关单位对风险管控效果、修复效果进行评估，并将效果评估报告报地方人民政府农业农村、林业草原主管部门备案；农村集体经济组织及其成员、农民专业合作社及其他农业生产经营主体等负有协助实施土壤污染风险管控和修复的义务。

（三）建设用地土壤污染风险管控和修复实行名录制度管理

建设用地土壤污染风险管控和修复名录（以下简称名录）由省级人民政府生态环境主管部门会同自然资源等主管部门制定，按照规定向社会公开，并根据风险管控、修复情况适时更新。

①调查表明有土壤污染风险的建设用地地块，地方人民政府生态环境主管部门应当要求土地使用权人按照规定进行土壤污染状况调查。用途变更为住宅、公共管理与公共服务用地的，变更前应当按规定进行土壤污染状况调查。调查报告应当报地方人民政府生态环境主管部门，由其会同自然资源主管部门组织评审。

②对调查报告评审表明污染物含量超过土壤污染风险管控标准的建设用地地块，土壤污染责任人、土地使用权人应当按照生态环境部的规定进行土壤污染风

险评估，并将评估报告报省级人民政府生态环境主管部门。

③省级人民政府生态环境主管部门应当会同自然资源等主管部门按照生态环境部的规定，对评估报告组织评审，及时将需要实施风险管控、修复的地块纳入名录，并定期向生态环境部报告。

列入名录的地块，不得作为住宅、公共管理与公共服务用地。

④对名录中的地块，土壤污染责任人应当按照国家有关规定以及土壤污染风险评估报告的要求，采取相应的风险管控措施，并定期向地方人民政府生态环境主管部门报告。风险管控措施应当包括地下水污染防治的内容。

⑤对名录中的地块，地方人民政府生态环境主管部门可以根据实际情况采取下列风险管控措施：提出划定隔离区域的建议，报本级人民政府批准后实施；进行土壤及地下水污染状况监测；其他风险管控措施。

⑥对名录中需要实施修复的地块，土壤污染责任人应当结合土地利用总体规划和城乡规划编制修复方案，报地方人民政府生态环境主管部门备案并实施。修复方案应当包括地下水污染防治的内容。

⑦风险管控、修复活动完成后，土壤污染责任人应当另行委托有关单位对风险管控效果、修复效果进行评估，并将评估报告报地方生态环境主管部门备案。

⑧对达到土壤污染风险评估报告确定的风险管控、修复目标的建设用地地块，土壤污染责任人、土地使用权人可以申请省级人民政府生态环境主管部门移出名录。该部门应当会同自然资源等主管部门对风险管控效果评估报告、修复效果评估报告组织评审，及时将达到风险评估报告确定的风险管控、修复目标且可以安全利用的地块移出名录，按照规定向社会公开，并定期向生态环境部报告。

未达到风险评估报告确定的风险管控、修复目标的建设用地地块，禁止开工建设任何与风险管控、修复无关的项目。

⑨土壤污染重点监管单位生产经营用地的用途变更或在其土地使用权收回、转让前，应当由土地使用权人按规定进行土壤污染状况调查。调查报告应当作为不动产登记资料送交地方人民政府不动产登记机构，并报地方人民政府生态环境主管部门备案。

⑩土地使用权已经被地方人民政府收回，土壤污染责任人为原土地使用权人的，由地方人民政府组织实施土壤污染风险管控和修复。

四、土壤污染监督执法清单

（一）依法进行现场检查、取样

生态环境主管部门及其环境执法机构和其他负有土壤污染防治监督管理职责的部门，有权对从事可能造成土壤污染活动的企业事业单位和其他生产经营者进行现场检查、取样，要求被检查者提供有关资料、就有关问题作出说明。

被检查者应当配合检查工作，如实反映情况，提供必要的资料。实施现场检查的部门、机构及其工作人员应当为被检查者保守商业秘密。

（二）依法对违法排放有毒有害物质有关行为进行查处

企业事业单位和其他生产经营者违法排放有毒有害物质，造成或可能造成严重土壤污染的，或有关证据可能灭失或被隐匿的，监管职责的部门，可以查封、扣押有关设施、设备、物品。

对土壤污染重点监管单位的检查：①是否严格控制有毒有害物质排放，并按年度向生态环境主管部门报告排放情况。②是否建立土壤污染隐患排查制度，保证持续有效防止有毒有害物质渗漏、流失、扬散。③是否制定、实施自行监测方案，并将监测数据报生态环境主管部门。检查监测数据是否真实有效，是否在排污许可证中载明。④拆除设施、设备或建筑物、构筑物的，是否制定包括应急措施在内的土壤污染防治工作方案，报地方人民政府生态环境、工业和信息化主管部门备案并实施。

另外，地方人民政府及其有关部门应当依法加强对向沙漠、滩涂、盐碱地、沼泽地等未利用地非法排放有毒有害物质等行为的监督检查。

（三）依法监督管理尾矿库运营、管理单位履行防治土壤污染的法定义务

地方人民政府安全生产监督管理部门应当监督尾矿库运营、管理单位履行防治土壤污染的法定义务，防止其发生可能污染土壤的事故。

地方人民政府生态环境主管部门应当加强对尾矿库土壤污染防治监督检查和定期评估，发现风险隐患的，及时督促尾矿库运营、管理单位采取相应措施。

（四）通过建立和公布信用记录加强执业守法诚信档案管理

省级以上人民政府生态环境主管部门和其他负有土壤污染防治监督管理职责的部门应当将从事土壤污染状况调查和土壤污染风险评估、风险管控、修复、风险管控效果评估、修复效果评估、后期管理等活动的单位和个人的执业情况，纳入信用系统建立信用记录，将违法信息记入社会诚信档案，并纳入全国信用信息共享平台和国家企业信用信息公示系统向社会公布。

（五）维护新闻媒体、公众的知情权和监督权

公民、法人和其他组织享有依法获取土壤污染状况和防治信息、参与和监督土壤污染防治的权利。新闻媒体对违反土壤污染防治法律法规的行为享有舆论监督的权利，受监督的单位和个人不得打击报复。

任何组织和个人对污染土壤的行为，均有向有关部门报告或举报的权利。接到举报的部门应当及时处理并对举报人的相关信息予以保密；对实名举报并查证属实的，给予奖励。

举报人举报所在单位的，该单位不得以解除、变更劳动合同或其他方式对举报人进行打击报复。

五、违反《土壤污染防治法》的行为及查处规定

《土壤污染防治法》第八十五条至第九十八条规定了有关污染土壤的违法行为及应承担的法律责任，如表 1-27 所示。

表 1-27 违反《土壤污染防治法》的行为及应承担的法律责任

责任条款	违法行为款项	应承担的法律责任
第八十五条	地方各级人民政府、生态环境主管部门或其他负有土壤污染防治监管职责的部门未依照本法规定履行职责的	对直接负责的主管人员和其他直接责任人员依法给予处分
	依照本法规定应当作出行政处罚决定而未作出的	上级主管部门可以直接作出行政处罚决定

责任条款	违法行为款项	应承担的法律责任
第八十六条	（一）土壤污染重点监管单位未制定、实施自行监测方案，或未将监测数据报生态环境主管部门的 （二）土壤污染重点监管单位篡改、伪造监测数据的 （三）土壤污染重点监管单位未按年度报告有毒有害物质排放情况，或未建立土壤污染隐患排查制度的 （四）拆除设施、设备或建筑物、构筑物，企事业单位未采取相应的土壤污染防治措施或土壤污染重点监管单位未制定、实施土壤污染防治工作方案的 （五）尾矿库运营、管理单位未按照规定采取措施防止土壤污染的 （六）尾矿库运营、管理单位未按照规定进行土壤污染状况监测的 （七）建设和运行污水集中处理设施、固体废物处置设施，未依照法律法规和相关标准的要求采取措施防止土壤污染的	有本条款项行为之一的，由地方人民政府生态环境主管部门或其他负有土壤污染防治监督管理职责的部门责令改正，处以罚款；拒不改正的，责令停产整治。有前款规定行为之一的，处二万元以上二十万元以下的罚款；有前款第二项、第四项、第五项、第七项规定行为之一，造成严重后果的，处二十万元以上二百万元以下的罚款
第八十七条	向农用地排放重金属或其他有毒有害物质含量超标的污水、污泥，以及可能造成土壤污染的清淤底泥、尾矿、矿渣等的	由地方人民政府生态环境主管部门责令改正，处十万元以上五十万元以下的罚款；情节严重的，处五十万元以上二百万元以下的罚款，并可以将案件移送公安机关，对直接负责的主管人员和其他直接责任人员处五日以上十五日以下的拘留；有违法所得的，没收违法所得
第八十八条	农业投入品生产者、销售者、使用者未按照规定及时回收肥料等农业投入品的包装废弃物或农用薄膜，或未按照规定及时回收农药包装废弃物交由专门的机构或组织进行无害化处理的	由地方人民政府农业农村主管部门责令改正，处一万元以上十万元以下的罚款；农业投入品使用者为个人的，可以处二百元以上二千元以下的罚款
第八十九条	将重金属或其他有毒有害物质含量超标的工业固体废物、生活垃圾或污染土壤用于土地复垦的	由地方人民政府生态环境主管部门责令改正，处十万元以上一百万元以下的罚款；有违法所得的，没收违法所得

责任条款	违法行为款项	应承担的法律责任
第九十条	受委托从事土壤污染状况调查和土壤污染风险评估、风险管控效果评估、修复效果评估活动的单位，出具虚假调查报告、风险评估报告、风险管控效果评估报告、修复效果评估报告的	由地方人民政府生态环境主管部门处十万元以上五十万元以下的罚款；情节严重的，禁止从事上述业务，并处五十万元以上一百万元以下的罚款；有违法所得的，没收违法所得
	前款规定的单位出具虚假报告的	由地方人民政府生态环境主管部门对直接负责的主管人员和其他直接责任人员处一万元以上五万元以下的罚款；情节严重的，十年内禁止从事前款规定的业务；构成犯罪的，终身禁止从事前款规定的业务
	本条第一款规定的单位和委托人恶意串通，出具虚假报告，造成他人人身或财产损害	应当与委托人承担连带责任
第九十一条	（一）未单独收集、存放开发建设过程中剥离的表土的 （二）实施风险管控、修复活动对土壤、周边环境造成新的污染的 （三）转运污染土壤，未将运输时间、方式、线路和污染土壤数量、去向、最终处置措施等提前报所在地和接收地生态环境主管部门的 （四）未达到土壤污染风险评估报告确定的风险管控、修复目标的建设用地地块，开工建设与风险管控、修复无关的项目的	有本条款项行为之一的，由地方人民政府生态环境主管部门责令改正，处十万元以上五十万元以下的罚款；情节严重的，处五十万元以上一百万元以下的罚款；有违法所得的，没收违法所得；对直接负责的主管人员和其他直接责任人员处五千元以上二万元以下的罚款
第九十二条	土壤污染责任人或土地使用权人未按照规定实施后期管理的	由地方人民政府生态环境主管部门或其他负有土壤污染防治监管职责的部门责令改正，处一万元以上五万元以下的罚款；情节严重的，处五万元以上五十万元以下的罚款
第九十三条	被检查者拒不配合检查，或在接受检查时弄虚作假的	由地方人民政府生态环境主管部门或其他负有土壤污染防治监管职责的部门责令改正，处二万元以上二十万元以下的罚款；对直接负责的主管人员和其他直接责任人员处五千元以上二万元以下罚款

责任条款	违法行为款项	应承担的法律责任
第九十四条	（一）未按照规定进行土壤污染状况调查的 （二）未按照规定进行土壤污染风险评估的 （三）未按照规定采取风险管控措施的 （四）未按照规定实施修复的 （五）风险管控、修复活动完成后，未另行委托有关单位对风险管控效果、修复效果进行评估的	土壤污染责任人或土地使用权人有本条款项行为之一的，由地方人民政府生态环境主管或其他负有土壤污染防治监管职责的部门责令改正，处二万元以上二十万元以下的罚款；拒不改正的，处二十万元以上一百万元以下的罚款，并委托他人代为履行，所需费用由土壤污染责任人或土地使用权人承担；对直接负责的主管人员和其他直接责任人员处五千元以上二万元以下的罚款。 土壤污染责任人或土地使用权人有前款第三项、第四项规定行为之一，情节严重的，地方人民政府生态环境主管部门或其他负有土壤污染防治监管职责的部门可以将案件移送公安机关，对直接负责的主管人员和其他直接责任人员处五日以上十五日以下的拘留
第九十五条	（一）土壤污染重点监管单位未按照规定将土壤污染防治工作方案报地方人民政府生态环境、工业和信息化主管部门备案的 （二）土壤污染责任人或土地使用权人未按规定将修复方案、效果评估报告报地方人民政府生态环境、农业农村、林业草原主管部门备案的 （三）土地使用权人未按规定将土壤污染状况调查报告报地方人民政府生态环境主管部门备案的	有本条款项行为之一的，由地方人民政府有关部门责令改正；拒不改正的，处一万元以上五万元以下的罚款
第九十六条	污染土壤造成他人人身或财产损害的	应当依法承担侵权责任
	土壤污染责任人无法认定，土地使用权人未按本法规定履行土壤污染风险管控和修复义务，造成他人人身或财产损害的	应当依法承担侵权责任
第九十七条	污染土壤损害国家利益、社会公共利益的	有关机关和组织可以依照《环境保护法》《民事诉讼法》《行政诉讼法》等法律的规定向人民法院提起诉讼
第九十八条	构成违反治安管理行为的	由公安机关依法给予治安管理处罚；构成犯罪的，依法追究刑事责任

扫码获取学习资源
任务 5-3　案例放送

扫码下载学习资料
任务 5-4　更多资讯和案例

知识点应用与训练

【填空题】

1．我国实行土壤环境________制度。

2．建设用地根据保护对象暴露情况的不同划分为两类：______和______。

3．各类涉及土地利用的规划和可能造成土壤污染的建设项目，应当依法进行__________。

【单选题】

1．土壤监测的布点数量要满足样本容量的基本要求，一般要求每个监测单元最少设点（　）。

A.1 个　B.2 个　C.3 个　D.4 个　E.5 个

2．关于农用地土壤的预防与保护，以下属于国家禁止行为的是（　）。

A.使用低毒、低残留农药　B.使用符合标准的高效肥

C.高富集污染物秸秆作为肥料综合利用　D.对酸性土壤等进行改良

3．对实施土壤污染风险管控和修复的负有义务的人是（　）。

A.地方人民政府　B.生态环境主管部门　C.土壤污染责任人

D.土壤开发利用单位

【多选题】

1．造成土壤污染的主要因素是（　　）。

A.农药使用过量　B.化肥使用过量　C.废水污染

D.大气污染　E.水灾引起

2．土壤污染重点监管单位应当履行的义务包括（　　）。

A.严格控制有毒有害物质排放，并每年向生态环境主管部门报告排放情况

B.建立土壤污染隐患排查制度，保证防止有毒有害物质渗漏、流失或扬散

C.制定、实施自行监测方案，并将监测数据报生态环境主管部门

D.加强尾矿库的安全管理

3．以下农用地地块需要重点监测的是（　　）。

A.产出的农产品污染物含量超标　　B.曾作为污水灌溉区

C.曾用于大型养鸡场　　D.曾经发生过重大环境污染事件

E.化工厂生产和贮存场地

4．以下属于土壤污染违法行为的是（　　）。

A.尾矿库运营、管理单位未按照规定进行土壤污染状况监测

B.土壤污染重点监管单位未实施自行监测

C.土壤污染重点监管单位未建立土壤污染隐患排查制度

D.农民未按照规定及时回收农用薄膜

【判断题】

1．土壤污染责任人无法认定的，土地使用权人应当实施土壤污染风险管控和修复。（　）

2．土壤污染重点监管单位要严格控制有毒有害物质排放，每年向生态环境主管部门报告排放情况。（　）

3．公民享有依法获取土壤污染状况和防治信息、参与和监督土壤污染防治的权利。（　）

【简答题】

1．列出土壤污染监督执法工作清单。

2．简要列出建设用地土壤污染风险管控和修复管理清单。

【实训项目】

选择一家化工电镀制革类工业企业，带上执法取证工具和现场采样器具，进行土壤污染防治模拟现场监督执法实训。

扫码下载学习资料
任务5-5 土壤污染源防治现场检查表

任务6　噪声及放射性污染源执法

工作任务：企业厂界噪声污染控制与排放模拟执法检查。

建议学时：4～5学时。

学习目标：①能识别厂界噪声污染控制设施是否正常运行。

②能监测判断厂（场）界噪声是否超标并对噪声违法行为提出处理建议。

③能辨识放射性污染违法行为并提出处理建议。

教学过程：设计“课前+课中+课后”学习任务，实施“线上+线下”立体化教学。

教学方法：微视频教学、案例分析、现场教学。

教学模式：任务引领→思政与任务发布→模块知识领学→任务实践、教学方法应用→任务完成与点评→练习与现场训练。

教学平台及媒体：多媒体教室、工厂或校外实训基地、移动设备、云班课、钉钉、微信、腾讯；教学课件包、教材。

思政元素：展示国外核污染灾难警示片；讨论城市噪声污染社会热点问题；分享宁静优美环境的美好画面；树立生态环境执法的敬业精神和安全责任意识。

一、噪声污染源监督管理与执法

（一）识别噪声污染来源及其危害性

1. 噪声及污染来源

噪声，泛指强度超过一定标准，影响、干扰人们正常工作、生活和休息的声音。《中华人民共和国噪声污染防治法》（以下简称《噪声污染防治法》）所称噪声，是指在工业生产、建筑施工、交通运输和社会生活中产生的干扰周围生活环境的声音。

根据来源，噪声大致分为以下几种：

①工业噪声，是指在工业生产活动中产生的干扰周围生活环境的声音。包括各种风机、空压机、电机、锻压冲压设备、内燃机、电动机、球磨机、高压气流管、阀门和振动设备等。噪声在 70～120 dB（A）。

②建筑施工噪声，是指在建筑施工过程中产生的干扰周围生活环境的声音，包括推土机、打桩机、混凝土搅拌机、空压机、振捣棒、卷扬机、风动工具以及一些运输工具等产生的噪声。建筑施工噪声声级一般为 80～100 dB（A）。

③交通运输噪声，是指机动车、铁路机车车辆、城市轨道交通车辆、机动船舶、航空器等交通运输工具在运行时产生的干扰周围生活环境的声音。

④社会生活噪声，是指人为活动产生的除工业噪声、建筑施工噪声和交通运输噪声之外的干扰周围生活环境的声音，包括生活居住区活动、文化娱乐场所、商业经营活动、饮食服务企业等产生的噪声。

2. 噪声的污染危害性

噪声污染，是指超过噪声排放标准或未依法采取防控措施产生噪声，并干扰他人正常生活、工作和学习的现象。

噪声的危害性很大，对人体的影响主要表现在：会损伤听力、干扰睡眠、干扰正常工作、学习、交流；诱发各种疾病，如心律不齐、血管痉挛、血压升高、消化不良、食欲不振等；影响儿童智力和胎儿发育；影响安全生产和降低劳动生产率。

据不完全统计，2020 年，全国省辖县级市和地级及以上城市的生态环境、公安、住房和城乡建设等部门合计受理环境噪声投诉举报约 201.8 万件。其中，社会生活噪声投诉举报最多，占 53.7%；建筑施工噪声次之，占 34.2%；工业噪声占 8.4%；交通运输噪声占 3.7%。2020 年，生态环境部设立的“全国生态环境投诉举报平台”共接到公众举报 44.1 万余件，其中噪声扰民问题占全部举报的 41.2%，排各环境污染要素的第 2 位。

（二）噪声监督性监测与执行标准类别

1. 工业企业厂界噪声监测

（1）测点位置选择

测量工业企业外环境噪声应在企业边界线 1 m 处进行，根据初测结果声级每涨落 3 dB（不大于 3 dB 为稳态噪声）布置 1 个测点。

若无边界以城建部门划定的建筑红线为准。

若厂界与居民住宅相连，厂界环境噪声无法测量时，测点应选在居室中央，室内限值应比相应标准值低 10 dB（A）。测点（即传声器位置，下同）应选在法定厂界外 1 m，高度 1.2 m 以上的噪声敏感处。如厂界有围墙，测点应高于围墙。

（2）测量仪器

精度为 2 级以上的积分平均声级计或环境噪声自动监测仪，其性能应不低于 GB 3785 和 GB/T 17181 对工型仪器的要求。标准所用仪器应符合 GB/T 15173 对 2 级声校准器的要求。应定期校验合格，并在有效期内使用。灵敏度差不得大于 0.5 dB（A）。测量时传声器加风罩。

（3）测量条件

企业正常工作时间内进行，分昼、夜两部分。应在无雨、无雪天气中测，风力在 5.0 m/s 及以上时停止测量。

（4）读数方法

用声级计采样时，仪器动态特性为“慢”响应，采样时间间隔为 5 s；用环境噪声自动监测仪采样时，仪器动态特性为“快”响应，采样时间间隔不大于 1 s。计权特性“A”，时间“特慢性”，同时记录两测点的距离（单位为 m）。

测量时间。稳态噪声测量 1 min 的等效声级；周期性噪声测量一个周期的等效声级；非周期性非稳态噪声测量整个正常工作时间的等效声级。

（5）测量记录与数据处理

本底环境噪声应低于所测环境噪声 10 dB（A）以上，否则修正。避免外来突发噪声。

若测量值与背景值差值小于 10 dB（A），背景值修正按表 1-28 进行修正。

表 1-28 噪声测量结果修正表 单位：dB（A）

差值	3	4～5	6～10
修正值	−3	−2	−1

工业企业厂界环境噪声测量记录包括：工厂名称，适用标准类型，测量仪器，测量时间，测量人，测点编号，主要声源，昼间、夜间测量值，并附测点示意图。

稳态噪声、非稳态噪声：在测量时间内，声级起伏不大于 3 dB（A）的噪声视为稳态噪声，否则称为非稳态噪声。在测量时间内，声级变化具有明显的周期性的噪声为周期性噪声。背景噪声是厂界外噪声源产生的噪声。

扫码下载学习资料
任务 6-1 相关标准

2．噪声执行标准

①城市区域环境噪声执行《声环境质量标准》（GB 3096—2008）（表 1-29）。

表 1-29　城市区域环境噪声标准（GB 3096—2008）　　单位：dB（A）

声环境功能区类别		昼间	夜间*	声环境功能区
0 类		50	40	指康复疗养区等特别需要安静的区域
1 类		55	45	指以民民住宅、医疗卫生、文化教育、科研设计、行政办公为主要功能，需要保持安静的区域
2 类		60	50	指以商业金融、集市贸易为主要功能，或者居住、商业、工业混杂，需要维护住宅安静的区域
3 类		65	55	指以工业生产、仓储物流为主要功能，需要防止工业噪声对周围环境产生严重影响的区域
4 类	4a 类	70	55	高速公路、城市快速路、城市主次干路、城市轨道交通地面及穿越城区的内河航道两侧区域
	4b 类	70	60	穿越城区的铁路干线
备注		夜间突发的噪声，其最大值不准超过标准值 15 dB（A）		

*：夜间是指晚 22：00 至晨 6：00。

②工业企业厂界环境噪声执行《工业企业厂界环境噪声排放标准》（GB 12348—2008）（表 1-30）。

表 1-30　工业企业厂界环境噪声限值　　单位：dB（A）

厂界外声环境功能区类别	昼间	夜间	适用区域
0 类	50	40	适用于疗养区、高级别墅区、高级宾馆区等特别需要安静的区域
1 类	55	45	适用于以居住、文教机关为主的区域
2 类	60	50	适用于居住、商业、工业混杂区
3 类	65	55	适用于工业区
4 类	70	55	4 类标准适用于城市中的道路交通干线道路两侧区域
备注	夜间频繁突发的噪声（如排气噪声），其峰值不准超过标准值 10 dB（A），夜间偶然突发的噪声（如短促鸣笛声），其峰值不准超过标准值 15 dB（A）		

③建筑施工场界环境噪声执行《建筑施工场界环境噪声排放标准》（GB 12523—2011）（表 1-31）。

施工期间，测量连续 20 min 的等效噪声，夜间同时测量最大声级。

表 1-31 建筑施工场界环境噪声排放限值

昼间/dB（A）	夜间/dB（A）
70	55

（三）噪声污染防治的监督管理

1. 噪声污染防治的监督管理职责与义务

生态环境部对全国噪声污染防治实施统一监督管理。

地方各级生态环境主管部门对本行政区域噪声污染防治实施统一监督管理。

各级住房和城乡建设、公安、交通运输、铁路监督管理、民用航空、海事等部门，在各自职责范围内，对建筑施工、交通运输和社会生活噪声污染防治实施监督管理。

基层群众性自治组织应当协助地方人民政府及其有关部门做好噪声污染防治工作。

任何单位和个人都有保护声环境的义务，同时依法享有获取声环境信息、参与和监督噪声污染防治的权利。

排放噪声的单位和个人应当采取有效措施，防止、减轻噪声污染。

2. 噪声污染防治的监督管理

噪声污染防治的监督管理清单如表 1-32 所示。

表 1-32　噪声污染防治的监督管理清单

对象	监督管理清单
产生噪声、振动单位	①排放噪声、产生振动，应当符合噪声排放标准以及相关的环境振动控制标准和有关法律、法规、规章的要求 ②排放噪声的单位和公共场所管理者，应当建立噪声污染防治责任制度，明确负责人和相关人员的责任 ③排放噪声造成严重污染，被责令改正拒不改正的，生态环境主管部门或其他负有噪声污染防治监督管理职责的部门，可以查封、扣押排放噪声的场所、设施、设备、工具和物品
建设项目	①新建、改建、扩建可能产生噪声污染的建设项目，应当依法进行环境影响评价 ②建设项目的噪声污染防治设施应当与主体工程同时设计、同时施工、同时投产使用。环境保护“三同时”管理和验收见任务 7 ③建设噪声敏感建筑物*，应当符合民用建筑隔声设计相关标准要求，不符合不得通过验收、交付使用；在交通干线两侧、工业企业周边等地方建设噪声敏感建筑物，还应当按照规定间隔一定距离，并采取减少振动、降低噪声的措施
噪声监督管理部门	①生态环境部负责制定噪声监测和评价规范，会同国务院有关部门组织声环境质量监测网络，规划国家监测站（点），组织开展全国声环境质量监测，推进监测自动化，统一发布全国声环境质量状况信息 ②地方生态环境主管部门会同有关部门按规定设置本行政区域声环境质量监测站（点），组织开展声环境质量监测，定期向社会公布声环境质量状况信息；还应当加强对噪声敏感建筑物周边等重点区域噪声调查、监测 ③生态环境主管部门和其他负有噪声污染防治监督管理职责的部门，有权对噪声排放单位或场所现场检查。被检查者应当如实反映情况，提供必要的资料，不得拒绝或阻挠。实施检查的部门、人员应当对现场检查中的商业秘密保密 ④生态环境主管部门和其他负有噪声污染防治监督管理职责的部门应当公布举报电话、电子邮箱等，方便公众举报。接到举报的部门应当及时处理并对举报人信息保密。举报人要求答复并提供联系方式的，有关部门应当反馈处理结果
产业发展管理	①国家鼓励、支持低噪声工艺和设备的研究开发和推广应用，实行噪声污染严重的落后工艺和设备淘汰制度 ②国务院发展和改革委员会同国务院有关部门确定噪声污染严重的工艺和设备淘汰期限，并纳入国家综合性产业政策目录 ③生产、进口、销售或使用者应当限期停止生产、进口、销售或使用列入前款规定目录的设备。工艺采用者应当限期停止采用目录中的工艺
特殊活动噪声管控	在中考、高考统一考试等特殊活动期间，地方人民政府或其指定的部门可以对可能产生噪声影响的活动，作出时间和区域的限制性规定，并提前向社会公告

* 噪声敏感建筑物是指医院、学校、机关、科研单位、住宅等需要保持安静的建筑物。噪声敏感建筑物集中区域是指医疗区、文教科研区和以机关或居民住宅为主的区域。

（四）噪声污染防治

1．工业噪声污染防治

①工业企业选址应当符合规划要求，县级以上地方人民政府应当按规划优化工业企业布局，防止工业噪声污染。在噪声敏感建筑物集中区域，禁止新建排放噪声的工业企业，改建、扩建工业企业，应当防止工业噪声污染。

②排放工业噪声的企事业单位和其他生产经营者，应当采取有效措施减少振动、降低噪声，依法取得排污许可证或填报排污登记表。实行排污许可管理的单位，应当按照排污许可证的要求进行噪声污染防治。

③地市级以上地方人民政府生态环境主管部门应当按生态环境部的规定，根据噪声排放、声环境质量改善要求等情况，制定本行政区域噪声重点排污单位名录，向社会公开并适时更新。

④实行排污许可管理的单位应当按规定，对工业噪声开展自行监测，保存原始监测记录，向社会公开监测结果，对监测数据的真实性和准确性负责。噪声重点排污单位应当按国家规定，安装、使用、维护噪声自动监测设备，与生态环境主管部门的监控设备联网。

2．建筑施工噪声污染防治

①建设单位应当按规定将噪声污染防治费用列入工程造价，在施工合同中明确施工单位的噪声污染防治责任。施工单位应当按规定制定噪声污染防治实施方案，采取有效措施，减少振动、降低噪声。建设方应当监督施工方落实情况。

②在噪声敏感建筑物集中区域施工作业，应当优先使用低噪施工工艺和设备。

③在噪声敏感建筑物集中区域施工作业，建设方应当按国家规定，设置噪声自动监测系统，与监督管理部门联网，保存原始监测记录，对监测数据的真实性和准确性负责。

④在噪声敏感建筑物集中区域，禁止夜间进行建筑施工作业产生噪声，但抢修、抢险施工作业，因生产工艺要求或其他特殊需要必须连续施工作业的除外。

因特殊需要必须连续施工作业的，应当取得地方人民政府住房和城乡建设、生态环境主管部门或地方人民政府指定的部门的证明，并在施工现场显著位置公示或以其他方式公告附近居民。

3. 交通运输噪声污染防治

①各级人民政府及其有关部门制定、修改国土规划和交通运输等相关规划，应当综合考虑公路、城市道路、铁路、城市轨道交通线路、水路、港口和民用机场及其起降航线对周围声环境的影响。

新建公路、铁路线路选线设计，应当尽量避开噪声敏感建筑物集中区域。

新建民用机场选址与噪声敏感建筑物集中区域的距离应当符合标准。

②制定交通基础设施工程技术规范，应当明确噪声污染防治要求。

新建、改建、扩建经过噪声敏感建筑物集中区域的高速公路、城市高架、铁路和城市轨道交通线路等的，建设方应当在可能造成噪声污染的重点路段设置声屏障或其他减少振动、降低噪声，符合有关交通基础设施工程技术规范以及标准要求。

建设方违反相关规定的，由县级以上人民政府指定的部门责令制定、实施治理方案。

③机动车的消声器和喇叭应当符合国家规定。禁止驾驶拆除或损坏消声器、加装排气管等擅自改装的机动车以轰鸣、疾驶等方式造成噪声污染。

使用机动车音响器材，应当控制音量，防止噪声污染。

机动车应当加强维修和保养，保持性能良好，防止噪声污染。

④机动车、铁路机车车辆、城市轨道交通车辆、机动船舶等交通运输工具运行时，应当按照规定使用喇叭等声响装置。

警车、消防救援车、工程救险车、救护车等机动车安装、使用警报器，应当符合国务院公安等部门的规定；非执行紧急任务，不得使用警报器。

⑤地方人民政府生态环境主管部门会同公安机关根据声环境保护的需要，可以划定禁止机动车行驶和使用喇叭等声响装置的路段和时间，向社会公告，并由公安机关交通管理部门依法设置相关标志、标线。

⑥在车站、铁路站场、港口等地指挥作业时使用广播喇叭的，应当控制音量，减轻噪声污染。

⑦公路养护管理单位、城市道路养护维修单位应当加强对公路、城市道路的维护和保养，保持减少振动、降低噪声设施正常运行。

城市轨道交通运营单位、铁路运输企业应当加强对交通线路和车辆的维护和保养，保持减少振动、降低噪声设施正常运行，并按国家规定进行监测，保存原始监测记录，对监测数据的真实性和准确性负责。

⑧民用机场所在地人民政府，应当根据环境影响评价以及监测结果确定的民用航空器噪声对机场周围生活环境产生影响的范围和程度，划定噪声敏感建筑物禁止建设区域和限制建设区域，并实施控制。

在禁止建设区域禁止新建与航空无关的噪声敏感建筑物。

在限制建设区域确需建设噪声敏感建筑物的，建设单位应当对噪声敏感建筑物进行建筑隔声设计，符合民用建筑隔声设计相关标准要求。

⑨民用航空器应当符合民航部门规定的适航标准中的有关噪声要求。

⑩民用机场管理机构负责机场起降航空器噪声的管理，会同航空运输企业、通用航空企业、空中交通管理部门等单位，采取低噪声飞行程序、起降跑道优化、运行架次和时段控制、高噪声航空器运行限制或周围噪声敏感建筑物隔声降噪等措施，防止、减轻民用航空器噪声污染。

民用机场管理机构应当按照国家规定，对机场周围民用航空器噪声进行监测，保存原始监测记录，对监测数据的真实性和准确性负责，监测结果定期向民用航空、生态环境主管部门报送。

⑪因公路、城市道路和城市轨道交通运行排放噪声造成严重污染的，设区的市、县级人民政府应当组织有关部门和相关单位对噪声污染进行调查评估和责任认定，制定噪声污染综合治理方案。

噪声污染责任单位应当按治理方案采取管理或工程措施，减轻噪声污染。

⑫因铁路运行造成噪声严重污染的，铁路运输企业和设区的市、县级人民政府应当对噪声污染进行调查，制定噪声污染综合治理方案。

铁路运输企业和设区的市、县级人民政府有关部门和其他有关单位应当按照治理方案采取有效措施，减轻噪声污染。

⑬因民用航空器起降造成噪声严重污染的，民用机场所在地人民政府应当组织有关部门和相关单位对噪声污染进行调查，综合考虑经济、技术和管理措施，制定噪声污染综合治理方案。

民用机场管理机构、地方各级人民政府和其他有关单位应当按照治理方案的要求采取有效措施，减轻噪声污染。

⑭制定噪声污染综合治理方案，应当征求有关专家和公众等的意见。

4．社会生活噪声污染防治

全社会应当增强环保意识，自觉减少社会生活噪声排放，形成人人有责、人人参与、人人受益的良好氛围，共同维护生活环境和谐安宁。

①文化娱乐、体育、餐饮等经营管理者应当防止、减轻噪声污染。

②使用空调器、冷却塔、水泵、油烟净化器、风机、发电机、变压器、锅炉、装卸设备等可能产生生活噪声污染的设备、设施的企事业单位和其他经营管理者等，应当采取优化布局、集中排放等措施，防止、减轻噪声污染。

③禁止在商业经营活动中使用高音广播喇叭或其他持续反复发出高噪声进行广告宣传。对其产生的其他噪声，经营者应当采取有效措施，防止噪声污染。

④禁止在噪声敏感建筑物集中区域使用高音广播喇叭，但紧急情况以及地方人民政府规定的特殊情形除外。

在街道、广场、公园等公共场所组织或开展娱乐、健身等活动，应当遵守公共场所管理者有关活动区域、时段、音量等规定，采取有效措施，防止噪声污染；不得违反规定使用音响器材产生过大音量。

公共场所管理者应当合理规定娱乐、健身等活动的区域、时段、音量，可以采取设置噪声自动监测和显示设施等措施加强管理。

⑤家庭及其成员应当养成减少噪声产生的良好习惯，乘坐公共交通工具、饲养宠物和其他日常活动尽量避免产生噪声干扰他人，互谅互让解决噪声纠纷，共同维护声环境。使用家用电器、乐器或进行其他家庭场所活动，应当控制音量或采取其他有效措施，防止噪声污染。

⑥对已竣工交付使用的住宅楼、商铺、办公楼等建筑物进行室内装修活动，应当按规定限定作业时间，防止、减轻噪声污染。

⑦新建住房的房地产开发经营者应当在销售场所公示住房可能受到噪声影响以及采取或拟采取的防治措施，并纳入买卖合同。新建住房的房地产开发经营者应当在买卖合同中明确住房的共用设施设备位置和建筑隔声情况。

⑧住宅区安装电梯、水泵、变压器等共用设施设备的，建设方应当合理设置减少振动、降低噪声，符合民用建筑隔声设计相关标准要求。

已建成使用的住宅区电梯、水泵、变压器等共用设施设备由专业运营单位负责维护管理，符合民用建筑隔声设计相关标准要求。

⑨基层群众性自治组织指导业主委员会、物业服务人、业主制定管理规约等，约定本物业管理区域噪声污染防治要求，由业主共同遵守。

⑩对噪声敏感建筑物集中区域的社会生活噪声扰民行为，基层群众性自治组织、业主委员会、物业服务人应当及时劝阻、调解；劝阻、调解无效的，可以向负有社会生活噪声污染防治监督管理职责的部门或地方人民政府指定的部门报告或投诉，接到报告或投诉的部门应当依法处理。

（五）噪声污染源现场执法清单

1. 检查产噪设备

①检查产噪设备是否为国家禁止生产、销售、进口、使用的淘汰产品。

②检查产噪设备的布局和管理。一些设备在运行一个时期以后，由于机械力的作用，会产生位移、偏心、固定不稳等现象，产生额外的噪声与振动；转动、传动部件的磨损，也会使噪声升高，超过原设计与申报的噪声值。应督促企业加强设备的维护，及时更换磨损部件，降低噪声。

产生噪声设备的管理还包括生产时间的合理安排，为了减少对环境的影响，有关设备应避免在中午、夜间等干扰休息时间的运行。

2. 检查噪声控制与防治设备

①检查噪声控制与防治设备是否完好，是否按要求使用，管理是否规范，有无擅自拆除或闲置。

②检查噪声污染防治设施是否执行环保手续，新建设施看其是否是否竣工验收。具体操作见任务 7。

3. 检查噪声排放

根据《工业企业厂界噪声排放标准》（GB 12348—2008）的测量方法，进行现场监测，确定经治理后噪声排放是否达标。

4. 检查建筑施工噪声

检查施工单位是否按照规定对产生建筑施工噪声的情况进行申报，是否采取了减少建筑施工噪声影响的措施，遵守规定的施工时间限制。接到居民举报，应及时检查处理。按照《建筑施工场界环境噪声排放标准》（GB 12523—2011）的测量方法进行现场监测，是否达标。

5. 检查社会生活噪声

检查噪声产生单位边界噪声是否符合国家和地方噪声排放标准。在中考、高考期间和考试前半个月内，要加强环境噪声污染的控制；加强对距离学校 100 m 范围内的建筑施工作业、各种高音广播喇叭等的现场监督，坚决制止环境噪声污染行为；积极配合当地公安部门，严格加强对禁鸣区域路段的机动车辆喇叭噪声污染的管理，配合当地公安部门严肃处理违规行为。

（六）噪声污染违法行为的查处规定

《噪声污染防治法》第七十一条至第八十七条规定了噪声违法行为及应承担的法律责任（表 1-33）。关于环境噪声污染事故的行为及因噪声污染引起纠纷的责任追究见项目五。

表 1-33　违反《噪声污染防治法》的行为及应承担的法律责任

责任条款	违法行为款项	应承担的法律责任
第七十一条	拒绝、阻挠监督检查，或在接受监督检查时弄虚作假的	由生态环境主管部门或其他负有噪声污染防治监督管理职责的部门责令改正，处二万元以上二十万元以下的罚款
第七十二条	生产、进口、销售超过噪声限值的产品的	由县级以上人民政府市场监督管理部门、海关按照职责责令改正，没收违法所得，并处货值金额一倍以上三倍以下的罚款；情节严重的，报经有批准权的人民政府批准，责令停业、关闭
	生产、进口、销售、使用淘汰的设备，或采用淘汰的工艺的	由县级以上人民政府指定的部门责令改正，没收违法所得，并处货值金额一倍以上三倍以下的罚款；情节严重的，报经有批准权的人民政府批准，责令停业、关闭
第七十三条	建设单位建设噪声敏感建筑物不符合民用建筑隔声设计相建关标准要求的	由县级以上地方人民政府住房和城乡建设主管部门责令改正，处建设工程合同价款百分之二以上百分之四以下的罚款
	建设单位在噪声敏感建筑物禁止建设区域新建与航空无关的噪声敏感建筑物的	由地方人民政府指定的部门责令停止违法行为，处建设工程合同价款百分之二以上百分之十以下的罚款，并报经有批准权的人民政府批准，责令拆除

责任条款	违法行为款项	应承担的法律责任
第七十四条	在噪声敏感建筑物集中区域新建排放噪声的工业企业的	由生态环境主管部门责令停止违法行为，处十万元以上五十万元以下的罚款，并报经有批准权的人民政府批准，责令关闭
	在噪声敏感建筑物集中区域改建、扩建工业企业，未采取有效措施防止工业噪声污染的	由生态环境主管部门责令改正，处十万元以上五十万元以下的罚款；拒不改正的，报经有批准权的人民政府批准，责令关闭
第七十五条	无排污许可证或超过噪声排放标准排放工业噪声的	由生态环境主管部门责令改正或限制生产、停产整治，并处二万元以上二十万元以下的罚款；情节严重的，报经有批准权的人民政府批准，责令停业、关闭
第七十六条	（一）实行排污许可管理的单位未按照规定对工业噪声开展自行监测，未保存原始监测记录，或未向社会公开监测结果的 （二）噪声重点排污单位未按照国家规定安装、使用、维护噪声自动监测设备，或未与生态环境主管部门的监控设备联网的	有本条款项行为之一的，由生态环境主管部门责令改正，处二万元以上二十万元以下的罚款；拒不改正的，责令限制生产、停产整治
第七十七条	（一）超过噪声排放标准排放建筑施工噪声的 （二）未按照规定取得证明，在噪声敏感建筑物集中区域夜间进行产生噪声的建筑施工作业的	建设单位、施工单位有相关违法行为款项之一，由工程所在地人民政府指定的部门责令改正，处一万元以上十万元以下的罚款；拒不改正的，可以责令暂停施工
第七十八条	（一）建设单位未按照规定将噪声污染防治费用列入工程造价的 （二）施工单位未按照规定制定噪声污染防治实施方案，或未采取有效措施减少振动、降低噪声的 （三）在噪声敏感建筑物集中区域施工作业的建设方未按照国家规定设置噪声自动监测系统，未与监督管理部门联网，或未保存原始监测记录 （四）因特殊需要必须连续施工作业，建设方未按规定公告附近居民	有本条款项行为之一的，由工程所在地人民政府指定的部门责令改正，处五千元以上五万元以下的罚款；拒不改正的，处五万元以上二十万元以下的罚款

责任条款	违法行为款项	应承担的法律责任
第七十九条	驾驶拆除或损坏消声器、加装排气管等擅自改装的机动车轰鸣、疾驶，机动车运行时未按照规定使用声响装置，或违反禁止机动车行驶和使用声响装置的路段和时间规定的	由县级以上地方人民政府公安机关交通管理部门按有关道路交通安全的法律法规处罚
	铁路机车车辆、城市轨道交通车辆、机动船舶等交通运输工具运行时未按照规定使用声响装置的	由交通运输、铁路监督管理、海事等部门或地方人民政府指定的城市轨道交通有关部门按照职责责令改正，处五千元以上一万元以下的罚款
第八十条	（一）公路养护管理单位、城市道路养护维修单位、城市轨道交通运营单位、铁路运输企业未履行维护和保养义务，未保持减少振动、降低噪声设施正常运行的 （二）城市轨道交通运营单位、铁路运输企业未按照国家规定进行监测，或未保存原始监测记录的 （三）民用机场管理机构、航空运输企业、通用航空企业未采取措施防止、减轻民用航空器噪声污染的 （四）民用机场管理机构未按照国家规定对机场周围民用航空器噪声进行监测，未保存原始监测记录，或监测结果未定期报送的	有本条款项行为之一的，由交通运输、铁路监督管理、民用航空等部门或地方人民政府指定的城市道路、城市轨道交通有关部门，按照职责责令改正，处五千元以上五万元以下的罚款；拒不改正的，处五万元以上二十万元以下的罚款
第八十一条	（一）超过噪声排放标准排放社会生活噪声的 （二）在商业经营活动中使用高音广播喇叭或采用其他持续反复发出高噪声的方法进行广告宣传的 （三）未对商业经营活动产生的其他噪声采取有效措施造成噪声污染的	有本条款项行为之一的，由地方人民政府指定的部门责令改正，处五千元以上五万元以下的罚款；拒不改正的，处五万元以上二十万元以下的罚款，并可以报经有批准权的人民政府批准，责令停业

责任条款	违法行为款项	应承担的法律责任
第八十二条	（一）在噪声敏感建筑物集中区域使用高音广播喇叭的 （二）在公共场所组织或开展娱乐、健身等活动，未遵守公共场所管理规定，造成噪声污染，或违反规定使用音响器材产生过大音量的 （三）对已竣工交付使用的建筑物进行室内装修活动，未按照规定在限定的作业时间内进行，或未采取有效措施造成噪声污染的 （四）其他违反法律规定造成社会生活噪声污染的	有本条款项行为之一的，由地方人民政府指定的部门说服教育，责令改正；拒不改正的，给予警告，对个人可以处二百元以上一千元以下的罚款，对单位可以处二千元以上二万元以下的罚款
第八十三条	（一）新建居民住房的房地产开发经营者未在销售场所公示住房可能受到噪声影响以及采取或拟采取的防治措施，或未纳入买卖合同的 （二）新建居民住房的房地产开发经营者未在买卖合同中明确住房的共用设施设备位置或建筑隔声情况的	有本条款项行为之一的，由县级以上地方人民政府房产管理部门责令改正，处一万元以上五万元以下的罚款；拒不改正的，责令暂停销售
第八十四条	（一）居民住宅区安装共用设施设备，设置不合理或未采取减少振动、降低噪声的措施，不符合民用建筑隔声设计相关标准要求的 （二）对已建成使用的居民住宅区共用设施设备，专业运营单位未进行维护管理，不符合民用建筑隔声设计相关标准要求的	有本条款项行为之一的，由地方人民政府指定的部门责令改正，处五千元以上五万元以下的罚款；拒不改正的，处五万元以上二十万元以下的罚款
第八十五条	噪声污染防治监督管理人员滥用职权、玩忽职守、徇私舞弊的	由监察机关或任免机关、单位依法给予处分
第八十七条	产生生活噪声，经劝阻、调解和处理未能制止，持续干扰他人生活、工作和学习，或有其他扰乱公共秩序、妨害社会管理等违反治安管理行为的	由公安机关依法给予治安管理处罚； 构成犯罪的，依法追究刑事责任

二、放射性污染源的监督管理与执法

（一）放射性废物及污染防治监管执法

1. 放射性废物及去向管理

根据《放射性废物安全管理条例》，放射性废物指含有放射性核素或被放射性核素污染，其放射性核素浓度或比活度大于国家确定的清洁解控水平，预期不再使用的废弃物。

国家对放射性废物实行分类管理。根据放射性废物的特性及其对人体健康和环境的潜在危害程度，将放射性废物分为高水平放射性废物、中水平放射性废物和低水平放射性废物。

①放射性废物的处理，是指为了能够安全和经济地运输、贮存、处置放射性废物，通过净化、浓缩、固化、压缩和包装等手段，改变放射性废物的属性、形态和体积的活动。

②放射性废物的贮存，是指将废旧放射源和其他放射性固体废物临时放置于专门建造的设施内进行保管的活动。

③放射性废物的处置，是指将废旧放射源和其他放射性固体废物最终放置于专门建造的设施内并不再回取的活动。

④放射性废物的安全管理，应当坚持减量化、无害化和妥善处置、永久安全的原则。放射性废物的处理、贮存和处置及其监督管理等活动，必须遵守《放射性废物安全管理条例》。

2. 放射性废物的污染防治

生态环境部统一负责全国放射性废物的安全监督管理工作。国务院核工业行业主管部门和其他有关部门，依照《放射性废物安全管理条例》的规定和各自的职责负责放射性废物的有关管理工作。

县级以上地方人民政府生态环境主管部门和其他有关部门依照本条例的规定和各自的职责负责本行政区域放射性废物的有关管理工作。

放射性废物的处理、贮存与处置的具体规定见表1-34。

表 1-34 放射性废物的污染防治清单

相关单位	污染防治要求
核设施营运单位	废旧放射源送交取得相应许可证的放射性固体废物贮存单位集中贮存，或直接送交有许可证的放射性固体废物处置单位处置
核技术利用单位	应当对其产生的不能经净化排放的放射性废液进行处理，转变为放射性固体废物
放射性固体废物贮存单位	①放射性固体废物贮存许可证的有效期为 10 年 ②应当按国家有关规定，对其接收的废旧放射源和其他放射性固体废物进行分类存放和清理，及时予以清洁解控或送交有特许许可证的放射性固体废物处置单位处置 ③应当如实记录监测数据，发现安全隐患或周围环境中放射性核素超标的，应当立即查找原因，采取相应的防范措施，并向所在地省级人民政府生态环境主管部门报告 ④放射性固体废物贮存单位构成辐射事故的，应当立即启动应急方案，并依照《放射性污染防治法》《放射性同位素与射线装置安全和防护条例》的规定进行报告，开展有关事故应急工作
放射性废物的处置单位	①应当符合放射性固体废物处置场所选址规划，并依法办理选址批准手续和建造许可证 ②放射性固体废物处置单位应当如实建立放射性废物处置情况记录档案，并永久保存 ③应当根据处置设施运行监测计划和辐射环境监测计划，对处置设施进行安全性检查，并对处置设施周围的地下水、地表水、土壤和空气进行放射性监测 ④发现安全隐患或周围环境中放射性核素超标的，应当立即查找原因，采取相应的防范措施，并向生态环境部和核工业部报告 ⑤构成辐射事故的，应当立即启动应急方案，并依照《放射性污染防治法》《放射性同位素与射线装置安全和防护条例》的规定进行报告，开展有关事故应急工作 ⑥放射性固体废物处置设施设计服役期届满，或处置量已达到该设施的设计容量，或所在地区的地质构造或水文地质等条件发生重大变化导致处置设施不适宜继续处置的，应当依法办理关闭手续，并在划定的区域设置永久性标记 ⑦关闭处置设施的处置单位应当编制其安全监护计划，报生态环境部批准

3. 放射性废物安全管理的执法清单

①依照《放射性污染防治法》和《放射性废物安全管理条例》对放射性废物处理、贮存和处置等活动的安全性进行监督检查。内容包括：向被检查单位的法定代表人和其他有关人员调查、了解情况；进入被检查单位进行现场监测、检查或核查；查阅、复制相关文件、记录以及其他有关资料；要求被检查单位提交有关情况说明或后续处理报告。

监督检查人员依法进行监督检查时，应当出示证件，并为被检查单位保守技术秘密和业务秘密。

②检查核设施营运单位、核技术利用单位和放射性固体废物贮存、处置单位，是否按照放射性废物危害的大小，建立健全相应级别的安全保卫制度，采取相应的技术防范措施和人员防范措施，并适时开展放射性废物污染事故应急演练。

③检查核设施营运单位、核技术利用单位和放射性固体废物贮存、处置单位，是否对其直接从事放射性废物处理、贮存和处置活动的工作人员进行核与辐射安全知识以及专业操作技术的培训，并实行考核合格上岗。

④检查核设施营运单位、核技术利用单位和放射性固体废物贮存单位是否按规定定期如实报告放射性废物产生、排放、处理、贮存、清洁解控和送交处置等情况。其处置单位应当于每年3月31日前，向生态环境部和核工业部如实报告上一年度放射性固体废物接收、处置和设施运行等情况。

⑤检查是否将废旧放射源和其他放射性固体废物交无证单位贮存、处置或擅自处置。

⑥检查是否将放射性废物和被放射性污染的物品输入我国境内或经我国境内转移。

4．放射性废物污染的违法行为及查处规定

《放射性废物安全管理条例》第三十五条至第四十三条规定了放射性废物安全管理方面的违法行为及应承担的法律责任（表1-35）。

表1-35　违反《放射性废物安全管理条例》的行为及应承担的法律责任

责任条款	违法行为款项	应承担的法律责任
第三十五条	（一）违反本条例规定核发放射性固体废物贮存、处置许可证的 （二）违反本条例规定批准不符合选址规划或选址技术导则、标准的处置设施选址或建造的 （三）对发现违反本条例的行为不依法查处的 （四）在办理放射性固体废物贮存、处置许可证以及实施监督检查过程中，索取、收受他人财物或谋取其他利益的 （五）其他徇私舞弊、滥用职权、玩忽职守行为	负有放射性废物安全监督管理职责的部门及其工作人员有本款项行为之一的，对直接负责的主管人员和其他直接责任人员，依法给予处分；直接负责的主管人员和其他直接责任人员构成犯罪的，依法追究刑事责任

责任条款	违法行为款项	应承担的法律责任
第三十六条	（一）核设施营运单位未按照规定，将其产生的废旧放射源送交贮存、处置，或将其产生的其他放射性固体废物送交处置的 （二）核技术利用单位未按照规定，将其产生的废旧放射源或其他放射性固体废物送交贮存、处置的	核设施营运单位、核技术利用单位有本款项行为之一的：由审批该单位立项环评文件的生态环境主管部门责令停止违法行为，限期改正；逾期不改正的，指定有许可证的单位代为贮存或处置，所需费用由核设施营运单位、核技术利用单位承担，可以处二十万元以下的罚款；构成犯罪的，依法追究刑事责任
第三十七条	（一）核设施营运单位将废旧放射源送交无证的单位贮存、处置，或将其他放射性固体废物送交无证的单位处置，或擅自处置的 （二）核技术利用单位将废旧放射源或其他放射性固体废物送交无证的单位贮存、处置，或擅自处置的 （三）放射性固体废物贮存单位将废旧放射源或其他放射性固体废物送交无证的单位处置，或擅自处置的	有本款项行为之一的，由县级以上人民政府生态环境主管部门责令停止违法行为，限期改正，处十万元以上二十万元以下罚款；造成环境污染的，责令限期治理消除污染，逾期不治理经催告仍不治理的，可以指定有治理能力的单位代为治理，所需费用由违法者承担；构成犯罪的，依法追究刑事责任
第三十八条	（一）未经许可，擅自从事废旧放射源或其他放射性固体废物的贮存、处置活动的 （二）放射性固体废物贮存、处置单位未按许可证规定的活动种类、范围、规模、期限从事废旧放射源或其他放射性固体废物的贮存、处置活动的 （三）放射性固体废物贮存、处置单位未按照国家有关放射性污染防治标准和国务院环保主管部门的规定贮存、处置废旧放射源或其他放射性固体废物的	由省级以上人民政府生态环境主管部门责令停产停业或吊销许可证； 有违法所得的，没收违法所得； 违法所得十万元以上的，并处违法所得一倍以上五倍以下的罚款； 没有违法所得或违法所得不足十万元的，并处五万元以上十万元以下的罚款；造成环境污染的，责令限期治理消除污染，逾期不治理经催告仍不治理的，可以指定有治理能力的单位代为治理，所需费用由违法者承担；构成犯罪的，依法追究刑事责任
第三十九条	放射性固体废物贮存、处置单位未按照规定建立情况记录档案，或未按照规定进行如实记录的	由省级以上人民政府生态环境主管部门责令限期改正，处一万元以上五万元以下的罚款；逾期不改正的，处五万元以上十万元以下的罚款
第四十条	核设施营运单位、核技术利用单位或放射性固体废物贮存、处置单位未如实报告放射性废物产生、排放、处理、贮存、清洁解控和送交处置等情况的	由县级以上人民政府生态环境主管部门责令限期改正，处一万元以上五万元以下的罚款；逾期不改正的，处五万元以上十万元以下的罚款

责任条款	违法行为款项	应承担的法律责任
第四十一条	拒绝、阻碍生态环境主管部门或其他有关部门的监督检查，或在接受监督检查时弄虚作假的	由监督检查部门责令改正，处二万元以下的罚款；构成违反治安管理行为的，由公安机关依法给予治安管理处罚；构成犯罪的，依法追究刑事责任
第四十二条	核设施营运单位、核技术利用单位或放射性固体废物贮存、处置单位未按照规定对有关工作人员进行技术培训和考核的	由县级以上人民政府生态环境主管部门责令限期改正，处一万元以上五万元以下的罚款；逾期不改正的，处五万元以上十万元以下的罚款
第四十三条	向我国境内输入放射性废物或被放射性污染的物品，或经我国境内转移放射性废物或被放射性污染的物品的	由海关责令退运该放射性废物或被放射性污染的物品，并处五十万元以上一百万元以下的罚款；构成犯罪的，依法追究刑事责任

（二）放射性同位素的监督管理与执法

1．放射性同位素及射线装置的分类管理

放射性同位素，是指某种发生放射性衰变的元素中具有相同原子序数但质量不同的核素。《放射性同位素与射线装置安全和防护条例》所称放射性同位素包括放射源和非密封放射性物质。

放射源，是指除研究堆和动力堆核燃料循环范畴的材料以外，永久密封在容器中或有严密包层并呈固态的放射性材料。

射线装置，是指X线机、加速器、中子发生器以及含放射源的装置。

国家对放射源和射线装置实行分类管理。根据放射源、射线装置对人体健康和环境的潜在危害程度，从高到低将放射源分为Ⅰ类、Ⅱ类、Ⅲ类、Ⅳ类、Ⅴ类，具体分类办法由生态环境部制定；将射线装置分为Ⅰ类、Ⅱ类、Ⅲ类，具体分类办法由生态环境部同国务院卫生主管部门制定。

在我国境内生产、销售、使用放射性同位素和射线装置，以及转让、进出口放射性同位素的，应当遵守《放射性同位素与射线装置安全和防护条例》。

2．放射性同位素与射线装置安全和防护的监督管理

生态环境部对全国放射性同位素、射线装置的安全和防护工作实施统一监督管理；国务院公安、卫生等部门按照职责分工和本条例的规定，对有关放射性同

位素、射线装置的安全和防护工作实施监督管理。

县级以上地方人民政府生态环境主管部门和其他有关部门，按照职责分工和本条例的规定，对本行政区域内放射性同位素、射线装置的安全和防护工作实施监督管理。

（1）生产、销售、使用放射性同位素和射线装置的许可与备案

生产、销售、使用放射性同位素和射线装置的单位必须依法做好许可与备案，具体要求如表 1-36 所示。

表 1-36　放射性同位素与射线装置安全和防护的监督管理要求

单位	监督管理具体要求
从业单位	①应当依照条例规定取得许可证，许可证有效期为 5 年 ②持证单位部分终止或全部终止生产、销售、使用放射性同位素和射线装置活动的，应当向原发证机关办理申请，由其核查合格后，予以变更或注销许可证
进口单位	①进口列入限制进出口目录的放射性同位素，应当在生态环境部审查批准后，由对外贸易主管部门依据国家有关规定签发进口许可证 ②进口限制目录之外的放射性同位素，按国家对外贸易的有关规定办理进口手续
转让单位	转让放射性同位素，由转入单位向其所在地省级人民政府生态环境主管部门提出申请，并提交符合转让其申请规定要求的证明材料
生产单位	①生产放射性同位素的单位，应当建立该产品台账，并按生态环境部制定的编码规则，对生产的放射源统一编码 ②放射性同位素产品台账和放射源编码清单应当报生态环境部备案 ③未列入产品台账的放射性同位素和未编码的放射源，不得出厂和销售
持有单位	持有放射源的单位将废旧放射源交回生产单位、返回原出口方或送交相关贮存单位贮存的，应当在该活动完成之日起 20 日内向其所在地省级人民政府生态环境主管部门备案
使用单位	使用放射性同位素的单位需要将其转移到外省（自治区、直辖市）使用的，应当持许可证复印件向使用地省级人民政府生态环境主管部门备案，并接受该部门的监督管理
出口单位	出口列入限制进出口目录的放射性同位素，应提供进口方可以合法持有该产品的证明材料，并由生态环境部依照有关法律和我国缔结或参加的国际条约、协定的规定，办理有关手续

（2）生产、销售、使用放射性同位素和射线装置的安全和防护

生产、销售、使用放射性同位素和射线装置的单位必须依法做好安全和防护，具体管理要求如表 1-37 所示。

表 1-37　生产、销售、使用放射性同位素和射线装置的管理要求

项目名称	具体管理要求
从业单位	应当对本单位的放射性同位素、射线装置的安全和防护工作负责，并依法对其造成的放射性危害承担责任
人员	应当对直接从事生产、销售、使用活动的工作人员进行安全和防护知识教育培训，并实行考核合格上岗
个人健康档案	应当严格按照国家关于个人剂量监测和健康管理的规定，对直接从事生产、销售、使用活动的工作人员进行个人剂量监测和职业健康检查，建立个人剂量档案和职业健康监护档案
年度评估	应当对本单位的放射性同位素、射线装置的安全和防护状况进行年度评估。发现安全隐患的，应当立即进行整改
终止与变更	①需要终止的，应当事先对本单位的放射性同位素和放射性废物进行清理登记，作出妥善处理，不得留有安全隐患 ②发生变更的，由变更后的单位承担处理责任。变更前当事人对此另有约定的，从其约定；但约定中不得免除当事人的处理义务
销售与使用	①生产、进口放射源的单位销售Ⅰ类、Ⅱ类、Ⅲ类放射源给其他单位使用的，应当与使用单位签订废旧放射源返回协议 ②使用单位应当按协议规定将废旧放射源交回生产单位或返回原出口方。确实无法交回的，送交有相应资质的放射性废物集中贮存单位贮存 ③使用单位应当按照生态环境部的规定，将Ⅳ类、Ⅴ类废旧放射源进行包装整备后送交有相应资质的放射性废物集中贮存单位贮存
使用场所终结退役	使用Ⅰ类、Ⅱ类、Ⅲ类放射源的场所和生产放射性同位素的场所，以及终结运行后产生放射性污染的射线装置，应当依法实施退役
放射性标志	①生产、销售、使用、贮存放射性同位素和射线装置的场所，应当按国家有关规定设置明显的放射性标志，其入口处应当按规定设置安全和防护设施以及必要的防护安全联锁、报警装置或工作信号 ②射线装置的生产调试和使用场所，应当具有防止误操作、防止工作人员和公众受到意外照射的安全措施 ③放射源、包装容器、设备和射线装置，应当设置明显的放射性标识和中文警示说明 ④运输工具，应当按国家规定设置明显的放射性标志或显示危险信号

项目名称	具体管理要求
存放	①放射性同位素应当单独存放，不得与易燃、易爆、腐蚀性物品等一起存放，并指定专人负责保管 ②贮存、领取、使用、归还时，应当如实详细登记、检查；对贮存场所应当采取防火、防水、防盗、防丢失、防破坏、防射线泄漏的安全措施 ③对放射源还应当根据其潜在危害的大小，建立相应的多层防护和安全措施，并对可移动的放射源定期进行盘存，确保其到指定位置，具有确保安全保障
室外、野外使用	①在室外、野外使用放射性同位素和射线装置的，应当按规定要求划出安全防护区域，设置明显的放射性标志，必要时设专人警戒 ②在野外进行放射性同位素示踪试验的，应当经省级以上人民政府生态环境主管部门商同级有关部门批准方可进行
产品	辐射防护器材、含放射性同位素的设备和射线装置，以及含有放射性物质的产品和伴有产生X射线的电器产品，应当符合辐射防护要求
相关医疗卫生机构	应当依据国家有关规定和标准，制定与本单位从事的诊疗项目相适应的质量保证方案，遵守质量保证监测规范，按照医疗照射正当化和辐射防护最优化的原则，慎重进行照射，并事先告知患者和受检者辐射对健康的潜在影响
综合利用废旧金属	①金属冶炼厂回收冶炼废旧金属时，应当采取必要的监测措施，防止放射性物质熔入产品中 ②监测中发现问题的，应当及时通知所在地市级以上的生态环境主管部门

3．辐射事故应急处理（略）

具体操作见项目五任务14。

4．放射性同位素和射线装置的现场执法

对生产、销售、使用放射性同位素和射线装置的单位进行监督检查。应当配备具有辐射防护安全知识并经省级以上人民政府生态环境主管部门认可的专业人员担任辐射防护安全监督员，应当定期接受专业培训和考核。

在监督检查中发现生产、销售、使用放射性同位素和射线装置的单位有不符合原发证条件的情形的，应当责令其限期整改。监督检查人员依法进行监督检查时，应为被检查单位保守技术秘密和业务秘密。

5．放射性同位素与射线装置安全和防护违法行为的查处规定

《放射性同位素与射线装置安全和防护条例》第五十条至第六十三条规定了违法行为及应承担的法律责任（表1-38）。

表 1-38　违反《放射性同位素与射线装置安全和防护条例》的行为及应承担的法律责任

责任条款	违法行为款项	应承担的法律责任
第五十条	（一）向不符合本条例规定条件的单位颁发许可证或批准不符合规定条件的单位进口、转让放射性同位素的 （二）发现未依法取得许可证的单位擅自生产、销售、使用放射性同位素和射线装置，不予查处或接到举报后不依法处理的 （三）发现未经依法批准擅自进口、转让放射性同位素，不予查处或接到举报后不依法处理的 （四）对依法取得许可证的单位不履行监督管理职责或发现违反本条例规定的行为不予查处的 （五）在放射性同位素、射线装置安全和防护监督管理工作中有其他渎职行为的	县级以上人民政府生态环境主管部门有本条款项行为之一的，对直接负责的主管人员和其他直接责任人员，依法给予行政处分；构成犯罪的，依法追究刑事责任
第五十一条	（一）缓报、瞒报、谎报或漏报辐射事故的 （二）未按照规定编制辐射事故应急预案或不依法履行辐射事故应急职责的	县级以上人民政府生态环境主管部门和其他有关部门有本条款项行为之一的，对直接负责的主管人员和其他直接责任人员，依法给予行政处分； 构成犯罪的，依法追究刑事责任
第五十二条	（一）无证从事放射性同位素和射线装置生产、销售、使用活动的 （二）未按许可证的规定从事放射性同位素和射线装置生产、销售、使用活动的 （三）改变所从事活动的种类或范围以及新建、改建或扩建生产、销售、使用设施或场所，未按规定重新申请领取许可证的 （四）许可证有效期届满，需要延续而未按照规定办理延续手续的 （五）未经批准擅自进口或转让放射性同位素的	生产、销售、使用放射性同位素和射线装置的单位有本条款项行为之一的，由县级以上人民政府生态环境主管部门责令停止违法行为，限期改正；逾期不改正的，责令停产停业或由原发证机关吊销许可证；有违法所得的，没收违法所得；违法所得十万元以上的，并处违法所得一倍以上五倍以下罚款；没有违法所得或违法所得不足十万元的，并处一万元以上十万元以下的罚款
第五十三条	生产、销售、使用放射性同位素和射线装置的单位变更单位名称、地址、法定代表人，未依法办理许可证变更手续的	由县级以上人民政府生态环境主管部门责令限期改正，给予警告；逾期不改正的，由原发证机关暂扣或吊销许可证

责任条款	违法行为款项	应承担的法律责任
第五十四条	生产、销售、使用放射性同位素和射线装置的单位部分终止或全部终止生产、销售、使用活动，未按规定办理许可证变更或注销手续的	由县级以上人民政府生态环境主管部门责令停止违法行为，限期改正；逾期不改正的，处一万元以上十万元以下的罚款；造成辐射事故，构成犯罪的，依法追究刑事责任
第五十五条	伪造、变造、转让许可证的	由县级以上人民政府生态环境主管部门收缴伪造、变造的许可证或由原发证机关吊销许可证，并处五万元以上十万元以下罚款；构成犯罪的，依法追究刑事责任
	伪造、变造、转让放射性同位素进口和转让批准文件的	由县级以上人民政府生态环境主管部门收缴伪造、变造的批准文件或由原批准机关撤销批准文件，并处五万元以上十万元以下的罚款；情节严重的，可以由原发证机关吊销许可证；构成犯罪的，依法追究刑事责任
第五十六条	（一）转入、转出放射性同位素未按照规定备案的 （二）将放射性同位素转移到外省、自治区、直辖市使用，未按照规定备案的 （三）将废旧放射源交回生产单位、返回原出口方或送交放射性废物集中贮存单位贮存，未按照规定备案的	生产、销售、使用放射性同位素的单位有本条款项行为之一的，由县级以上人民政府生态环境主管部门责令限期改正，给予警告；逾期不改正的，由原发证机关暂扣或吊销许可证
第五十七条	（一）在室外、野外使用放射性同位素和射线装置，未按国家有关安全和防护标准的要求划出安全防护区域和设置明显的放射性标志的 （二）未经批准擅自在野外进行放射性同位素示踪试验的	生产、销售、使用放射性同位素和射线装置的单位有本条款项行为之一的，由县级以上人民政府生态环境主管部门责令停止违法行为，限期改正；逾期不改正的，处一万元以上十万元以下的罚款
第五十八条	（一）未建立放射性同位素产品台账的 （二）未按照生态环境部制定的编码规则，对生产的放射源进行统一编码的 （三）未将放射性同位素产品台账和放射源编码清单报生态环境部备案的 （四）出厂或销售未列入产品台账的放射性同位素和未编码的放射源的	生产放射性同位素的单位有本条款项行为之一的，由县级以上人民政府生态环境主管部门责令限期改正，给予警告；逾期不改正的，依法收缴其未备案的放射性同位素和未编码的放射源，处五万元以上十万元以下的罚款，并可以由原发证机关暂扣或吊销许可证

责任条款	违法行为款项	应承担的法律责任
第五十九条	（一）未按规定对废旧放射源进行处理的 （二）未按规定对使用Ⅰ类、Ⅱ类、Ⅲ类放射源的场所和生产放射性同位素的场所，以及终结运行后产生放射性污染的射线装置实施退役的	生产、销售、使用放射性同位素和射线装置的单位有本条款项行为之一的，由县级以上人民政府生态环境主管部门责令停止违法行为，限期改正；逾期不改正的，由原发证机关指定有处理能力的单位代为处理或实施退役，费用由生产、销售、使用放射性同位素和射线装置的单位承担，并处一万元以上十万元以下的罚款
第六十条	（一）未按规定对本单位的放射性同位素、射线装置安全和防护状况进行评估或发现安全隐患不及时整改 （二）生产、销售、使用、贮存放射性同位素和射线装置的场所未按规定设置安全和防护设施以及放射性标志的	生产、销售、使用放射性同位素和射线装置的单位有本条款项行为之一的，由县级以上人民政府生态环境主管部门责令停止违法行为，限期改正；逾期不改正的，责令停产停业，并处二万元以上二十万元以下的罚款；构成犯罪的，依法追究刑事责任
第六十一条	造成辐射事故的	由原发证机关责令限期改正，并处五万元以上二十万元以下的罚款；情节严重的，由原发证机关吊销许可证；构成违反治安管理行为的，由公安机关依法予以治安处罚；构成犯罪的，依法追究刑事责任
	因辐射事故造成他人损害的	依法承担民事责任
第六十二条	生产、销售、使用放射性同位素和射线装置的单位被责令限期整改，逾期不整改或经整改仍不符合原发证条件的	由原发证机关暂扣或吊销许可证
第六十三条	被依法吊销许可证的单位或伪造、变造许可证的单位	5年内不得申请领取许可证

（三）放射性污染源的监管与执法

1．放射性污染及相关定义

根据《中华人民共和国放射性污染防治法》（以下简称《放射性污染防治法》），放射性污染，是指由于人类活动造成物料、人体、场所、环境介质表面或内部出现超过国家标准的放射性物质或射线。

中华人民共和国领域和管辖的其他海域在核设施选址、建造、运行、退役和核技术、铀（钍）矿、伴生放射性矿开发利用过程中发生的放射性污染的防治活动必须遵守《放射性污染防治法》。

核设施，是指核动力厂（如核电厂、核热电厂、核供汽供热厂等）和其他反应堆（如研究堆、实验堆、临界装置等）；核燃料生产、加工、贮存和后处理设施；放射性废物的处理和处置设施等。

核技术利用，是指密封放射源、非密封放射源和射线装置在医疗、工业、农业、地质调查、科学研究和教学等领域中的使用。

伴生放射性矿，是指含有较高水平天然放射性核素浓度的非铀矿（如稀土矿和磷酸盐矿等）。

2．放射性污染控制监督管理

（1）放射性污染控制监督管理机构

生态环境部对全国放射性污染防治工作依法实施统一监督管理。

国务院卫生行政部门和其他有关部门依据国务院规定的职责，对有关的放射性污染防治工作依法实施监督管理。

县级以上地方人民政府生态环境主管部门和同级其他有关部门，按照职责分工，各负其责，互通信息，密切配合，对本行政区域内核技术利用、伴生放射性矿开发利用中的放射性污染防治进行监督检查。

（2）核污染源的放射性污染防治

核设施营运单位、核技术利用单位、铀（钍）矿和伴生放射性矿开发利用单位，负责本单位放射性污染的防治，并对其工作人员进行放射性安全教育、培训，采取有效防护安全措施。接受监督管理，并依法对其造成的放射性污染承担责任。

核设施建设运营、铀（钍）矿和伴生放射性矿开发利用要做好放射性污染防治清单，如表 1-39 所示。

表 1-39 核设施建设运营、铀（钍）矿和伴生放射性矿开发利用的污染防治

单 位	放射性污染防治具体要求
核设施建设、营运单位	①科学选址，依法办理环评审批手续 ②在进行核设施建造、装料、运行、退役等活动前，必须按规定申领相关审批手续 ③配套的放射性污染防治设施应当执行“三同时”制度，并持续做到达标排放 ④重要核设施外围地区应当按规定划定规划限制区，按技术规范实施监测，定期向国家、省级人民政府生态环境主管部门报告监测结果 ⑤建立健全安全保卫制度，并接受公安部门的监督指导 ⑥应当按照核设施的规模和性质制订核事故场内应急计划，做好应急准备，出现核事故应急状态时，必须立即采取有效的应急措施控制事故，并向有关部门报告
铀（钍）矿和伴生放射性矿开发利用或关闭的单位	①应当在申请领取采矿许可证或办理退役审批手续前编制环境影响报告书，报生态环境部审查批准 ②开发利用伴生放射性矿的单位，应在申领采矿许可证前编制环境影响报告书，报省级以上人民政府生态环境主管部门审查批准 ③配套的放射性污染防治设施，应当执行“三同时”制度，验收合格后主体工程方可投入生产或使用 ④应当对铀（钍）矿的流出物和周围的环境实施监测，并定期向国家、省级人民政府生态环境主管部门报告监测结果 ⑤对尾矿应当建造符合防治要求的尾矿库进行贮存、处置

3. 放射性污染违法行为的查处规定

《放射性污染防治法》第四十八条至第五十八条规定了违法行为及应承担的法律责任（表 1-40）。

表 1-40 违反《放射性污染防治法》的行为及应承担的法律责任

责任条款	违法行为款项	应承担的法律责任
第四十八条	（一）对不符合法定条件的单位颁发许可证和办理批准文件的 （二）不依法履行监督管理职责的 （三）发现违法行为不予查处的	放射性污染防治监督管理人员利用职务上的便利收受他人财物、谋取其他利益，或玩忽职守，有本条款项行为之一的，依法给予行政处分；构成犯罪的，依法追究刑事责任

责任条款	违法行为款项	应承担的法律责任
第四十九条	（一）不按照规定报告有关环境监测结果的 （二）拒绝生态环境主管部门和其他有关部门进行现场检查，或被检查时不如实反映情况和提供必要资料的	有本条款项行为之一的，由县级以上人民政府生态环境主管部门或其他有关部门依据职权责令限期改正，可以处二万元以下罚款
第五十条	未编制环境影响评价文件，或环境影响评价文件未经生态环境主管部门批准，擅自进行建造、运行、生产和使用等活动的	由审批环评文件的生态环境主管部门责令停止违法行为，限期补办手续或恢复原状，并处一万元以上二十万元以下罚款
第五十一条	未建造放射性污染防治设施、放射防护设施，或防治防护设施未经验收合格，主体工程即投入生产或使用的	由审批环评文件的生态环境主管部门责令停止违法行为，限期改正，并处五万元以上二十万元以下罚款
第五十二条	未经许可或批准，核设施营运单位擅自进行核设施的建造、装料、运行、退役等活动的	由生态部责令停止违法行为，限期改正，并处二十万元以上五十万元以下罚款；构成犯罪的，依法追究刑事责任
第五十三条	生产、销售、使用、转让、进口、贮存放射性同位素和射线装置以及装备有放射性同位素的仪表的	由县级以上人民政府环境保护行政主管部门或其他有关部门依据职权责令停止违法行为，限期改正；逾期不改正的，责令停产停业或吊销许可证；有违法所得的，没收违法所得，违法所得十万元以上的，并处一万元以上五万元以下罚款；没有违法所得或违法所得不足十万元的，并处一万元以上十万元以下罚款；构成犯罪的，依法追究刑事责任
第五十四条	（一）未建造尾矿库或不按照放射性污染防治的要求建造尾矿库，贮存、处置铀（钍）矿和伴生放射性矿的尾矿的 （二）向环境排放不得排放的放射性废气、废液的 （三）不按照规定的方式排放放射性废液，利用渗井、渗坑、天然裂隙、溶洞或国家禁止的其他方式排放放射性废液的 （四）不按照规定处理或贮存不得向环境排放的放射性废液的 （五）将放射性固体废物提供或委托给无证单位贮存和处置的	有本条款项行为之一的，由县级以上人民政府生态环境主管部门责令停止违法行为，限期改正，处以罚款；构成犯罪的，依法追究刑事责任。 有前款第（一）项、第（二）项、第（三）项、第（五）项行为之一的，处十万元以上二十万元以下罚款；有前款第（四）项行为的，处一万元以上十万元以下罚款

责任条款	违法行为款项	应承担的法律责任
第五十五条	(一) 不按照规定设置放射性标识、标志、中文警示说明的 (二) 不按照规定建立健全安全保卫制度和制订事故应急计划或应急措施的 (三) 不按照规定报告放射源丢失、被盗情况或放射性污染事故的	有本条款项行为之一的，由县级以上人民政府生态环境主管部门或其他有关部门依据职权责令限期改正；逾期不改正的，责令停产停业，并处二万元以上十万元以下罚款；构成犯罪的，依法追究刑事责任
第五十六条	产生放射性固体废物的单位，不依法对其产生的放射性固体废物进行处置的	由审批该单位立项环境影响评价文件的环境保护行政主管部门责令停止违法行为，限期改正；逾期不改正的，指定有处置能力的单位代为处置，所需费用由产生单位承担，可以并处二十万元以下罚款；构成犯罪的，依法追究刑事责任
第五十七条	(一) 未经许可，擅自从事贮存和处置放射性固体废物活动的 (二) 不按照许可的有关规定从事贮存和处置放射性固体废物活动的	有本条款项行为之一的，由省级以上人民政府环境保护行政主管部门责令停产停业或吊销许可证；有违法所得的，没收违法所得，违法所得十万元以上的，并处违法所得一倍以上五倍以下罚款；没有违法所得或违法所得不足十万元的，并处五万元以上十万元以下罚款；构成犯罪的，依法追究刑事责任
第五十八条	向中华人民共和国境内输入放射性废物和被放射性污染的物品，或往中华人民共和国境内转移放射性废物和被放射性污染的物品的	由海关责令遣返该放射性废物和被放射性污染的物品，并处五十万元以上一百万元以下罚款；构成犯罪的，依法追究刑事责任

扫码获取学习资源
任务 6-2　案例放送

扫码下载学习资料
任务 6-3　更多资讯和案例

知识点应用与训练

【填空题】

1. 我国对放射性废物实行____________管理制度，根据放射性废物的特性及其对人体健康和环境的潜在危害程度，将放射性废物分为____________、____________和____________。

2. 放射性废物的安全管理，应当坚持__________、__________和__________的原则。

3. 按照有关规定，直接从事生产、销售、使用活动的工作人员必须进行安全和防护知识教育培训，实行____________上岗。

【单选题】

1. 夜间突发的噪声，其最大值不准超过夜间标准值（　）。

A. 1 dB　B.3 dB　C.5 dB　D.10 dB　E.15 dB

2. 测量工业企业外环境噪声，应在企业边界线（　）m 处进行。

A. 0.5　B. 1　C. 2　D. 3　E. 5

3. 放射性固体废物贮存许可证的有效年限为（　）。

A.半年　B.一年　C.五年　D.十年　E.二十年

4. 从事生产、销售、使用放射性同位素和射线装置的单位，应当依照《放射性安全管理条例》规定取得许可证，许可证有效年限为（　）。

A.三年　B.四年　C.五年　D.十年　E.十五年

【多选题】

1. 环境噪声根据来源，分为（　　）。

A.工业噪声

B.生活噪声

C.建筑施工噪声

D.交通噪声

E.风声、雨声、虫叫声

2. 以下属于违法行为的有（　　）。

A.在城市某小区内使用高音广播喇叭

B.进入禁鸣城市区域，按汽车喇叭提示超车

C.在城市广场组织广场舞，使用高分贝音响，干扰周围居民生活

D.在城市商住区某餐厅为庆祝开业未经有关部门允许燃放爆竹

3．以下属于违法行为的有（　　）。

A.销售、使用放射性同位素的单位结束相关活动后未办理许可证注销手续

B.未经有关部门批准，核设施营运单位进行核设施的退役活动

C.放射性固体废物贮存、处置单位记录档案比较混乱，不少日期的记录缺失

D.途经我国境内转移被放射性污染的物品

E.利用渗坑排放低放射性废液

4．根据放射源、射线装置对人体健康和环境的潜在危害程度，从高到低将放射源分为（　　）。

A.Ⅰ类　　B.Ⅱ类　　C.Ⅲ类　　D.Ⅳ类　　E.Ⅴ类

【判断题】

1．在噪声敏感建筑物集中区域，禁止一切排放噪声的工业企业。（　）

2．在广场、公园开展群众喜闻乐见的广场舞，适当产生噪声污染是允许的。（　）

3.原持证使用放射性同位素和射线装置活动的单位由于某种原因全部终止该活动的，应当向原发证机关申请并经核查合格后，予以注销许可证。（　）

【简答题】

列出使用放射性同位素和射线装置的单位应当依法做好安全和防护的清单。

【思考与训练】

生态环境执法人员接到群众投诉某工厂噪声扰民严重的信息后，要及时去某工厂现场执法检查。请拟订一个相应的厂界噪声执法监测方案。

项目二　生态环境执法

任务7　建设项目环境执法

工作任务：对新建工业企业关于环境影响评价与污染防治设施验收执行情况模拟执法。

建议学时：4～5学时。

学习目标：①认知建设项目法律法规规定。

②基本能执行建设项目环评与污染防治设施验收环境管理手续。

③能进行建设项目环境执法检查。

④能辨识有关违法行为并提出处理意见。

教学过程：设计“课前+课中+课后”学习任务，实施“线上+线下”立体化教学。

教学方法：微视频教学、案例分析、探究式教学。

教学模式：任务引领→思政与案例分析导入→模块知识领学→任务实践、教学方法应用→任务完成与点评→练习与训练。

教学平台及媒体：多媒体教室、工厂或校外实训基地、移动设备、云班课、钉钉、微信、腾讯；教学课件包、教材。

思政元素：展示“先上车后补票”无环评或无验收就投入生产等违法环境警示案例；分享环境监督执法典范；思考环境违法社会问题；培养公平公正执法、大局意识。

一、环境影响评价的监督管理

根据《中华人民共和国环境影响评价法》（以下简称《环境影响评价法》），环境影响评价，是指对规划和建设项目实施后可能造成的环境影响进行分析、预测和评估，提出预防或减轻不良环境影响的对策和措施，进行跟踪监测的方法与制度。

（一）规划环境影响评价的监督管理

1．规划的环境影响评价

（1）土地利用、区域、流域、海域等建设的规划应当编写环境影响的篇章或说明

国务院有关部门、设区的市级以上地方人民政府及其有关部门，对其组织编制的土地利用的有关规划，区域、流域、海域建设、开发利用规划，应当在规划编制过程中组织进行环境影响评价，编写该规划有关环境影响的篇章或说明；对规划实施后可能造成的环境影响应当作出分析、预测和评估，提出预防或减轻不良环境影响的对策和措施，作为规划草案的组成部分一并报送规划审批机关。

未编写有关环境影响的篇章或说明的规划草案，审批机关不予审批。

（2）产业专项规划应当编制环境影响报告书

国务院有关部门、设区的市级以上地方人民政府及其有关部门，对其组织编制的工业、农业、畜牧业、林业、能源、水利、交通、城市建设、旅游、自然资源开发的有关专项规划（以下简称专项规划），应当在该专项规划草案上报审批前，组织进行环境影响评价，并向审批该专项规划的机关提出环境影响报告书。

专项规划的环境影响报告书应当包括下列内容：实施该规划对环境可能造成影响的分析、预测和评估；预防或减轻不良环境影响的对策和措施；环境影响评价的结论。

（3）编写专项规划草案的环境影响评价报告书应当重视公众的意见

专项规划的编制机关对可能造成不良环境影响并直接涉及公众环境权益的规划，应当在该规划草案报送审批前，举行论证会、听证会，或采取其他形式，征求有关单位、专家和公众对环境影响报告书草案的意见（国家规定需要保密的情形除外）；重视有关意见，并应当在报送审查的环境影响报告书中附具对意见采纳

或不采纳的说明；在报批规划草案时，应当将环境影响报告书一并附送审批机关审查。

未附送环境影响报告书的，审批机关不予审批。

2．规划的环境影响评价的审查

（1）专项规划草案的环境影响报告书的审查

设区的市级以上人民政府在审批专项规划草案作出决策前，应当先由人民政府指定的生态环境主管部门或其他部门召集有关部门代表和专家组成审查小组，对环境影响报告书进行审查并提出书面审查意见。

审查小组的专家，应当从按照生态环境部规定设立的专家库内相关专业的专家名单中以随机抽取的方式确定。

由省级以上人民政府有关部门负责审批的专项规划，按照生态环境部会同其他有关部门制定的环境影响报告书的审查办法进行审查。

（2）环境影响报告书结论以及审查意见是规划审批的重要依据

专项规划的编制机关应当根据环境影响报告书结论和审查小组提出的审查意见，对规划草案进行修改完善，并对环境影响报告书结论和审查意见的采纳情况作出说明；不采纳的，应当说明理由。

设区的市级以上人民政府或省级以上人民政府有关部门在审批专项规划草案时，应当将环境影响报告书结论以及审查意见作为决策的重要依据；审批中未采纳环境影响报告书结论以及审查意见的，应当作出说明，并存档备查。

3．规划实施后的环境影响跟踪评价

对环境有重大影响的规划实施后，编制机关应当及时组织环境影响的跟踪评价，并将评价结果报告审批机关；发现有明显不良环境影响的，应当及时提出改进措施。

（二）建设项目的环境影响评价的监督管理

建设项目是一个统称，大体上包括新建、扩建、改建、技术改造的工业项目和非工业开发建设项目。依据《建设项目环境保护管理条例释义》（1997 年中国法制出版社，郜风涛主编），环境保护工作中所称的“建设项目”是指“中华人民共和国领域内（包括海域）的工业、交通、水利、农林、商业、卫生、文教、科研、旅游、市政、机场等对环境有影响的新建、扩建、改建、技术改造项目，包括区域开发建设项目以及中外合资、中外合作、外商独资等一切建设项目”。

1. 建设项目的环境影响评价的分类管理

根据国家根据建设项目对环境的影响程度，对建设项目的环境影响评价实行分类管理。建设单位应当按照下列规定组织编制环境影响报告书、环境影响报告表或填报环境影响登记表（以下统称环评文件）：①可能造成重大环境影响的，应当编制环境影响报告书，对产生的环境影响进行全面评价；②可能造成轻度环境影响的，应当编制环境影响报告表，对产生的环境影响进行分析或专项评价；③对环境影响很小、不需要进行环境影响评价的，应填报环境影响登记表。

建设项目的环境影响评价按照生态环境主管部制定并公布的《建设项目环境影响评价分类管理名录（2021 年版）》进行分类管理。

扫码获取学习资源
任务 7-1 建设项目环境影响评价分类管理名录

2. 建设项目的环境影响评价报告书大纲

建设项目的环境影响报告书应当包括下列内容：①建设项目概况；②建设项目周围环境现状；③建设项目对环境可能造成影响的分析、预测和评估；④建设项目环境保护措施及其技术、经济论证；⑤建设项目对环境影响的经济损益分析；⑥对建设项目实施环境监测的建议；⑦环境影响评价的结论。

环境影响报告表和登记表的内容和格式，按照生态环境部的相关要求。

3. 建设项目的环境影响评价相关单位的权限和职责

①建设单位可以自行（具备环境影响评价技术能力为前提）编制建设项目环境影响报告书、环境影响报告表，也可以委托技术单位对其建设项目进行编制。

接受委托为建设单位编制建设项目环境影响报告书、环境影响报告表的技术单位，不得与负责审批建设项目环境影响报告书、环境影响报告表的生态环境主管部门或其他有关审批部门存在任何利益关系。

②建设单位应当对建设项目环境影响报告书、环境影响报告表的内容和结论负责，接受委托编制报告书、报告表的技术单位对其编制的文件承担相应责任。

③除国家规定需要保密的情形外，对环境可能造成重大影响、应当编制环境影响报告书的建设项目，建设单位应当在报批报告书前，举行论证会、听证会，

或采取其他形式，征求有关单位、专家和公众的意见。建设单位报批的报告书应当附具对有关单位、专家和公众的意见采纳或不采纳的说明。

④设区的市级以上人民政府生态环境主管部门应当加强对编制单位的监督管理和质量考核。负责审批报告书、报告表的生态环境主管部门应当将编制单位、编制主持人和主要编制人员的相关违法信息记入社会诚信档案，并纳入全国信用信息共享平台和国家企业信用信息公示系统向社会公布。

任何单位和个人不得为建设单位指定编制报告书、报告表的技术单位。

4. 建设项目的环评文件的审批管理

（1）建设项目的环境影响报告书、报告表，由建设单位按照国务院的规定报有审批权的生态环境主管部门审批

海洋工程建设项目的海洋环境影响报告书的审批，依照《海洋环境保护法》的规定办理。

审批部门应当自收到环境影响报告书之日起 60 日内，收到环境影响报告表之日起 30 日内，分别作出审批决定并书面通知建设单位。

审核、审批建设项目环境影响报告书、报告表以及备案环境影响登记表，不得收取任何费用。

（2）国家对环境影响登记表实行备案管理

根据《建设项目环境影响登记表备案管理办法》，县级生态环境主管部门负责本行政区域内的建设项目环境影响登记表备案管理；县级生态环境主管部门被调整为市级生态环境主管部门派出分局的，由市级生态环境主管部门组织所属派出分局开展备案管理。

扫码获取学习资源
任务 7-2 建设项目环境影响登记表备案管理办法

建设项目的建设地点涉及多个县级行政区域的，建设单位应当分别向各建设地点所在地的县级生态环境主管部门备案。

建设项目环境影响登记表备案采用网上备案方式。对国家规定需要保密的建设项目，建设项目环境影响登记表备案采用纸质备案方式。

（3）各级生态环境主管部门的审批权限管理

建设项目环评文件的分级审批权限，原则上按照建设项目的审批、核准和备案权限及建设项目对环境的影响性质和程度确定。

①生态环境部负责审批的建设项目的环评文件包括：核设施、绝密工程等特

殊性质的建设项目；跨省、自治区、直辖市行政区域的建设项目；由国务院审批的或由国务院授权有关部门审批的建设项目。

②上述规定以外的建设项目的环评文件的审批权限，由省、自治区、直辖市人民政府规定。

根据《建设项目环境影响评价文件分级审批规定》文件精神，建设项目环评文件的审批权限，由省级生态环境主管部门参照“4. 建设项目的环评文件的审批管理”第（3）点及下述原则提出分级审批建议，报省级人民政府批准后实施，并抄报生态环境部。

- 有色金属冶炼及矿山开发、钢铁加工、电石、铁合金、焦炭、垃圾焚烧及发电、制浆等对环境可能造成重大影响的建设项目环评文件由省级生态环境主管部门负责审批。
- 化工、造纸、电镀、印染、酿造、味精、柠檬酸、酶制剂、酵母等污染较重的建设项目环评文件由省级或地级市生态环境主管部门负责审批。
- 法律和法规关于建设项目环评文件分级审批管理另有规定的，按照有关规定执行。
- 建设项目可能造成跨行政区域的不良环境影响，有关生态环境主管部门对该项目的环境影响评价结论有争议的，其环评文件由共同的上一级生态环境主管部门审批。

（4）建设项目环评文件批准后的管理

①建设项目的环评文件经批准后，建设项目的性质、规模、地点、采用的生产工艺或防治污染、防止生态破坏的措施发生重大变动的，建设单位应当重新报批其环评文件。

②环评文件自批准之日起超过 5 年，方决定建设项目开工建设的，其环评文件应当报原审批部门重新审核。原审批部门应当自收到建设项目环评文件之日起 10 日内，将审核意见书面通知建设单位。

③在项目建设、运行过程中产生不符合经审批的环评文件的情形的，建设单位应当组织环境影响的后评价，采取改进措施，并报原环评文件审批部门和建设项目审批部门备案。原环评文件审批部门也可以责成建设单位进行环境影响的后评价，采取改进措施。

二、建设项目环境保护设施建设的监督管理

《环境保护法》第四十一条规定："建设项目中防治污染的设施，应当与主体工程同时设计、同时施工、同时投产使用。防治污染的设施应当符合经批准的环评文件的要求，不得擅自拆除或闲置。"

（一）建设项目执行环境保护"三同时"制度

《建设项目环境保护管理条例》第十五条规定："建设项目需要配套建设的环境保护设施，必须与主体工程同时设计、同时施工、同时投产使用。"

同时设计，是指项目的初步设计阶段就要有环境保护篇章，施工图设计阶段要有污染防治设施的施工图。

同时施工，是指项目开工后，环境保护工程或污染防治工程要与主题工程同时安排项目预算、施工计划，保证能与主体工程同时投产或使用。

同时投产，是指施工完成，污染防治设施要与主体工程同时投入运行、生产，并进行竣工验收。

（二）建设单位环境保护设施竣工验收程序

1. 建设单位组织实施验收

编制环境影响报告书、环境影响报告表的建设项目竣工后，建设单位应当按照生态环境部规定的标准和程序，对配套建设的环境保护设施进行验收，编制验收报告。建设单位在环境保护设施验收过程中，应当如实查验、监测、记载建设项目环境保护设施的建设和调试情况，不得弄虚作假。

分期建设、分期投入生产或使用的建设项目，其相应的环境保护设施应当分期验收。

除需要取得排污许可证的水和大气污染防治设施外，其他环境保护设施的验收期限一般不超过 3 个月；需要对该类环境保护设施进行调试或整改的，验收期限可以适当延期，但最长不超过 12 个月。

2. 建设单位公开验收信息

建设项目的环保竣工验收，以排放污染物为主的建设项目，编制验收监测报

告；主要对生态造成影响的建设项目，编制验收调查报告。

除按照国家规定需要保密的情形外，建设单位应当通过其网站或其他便于公众知晓的方式，依法向社会公开验收报告。

3．验收合格后投入生产或使用

编制环境影响报告书、环境影响报告表的建设项目，其配套建设的环境保护设施经验收合格，方可投入生产或使用；未经验收或验收不合格的，不得投入生产或使用。

4．开展环境影响后评价

建设项目投入生产或使用后，应当按照生态环境部的规定开展环境影响后评价。

生态环境主管部门应当对建设项目环境保护设施设计、施工、验收、投入生产或使用情况，以及有关环评文件确定的其他环境保护措施的落实情况，进行监督检查，并将建设项目有关环境违法信息记入社会诚信档案，及时向社会公开违法者名单。

（三）建设项目竣工环保设施验收监测及报告

1．建设项目竣工的环境保护验收监测

建设项目竣工环保设施验收监测，是指在建设项目竣工后依据相关管理规定及技术规范对建设项目环境保护设施建设、调试、管理及其效果和污染物排放情况开展的查验、监测等工作，是建设项目竣工环境保护验收的主要技术依据。

建设项目竣工环保设施验收监测规范，参照生态环境部发布的《建设项目竣工环境保护验收技术指南　污染影响类》。按照《国务院关于第一批清理规范 89 项国务院部门行政审批中介服务事项的决定》《关于废止部分环保部门规章和规范性文件的决定》《财政部　国家发展改革委关于清理规范一批行政事业性收费有关政策的通知》等要求，建设项目环保设施竣工验收监测走市场化道路。

扫码获取学习资源
任务 7-3 建设项目竣工环境保护验收技术指南　污染影响类

浙江省 2017 年 7 月发布了《关于进一步促进建设项目环保设施竣工验收监测市场化的通知》，按照“谁委托、谁付费、谁选择”的原则，凡是具备中国国家认证认可监督管理委员会或浙江省质量技术监督局颁发的检测资质认定计量认证证书的环境监测单位均可承担建设项目环保设施竣工验收的监测工作。承担建设项目环保设施竣工验收的监测单位要严格按照国家制定的行业建设项目环境保护验收技术规范开展监测工作，并按照“谁监测谁负责”原则，对各项监测数据、结论负责。验收监测报告必须全面、客观、准确地反映项目建设情况和环境保护措施落实情况，并提出明确的结论和建议。

2. 验收监测的工作程序

验收工作主要包括验收监测工作和后续工作，其中验收监测工作可分为启动、自查、编制验收监测方案、实施监测与检查、编制验收监测报告 5 个阶段。具体工作程序见图 2-1。

3. 验收监测（调查）报告

（1）验收监测报告

以排放污染物为主的建设项目，编制验收监测报告，具体包括建设项目概况、验收依据、项目建设情况、环境保护设施、环评报告主要结论与建议及审批部门审批决定、验收执行标准、验收监测内容、质量保证和质量控制、验收监测结果、验收监测结论、建设项目环境保护“三同时”竣工验收登记表等内容。

（2）验收调查报告

主要对生态造成影响的建设项目，编制验收调查报告。具体包括建设项目概况、验收依据、项目建设情况、环境保护设施建设情况、工程及环境保护设施变更情况、环评报告主要结论与建议及审批部门审批决定、验收执行标准、环境保护设施效果调查、环境影响调查、建议和后续要求、验收调查结论、建设项目环境保护设施“三同时”竣工验收登记表等内容。

（3）验收报告

验收报告是记录建设项目竣工环境保护验收过程和结果的文件，包括验收监测报告、验收意见和其他需要说明的事项 3 项内容。

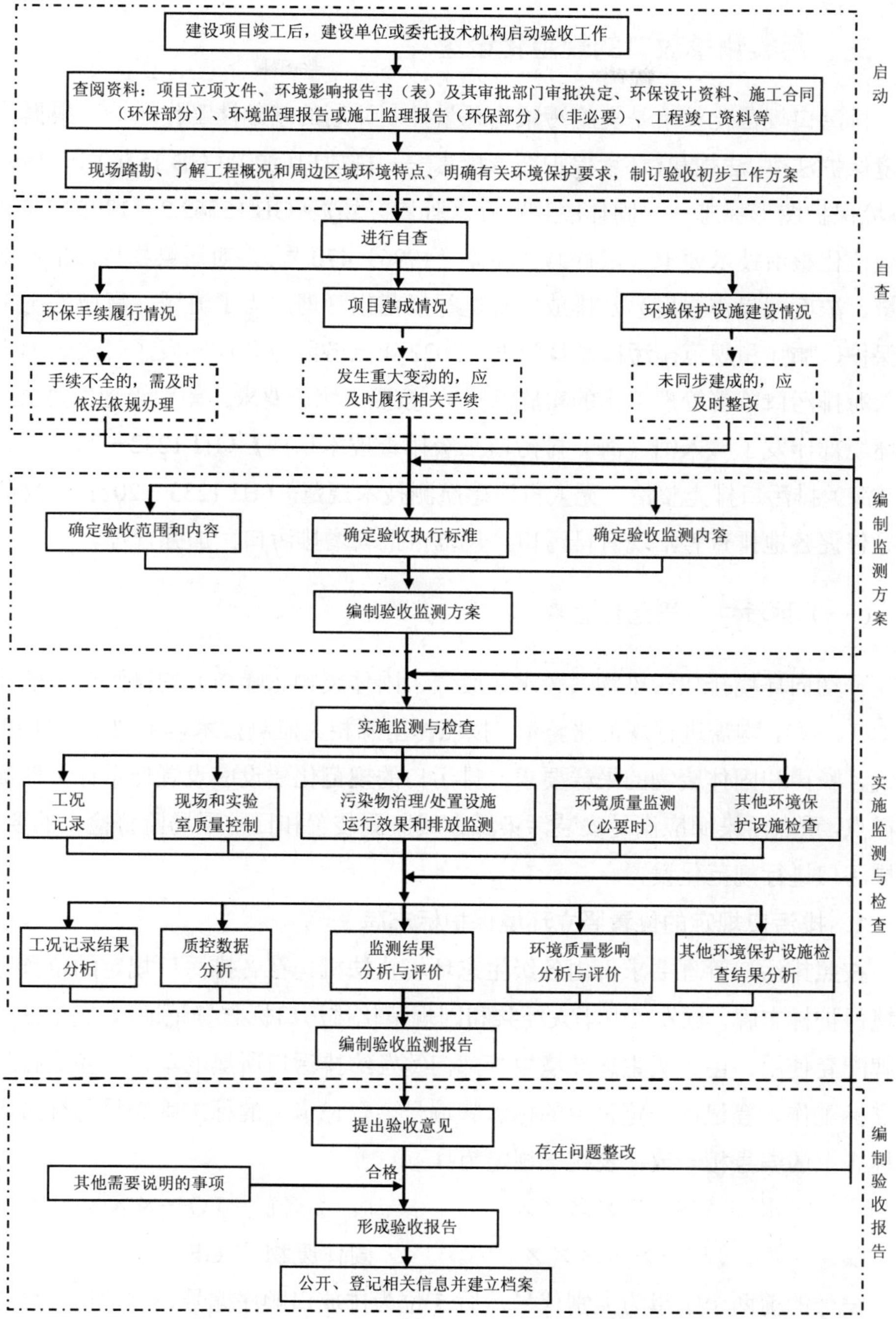

图 2-1 建设单位环保设施竣工验收监测及报告工作程序框图

三、污染物排放口的规范化设置

排污口规范化整治是实施污染物总量控制计划的基础性工作之一。根据国家环境保护法律、法规和《环境保护图形标志——排放口(源)》(GB 15562.1—1995)、《环境保护图形标志——固体废物贮存（处置）场》（GB 15562.2—1995)、《排污口规范化整治技术要求（试行）》（环监〔1996〕470 号），对污染物排放的种类、数量、浓度（噪声强度）及排放方式进行规范化管理。为了流域、海域的生态环境保护，加强和规范排污口监督管理，2022 年国务院办公厅印发了《关于加强入河入海排污口监督管理工作的实施意见》，按照“统一要求，差别管理”要求，生态环境部印发了《入河（海）排污口三级排查技术指南》（HJ 1232—2021)、《入河（海）排污口排查整治　无人机遥感航测技术规范》（HJ 1233—2021）等标准，指导督促各地排查整治现有排污口，规范审批新增排污口，加强管理。

（一）排污口的规范化管理

一切向环境排放污染物（废水、废气、固体废物、噪声）的排污单位的排放口（点、源)，均需进行规范化整治。按照污染源相关监测技术规范要求，对废水、废气、噪声和固体废物的采样要求，排污口的规范化建设应设置便于计量监测的采样点，重点污染源应满足安装污染源在线监测装置和日常现场监督检查的要求，对排污口进行规范化设置。

1. 排污口规定的位置竖立环境保护标志牌

按照排污口管理要求，由各级生态环境执法机构在各排污口规定的位置竖立环境保护标志牌，颁发《中华人经共和国规范化排污口标志登记证》，登记证与标志牌配套使用，由各级生态环境主管部门签发给排污口所属的单位，完成排污口的立标工作。登记证一览表中的标志牌编号、登记卡上的标志牌编号与标志牌辅助标志上的编号相一致。表统一规定为：

污　水	WS—×××××	废　气	FQ—×××××
噪　声	ZS—×××××	固体废物	GF—×××××

编号的前两个字母为类别代号，后 5 位为排放口顺序编号，排放口顺序数字由各地生态环境主管部门自行规定。

2. 重点排污单位的排污口规范化设置

重点排污单位的排污口应当安装自动计量装置和污染物治理设施记录仪，实现自动监控和信息化管理。

未按照规定安装、使用水、大气污染物、噪声排放自动监测设备或未按规定与生态环境主管部门的监控设备进行联网并保证监测设备正常运行的，按照《水污染防治法》《大气污染防治法》《噪声污染防治法》的相关条款进行查处。

3. 建立排污口的管理档案

立标之后，为了以后的污染源监督管理工作需要，还应建立各排污口相应的管理档案，内容包括：排污单位名称，排污口性质及编号，排污口的地理位置，排污口所排放的主要污染物种类、数量和浓度及排放去向，立标情况，设施运行及日常现场监督检查记录等有关资料和记录。

（二）不同污染要素的排污口（堆放场）的规范化设置

排污单位的排污口必须符合环保部关于排污口规范化的要求，按要求安装在线监控设施的排污口，应当纳入生态环境主管部门的监控网络系统。

1. 污水排放口的规范化设置

在饮用水水源保护区、自然保护地及其他需要特殊保护区域内禁止设置排污口，有违法设置的由属地县级以上地方人民政府或生态环境主管部门依法采取责令拆除、责令关闭等措施予以取缔。向水体排放污染物的企业事业单位和其他生产经营者，应当按照法律、行政法规和生态环境部的规定设置排污口；在江河、湖泊设置排污口的，还应当遵守国务院水行政主管部门的规定。

（1）排污口分类

根据排污口责任主体所属行业及排放特征，将排污口分为工业排污口、城镇污水处理厂排污口、农业排口、其他排口 4 种类型。其中，工业排污口包括工矿企业排污口和雨洪排口、工业及其他各类园区污水处理厂排污口和雨洪排口等；农业排口包括规模化畜禽养殖排污口、规模化水产养殖排污口等；其他排口包括大中型灌区排口、规模以下水产养殖排污口、农村污水处理设施排污口、农村生活污水散排口等。各地可从实际出发细化排污口类型。

（2）排污口数量

原则上一个污染源设置一个排污口，纳入污水管网的统一接入污水收集管网。具体规定要求：

①对于城镇污水收集管网覆盖范围内的生活污水散排口，原则上予以清理合并，污水依法规范接入污水收集管网。

②工业及其他各类园区或各类开发区内企业现有排污口应尽可能清理合并，污水通过截污纳管由园区或开发区污水集中处理设施统一处理。以外的工矿企业，原则上一个企业只保留一个工矿企业排污口。对于厂区较大或有多个厂区的，应尽可能清理合并排污口，清理合并后确有必要保留两个及以上工矿企业排污口的，应告知属地地市级生态环境主管部门。

③对于集中分布、连片聚集的中小型水产养殖散排口，鼓励各地统一收集处理养殖尾水，设置统一的排污口。

（3）不同污染物设置的排污口位置和设置规范

凡排放《污水综合排放标准》中规定的一类污染物的单位，应在产生该污染物的车间或车间污水处理设施出口设置专门的排污口，其他污染物采样点设在排污单位总排放口，应合理确定污水排放口的位置，一般设在厂内或厂围墙（界）外不超过 10 m 处。

污水排放口的环境保护图形标志应设置在排污口旁醒目处，排污口隐蔽或距场界较远的，标志牌也可设在监测采样点旁醒目处。

排污单位应在排污口安装污水流量计。重点排污单位还应安装水污染物排放自动监测设备，与生态环境主管部门的监控设备联网，并保证监测设备正常运行。

（4）依法取得排污许可证并按证排放废（污）水

《水污染防治法》第二十一条规定："直接或间接向水体排放工业废水和医疗污水以及其他按照规定应当取得排污许可证方可排放的废水、污水的企业事业单位和其他生产经营者，应当取得排污许可证；城镇污水集中处理设施的运营单位，也应当取得排污许可证。排污许可证应当明确排放水污染物的种类、浓度、总量和排放去向等要求。"

2. 废气排放口的规范化设置

一类环境空气质量功能区、自然保护区、风景名胜区和其他需要特别保护的地区，不得新建排气筒，对于无组织排放有毒有害气体、粉尘、烟尘的排放点，凡能做到有组织排放的，均要通过整治，实现有组织排放。

①对有组织排放的废气的排气筒数量、高度和泄漏情况进行整治。有组织排放废气的排气筒高度应符合国家大气污染物排放标准的有关规定，还应宽出周围200 m半径的建筑并高出5 m以上，两个排放相同的污染物（不论其是否由同一生产工艺过程产生）的排气筒，若其距离小于其几何高度之和，应视为一根等效排气筒。新污染源的排气筒一般不应低于15 m。

②依法取得排污许可证并按证排放废气。《大气污染防治法》第十九规定："排放工业废气或本法第七十八条规定名录中所列有毒有害大气污染物的企业事业单位、集中供热设施的燃煤热源生产运营单位以及其他依法实行排污许可管理的单位，应当取得排污许可证。"第二十条规定："企业事业单位和其他生产经营者向大气排放污染物的，应当依照法律法规和国务院生态环境主管部门的规定设置大气污染物排放口。"

不按规定设置大气污染物排放口的，依法进行查处。

3. 固体废物贮存、堆放场的规范化设置

（1）一般工业固体废物贮存、堆放场

露天存贮冶炼废渣、化工废渣、炉渣、粉煤灰、废矿石、尾矿和其他工业固体废物的，应设置符合环境保护要求的专用贮存设施或贮存场。对易造成二次扬尘污染的固体废物，应采取适时喷洒防尘等防治措施。《固体废物污染环境防治法》第二十条规定："产生、收集、贮存、运输、利用、处置固体废物的单位和其他生产经营者，应当采取防扬散、防流失、防渗漏或其他防止污染环境的措施，不得擅自倾倒、堆放、丢弃、遗撒固体废物。

禁止任何单位或个人向江河、湖泊、运河、渠道、水库及其最高水位线以下的滩地和岸坡以及法律法规规定的其他地点倾倒、堆放、贮存固体废物。"

对非危险固体废物贮存、处置场所占用土地超过1 km^2的，应在其边界各进出口设置标志牌；面积大于100 m^2、小于1 km^2的，应在其边界主要路口设置标志牌；面积小于100 m^2的，应在醒目处设置1个标志牌。《固体废物污染环境防治法》第三十九条规定："产生工业固体废物的单位应当取得排污许可证。"

（2）危险固体废物贮存、处置场所

《固体废物污染环境防治法》第七十七条规定：“对危险废物的容器和包装物以及收集、贮存、运输、利用、处置危险废物的设施、场所，应当按照规定设置危险废物识别标志。”无论面积大小，其边界都应采用墙体或铁网封闭设施，并在其边界各进出路口设置标志牌，有毒有害等危险固体废物，应设置专用堆放场地，并必须有防扬散、防流失、防渗漏等防治措施。

（3）固定噪声源的规范化设置。

《噪声污染防治法》对噪声污染防治规范管理作出了具体规定。

①建设噪声敏感建筑物，应当符合民用建筑隔声设计相关标准要求，不符合标准要求的，不得通过验收、交付使用；在交通干线两侧、工业企业周边等地方建设噪声敏感建筑物，还应当按照规定间隔一定距离，并采取减少振动、降低噪声的措施。

在噪声敏感建筑物集中区域施工作业，建设单位应当按照国家规定，设置噪声自动监测系统，与监督管理部门联网，保存原始监测记录，对监测数据的真实性和准确性负责。

②排放工业噪声的企业事业单位和其他生产经营者，应当采取有效措施，减少振动、降低噪声，依法取得排污许可证或填报排污登记表。实行排污许可管理的单位，不得无排污许可证排放工业噪声，并应当按照排污许可证的要求进行噪声污染防治。

③实行排污许可管理的单位应当按照规定，对工业噪声开展自行监测，保存原始监测记录，向社会公开监测结果，对监测数据的真实性和准确性负责。

噪声重点排污单位应当按照国家规定，安装、使用、维护噪声自动监测设备，与生态环境主管部门的监控设备联网。

4. 立标要求

环保图形标志分为提示性标志和警告性标志两类。对排放一类污染物的排放口，对排放光气、氰化物和氯气等剧毒的大气污染物及有毒、有害污染物的排放口或危废贮存、处置场所，应竖立固定式标志牌。具体要求如下：

①一切排污单位的污染物排放口（源）和固体废物贮存（处置）场，必须在实行规范化设置的同时，设置相应的环保图形标志牌。

②环保标志牌设置在距离排放口（源）较近且醒目处，且能长久保留。设置高度为环保图形标志牌上缘离地 2 m，其中噪声源标志牌应设置于距选定监测点较近且醒目处。

③排放剧毒致癌物和对人体有严重危害物质的排放口（源）或危废贮存（处置）场，设置警告性环保图形标志牌。

④环保图形标志牌的使用、维护和管理必须建立登记制度，生态环境部统一制发规范化排污口登记证。登记证是排污口监督管理档案的原始记录，各级地方生态环境主管部门及其环境执法机构和排污单位在立标的同时必须按规定填写登记证。标志牌如图 2-2～图 2-6 所示。

图 2-2 污水排放口标志

图 2-3 废气排放口标志

图 2-4 噪声排放源标志

图 2-5 一般固体废物堆放场标志

图 2-6 危险废物贮存、处置场警告图形符号

四、建设项目的环境执法

根据环境保护部发布的《工业污染源现场检查技术规范》（HJ 606—2011）有关规定，结合建设项目监督管理要求，建设项目环境执法清单如下。

1．淘汰、限制、禁止项目检查

检查建设项目是否属于国家规定的淘汰、限制、禁止项目。

扫码获取学习资源
任务 7-4 产业结构调整指导目录

2．建设项目环境管理执行情况检查

①环境影响评价制度履行情况检查。建设项目是否履行了环境影响评价审批手续；实际开工时间是否在环评批复之日起 5 年以内；建设项目的性质、规模、地点、采用的生产工艺或防治污染、防止生态破坏的措施与环评是否一致。

②“三同时”制度履行情况检查。确定配套建设的治污设施是否同时设计、同时施工、同时投产；环评批复中的环境监理要求是否得到落实；生态影响类项目对生态敏感区或环境敏感目标的生态保护、污染防治措施是否落实；除按照国家需要保密的情形外，建设单位是否向社会公开环保设施竣工日期、调试的起止日期；环境保护设施的验收是否按期完成；验收监测（调查）报告结构是否规范合理，内容是否全面完整、真实可信。

③是否按环评报告及批复的要求实施风险防范措施，包括装置区围堰、防渗工程、事故池、事故报警系统、地下水监测井、应急物资储备等；是否按规定编制突发环境事件应急预案并备案。

3．建设项目的现场检查

①检查项目的施工位置是否与批准的位置一致，有无移动。

②检查项目的实际内容与申报的建设内容是否一致，包括建设性质、规模、采用的设备和工艺、使用的原料、防治污染及防止生态破坏的措施等，是否发生重大变动。

③检查项目的环评文件中规定的环保措施是否落实，环保设施的资金安排、施工计划、设备订货是否到位。

④检查建设施工的生态环境影响。督促项目建设施工中尽量减少对生态环境的破坏，严禁野蛮施工。

⑤检查是否在项目建设、运行过程中产生不符合经审批的环评文件的情形，如果已经产生，则要检查建设单位是否组织了环境影响的后评价，采取了改进措施。

4．排污口规范化及排污许可证执行情况检查

①检查是否在饮用水水源保护区、自然保护地及其他需要特殊保护区域内违

法设置废水排污口；一类环境空气质量功能区、自然保护区、风景名胜区和其他需要特别保护的地区，是否有新建排气筒。

②检查污染物（废水、废气、噪声）排放口、固体废物贮存（处置）场是否按照规范化要求进行设置，排污口是否设置便于计量监测的采样点，重点污染源是否满足安装污染源在线监测装置和日常现场监督检查的要求，是否未按规定与生态环境主管部门的监控设备进行联网并保证监测设备正常运行。

③检查排污单位是否按照规范化排污口的管理规定，设置与排污口或固体废物贮存（处置）场相适应的环境保护图形标志牌。标志牌的技术规格、信息内容及点位编码是否满足技术规范和排污许可证的要求。

④纳入固定污染源排污许可分类管理名录的排污单位，调试前是否申请并取得排污许可证。

5. 检查环境影响较小的建设项目

对于在居民区、小城镇、农村的建设项目，“三产”项目，为居民服务的项目，餐饮娱乐业等建设项目，如果其环境影响较小，不需要环境影响报告书、报告表的，检查其是否填写环境影响登记表，并提交生态环境部门备案。

对上述项目重点防止其破坏生活环境，引发环境污染纠纷。

五、违反建设项目有关法律法规的行为及查处规定

《环境影响评价法》第二十九条至第三十四条、《建设项目环境保护管理条例》第二十一条至第二十六条规定了有关建设项目环境违法行为及应承担的法律责任（表 2-1）。

表 2-1 违反《环境影响评价法》《建设项目环境保护管理条例》的行为及应承担的法律责任

责任条款	违法行为款项	应承担的法律责任
《环境影响评价法》第二十九条	规划编制机关未组织环境影响评价，或组织环境影响评价时弄虚作假或有失职行为，造成环境影响评价严重失实的	对直接负责的主管人员和其他直接责任人员，由上级机关或监察机关依法给予行政处分
《环境影响评价法》第三十条	规划审批机关对依法应当编写有关环境影响的篇章或说明而未编写的规划草案，依法应当附送环境影响报告书而未附送的专项规划草案，违法予以批准的	对直接负责的主管人员和其他直接责任人员，由上级机关或监察机关依法给予行政处分

责任条款	违法行为款项	应承担的法律责任
《环境影响评价法》第三十一条	建设单位未依法报批建设项目环境影响报告书、报告表，或未依照本法第二十四条的规定重新报批或报请重新审核环境影响报告书、报告表，擅自开工建设的	由县级以上生态环境主管部门责令停止建设，根据违法情节和危害后果，处建设项目总投资额百分之一以上百分之五以下的罚款，并可以责令恢复原状；对建设单位直接负责的主管人员和其他直接责任人员，依法给予行政处分
	建设项目环境影响报告书、报告表未经批准或未经原审批部门重新审核同意，建设单位擅自开工建设的	依照前款的规定处罚、处分
	建设单位未依法备案建设项目环境影响登记表的	由县级以上生态环境主管部门责令备案，处五万元以下的罚款
	海洋工程建设项目的建设单位有本条所列违法行为的	依照《海洋环境保护法》的规定处罚
《环境影响评价法》第三十二条	建设项目环境影响报告书、环境影响报告表存在基础资料明显不实，内容存在重大缺陷、遗漏或虚假，环境影响评价结论不正确或不合理等严重质量问题的	由设区的市级以上人民政府生态环境主管部门对建设单位处五十万元以上二百万元以下的罚款，并对建设单位的法定代表人、主要负责人、直接负责的主管人员和其他直接责任人员，处五万元以上二十万元以下的罚款
	接受委托编制建设项目环境影响报告书、环境影响报告表的技术单位违反国家有关环境影响评价标准和技术规范等规定，致使其编制的建设项目环境影响报告书、环境影响报告表存在基础资料明显不实，内容存在重大缺陷、遗漏或虚假，环境影响评价结论不正确或不合理等严重质量问题的	由设区的市级以上人民政府生态环境主管部门对技术单位处所收费用三倍以上五倍以下的罚款；情节严重的，禁止从事环境影响报告书、环境影响报告表编制工作；有违法所得的，没收违法所得
	编制单位有本条第一款、第二款规定的违法行为的	编制主持人和主要编制人员五年内禁止从事环境影响报告书、环境影响报告表编制工作；构成犯罪的，依法追究刑事责任，并终身禁止从事环境影响报告书、环境影响报告表编制工作
《环境影响评价法》第三十三条	负责审核、审批、备案建设项目环评文件的部门在审批、备案中收取费用的	由其上级机关或监察机关责令退还；情节严重的，对直接负责的主管人员和其他直接责任人员依法给予行政处分
《环境影响评价法》第三十四条	生态环境主管部门或其他部门的工作人员徇私舞弊，滥用职权，玩忽职守，违法批准建设项目环评文件的	依法给予行政处分；构成犯罪的，依法追究刑事责任

责任条款	违法行为款项	应承担的法律责任
《建设项目环境保护管理条例》第二十一条	（一）建设项目环境影响报告书、环境影响报告表未依法报批或未及时重新审核，擅自开工建设 （二）建设项目环境影响报告书、环境影响报告表未经批准或重新审核同意，擅自开工建设 （三）建设项目环境影响登记表未依法备案	建设单位有本条款项行为之一的，依照《环境影响评价法》的规定处罚
《建设项目环境保护管理条例》第二十二条	建设单位编制建设项目初步设计未落实防治环境污染和生态破坏的措施以及环境保护设施投资概算，未将环境保护设施建设纳入施工合同，或未依法开展环境影响后评价的	建设项目所在地县级以上生态环境主管部门责令限期改正，处五万元以上二十万元以下的罚款；逾期不改正的，处二十万元以上一百万元以下的罚款
	建设单位在项目建设过程中未同时组织实施环境影响报告书、环境影响报告表及其审批部门审批决定中提出的环境保护对策措施的	建设项目所在地县级以上生态环境主管部门责令限期改正，处二十万元以上一百万元以下的罚款；逾期不改正的，责令停止建设
《建设项目环境保护管理条例》第二十三条	需要配套建设的环境保护设施未建成、未经验收或验收不合格，建设项目即投入生产或使用，或在环境保护设施验收中弄虚作假的	由县级以上生态环境主管部门责令限期改正，处二十万元以上一百万元以下的罚款；逾期不改正的，处一百万元以上二百万元以下的罚款；对直接负责的主管人员和其他责任人员，处五万元以上二十万元以下的罚款；造成重大环境污染或生态破坏的，责令停止生产或使用，或报经有批准权的人民政府批准，责令关闭
	建设单位未依法向社会公开环境保护设施验收报告的	由县级以上生态部门责令公开，处五万元以上二十万元以下的罚款，并予以公告
《建设项目环境保护管理条例》第二十四条	技术机构向建设单位、从事环境影响评价工作的单位收取费用的	由县级以上生态环境主管部门责令退还所收费用，处所收费用一倍以上三倍以下的罚款
《建设项目环境保护管理条例》第二十五条	从事建设项目环境影响评价工作的单位，在环境影响评价工作中弄虚作假的	由县级以上生态环境主管部门处所收费用一倍以上三倍以下的罚款
《建设项目环境保护管理条例》第二十六条	生态环境主管部门的工作人员徇私舞弊、滥用职权、玩忽职守，构成犯罪的	依法追究刑事责任；尚不构成犯罪的，依法给予行政处分

扫码下载学习资料
任务 7-5 案例放送
任务 7-6 更多资讯和案例

知识点应用与训练

【填空题】

1. 环境影响评价，是指对________和________实施后可能造成的________进行分析、预测和评估，提出________或________不良环境影响的对策和措施，进行__________的方法与制度。

2.《建设项目环境保护管理条例》规定，建设项目需要配套建设的__________，必须与主体工程______、_____、______。

3. 一切向环境排放污染物（废水、废气、固体废物、噪声）的排污单位的_______（点、源），均需进行_________。

【单选题】

1.《环境影响评价法》规定，可能造成重大环境影响的，应当编制的环评文件是（ ）。

A.编制环境影响报告表　　B.环境影响报告书

C.环境影响登记表　　D.环境监测验收报告

2.《环境影响评价法》规定，建设项目的环评文件自批准之日起超过规定年限才开工建设的，其环评文件应当报原审批部门重新审核。规定年限是（ ）。

A. 1 年　　B. 2 年　　C. 3 年　　D. 5 年　　E. 10 年

3. 按照《建设项目环境保护管理条例》规定，分期建设、分期投入生产或使用的建设项目，其相应的环境保护设施应当（ ）。

A.一起验收　　B.分期验收　　C.最后验收　　D.预验收

【多选题】

1. 建设项目是一个统称，大体上包括（   ）。

A.新建项目　　B.扩建项目　　C.改建项目

D.技术改造的工业项目

E.非工业开发建设项目

2．需要规范化设置的排污口包括（　　）。

A.污水排放口　　B.废气排放口　　C.固体废物贮存、堆放场

D.噪声排放口　　E.危险固体废物贮存、处置场所

3．以下属于违法行为的有（　　）。

A.某环科所为了将化工厂委托的环境影响评价报告尽快提交审批，公众满意度调查结果章节用了相近区域环评文件相关资料代替

B.某印染厂委托监测机构通过了环境保护设施验收后开工生产，报告未公开

C.某饮食加工场对环境影响很小，没有向有审批权的生态环境主管部门备案环评登记表

D.某酒厂分期建设投入生产，其相应的废水、废气环境保护设施分期进行验收

【判断题】

1．某新建小吃店对环境影响很小、不需要进行环境影响评价，因此不需要填报环境影响登记表。（　）

2．所有对环境可能造成重大影响、应当编制环境影响报告书的建设项目，建设单位应当在报批报告书前，都必须举行论证会、听证会。（　）

3．重点污染源的排污口应满足安装污染源在线监测装置和日常现场监督检查的要求。（　）

4．凡是无组织排放有毒有害气体、粉尘、烟尘的排放点，必须做到有组织排放。（　）

【简答题】

1．请列出建设项目现场执法工作清单。

2．简述建设单位的环境保护设施竣工验收程序。

【实训项目】

选择一家新建、改建、扩建或技术改造的工业类建设项目，带上执法取证工具和采样工具，进行建设项目现场模拟执法实训。

扫码下载学习资料
任务 7-7　建设项目现场检查表

任务 8　陆地生态环境执法

工作任务：对农村地区/湿地公园/饮用水水源/风景名胜区等生态保护和污染治理进行调查。

建议学时：3～5 学时。

学习目标：①能执行湿地公园/森林公园/自然保护区/风景名胜区等生态环境监督管理。

②能执行农村地区与农业污染治理生态环境监督管理。

③能执行饮用水水源/地下水环境监督管理。

④能辨识有关违法行为并提出处理意见。

教学过程：设计“课前+课中+课后”学习任务，实施“线上+线下”立体化教学。

教学方法：微视频教学、案例分析、启发式教学、师生互动。

教学模式：任务引领→思政与问题导入→模块知识领学→任务实践、教学方法应用→任务完成与点评→练习与训练。

教学平台及媒体：多媒体教室、工厂或校外实训基地、移动设备、云班课、钉钉、微信、腾讯；教学课件包、教材。

思政元素：分析当前我国生态环境问题；宣讲党中央、国务院加强生态环境保护、强调生态环境执法的重要性；分享美丽乡村、生态城市典范。培养欣赏自然美的美学修养，树立人与自然和谐共生的生态文明理念。

一、生态环境综合执法对象与总体任务

生态环境执法，是指生态环境执法机构依法对本辖区内一切单位与个人履行生态环境保护法律法规、政策的情况进行的现场监督、检查，并对各种生态破坏和环境污染行为进行现场执法和处理。在生态环境执法过程中，往往要与自然资

源、农业农村、海洋、文化旅游、住房和城乡建设等多部门的执法队伍进行协同联动。因此，生态环境执法体现了综合性。

根据《中共中央　国务院关于全面加强生态环境保护　坚决打好污染防治攻坚战的意见》，按照生态环境部《关于加强生态保护监管工作的意见》，生态环境综合执法切实履行生态环境保护和污染防治监督管理职责。

1. 生态环境综合执法的对象及依据

执法对象：一切导致生态功能退化的开发活动及其他人为破坏活动。

执法依据：《环境保护法》《水污染防治法》《大气污染防治法》《噪声污染防治法》《固体废物污染环境防治法》《海洋环境保护法》《环境影响评价法》《矿产资源法》《水法》《水土保持法》《清洁生产促进法》《野生动物保护法》《土地管理法》《海岛保护法》《自然保护区条例》《陆生野生动物保护实施条例》《水生野生动物保护实施条例》《野生植物保护条例》《濒危野生动植物进出口管理条例》《建设项目环境保护管理条例》《土地复垦规定》《防治尾矿污染环境管理规定》《全国生态环境保护规划》《国家级森林公园管理办法》《湿地保护管理规定》《风景名胜区条例》《地下水管理条例》《太湖流域管理条例》《畜禽规模养殖污染防治条例》等法律法规中的有关条款，整合成《生态环境保护综合行政执法事项指导目录》。

扫码获取学习资源

任务 8-1　生态环境保护综合行政执法事项指导目录

2. 生态环境保护综合行政执法总体任务

①通过非现场监管、大数据监管、无人机监管等应用技术，强化对破坏湿地、林地、草地、自然岸线和近岸海域等的开矿、修路、筑坝、建设、围填海、采砂和炸礁行为进行监督。

②强化对湿地生态环境保护、荒漠化防治、岸线保护修复和水产养殖环境保护的监督。

③强化生态保护综合执法与相关执法队伍的协同联动，形成执法合力，重点开展海洋生态保护、土地和矿产资源开发生态保护、流域水生态保护执法。

④加强自然保护地生态环境综合行政执法，严肃查处自然保护地内开矿、筑坝、修路、建设等破坏生态环境的违法违规行为。

⑤建立信息共享机制，完善案件移送标准和程序，及时将生态破坏问题线索移交有关主管部门，及时办理其他部门移交的问题线索。

二、自然保护区的生态保护执法

1. 自然保护区范围及分类

根据《中华人民共和国自然保护区条例》（以下简称《自然保护区条例》），自然保护区，是指对有代表性的自然生态系统、珍稀濒危野生动植物物种的天然集中分布区、有特殊意义的自然遗迹等保护对象所在的陆地、陆地水体或海域，依法划出一定面积予以特殊保护和管理的区域。

自然保护区分为国家级自然保护区和地方级自然保护区。在国内外有典型意义、在科学上有重大国际影响或有特殊科学研究价值的自然保护区，列为国家级自然保护区；除列为国家级自然保护区外，其他具有典型意义或重要科学研究价值的自然保护区为地方级自然保护区。

自然保护区可以分为核心区、缓冲区和实验区。核心区禁止任何单位和个人进入；缓冲区只准进入从事科学研究观测活动；实验区可以进入从事科学试验、教学实习、参观考察、旅游以及驯化、繁殖珍稀、濒危野生动植物等活动。

自然保护区的内部未分区的，依照《自然保护区条例》有关核心区和缓冲区的规定管理。

2. 监督管理机构及其权限

生态环境部负责全国自然保护区的综合管理。

国务院林业、农业、地质矿产、水利、海洋等有关行政主管部门在各自的职责范围内，主管有关的自然保护区。

县级以上地方人民政府负责自然保护区管理的部门的设置和职责，由省、自治区、直辖市人民政府根据当地具体情况确定。

根据生态环境部发布的《国家级自然保护区监督检查办法》，生态环境部在依法履行监督检查职责时，有权采取下列措施：①进入国家级自然保护区进行实地检查；②要求国家级自然保护区管理机构汇报建设和管理情况；③查阅或复制有关资料、凭证；④向有关单位和人员调查了解相关情况；⑤法律、法规规定有权采取的其他措施。

监督检查人员在履行监督检查职责时，应当严格遵守国家有关法律法规规定的程序，出示证件，并为被检查单位保守技术和业务秘密。

有关单位或人员对依法进行的监督检查应当给予支持与配合，如实反映情况，提供有关资料，不得拒绝或妨碍监督检查工作。

3. 自然保护区生态保护执法清单

按照《自然保护区条例》规定，参照《国家级自然保护区监督检查办法》生态环境执法机构对自然保护区进行执法检查。检查分为定期检查、专项检查、抽查和专案调查等。

自然保护区执法检查的内容应当包括：

①保护区的设立、范围和功能区的调整以及名称的更改是否符合有关规定。

②保护区内是否存在违法砍伐、放牧、狩猎、捕捞、采药、开垦、烧荒、开矿、采石、挖沙、影视拍摄以及其他法律法规禁止的活动。

③保护区内是否存在违法的建设项目，排污单位的污染物排放是否符合环境保护法律、法规及自然保护区管理的有关规定，超标排污单位限期治理的情况。

④涉及保护区且其环境影响评价文件依法由地方生态环境主管部门审批的建设项目在审批前，其环境影响评价文件中的生态影响专题报告是否征得省级生态环境主管部门的同意。

⑤保护区内是否存在破坏、侵占、非法转让自然保护区的土地或其他自然资源的行为。

⑥在保护区的实验区开展参观、旅游活动的，保护区管理机构是否编制方案，编制的方案是否符合自然保护区管理目标；保护区的参观、旅游活动是否按照编制的方案进行。

⑦保护区建设是否符合建设规划（总体规划）要求，相关基础设施、设备是否符合国家有关标准和技术规范。

⑧保护区管理机构是否依法履行职责。

⑨保护区的建设和管理经费的使用是否符合国家有关规定。

⑩法律法规规定的应当实施监督检查的其他内容。

省级人民政府生态环境主管部门对本行政区域内地方级自然保护区的监督检查，可以参照《国家级自然保护区监督检查办法》执行。

县级以上地方人民政府生态环境主管部门对本行政区域内的国家级自然保护区的执法检查内容，可以参照《国家级自然保护区监督检查办法》执行；在执法检查中发现国家级自然保护区管理机构有违反国家级自然保护区建设和管理规定行为的，可以将有关情况逐级上报生态环境部，由生态环境部经核实后依照《国家级自然保护区监督检查办法》有关规定处理。

4．违反《自然保护区条例》《国家级自然保护区监督检查办法》的行为及查处规定

《自然保护区条例》第三十四条至第四十一条，规定了有关破坏自然保护区的违法行为及应承担的法律责任（表 2-2）；《国家级自然保护区监督检查办法》规定了有关国家自然保护区管理的违纪行为及应承担的法律责任（表 2-3）。

表 2-2　违反《自然保护区条例》的行为及应承担的法律责任

责任条款	违法行为款项	应承担的法律责任
第三十四条	（一）擅自移动或破坏自然保护区界标的 （二）未经批准进入自然保护区或在自然保护区内不服从管理机构管理的 （三）经批准在自然保护区的缓冲区内从事科学研究、教学实习和标本采集的单位和个人，不向自然保护区管理机构提交活动成果副本的	有符合有本条款项行为之一的单位和个人，由自然保护区管理机构责令其改正，并可以根据不同情节处以一百元以上五千元以下的罚款
第三十五条	在自然保护区进行砍伐、放牧、狩猎、捕捞、采药、开垦、烧荒、开矿、采石、挖沙等活动的单位和个人	除可以依照有关法律、行政法规规定给予处罚的以外，由县级以上人民政府有关自然保护区行政主管部门或其授权的自然保护区管理机构没收违法所得，责令停止违法行为，限期恢复原状或采取其他补救措施；对自然保护区造成破坏的，可以处以三百元以上一万元以下的罚款
第三十六条	自然保护区管理机构违反本条例规定，拒绝生态环境主管部门或有关自然保护区行政主管部门监督检查，或在被检查时弄虚作假的	由县级以上人民政府生态环境主管部门或有关自然保护区行政主管部门给予三百元以上三千元以下的罚款
第三十七条	（一）开展参观、旅游活动未编制方案或编制的方案不符合自然保护区管理目标的 （二）开设与自然保护区保护方向不一致的参观、旅游项目的 （三）不按照编制的方案开展参观、旅游活动的 （四）违法批准人员进入自然保护区的核心区，或违法批准外国人进入自然保护区的 （五）有其他滥用职权、玩忽职守、徇私舞弊行为的	自然保护区管理机构有符合本条款项行为之一的，由县级以上人民政府有关自然保护区行政主管部门责令限期改正；对直接责任人员，由其所在单位或上级机关给予行政处分

责任条款	违法行为款项	应承担的法律责任
第三十八条	给自然保护区造成损失的	由县级以上人民政府有关自然保护区行政主管部门责令赔偿损失
第三十九条	妨碍自然保护区管理人员执行公务的	由公安机关依照《治安管理处罚法》的规定给予处罚；情节严重，构成犯罪的，依法追究刑事责任
第四十条	造成自然保护区重大污染或破坏事故，导致公私财产重大损失或人身伤亡的严重后果，构成犯罪的	对直接负责的主管人员和其他直接责任人员依法追究刑事责任
第四十一条	自然保护区管理人员滥用职权、玩忽职守、徇私舞弊	构成犯罪的，依法追究刑事责任；情节轻微尚不构成犯罪的，由其所在单位或上级机关给予行政处分

表 2-3　违反《国家级自然保护区监督检查办法》的行为及应承担的法律责任

责任条款	违纪行为款项	应承担的法律责任
第十四条	对在定期评估或执法检查中发现的违反国家级自然保护区建设和管理规定的国家级自然保护区管理机构	除依照本办法第十九条的规定处理外，生态环境部应当责令限期整改，并可酌情予以通报
第十五条	因有关行政机关或国家级自然保护区管理机构滥用职权、玩忽职守、徇私舞弊，导致该国家级自然保护区被降级的	对其直接负责的主管人员和其他直接责任人员，生态环境部可以向其上级机关或有关监察机关提出行政处分建议
第十八条	（一）未经批准，擅自撤销国家级自然保护区或擅自调整、改变国家级自然保护区的范围、界限、功能区划的 （二）违法批准在国家级自然保护区内建设污染或破坏生态环境的项目的 （三）违法批准在国家级自然保护区内开展旅游或开采矿产资源的 （四）对本辖区内发生的违反环境保护法律法规中有关国家级自然保护区管理规定的行为，不予制止或不予查处的 （五）制定或采取与环保法律法规中有关国家级自然保护区管理规定相抵触的规定或措施，经指出仍不改正的 （六）干预或限制生态环境主管部门依法对国家级自然保护区实施监督检查的 （七）其他违反国家级自然保护区管理规定的行为	县级以上地方人民政府及其有关行政主管部门，有符合本条款项行为之一的，对直接负责的主管人员和其他直接责任人员，生态环境部可以向其上级机关或有关监察机关提出行政处分建议

责任条款	违纪行为款项	应承担的法律责任
第十九条	（一）擅自调整、改变自然保护区的范围、界限和功能区划的 （二）开展参观、旅游活动未编制方案或编制的方案不符合自然保护区管理目标的 （三）开设与自然保护区保护方向不一致的参观、旅游项目的 （四）不按照编制的方案开展参观、旅游活动的 （五）对国家级自然保护区内发生的违反环境保护法律法规中有关国家级自然保护区管理规定的行为，不予制止或不予查处的 （六）阻挠或妨碍监督检查人员依法履行职责的 （七）挪用、滥用国家级自然保护区建设和管理经费的 （八）对监督检查人员、检举和控告人员进行打击报复的 （九）其他不依法履行自然保护区建设和管理职责的行为	国家级自然保护区管理机构违反有关规定，有符合本条款项行为之一的，生态环境部应当责令限期改正；对直接负责的主管人员和其他直接责任人员，可以向设立该管理机构的自然保护区行政主管部门或有关监察机关提出行政处分建议
第二十条	国家级自然保护区管理机构拒绝生态环境部对国家级自然保护区的监督检查，或在监督检查中弄虚作假的	由生态环境部依照《自然保护区条例》的有关规定给予处罚

三、湿地公园的生态保护执法

1．湿地公园及分类管理

根据《湿地保护管理规定》，湿地是指常年或季节性积水地带、水域和低潮时水深不超过 6 m 的海域，包括沼泽湿地、湖泊湿地、河流湿地、滨海湿地等自然湿地，以及重点保护野生动物栖息地或重点保护野生植物原生地等人工湿地。

湿地公园分为国家湿地公园和地方湿地公园。国家湿地公园实行晋升制。

国家林业和草原局负责全国湿地保护工作的组织、协调、指导和监督，并组织、协调有关国际湿地公约的履约工作。

县级以上地方人民政府林业主管部门按照有关规定负责本行政区域内的湿地保护管理工作。

生态环境部负责监督国家湿地生态环境保护工作。县级以上地方人民政府生态环境主管部门按照有关规定负责监督本行政区域内的湿地生态保护工作。

2．湿地生态保护执法清单

（1）检查是否存在以下违法行为

除法律法规有特别规定的以外，在湿地内是否存在禁止从事的下列活动：①开（围）垦、填埋或排干湿地；②永久性截断湿地水源；③挖沙、采矿；④倾倒有毒有害物质、固体废物、垃圾；⑤破坏野生动物栖息地和迁徙通道、鱼类洄游通道，滥采滥捕野生动植物；⑥引进外来物种；⑦擅自放牧、捕捞、取土、取水、排污、放生；⑧其他破坏湿地及其生态功能的活动。

（2）检查是否存在建设项目违法占用湿地

经批准确需征收、占用湿地并转为其他用途的，用地单位应当按照“先补后占、占补平衡”的原则，依法办理相关手续。

临时占用湿地的，期限不得超过 2 年；临时占用期限届满，占用单位应当对所占湿地限期进行生态修复。

县级以上人民政府林业主管部门应当会同同级人民政府有关部门开展湿地保护执法活动，对破坏湿地的违法行为依法予以处理。

四、森林公园的生态保护执法

根据《国家级森林公园管理办法》规定，国家级森林公园的主体功能是保护森林风景资源和生物多样性、普及生态文化知识、开展森林生态旅游。国家级森林公园的建设和经营应当遵循“严格保护、科学规划、统一管理、合理利用、协调发展”的原则。

国家林业和草原局主管全国国家级森林公园的监督管理工作。县级以上地方人民政府林业主管部门主管本行政区域内国家级森林公园的监督管理工作。县级以上地方人民政府林业主管部门应当指导本行政区域内的国家级森林公园经营管理机构配备管理和技术人员，负责森林风景资源的保护和利用。

1．国家级森林公园的生态保护管理

国家级森林公园总体规划是国家级森林公园建设经营和监督管理的依据。任何单位或个人不得违反国家级森林公园总体规划从事森林公园的建设和经营。国家级森林公园总体规划，应当突出森林风景资源的自然特性、文化内涵和地方特色，并符合下列要求：①充分保护森林风景资源、生物多样性和现有森林植被；②充分展示和传播生态文化知识，增强公众生态文明道德意识；③便于森林生态旅游活动的组织与开展，及公众对自然与环境的充分体验；④以自然景观为主，严格控制人造景点的设置；⑤严格控制滑雪场、索道等对景观和环境有较大影响的项目建设。

国家级森林公园总体规划还应当包括森林生态旅游、森林防火、旅游安全等专项规划。

国家级森林公园内的建设项目应当符合总体规划的要求，其选址、规模、风格和色彩等应当与周边景观与环境相协调，相应的废水、废物处理和防火设施应当同时设计、同时施工、同时使用。

国家级森林公园内已建或在建的建设项目不符合总体规划要求的，应当按照总体规划逐步进行改造、拆除或迁出。在国家级森林公园内进行建设活动的，应当采取措施保护景观和环境；施工结束后，应当及时整理场地，美化绿化环境。

2. 国家级森林公园生态环保执法清单

国家森林公园是否存在禁止从事的下列活动：①擅自采折、采挖花草、树木、药材等植物；②非法猎捕、杀害野生动物；③刻划、污损树木、岩石和文物古迹及葬坟；④损毁或擅自移动园内设施；⑤未经处理直接排放生活污水和超标准的废水、废气，乱倒垃圾、废渣、废物及其他污染物；⑥在非指定的吸烟区吸烟和在非指定区域野外用火、焚烧香蜡纸烛、燃放烟花爆竹；⑦擅自摆摊设点、兜售物品；⑧擅自围、填、堵、截自然水系；⑨法律、法规、规章禁止的其他活动。

国家级森林公园经营管理机构应当通过标示牌、宣传单等形式将森林风景资源保护的注意事项告知旅游者。

3. 违反《国家级森林公园管理办法》的行为及查处规定

《国家级森林公园管理办法》第三十一条至第三十三条，规定了有关违反该办法的行为及应承担的法律责任（表 2-4）。

表 2-4　违反《国家级森林公园管理办法》的行为及应承担的法律责任

责任条款	违反规定的行为款项	应承担的法律责任
第三十一条	（一）未按照规定编制总体规划、擅自变更总体规划或未按照总体规划进行建设活动的 （二）未按照规定从事森林公园建设和经营的 （三）建设项目对森林公园景观和生态造成较大影响或导致森林风景资源质量明显降低，未事先取得国家级森林公园撤销或改变经营范围的许可的 （四）国家级森林公园建设和经营管理的主体发生变动，未依法办理国家级森林公园被许可人变更手续的	有符合本条款项行为之一的，由县级以上人民政府林业主管部门对直接负责的主管人员或其他直接责任人员依法给予处分，或建议有关主管部门给予处分
第三十二条	国家级森林公园未按照规定编制总体规划或未按照总体规划进行建设、经责令整改仍达不到要求并导致国家级森林公园主体功能无法发挥的	国家林业局可以将国家级森林公园撤销
	国家级森林公园的森林风景资源质量下降，经中国森林风景资源评价委员会专家评审，达不到国家级森林公园风景资源质量等级标准的	国家林业局应当将国家级森林公园撤销。被撤销的国家级森林公园，3 年内不得再次申请设立国家级森林公园
第三十三条	县级以上人民政府林业主管部门及其工作人员在监督管理国家级森林公园工作中，滥用职权、徇私舞弊的	依法给予处分；情节严重、构成犯罪的，依法追究刑事责任

五、饮用水水源和其他特殊水体的生态环保执法

1．饮用水水源保护区的划定

《水污染防治法》规定：“国家建立饮用水水源保护区制度。饮用水水源保护区分为一级保护区和二级保护区；必要时，可以在饮用水水源保护区外围划定一定的区域作为准保护区。”

（1）地方财政行政辖区的饮用水水源保护区划定

由有关市、县人民政府提出划定方案，报省、自治区、直辖市人民政府批准。跨市、县饮用水水源保护区的划定，由有关市、县人民政府协商提出划定方案，报省、自治区、直辖市人民政府批准。协商不成的，由省、自治区、直辖市人民政府生态环境主管部门会同同级水行政、自然资源、卫生健康、住房和城乡建设等部门

提出划定方案，征求同级有关部门的意见后，报省、自治区、直辖市人民政府批准。

（2）跨省饮用水水源保护区划定的规定

由有关省、自治区、直辖市人民政府商有关流域管理机构划定。协商不成的，由生态环境部会同同级水行政、自然资源、卫生健康、住房和城乡建设等部门提出划定方案，征求国务院有关部门的意见后，报国务院批准。

（3）饮用水水质保护区的调整与标识

国务院和省、自治区、直辖市人民政府可以根据保护饮用水水源的实际需要，调整饮用水水源保护区的范围，确保饮用水安全。有关地方人民政府应当在饮用水水源保护区的边界设立明确的地理界标和明显的警示标志。

2. 饮用水水源的保护措施

①县级以上地方人民政府应当根据保护饮用水水源的实际需要，在准保护区内采取工程措施或建造湿地、水源涵养林等生态保护措施，防止水污染物直接排入饮用水水体，确保饮用水安全。

②县级以上地方人民政府应当组织生态环境等部门，对饮用水水源保护区、地下水型饮用水水源的补给区及供水单位周边区域的环境状况和污染风险进行调查评估，筛查可能存在的污染风险因素，并采取相应的风险防范措施。

饮用水水源受到污染可能威胁供水安全的，生态环境部门应当责令有关企业事业单位和其他生产经营者采取停止排放水污染物等措施，并通报饮用水供水单位和供水、卫生健康、水行政等部门；跨行政区域的，还应当通报相关地方人民政府。

③国务院和省、自治区、直辖市人民政府根据水环境保护的需要，可以规定在饮用水水源保护区内，采取禁止或限制使用含磷洗涤剂、化肥、农药以及限制种植养殖等措施。

3. 饮用水源保护执法清单

①在饮用水水源保护区内，检查是否有禁止设置的排污口。

②是否存在禁止在饮用水水源一级保护区内新建、改建、扩建与供水设施和保护水源无关的建设项目。已建成的与供水设施和保护水源无关的建设项目，由县级以上人民政府责令拆除或关闭。

③是否存在禁止在饮用水水源一级保护区内从事网箱养殖、旅游、游泳、垂钓或其他可能污染饮用水水体的活动。在饮用水水源二级保护区内从事网箱养殖、

旅游等活动的，应当按照规定采取措施，防止污染饮用水水体。

④是否存在禁止在饮用水水源二级保护区内新建、改建、扩建排放污染物的建设项目。已建成的排放污染物的建设项目，由县级以上人民政府责令拆除或关闭。

⑤是否存在禁止在饮用水水源准保护区内新建、扩建对水体污染严重的建设项目。改建建设项目，不得增加排污量。

⑥在风景名胜区水体、重要渔业水体和其他具有特殊经济文化价值的水体的保护区内，不得新建排污口。在保护区附近新建排污口，应当保证保护区水体不受污染。

关于饮用水水源的违法行为的查处见任务 2。

六、风景名胜区的生态保护执法

根据《风景名胜区条例》，风景名胜区是指具有观赏、文化或科学价值，自然景观、人文景观比较集中，环境优美，可供人们游览或进行科学、文化活动的区域。

风景名胜区划分为国家级风景名胜区和省级风景名胜区：自然景观和人文景观能够反映重要自然变化过程和重大历史文化发展过程，基本处于自然状态或保持历史原貌，具有国家代表性的，可以申请设立国家级风景名胜区；具有区域代表性的，可以申请设立省级风景名胜区。

1. 风景名胜区的监督管理机构

风景名胜区所在地县级以上地方人民政府设置的风景名胜区管理机构，负责风景名胜区的保护、利用和统一管理工作。

国务院建设主管部门负责全国风景名胜区的监督管理工作。国务院其他有关部门按照国务院规定的职责分工，负责风景名胜区的有关监督管理工作。

省、自治区人民政府建设主管部门和直辖市人民政府风景名胜区主管部门，负责本行政区域内风景名胜区的监督管理工作。省、自治区、直辖市人民政府其他有关部门按照规定的职责分工，负责风景名胜区的有关监督管理工作。

2. 风景名胜区的保护

风景名胜区内的景观和自然环境，应当根据可持续发展的原则，严格保护，不得破坏或随意改变。风景名胜区管理机构应当建立健全风景名胜资源保护的各项管理制度并确保落实。风景名胜区内的居民和游览者应当保护风景名胜区的景物、水体、林草植被、野生动物和各项设施。

风景名胜区管理机构应当对风景名胜区内的重要景观进行调查、鉴定，并制定相应的保护措施。

3. 风景名胜区的生态保护执法清单

①检查在风景名胜区内是否存在禁止进行的下列活动：开山、采石、开矿、开荒、修坟立碑等破坏景观、植被和地形地貌活动；修建储存爆炸性、易燃性、放射性、毒害性、腐蚀性物品的设施；在景物或设施上刻画、涂污；乱扔垃圾。

②检查是否违反风景名胜区规划，在风景名胜区内设立各类开发区和在核心景区内建设宾馆、招待所、培训中心、疗养院以及与风景名胜资源保护无关的其他建筑物。已经建设的，应当按照风景名胜区规划，逐步迁出。

③在风景名胜区内从事①②禁止范围以外的建设活动，是否经风景名胜区管理机构审核后，依照有关法律、法规的规定办理审批手续。在国家级风景名胜区内修建缆车、索道等重大建设工程，项目选址方案应当报省、自治区人民政府建设主管部门和直辖市人民政府风景名胜区主管部门核准。

④检查在风景名胜区内进行下列活动，是否经风景名胜区管理机构审核后，依照有关法律、法规的规定报有关主管部门批准：设置、张贴商业广告；举办大型游乐等活动；改变水资源、水环境自然状态的活动；其他影响生态和景观的活动。

⑤检查风景名胜区内的建设项目是否符合风景名胜区规划，并与景观相协调，不得破坏景观、污染环境、妨碍游览。在风景名胜区内进行建设活动的，建设单位、施工单位应当制定污染防治和水土保持方案，并采取有效措施，保护好周围景物、水体、林草植被、野生动物资源和地形地貌。

⑥检查是否建立风景名胜区管理信息系统，对风景名胜区规划实施和资源保护情况进行动态监测。国家级风景名胜区所在地的风景名胜区管理机构应当每年向国务院建设主管部门报送风景名胜区规划实施和土地、森林等自然资源保护的情况；国务院建设主管部门应当将土地、森林等自然资源保护的情况，及时抄送国务院有关部门。

4. 违反《风景名胜区条例》的行为及查处规定

《风景名胜区条例》第四十条至第五十一条，规定了有关违法行为及应承担的法律责任（表 2-5）。

表 2-5　违反《风景名胜区条例》的行为及应承担的法律责任

责任条款	违法行为款项	应承担的法律责任
第四十条	（一）在风景名胜区内进行开山、采石、开矿等破坏景观、植被、地形地貌的活动的 （二）在风景名胜区内修建储存爆炸性、易燃性、放射性、毒害性、腐蚀性物品的设施的 （三）在核心景区内建设宾馆、招待所、培训中心、疗养院以及与风景名胜资源保护无关的其他建筑物的	有符合本条款项行为之一的，由风景名胜区管理机构责令停止违法行为、恢复原状或限期拆除，没收违法所得，并处五十万元以上一百万元以下的罚款。县级以上地方人民政府及其有关主管部门批准实施本条第一款规定的行为的，对直接负责的主管人员和其他直接责任人员依法给予降级或撤职的处分；构成犯罪的，依法追究刑事责任
第四十一条	在风景名胜区内从事禁止范围以外的建设活动，未经风景名胜区管理机构审核的	由风景名胜区管理机构责令停止建设、限期拆除，对个人处二万元以上五万元以下的罚款，对单位处二十万元以上五十万元以下的罚款
第四十二条	在国家级风景名胜区内修建缆车、索道等重大建设工程，项目的选址方案未经省、自治区人民政府建设主管部门和直辖市人民政府风景名胜区主管部门核准，县级以上地方人民政府有关部门核发选址意见书的	对直接负责的主管人员和其他直接责任人员依法给予处分；构成犯罪的，依法追究刑事责任
第四十三条	个人在风景名胜区内进行开荒、修坟立碑等破坏景观、植被、地形地貌的活动的	由风景名胜区管理机构责令停止违法行为、限期恢复原状或采取其他补救措施，没收违法所得，并处一千元以上一万元以下的罚款
第四十四条	在景物、设施上刻划、涂污或在风景名胜区内乱扔垃圾的	由风景名胜区管理机构责令恢复原状或采取其他补救措施，处五十元的罚款；刻划、涂污或以其他方式故意损坏国家保护的文物、名胜古迹的，按照治安管理处罚法的有关规定予以处罚；构成犯罪的，依法追究刑事责任
第四十五条	（一）设置、张贴商业广告的 （二）举办大型游乐等活动的 （三）改变水资源、水环境自然状态的活动的 （四）其他影响生态和景观的活动	未经风景名胜区管理机构审核，在风景名胜区内进行本条款项活动之一的，由风景名胜区管理机构责令停止违法行为、限期恢复原状或采取其他补救措施，没收违法所得，并处五万元以上十万元以下的罚款；情节严重的，并处十万元以上二十万元以下的罚款

责任条款	违法行为款项	应承担的法律责任
第四十六条	施工单位在施工过程中，对周围景物、水体、林草植被、野生动物资源和地形地貌造成破坏的	由风景名胜区管理机构责令停止违法行为、限期恢复原状或采取其他补救措施，并处二万元以上十万元以下的罚款；逾期未恢复原状或采取有效措施的，由风景名胜区管理机构责令停止施工
第四十七条	(一)违反风景名胜区规划在风景名胜区内设立各类开发区的 (二)风景名胜区自设立之日起未在2年内编制完成风景名胜区总体规划的 (三)选择不具有相应资质等级的单位编制风景名胜区规划的 (四)风景名胜区规划批准前批准在风景名胜区内进行建设活动的 (五）擅自修改风景名胜区规划的 (六）不依法履行监督管理职责的其他行为	国务院建设主管部门、县级以上地方人民政府及其有关主管部门有本条款项行为之一的，对直接负责的主管人员和其他直接责任人员依法给予处分；构成犯罪的，依法追究刑事责任
第四十八条	(一)超过允许容量接纳游客或在没有安全保障的区域开展游览活动的 (二）未设置风景名胜区标志和路标、安全警示等标牌的 (三）从事以营利为目的的经营活动的 (四）将规划、管理和监督等行政管理职能委托给企业或个人行使的 (五)允许风景名胜区管理机构的工作人员在风景名胜区内的企业兼职的 (六)审核同意在风景名胜区内进行不符合风景名胜区规划的建设活动的 (七）发现违法行为不予查处的	风景名胜区管理机构有本条款项行为之一的，由设立该风景名胜区管理机构的县级以上地方政府责令改正；情节严重的，对直接负责的主管人员和其他直接责任人员给予降级或撤职的处分；构成犯罪的，依法追究刑事责任
第四十九条	第四十条第一款、第四十一条、第四十三条、第四十四条、第四十五条、第四十六条规定的违法行为，依照有关法律、行政法规的规定，有关部门已经予以处罚的	风景名胜区管理机构不再处罚
第五十条	第四十条第一款、第四十一条、第四十三条、第四十四条、第四十五条、第四十六条规定的违法行为，侵害国家、集体或个人的财产的	有关单位或个人应当依法承担民事责任

《风景名胜区条例》规定："责令限期拆除在风景名胜区内违法建设的建筑物、构筑物或其他设施的，有关单位或个人必须立即停止建设活动，自行拆除；对继续进行建设的，作出责令限期拆除决定的机关有权制止。有关单位或个人对责令限期拆除决定不服的，可以在接到责令限期拆除决定之日起15日内，向人民法院起诉；期满不起诉又不自行拆除的，由作出责令限期拆除决定的机关依法申请人民法院强制执行，费用由违法者承担。"

七、野生动物保护的执法

《中华人民共和国野生动物保护法》（以下简称《野生动物保护法》）保护的对象是指"珍贵、濒危的陆生、水生野生动物和有重要生态、科学、社会价值的陆生野生动物。野生动物及其制品，是指野生动物的整体（含卵、蛋）、部分及其衍生物"。

珍贵、濒危的水生野生动物以外的其他水生野生动物的保护，适用《中华人民共和国渔业法》等有关法律的规定。

野生动物栖息地，是指野生动物野外种群生息繁衍的重要区域。

（一）野生动物保护的机构及其义务

国务院林业草原、渔业主管部门分别主管全国陆生、水生野生动物保护工作。

县级以上地方人民政府林业草原、渔业主管部门分别主管本行政区域内陆生、水生野生动物保护工作。

各级人民政府应当加强野生动物保护的宣传教育和科学知识普及工作，鼓励和支持基层群众性自治组织、社会组织、企业事业单位、志愿者开展野生动物保护法律法规和保护知识的宣传活动。

（二）野生动物及其栖息地保护

1. 野生动物实行分类分级保护

国家对珍贵、濒危的野生动物实行重点保护。国家重点保护的野生动物分为一级保护野生动物和二级保护野生动物。国家重点保护野生动物名录，由国务院野生动物保护主管部门组织科学评估后制定，并每5年根据评估情况确定对名录进行调整。国家重点保护野生动物名录报国务院批准公布。

地方重点保护野生动物，是指国家重点保护野生动物以外，由省、自治区、直辖市重点保护的野生动物。地方重点保护野生动物名录，由省、自治区、直辖市人民政府组织科学评估后制定、调整并公布。

2. 建立健全野生动物及其栖息地档案

县级以上人民政府野生动物保护主管部门，应当定期组织或委托有关科学研究机构对野生动物及其栖息地状况进行调查、监测和评估，建立健全野生动物及其栖息地档案。

对野生动物及其栖息地状况的调查、监测和评估应当包括下列内容：①野生动物野外分布区域、种群数量及结构；②野生动物栖息地的面积、生态状况；③野生动物及其栖息地的主要威胁因素；④野生动物人工繁育情况等其他需要调查、监测和评估的内容。

3. 确定并发布野生动物重要栖息地名录

国务院野生动物保护主管部门应当会同国务院有关部门，根据野生动物及其栖息地状况的调查、监测和评估结果，确定并发布野生动物重要栖息地名录。

省级以上人民政府依法划定相关自然保护区域，保护野生动物及其重要栖息地，保护、恢复和改善野生动物生存环境。对不具备划定相关自然保护区域条件的，县级以上人民政府可采取划定禁猎（渔）区、规定禁猎（渔）期等其他形式予以保护。

禁止或限制在相关自然保护区域内引入外来物种、营造单一纯林、过量施洒农药等人为干扰、威胁野生动物生息繁衍的行为。

4. 开发利用规划应充分考虑野生动物及其栖息地保护，禁止在相关自然保护区域建设禁止建设的项目

县级以上人民政府及其有关部门在编制有关开发利用规划时，应当充分考虑野生动物及其栖息地保护的需要，分析、预测和评估规划实施可能对野生动物及其栖息地保护产生的整体影响，避免或减少规划实施可能造成的不利后果。

禁止在相关自然保护区域建设法律法规规定不得建设的项目。机场、铁路、公路、水利水电、围堰、围填海等建设项目的选址选线，应当避让相关自然保护区域、野生动物迁徙洄游通道；无法避让的，应当采取修建野生动物通道、过鱼设施等措施，消除或减少对野生动物的不利影响。

建设项目可能对相关自然保护区域、野生动物迁徙洄游通道产生影响的，环境影响评价文件的审批部门在审批环境影响评价文件时，涉及国家重点保护野生动物的，应当征求国务院野生动物保护主管部门意见；涉及地方重点保护野生动物的，应当征求省、自治区、直辖市人民政府野生动物保护主管部门意见。

5. 各级野生动物保护主管部门负责监视、监测环境对野生动物的影响

因环境影响对野生动物造成危害时，野生动物保护主管部门应当会同有关部门进行调查处理。

6. 采取措施避免重点保护野生动物受到突发事件威胁

国家或地方重点保护野生动物受到自然灾害、重大环境污染事故等突发事件威胁时，当地人民政府应当及时采取应急救助措施。

县级以上人民政府野生动物保护主管部门应当按照国家有关规定组织开展野生动物收容救护工作。

禁止以野生动物收容救护为名买卖野生动物及其制品。

7. 制定野生动物疫情应急预案并做好疫情防治管理

县级以上人民政府野生动物保护主管部门、兽医主管部门，应当按照职责分工对野生动物疫源疫病进行监测，组织开展预测、预报等工作，并按照规定制定野生动物疫情应急预案，报同级人民政府批准或备案。

县级以上人民政府野生动物保护主管部门、兽医主管部门、卫生主管部门，应当按照职责分工负责与人畜共患传染病有关的动物传染病的防治管理工作。

8. 国家加强对野生动物遗传资源的保护，对濒危野生动物实施抢救性保护

国务院野生动物保护主管部门应当会同国务院有关部门制定有关野生动物遗传资源保护和利用规划，建立国家野生动物遗传资源基因库，对原产我国的珍贵、濒危野生动物遗传资源实行重点保护。

9. 预防、控制野生动物可能造成的危害，保障人畜安全和生产

有关地方人民政府应当采取措施，预防、控制野生动物可能造成的危害，保障人畜安全和农业、林业生产。

10. 人民政府补偿由保护的野生动物造成的人员伤亡、农作物或其他财产损失

依法规定保护的野生动物造成人员伤亡、农作物或其他财产损失的，由当地人民政府给予补偿。有关地方人民政府可以推动保险机构开展野生动物致害赔偿保险业务。

（三）野生动物保护的执法

1. 检查是否在自然保护区等保护区域进行猎捕或杀害的行为

①是否在相关自然保护区域和禁猎（渔）区、禁猎（渔）期内，猎捕以及其他妨碍野生动物生息繁衍的活动。但法律法规另有规定的除外。

②是否存在猎捕、杀害国家重点保护野生动物。因科学研究、种群调控、疫源疫病监测或其他特殊情况，需要猎捕国家一级保护野生动物的，应当向国务院野生动物保护主管部门申请特许猎捕证；需要猎捕国家二级保护野生动物的，应当向省、自治区、直辖市人民政府野生动物保护主管部门申请特许猎捕证。

③猎捕非国家重点保护野生动物的，是否依法取得县级以上地方人民政府野生动物保护主管部门核发的狩猎证，并服从猎捕量限额管理。

④猎捕者是否按照特许猎捕证、狩猎证规定的种类、数量、地点、工具、方法和期限进行猎捕。持枪猎捕的，是否依法取得公安机关核发的持枪证。

⑤是否使用毒药、爆炸物、电击或电子诱捕装置以及猎套、猎夹、地枪、排铳等工具进行猎捕，是否使用夜间照明行猎、歼灭性围猎、捣毁巢穴、火攻、烟熏、网捕等方法进行猎捕。因科学研究确需网捕、电子诱捕的除外。

2. 检查是否存在经营、运输或携带保护动物有关的违法行为

①是否出售、购买、利用国家重点保护野生动物及其制品。因科学研究、人工繁育、公众展示展演、文物保护或其他特殊情况，需要出售、购买、利用国家重点保护野生动物及其制品的，应当经省、自治区、直辖市人民政府野生动物保护主管部门批准，并按照规定取得和使用专用标识，保证可追溯，但国务院对批准机关另有规定的除外。出售、利用非国家重点保护野生动物的，应当提供狩猎、进出口等合法来源证明。

②是否生产、经营使用国家重点保护野生动物及其制品制作的食品，或使用没有合法来源证明的非国家重点保护野生动物及其制品制作的食品。是否食用非法购买国家重点保护的野生动物及其制品。

③是否为出售、购买、利用野生动物或禁止使用的猎捕工具发布广告。是否为违法出售、购买、利用野生动物制品发布广告。

④是否网络交易平台、商品交易市场等交易场所，为违法出售、购买、利用

野生动物及其制品或禁止使用的猎捕工具提供交易服务。

⑤运输、携带、寄递国家重点保护野生动物及其制品、本法相关规定的野生动物及其制品出县境的，是否持有或附有本法规定的许可证、批准文件的副本或专用标识，以及检疫证明。运输非国家重点保护野生动物出县境的，应当持有狩猎、进出口等合法来源证明，以及检疫证明。

3．检查是否引进、放生野生动物物种等违反国家规定的行为

从境外引进野生动物物种的，是否采取安全可靠的防范措施，防止其进入野外环境，避免对生态系统造成危害。确需将其放归野外的，按照国家有关规定执行。

任何组织和个人将野生动物放生至野外环境，应当选择适合放生地野外生存的当地物种，不得干扰当地居民的正常生活、生产，避免对生态系统造成危害。随意放生野生动物，造成他人人身、财产损害或危害生态系统的，依法承担法律责任。

4．是否存在伪造、买卖、转让、租借有关证件或批文的违法行为

禁止伪造、变造、买卖、转让、租借特许猎捕证、狩猎证、人工繁育许可证及专用标识，禁止出售、购买、利用国家重点保护野生动物及其制品的批准文件，或允许进出口证明书、进出口等批准文件。

（四）违反《野生动物保护法》的行为及查处规定

《野生动物保护法》第四十二条至第五十五条，规定了违反《野生动物保护法》的行为及应承担的法律责任（表2-6）。

表2-6　违反《野生动物保护法》的行为及应承担的法律责任

责任条款	违反规定的行为款项	应承担的法律责任
第四十二条	野生动物保护主管部门或其他有关部门、机关不依法作出行政许可决定，发现违法行为或接到对违法行为的举报不予查处或不依法查处，或有滥用职权等其他不依法履行职责的行为的	由本级人民政府或上级人民政府有关部门、机关责令改正，对负有责任的主管人员和其他直接责任人员依法给予记过、记大过或降级处分；造成严重后果的，给予撤职或开除处分，其主要负责人应当引咎辞职；构成犯罪的，依法追究刑事责任

责任条款	违反规定的行为款项	应承担的法律责任
第四十三条	违反禁止或限制在相关自然保护区域内引入外来物种、营造单一纯林、过量施洒农药等人为干扰、威胁野生动物生息繁衍的行为的	依照《自然保护区条例》第三十八条、第四十条、第四十一条相关规定进行处罚；情节严重，构成犯罪的依法追究刑事责任
	禁止在相关自然保护区域建设法律法规规定不得建设的项目的	
第四十四条	以收容救护为名买卖野生动物及其制品的	由县级以上人民政府野生动物保护主管部门没收野生动物及其制品、违法所得，并处野生动物及其制品价值二倍以上十倍以下的罚款，将有关违法信息记入社会诚信档案，向社会公布；构成犯罪的，依法追究刑事责任
第四十五条	在相关自然保护区域、禁猎（渔）区、禁猎（渔）期猎捕国家重点保护野生动物，未取得特许猎捕证、未按照特许猎捕证规定猎捕、杀害国家重点保护野生动物，或使用禁用的工具、方法猎捕国家重点保护野生动物的	由县级以上人民政府野生动物保护主管部门、海洋执法部门或有关保护区域管理机构按照职责分工没收猎获物、猎捕工具和违法所得，吊销特许猎捕证，并处猎获物价值二倍以上十倍以下的罚款；没有猎获物的，并处一万元以上五万元以下的罚款；构成犯罪的，依法追究刑事责任
第四十六条	在相关自然保护区域、禁猎（渔）区、禁猎（渔）期猎捕非国家重点保护野生动物，未取得狩猎证、未按照狩猎证规定猎捕非国家重点保护野生动物，或使用禁用的工具、方法猎捕非国家重点保护野生动物的	由县级以上地方人民政府野生动物保护主管部门或有关保护区域管理机构按照职责分工没收猎获物、猎捕工具和违法所得，吊销狩猎证，并处猎获物价值一倍以上五倍以下的罚款；没有猎获物的，并处二千元以上一万元以下的罚款；构成犯罪的，依法追究刑事责任
	未取得持枪证持枪猎捕野生动物，构成违反治安管理行为的	由公安机关依法给予治安管理处罚；构成犯罪的，依法追究刑事责任
第四十七条	未取得人工繁育许可证繁育国家重点保护野生动物或本法第二十八条第二款规定的野生动物的	由县级以上人民政府野生动物保护主管部门没收野生动物及其制品，并处野生动物及其制品价值一倍以上五倍以下的罚款
第四十八条	未经批准、未取得或未按照规定使用专用标识，或未持有、未附有人工繁育许可证、批准文件的副本或专用标识出售、购买、利用、运输、携带、寄递国家重点保护野生动物及其制品或本法第二十八条第二款规定的野生动物及其制品的	由县级以上人民政府野生动物保护主管部门或市场监督管理部门按照职责分工没收野生动物及其制品和违法所得，并处野生动物及其制品价值二倍以上十倍以下的罚款；情节严重的，吊销人工繁育许可证、撤销批准文件、收回专用标识；构成犯罪的，依法追究刑事责任
	未持有合法来源证明出售、利用、运输非国家重点保护野生动物的	由县级以上地方人民政府野生动物保护主管部门或市场监督管理部门按照职责分工没收野生动物，并处野生动物价值一倍以上五倍以下的罚款
	出售、运输、携带、寄递有关野生动物及其制品未持有或未附有检疫证明的	依照《中华人民共和国动物防疫法》的规定处罚

责任条款	违反规定的行为款项	应承担的法律责任
第四十九条	生产、经营使用国家重点保护野生动物及其制品或没有合法来源证明的非国家重点保护野生动物及其制品制作食品，或为食用非法购买国家重点保护的野生动物及其制品的	由县级以上人民政府野生动物保护主管部门或市场监督管理部门按照职责分工责令停止违法行为，没收野生动物及其制品和违法所得，并处野生动物及其制品价值二倍以上十倍以下的罚款；构成犯罪的，依法追究刑事责任
第五十条	为出售、购买、利用野生动物及其制品或禁止使用的猎捕工具发布广告的	依照《中华人民共和国广告法》的规定处罚
第五十一条	为违法出售、购买、利用野生动物及其制品或禁止使用的猎捕工具提供交易服务的	由县级以上人民政府市场监督管理部门责令停止违法行为，限期改正，没收违法所得，并处违法所得二倍以上五倍以下的罚款；没有违法所得的，处一万元以上五万元以下的罚款；构成犯罪的，依法追究刑事责任
第五十二条	进出口野生动物或其制品的	由海关、公安机关、海洋执法部门依照法律、行政法规和国家有关规定处罚；构成犯罪的，依法追究刑事责任
第五十三条	从境外引进野生动物物种的	由县级以上人民政府野生动物保护主管部门没收所引进的野生动物，并处五万元以上二十五万元以下的罚款；未依法实施进境检疫的，依照《中华人民共和国进出境动植物检疫法》的规定处罚；构成犯罪的，依法追究刑事责任
第五十四条	将从境外引进的野生动物放归野外环境的	由县级以上人民政府野生动物保护主管部门责令限期捕回，处一万元以上五万元以下的罚款；逾期不捕回的，由野生动物保护主管部门代为捕回或采取降低影响的措施，所需费用由被责令限期捕回者承担
第五十五条	伪造、变造、买卖、转让、租借有关证件、专用标识或有关批准文件的	由县级以上人民政府野生动物保护主管部门没收违法证件、专用标识、有关批准文件和违法所得，并处五万元以上二十五万元以下的罚款；构成违反治安管理行为的，由公安机关依法给予治安管理处罚；构成犯罪的，依法追究刑事责任

八、地下水保护的执法

地下水，是指赋存于地表以下的水。《地下水管理条例》规定，“地下水管理坚持统筹规划、节水优先、高效利用、系统治理的原则”。

（一）地下水的管理和监督机构

地下水管理权限与职责分工见表 2-7。

表 2-7 地下水管理权限与职责

序号	相关责任单位（或个人）	具体职责（或义务）
1	国务院水行政主管部门	负责全国地下水统一监督管理工作
2	生态环境部	负责全国地下水污染防治监督管理工作
3	国务院自然资源等主管部门	做好地下水调查、监测等相关工作
4	县级以上地方人民政府	负责本行政区域内的地下水管理
5	县级以上地方人民政府水行政主管部门	负责本行政区域内地下水统一监督管理工作
6	地方人民政府生态环境主管部门	负责本行政区域内地下水污染防治监督管理工作
7	县级以上地方人民政府自然资源等主管部门	做好本行政区域内地下水调查、监测等相关工作
8	利用地下水的单位和个人	应当加强地下水取水工程管理，节约、保护地下水，防止地下水污染

（二）地下水的监督管理

1. 节约与保护地下水的监督管理

国家实行地下水取水总量控制制度。

①取用地下水的单位和个人应当遵守取水总量控制和定额管理要求，使用先进节约用水技术、工艺和设备，采取循环用水、综合利用及废水处理回用等措施，实施技术改造，降低用水消耗。

对下列工艺、设备和产品，应当在规定的期限内停止生产、销售、进口或使用：列入淘汰落后的、耗水量高的工艺、设备和产品名录的；列入限期禁止采用的严重污染水环境的工艺名录和限期禁止生产、销售、进口、使用的严重污染水环境的设备名录的。

②新建、改建、扩建地下水取水工程，应当同时安装计量设施。已有地下水取水工程未安装计量设施的，应当按照县级以上地方人民政府水行政主管部门规定的期限安装。

单位和个人取用地下水量达到取水规模以上的，应当安装地下水取水在线计量设施，并将计量数据实时传输到有管理权限的水行政部门。取水规模由省、自治区、直辖市人民政府水行政部门制定、公布，并报国务院水行政部门备案。

③对取用地下水的取水许可申请不予批准的情形。有下列情形之一的，对取用地下水的取水许可申请不予批准：不符合地下水取水总量控制、地下水水位控制要求；不符合限制开采区取用水规定；不符合行业用水定额和节水规定；不符合强制性国家标准；水资源紧缺或生态脆弱地区新建、改建、扩建高耗水项目；违反法律、法规的规定开垦种植而取用地下水。

④建设单位和个人应当采取措施防止地下工程建设对地下水补给、径流、排泄等造成重大不利影响。对开挖达到一定深度或达到一定排水规模的地下工程，建设单位和个人应当于工程开工前，将工程建设方案和防止对地下水产生不利影响的措施方案报有管理权限的水行政主管部门备案。开挖深度和排水规模由省、自治区、直辖市人民政府制定、公布。

⑤关于开采难以更新的地下水的界定。除下列情形外，禁止开采难以更新的地下水：应急供水取水；无替代水源地区的居民生活用水；为开展地下水监测、勘探、试验少量取水。

已经开采的，除前款规定的情形外，有关县级以上地方人民政府应当采取禁止开采、限制开采措施，逐步实现全面禁止开采；前款规定的情形消除后，应当立即停止取用地下水。

2. 超采治理地下水的监督管理

国务院水行政主管部门应当会同国务院自然资源主管部门根据地下水状况调查评价成果，组织划定全国地下水超采区，并依法向社会公布。

省、自治区、直辖市人民政府水行政主管部门应当会同本级人民政府自然资源等主管部门，统筹考虑地下水超采区划定、地下水利用情况以及地质环境条件等因素，组织划定本行政区域内地下水禁止开采区、限制开采区，经省、自治区、直辖市人民政府批准后公布，并报国务院水行政主管部门备案。

地下水禁止开采区、限制开采区划定后，确需调整的，应当按照原划定程序进行调整。

除下列情形外，在地下水禁止开采区内禁止取用地下水：①为保障地下工程施工安全和生产安全必须进行临时应急取（排）水；②为消除对公共安全或公共利益的危害临时应急取水；③为开展地下水监测、勘探、试验少量取水。

除前款规定的情形外，在地下水限制开采区内禁止新增取用地下水，并逐步削减地下水取水量；前款规定的情形消除后，应当立即停止取用地下水。

3. 地下水的污染防治管理

生态环境部应当会同国务院水行政、自然资源等主管部门，指导全国地下水污染防治重点区划定工作。省、自治区、直辖市人民政府生态环境主管部门应当会同本级人民政府水行政、自然资源等主管部门，根据本行政区域内地下水污染防治需要，划定地下水污染防治重点区。

①禁止下列污染或可能污染地下水的行为。利用渗井、渗坑、裂隙、溶洞以及私设暗管等逃避监管的方式排放水污染物；利用岩层孔隙、裂隙、溶洞、废弃矿坑等贮存石化原料及产品、农药、危险废物、城镇污水处理设施产生的污泥和处理后的污泥或其他有毒有害物质；利用无防渗漏措施的沟渠、坑塘等输送或贮存含有毒污染物的废水、含病原体的污水和其他废弃物；法律、法规禁止的其他污染或可能污染地下水的行为。

②企业事业单位和其他生产经营者应当采取下列措施，防止地下水污染。

- 兴建地下工程设施或进行地下勘探、采矿等活动，依法编制的环境影响评价文件中，应当包括地下水污染防治的内容，并采取防护性措施。
- 化学品生产企业以及工业集聚区、矿山开采区、尾矿库、危险废物处置场、垃圾填埋场等的运营、管理单位，应当采取防渗漏等措施，并建设地下水水质监测井进行监测。
- 加油站等的地下油罐应当使用双层罐或采取建造防渗池等其他有效措施，并进行防渗漏监测。
- 存放可溶性剧毒废渣的场所，应当采取防水、防渗漏、防流失的措施。

- 法律、法规规定应当采取的其他防止地下水污染的措施。根据有关部门公布的地下水污染防治重点排污单位应当依法安装水污染物排放自动监测设备，与生态环境主管部门的监控设备联网，并保证监测设备正常运行。

③在泉域保护范围以及岩溶强发育、存在较多落水洞和岩溶漏斗的区域内，不得新建、改建、扩建可能造成地下水污染的建设项目。

④多层含水层开采、回灌地下水应当防止串层污染。

- 多层地下水的含水层水质差异大的，应当分层开采；对已受污染的潜水和承压水，不得混合开采。
- 已经造成地下水串层污染的，应当按照封填井技术要求限期回填串层开采井，并对造成的地下水污染进行治理和修复。
- 人工回灌补给地下水，应当符合相关水质标准，不得使地下水水质恶化。

⑤农业生产经营者等有关单位和个人应当科学、合理使用农药、肥料等农业投入品，农田灌溉用水应当符合相关水质标准，防止地下水污染。

⑥依照《土壤污染防治法》的有关规定，安全利用类和严格管控类农用地地块的土壤污染影响或可能影响地下水安全的，制定防治污染的方案时，应当包括地下水污染防治的内容。

污染物含量超过土壤污染风险管控标准的建设用地地块，编制土壤污染风险评估报告时，应当包括地下水是否受到污染的内容；列入风险管控和修复名录的建设用地地块，采取的风险管控措施中应当包括地下水污染防治的内容。

对需要实施修复的农用地地块，以及列入风险管控和修复名录的建设用地地块，修复方案中应当包括地下水污染防治的内容。

（三）地下水的保护执法清单

县级以上人民政府水行政、自然资源、生态环境等主管部门应当依照职责加强监督管理，完善协作配合机制。

①检查任何单位和个人是否侵占、毁坏或擅自移动地下水监测设施设备及其标志，是否存在篡改、伪造地下水监测数据。

新建、改建、扩建建设工程应当避开地下水监测设施设备；确实无法避开、需要拆除地下水监测设施设备的，应当由县级以上人民政府水行政、自然资源、生态环境等主管部门按照有关技术要求组织迁建，迁建费用由建设单位承担。

②检查建设地下水取水工程的单位和个人，是否在申请取水许可时附具地下水取水工程建设方案，并按照取水许可批准文件的要求，自行或委托具有相应专业技术能力的单位进行施工。

施工单位不得承揽应当取得但未取得取水许可的地下水取水工程。

以监测、勘探为目的的地下水取水工程，不需要申请取水许可，建设单位应当于施工前报有管辖权的水行政主管部门备案。地下水取水工程的所有权人负责工程的安全管理。

③检查报废的矿井、钻井、地下水取水工程，或未建成、已完成勘探任务、依法是否停止取水的地下水取水工程，是否由工程所有权人或管理单位实施封井或回填；所有权人或管理单位是否将其封井或回填情况告知县级以上地方人民政府水行政主管部门。

无法确定所有权人或管理单位的，由县级以上地方人民政府或其授权的部门负责组织实施封井或回填。

实施封井或回填，应当符合国家有关技术标准。

④是否存在禁止在集中式地下水饮用水水源地建设需要取水的地热能开发利用项目，是否存在禁止抽取难以更新的地下水用于需要取水的地热能开发利用项目。

建设需要取水的地热能开发利用项目，应当对取水和回灌进行计量，实行同一含水层等量取水和回灌，不得对地下水造成污染。达到取水规模以上的，应当安装取水和回灌在线计量设施，并将计量数据实时传输到有管理权限的水行政主管部门。

对不符合本条规定的已建需要取水的地热能开发利用项目，取水单位和个人应当按照水行政主管部门的规定限期整改，整改不合格的，予以关闭。

⑤检查矿产资源开采、地下工程建设疏干排水量达到规模的，是否依法申请取水许可，安装排水计量设施，定期向取水许可审批机关报送疏干排水量和地下水水位状况。

为保障矿井等地下工程施工安全和生产安全必须进行临时应急取（排）水的，不需要申请取水许可。取（排）水单位和个人应当于临时应急取（排）水结束后5个工作日内，向有管理权限的县级以上地方人民政府水行政主管部门备案。

矿产资源开采、地下工程建设疏干排水应当优先利用，无法利用的应当达标排放。

(四) 违反《地下水管理条例》的行为及查处规定

《地下水管理条例》第五十四条至第六十二条规定了有关违反该条例的行为及应承担的法律责任（表 2-8）。

表 2-8 违反《地下水管理条例》的行为及应承担的法律责任

责任条款	违反规定的行为款项	应承担的法律责任
第五十四条	(一) 未采取有效措施导致本行政区域内地下水超采范围扩大，或地下水污染状况未得到改善甚至恶化 (二) 未完成本行政区域内地下水取水总量控制和地下水水位控制指标 (三) 对地下水水位低于控制水位未采取相关措施 (四) 发现违法行为或接到对违法行为的检举后未予查处 (五) 有其他滥用职权、玩忽职守、徇私舞弊等违法行为	县级以上地方人民政府、水行政、生态环境、自然资源主管部门和其他负有地下水监督管理职责的部门有符合本条款项行为之一的，由上级机关责令改正，对负有责任的主管人员和其他直接责任人员依法给予处分
第五十五条	未经批准擅自取用地下水，或利用渗井、渗坑、裂隙、溶洞以及私设暗管等逃避监管的方式排放水污染物等违法行为	依照《水法》《水污染防治法》《土壤污染防治法》《取水许可和水资源费征收管理条例》等法律、行政法规的规定处罚
第五十六条	地下水取水工程未安装计量设施的	由县级以上地方人民政府水行政主管部门责令限期安装，并按照日最大取水能力计算的取水量计征相关费用，处十万元以上五十万元以下罚款；情节严重的，吊销取水许可证
	计量设施不合格或运行不正常的	由县级以上地方人民政府水行政主管部门责令限期更换或修复；逾期不更换或不修复的，按照日最大取水能力计算的取水量计征相关费用，处十万元以上五十万元以下罚款；情节严重的，吊销取水许可证

责任条款	违反规定的行为款项	应承担的法律责任
第五十七条	地下工程建设对地下水补给、径流、排泄等造成重大不利影响的	由县级以上地方人民政府水行政主管部门责令限期采取措施消除不利影响，处十万元以上五十万元以下罚款；逾期不采取措施消除不利影响的，由县级以上地方人民政府水行政主管部门组织采取措施消除不利影响，所需费用由违法行为人承担
	地下工程建设应当于开工前将工程建设方案和防止对地下水产生不利影响的措施方案备案而未备案的，或矿产资源开采、地下工程建设疏干排水应当定期报送疏干排水量和地下水水位状况而未报送的	由县级以上地方人民政府水行政主管部门责令限期补报；逾期不补报的，处二万元以上十万元以下罚款
第五十八条	报废的矿井、钻井、地下水取水工程，或未建成、已完成勘探任务、依法应当停止取水的地下水取水工程，未按照规定封井或回填的	由县级以上地方人民政府或其授权的部门责令封井或回填，处十万元以上五十万元以下罚款；不具备封井或回填能力的，由县级以上地方人民政府或其授权的部门组织封井或回填，所需费用由违法行为人承担
第五十九条	利用岩层孔隙、裂隙、溶洞、废弃矿坑等贮存石化原料及产品、农药、危险废物或其他有毒有害物质	由地方人民政府生态环境主管部门责令限期改正，处十万元以上一百万元以下罚款
	利用岩层孔隙、裂隙、溶洞、废弃矿坑等贮存城镇污水处理设施产生的污泥和处理后的污泥的	由县级以上地方人民政府城镇排水主管部门责令限期改正，处二十万元以上二百万元以下罚款，对直接负责的主管人员和其他直接责任人员处二万元以上十万元以下罚款；造成严重后果的，处二百万元以上五百万元以下罚款，对直接负责的主管人员和其他直接责任人员处五万元以上五十万元以下罚款
	在泉域保护范围以及岩溶强发育、存在较多落水洞和岩溶漏斗的区域内，新建、改建、扩建造成地下水污染的建设项目的	由地方人民政府生态环境主管部门处十万元以上五十万元以下罚款，并报经有批准权的人民政府批准，责令拆除或关闭
第六十条	侵占、毁坏或擅自移动地下水监测设施设备及其标志的	由县级以上地方人民政府水行政、自然资源、生态环境主管部门责令停止违法行为，限期采取补救措施，处二万元以上十万元以下罚款；逾期不采取补救措施的，由县级以上地方人民政府水行政、自然资源、生态环境主管部门组织补救，所需费用由违法行为人承担

责任条款	违反规定的行为款项	应承担的法律责任
第六十一条	以监测、勘探为目的的地下水取水工程在施工前应当备案而未备案的	由县级以上地方人民政府水行政主管部门责令限期补办备案手续；逾期不补办备案手续的，责令限期封井或回填，处二万元以上十万元以下罚款；逾期不封井或回填的，由县级以上地方人民政府水行政主管部门组织封井或回填，所需费用由违法行为人承担
第六十二条	构成违反治安管理行为的	由公安机关依法给予治安管理处罚；构成犯罪的，依法追究刑事责任

九、农村生态环境保护及农业农村污染治理综合执法

参照农村生态环境保护重点任务以及《生态环境部　农业农村部关于印发农业农村污染治理攻坚战行动计划的通知》要求，开展农村生态环境保护及农业农村污染治理综合执法工作。

（一）农业农村环境监管能力建设

1. 严守生态保护红线

生态保护红线内禁止城镇化和工业化活动，生态保护红线内现存的耕地不得擅自扩大规模。在长江干流、主要支流及重要湖泊、重要河口、重要海湾的敏感区域内，严禁以任何形式围垦河湖海洋、违法占用河湖水域和海域，严格管控沿河环湖沿海农业面源污染。

2. 强化农业农村生态环境监管手段

①创新监管手段，运用卫星遥感、大数据、App 等信息化技术装备，充分利用乡村治安网格化管理平台，及时发现农业农村环境问题。

②鼓励公众监督，对农村地区生态破坏和环境污染事件进行举报。

③结合第二次全国污染源普查和相关部门已开展的污染源调查统计工作，建立农业农村生态环境管理信息平台。

④构建农业农村生态环境监测体系，结合现有环境监测网络和农村环境质量试点监测工作，加强对农村集中式饮用水水源、日处理能力 20 t 及以上的农村生

活污水处理设施出水和畜禽规模养殖场排污口的水质监测。

⑤纳入国家重点生态功能区中央转移支付支持范围的县域，应设置或增加农村环境质量监测点位，其他有条件的地区可适当设置或增加农村环境质量监测点位。

⑥结合省以下生态环境机构监测监察执法垂直管理制度改革，加强农村生态环境保护工作，建立重心下移、力量下沉、保障下倾的农业农村生态环境监管执法工作机制。落实乡镇生态环境保护职责，明确承担农业农村生态环境保护工作的机构和人员，确保责有人负、事有人干。

⑦通过畜禽规模养殖场直联直报信息系统，统计规模以上养殖场生产、设施改造和资源化利用情况。加强肥料、农药登记管理，建立健全肥料、农药使用调查和监测评价体系。

（二）农村生态环境保护与农业农村污染治理执法清单

1. 农村生态环境保护执法清单

检查是否违反以下规定：

①禁止毁林毁草（场）开垦和陡坡（坡度25°及以上）开垦；

②禁止在生态环境敏感区域建设规模化畜禽养殖场，畜禽养殖区与生态敏感区域的防护距离最少不得低于500 m；

③渔业资源开发要严格执行捕捞限额和禁渔、休渔制度；

④水产养殖要合理投饵、施肥和使用药物，环境敏感的水库、湖塘禁止网箱养殖；

⑤禁止在农村集中饮用水源地周围建设有污染物排放的项目或从事有污染的活动；

⑥科学合理使用农药、化肥和农膜，防止农业面源污染。

2. 农业农村污染治理执法清单

（1）农村饮用水水源保护的检查

①检查农村饮用水水源保护区的边界是否设立地理界标、警示标志或宣传牌。

②检查是否从源头到水龙头的全过程控制，落实水源保护、工程建设、水质监测“三同时”制度。供水人口在10 000人或日供水1 000 t以上的饮用水水源每

季度监测一次。

③开展农村饮用水水源环境风险排查整治。以供水人口在 10 000 人或日供水 1 000 t 以上的饮用水水源保护区为重点，对可能影响农村饮用水水源环境安全的化工、造纸、冶炼、制药等风险源和生活污水垃圾、畜禽养殖等风险源进行排查。对水质不达标的水源，进行水源更换、集中供水、污染治理，确保农村饮水安全。

（2）农村生活垃圾污水治理的检查。

基本完成非正规垃圾堆放点排查整治，实施整治全流程监管，严厉查处在农村地区随意倾倒、堆放垃圾的行为。

因地制宜管控农村生活污水乱排乱放现象。开展经常性的排查，对设施不能正常运行的，提出限期整改要求，逾期未整改到位的，应通报批评或约谈相关负责人。

（3）畜禽规模养殖环境执法

畜禽养殖场、养殖小区应当保证其畜禽粪便、废水的综合利用或无害化处理设施正常运转，保证污水达标排放。畜禽散养密集区所在地县、乡级人民政府应当组织对畜禽粪便污水进行分户收集、集中处理利用。

①检查是否严格执行环评制度。将规模以上畜禽养殖场纳入重点污染源管理，对年出栏生猪 5 000 头（其他畜禽种类折合猪的养殖规模）以上和涉及环境敏感区的畜禽养殖场（小区）执行环评报告书制度，其他畜禽规模养殖场执行环境影响登记表制度，对设有排污口的畜禽规模养殖场实施排污许可制度。将符合有关标准和要求的还田利用量作为统计污染物削减量的重要依据。

②检查是否存在偷排违法行为。推动畜禽养殖场配备视频监控设施，记录粪污处理、运输和资源化利用等情况，防止粪污偷运偷排。完善畜禽规模养殖场直联直报信息系统，构建统一管理、分级使用、共享直联的管理平台。

③检查水产养殖污染防治和水生生态保护工作，加快推进养殖节水减排。从事水产养殖应当保护水域生态环境，科学确定养殖密度，合理投饵和使用药物，防止污染水环境。严控河流、近岸海域投饵网箱养殖；大力推进以长江为重点的水生生物保护行动，修复水生生态环境，加强水域环境监测。

（4）防控种植业污染的检查

①检查是否严格控制高毒高风险农药使用。

②检查是否实施秸秆禁烧管控，秸秆、农膜废弃物资源化利用。切实加强秸秆禁烧管控。重点区域建立网格化监管制度，在夏收和秋收阶段加大监管力度。严防因秸秆露天焚烧造成区域性重污染天气。

③检查是否实施对严格管控类耕地的用途管理，依法划定特定农产品禁止生产区域，严禁种植食用农产品；重度污染耕地种植结构调整或退耕还林还草。

④开展涉镉等重金属重点行业企业排查整治。以耕地重金属污染问题突出区域和铅、锌、铜等有色金属采选及冶炼集中区域为重点，聚焦涉镉等重金属重点行业企业，进行排查整治，切断污染物进入农田的途径。对难以有效切断重金属污染途径，且土壤重金属污染严重、农产品重金属超标问题突出的耕地，要及时划入严格管控类，实施严格管控措施，降低农产品镉等重金属超标风险。

⑤检查农田灌溉用水是否符合水质标准，防止污染土壤、地下水和农产品。禁止向农田灌溉渠道排放工业废水或医疗污水。灌溉排放城镇污水以及未综合利用的畜禽养殖废水、农产品加工废水的，应当保证其下游最近的灌溉取水点的水质符合农田灌溉水质标准。

（三）违反《畜禽规模养殖污染防治条例》的行为及查处规定

《畜禽规模养殖污染防治条例》第三十六条至第四十二条规定了有关违反该条例的行为及应承担的法律责任（表 2-9）。涉及农村生态破坏和农业农村污染的其他违法行为的法律责任追究按“项目二　污染源执法”的有关规定查处。

表 2-9　违反《畜禽规模养殖污染防治条例》的行为及应承担的法律责任

责任条款	违反规定的行为款项	应承担的法律责任
第三十六条	各级人民政府生态环境主管部门、农牧主管部门以及其他有关部门未依照本条例规定履行职责的	对直接负责的主管人员和其他直接责任人员依法给予处分；直接负责的主管人员和其他直接责任人员构成犯罪的，依法追究刑事责任
第三十七条	在禁止养殖区域内建设畜禽养殖场、养殖小区的	由县级以上地方人民政府生态环境主管部门责令停止违法行为；拒不停止违法行为的，处三万元以上十万元以下的罚款，并报县级以上人民政府责令拆除或关闭

<table>
<tr><th>责任条款</th><th>违反规定的行为款项</th><th>应承担的法律责任</th></tr>
<tr><td></td><td>在饮用水水源保护区建设畜禽养殖场、养殖小区的</td><td>由县级以上地方人民政府生态环境主管部门责令停止违法行为，处十万元以上五十万元以下的罚款，并报经有批准权的人民政府批准，责令拆除或关闭</td></tr>
<tr><td>第三十八条</td><td>畜禽养殖场、养殖小区依法应当进行环境影响评价而未进行的</td><td>由有权审批该项目环评文件的生态环境主管部门责令停止建设，限期补办手续；逾期不补办手续的，按《环境影响评价法》的有关规定予以处罚</td></tr>
<tr><td>第三十九条</td><td>未建设污染防治配套设施或自行建设的配套设施不合格，也未委托他人对畜禽养殖废弃物进行综合利用和无害化处理，畜禽养殖场、养殖小区即投入生产、使用，或建设的污染防治配套设施未正常运行的</td><td>《环保条例》第二十三条规定，责令限期改正，处二十万以上一百万以下罚款</td></tr>
<tr><td rowspan="2">第四十条</td><td>（一）将畜禽养殖废弃物用作肥料，超出土地消纳能力，造成环境污染的</td><td rowspan="2">有本款项行为之一的，由县级以上地方人民政府生态环境主管部门责令停止违法行为，限期采取治理措施消除污染，依照《水污染防治法》《固体废物污染环境防治法》的有关规定予以处罚</td></tr>
<tr><td>（二）从事畜禽养殖活动或畜禽养殖废弃物处理活动，未采取有效措施，导致畜禽养殖废弃物渗出、泄漏的</td></tr>
<tr><td>第四十一条</td><td>排放畜禽养殖废弃物不符合国家或地方规定的污染物排放标准或总量控制指标，或未经无害化处理直接向环境排放畜禽养殖废弃物的</td><td>依照《水污染防治法》《固体废物污染环境防治法》的有关规定予以处罚。县级以上地方人民政府生态环境主管部门作出限期治理决定后，应当会同同级人民政府农牧等有关部门对整改措施的落实情况及时进行核查，并向社会公布核查结果</td></tr>
<tr><td>第四十二条</td><td>未按照规定对染疫畜禽和病害畜禽养殖废弃物进行无害化处理的</td><td>由动物卫生监督机构责令无害化处理，所需处理费用由违法行为人承担，可以处三千元以下的罚款</td></tr>
</table>

扫码获取学习资源

任务 8-1 生态环境保护综合行政执法事项指导目录

扫码获取学习资源

任务 8-2 案例放送

扫码下载学习资料

任务 8-3 更多资讯和案例

知识点应用与训练

【填空题】

1．生态环境执法对象是一切导致________的开发活动及其他人为破坏活动。

2．自然保护区可以分为_______、_______和_______。

3．根据《湿地保护管理规定》，湿地是指常年或季节性积水地带、水域和低潮时水深不超过 ______的海域。

4. 按照有关规定，国家级森林公园的主体功能是_____________和_________、普及_________、开展____________旅游。

5．在饮用水水源保护区内，禁止设置________。

6．国家实行地下水取水_________制度。

7．风景名胜区内的_________和_________，应当根据可持续发展的原则，严格保护，不得破坏或随意改变。

【单选题】

1．建设项目应当不占或少占湿地，经批准确需征收、占用湿地并转为其他用途的，期限不得超过年限（　）。

A.1 年　B.2 年　C.3 年　D.5 年　E.看情况而定

2．在风景名胜区内可以进行的活动是（　）。

A.某单位自行组织举办大型游乐活动

B.项目选址经过有关部门核准后在风景名胜区内修建缆车、索道

C.在文物雕像上刻画“某某到此一游”

D.附近农民修祖坟立碑　E.附近农民开荒种菜

3．按照有关规定，猎捕非国家重点保护野生动物的，应该（　）。

A.必须向省级人民政府野生动物行政主管部门申请特许猎捕证

B.必须取得狩猎证，并且服从猎捕量限额管理

C.必须向国家级人民政府野生动物行政主管部门申请特许猎捕证

D.不用申请

4．农村生态环境保护规定，禁止开垦在陡坡（　）。

A.坡度 25°及以上　B.坡度 30°及以上　C.坡度 35°及以上　D.坡度 33°以上

【多选题】

1．生态环境保护执法的依据包括（　　）。

A.法律与法规　B.环评报告　C.事实　D.规划　E.标准

2．禁止在自然保护区内进行的活动包括（　　）。

A.放牧　B.采药　C.开垦　D.采石

E.获批准后从事科学研究观测、调查活动

3．在湿地内禁止从事的活动包括（　　）。

A.开（围）垦、填埋或排干湿地　B.暂时性截断湿地水源　C.挖沙、采矿

D.堵截野生动物栖息地和迁徙通道、鱼类洄游通道　E.引进外来物种

4．在国家级森林公园内禁止从事的活动包括（　　）。

A.私自采折、采挖花草、树木、药材　B.未经允许猎捕、杀害野生动物

C.刻划树木、岩石或葬坟　D.倒垃圾、废渣　E.擅自摆摊设点、兜售物品

5．以下属于污染或可能污染地下水的行为有（　　）。

A.利用渗井、渗坑、裂隙、溶洞排放水污染物

B.利用岩层孔隙、裂隙、废弃矿坑等贮存石化原料及产品、危险废物、污泥

C.利用无防渗漏措施的沟渠、坑塘贮存含有毒污染物的废水

D.私设暗管排放水污染物

6．禁止在饮用水水源一级保护区内从事的活动包括（　　）。

A.旅游　B.网箱养殖　C.垂钓　D.游泳　E.自来水厂设置取水口

【简答题】

1．列出湿地公园现场执法检查清单。

2．列出农业农村污染治理执法清单。

【实训项目】

选择附近农村地区/湿地公园/森林公园/风景名胜区/饮用水水源/地下水等生态环境保护与污染情况开展调查实践活动。

扫码下载学习资料
任务 8-4 农村地区生态环境保护现场调查表

任务9　海洋生态环境执法

工作任务： 对沿海企业/船舶排污情况和沿海生态环境保护进行模拟执法。

建议学时： 2～3学时。

学习目标： ①认知海洋生态保护法律法规政策。

②能辨识海洋生态破坏与海洋污染的违法行为。

③能对海洋生态破坏和海洋污染的违法行为提出处理建议。

教学过程： 设计“课前+课中+课后”学习任务，实施“线上+线下”立体化教学。

教学方法： 微视频教学、案例分析、启发式教学、师生互动。

教学模式： 任务引领→思政与案例导入→模块知识领学→任务实践、教学方法应用→任务完成与点评→练习与训练。

教学平台及媒体： 多媒体教室、工厂或校外实训基地、移动设备、云班课、钉钉、微信、腾讯；教学课件包、教材。

思政元素： 宣传国内外海洋生态保护方面的典范；展示海洋生态破坏、海洋污染警示片；分享海洋生物多样性美好故事；热爱自然，树立海洋生态保护理念。

一、海洋环境保护与监督管理机构

（一）海洋环境与保护

海洋环境保护的目的是保护和改善海洋环境，保护海洋资源，防治污染损害，维护生态平衡，保障人体健康，促进经济和社会的可持续发展。

1. 海洋环境与功能划分

根据《中华人民共和国海洋环境保护法》（以下简称《海洋环境保护法》），我国的海洋环境包括中华人民共和国内水、领海、毗连区、专属经济区、大陆架以及中华人民共和国管辖的其他海域。

内水，是指我国领海基线向内陆一侧的所有海域。

滨海湿地，是指低潮时水深浅于6 m的水域及其沿岸浸湿地带，包括水深不超过6 m的永久性水域、潮间带（或洪泛地带）和沿海低地等。

渔业水域，是指鱼虾类的产卵场、索饵场、越冬场、洄游通道和鱼虾贝藻类的养殖场。

沿海陆域，是指与海岸相连，或通过管道、沟渠、设施，直接或间接向海洋排放污染物及其相关活动的一带区域。

海洋功能区划，是指依据海洋自然属性和社会属性，以及自然资源和环境特定条件，界定海洋利用的主导功能和使用范畴。

2. 海洋环境污染损害

海洋环境污染损害，是指直接或间接地把物质或能量引入海洋环境，产生损害海洋生物资源、危害人体健康、妨害渔业和海上其他合法活动、损害海水使用素质和减损环境质量等有害影响。

倾倒，是指通过船舶、航空器、平台或其他载运工具，向海洋处置废弃物和其他有害物质的行为，包括弃置船舶、航空器、平台及其辅助设施和其他浮动工具的行为。

海上焚烧，是指以热摧毁为目的，在海上焚烧设施上，故意焚烧废弃物或其他物质的行为，但船舶、平台或其他人工构造物正常操作中，所附带发生的行为除外。

3. 陆地污染源及污染

陆地污染源简称陆源，是指从陆地向海域排放污染物，造成或可能造成海洋环境污染的场所、设施等。

陆源污染物，是指由陆地污染源排放的污染物。

陆源污染，是指陆地上产生的污染物进入海洋后对海洋环境造成的污染或损害。

据统计，80%的海洋污染属陆源污染。直接入海排污管道沟渠是指临海工矿企业或事业单位专用的排污管道或沟渠，污染物质可以通过其直接排入海洋；混合入海排污管道或沟渠是指若干家临海工矿企业事业单位共同的排污管道或沟渠，污染物可以直接或基本上直接排入海洋；污染物质还可随入海的河流进入海洋。

4. 排海的水污染物执行标准类别

海水水质保护目标功能分类及污染物排放执行类别如表 2-10 所示。按照综合性排放标准与行业性标准不交叉执行的原则，行业标准优先于综合排放标准执行。

扫码下载学习资料
任务 9-1 相关标准

表 2-10 海水水质保护目标功能分类及污染物排放执行类别

海水环境质量		污水排放执行标准类别
类别	功能和保护目标	
第一类	适用于海洋渔业水域，海上自然保护区和珍稀濒危海洋生物保护区	禁止排放污水
第二类	适用于水产养殖区、海水浴场、人体直接触海水的海上运动或娱乐区，以及与人类食用直接有关的工业用水区	一级
第三类	适用于一般工业用水区，滨海风景旅游区	二级
第四类	适用于海洋港口水域，海洋开发作业区	
注意：近海水功能水域执行《海水水质标准》（GB 3097—1997）、《污水综合排放标准》（GB 8978—1996）以及相关行业排放标准		三级（排入二级城镇污水处理厂）

（二）海洋环境监督管理机构及职责

海洋环境监督管理行政主管部门及分工，如表 2-11 所示。

表 2-11 海洋环境监督管理行政机构及具体分工

部门名称	具体监管的工作任务
生态环境部	对全国海洋环境保护工作实施指导、协调和监督，并负责全国防治陆源污染物和海岸工程建设项目对海洋污染损害的环境保护工作
国家海洋局	负责海洋环境的监督管理，组织海洋环境的调查、监测、监视、评价和科学研究，负责全国防治海洋工程建设项目和海洋倾倒废弃物对海洋污染损害的环境保护工作
国家海事行政主管部门（现交通运输部海事局）	负责所辖港区水域内非军事船舶和港区水域外非渔业、非军事船舶污染海洋环境的监督管理，并负责污染事故的调查处理；对在我国管辖海域航行、停泊和作业的外国籍船舶造成的污染事故登轮检查处理。船舶污染事故给渔业造成损害的，应当吸收渔业行政主管部门参与调查处理

部门名称	具体监管的工作任务
国家渔业行政主管部门	国家渔业行政主管部门负责渔港水域内非军事船舶和渔港水域外渔业船舶污染海洋环境的监督管理，负责保护渔业水域生态环境工作，并调查处理前款规定的污染事故以外的渔业污染事故
军队生态环境主管部门	负责军事船舶污染海洋环境的监督管理及污染事故的调查处理
沿海县级以上地方人民政府	由省、自治区、直辖市人民政府根据本法及国务院有关规定确定

跨区域的海洋环境保护工作，由有关沿海地方人民政府协商解决，或由上级人民政府协调解决。

跨部门的重大海洋环境保护工作，由生态环境部协调；协调未能解决的，由国务院作出决定。

二、海洋工程的环境保护

（一）海洋工程

《防治海洋工程建设项目污染损害海洋环境管理条例》所称海洋工程，是指以开发、利用、保护、恢复海洋资源为目的，并且工程主体位于海岸线向海一侧的新建、改建、扩建工程。具体包括：①围填海、海上堤坝工程；②人工岛、海上和海底物资储藏设施、跨海桥梁、海底隧道工程；③海底管道、海底电（光）缆工程；④海洋矿产资源勘探开发及其附属工程；⑤海上潮汐电站、波浪电站、温差电站等海洋能源开发利用工程；⑥大型海水养殖场、人工鱼礁工程；⑦盐田、海水淡化等海水综合利用工程；⑧海上娱乐及运动、景观开发工程；⑨国家海洋主管部门会同生态环境部规定的其他海洋工程。

（二）海洋工程的环境管理与污染防治

1. 海洋工程的环境管理

（1）海洋工程实行环境影响评价制度

海洋工程的环境影响评价，应当以工程对海洋环境和海洋资源的影响为重点进行综合分析、预测和评估，并提出相应生态保护措施，预防、控制或减轻工程对海洋环境和海洋资源造成的影响和破坏。

海洋工程需要拆除或改作他用的，应当在作业前报原核准该工程环境影响报告书的海洋主管部门备案。拆除或改变用途后可能产生重大环境影响的，应当进行环境影响评价。

（2）海洋工程实行“三同时”制度

海洋工程的环境保护设施应当与主体工程同时设计、同时施工、同时投产使用。

建设单位应当在海洋工程投入运行之日30个工作日前，向原核准该工程环境影响报告书的海洋主管部门申请环境保护设施的验收；海洋工程投入试运行的，应当自该工程投入试运行之日起60个工作日内，向原核准该工程环境影响报告书的海洋主管部门申请环境保护设施的验收。

分期建设、分期投入运行的海洋工程，其相应的环境保护设施应当分期验收。

海洋主管部门应当自收到环境保护设施验收申请之日起 30 个工作日内完成验收；验收不合格的，应当限期整改。验收合格方可投入运行。

建设单位不得擅自拆除或闲置海洋工程的环境保护设施。

2. 海洋工程的污染防治

①严格控制围填海工程。禁止在经济生物的自然产卵场、繁殖场、索饵场和鸟类栖息地进行围填海活动。围填海工程的填充材料应当符合有关环保标准。

②建设海洋工程，不得造成领海基点及其周围环境的侵蚀、淤积和损害，危及领海基点的稳定。进行海上堤坝、跨海桥梁、海上娱乐及运动、景观开发工程建设的，应当采取有效措施防止对海岸的侵蚀或淤积。

③污水离岸排放工程排污口的设置应当符合海洋功能区划和海洋环境保护规划，不得损害相邻海域的功能。污水离岸排放必须达标排放；在实行污染物排海总量控制的海域，必须符合总量控制指标。

④从事海水养殖的养殖者，应当采取科学养殖方式，减少养殖饵料对海洋环境的污染。因养殖污染海域或严重破坏海洋景观的，养殖者应当予以恢复和整治。

⑤建设单位在海洋固体矿产资源勘探开发工程的建设、运行过程中，应当采取有效措施，防止污染物大范围悬浮扩散，破坏海洋环境。

⑥海洋油气矿产资源勘探开发作业中应当配备油水分离设施、含油污水处理设备、排油监控装置、残油和废油回收设施、垃圾粉碎设备。

⑦海洋油气矿产资源勘探开发作业中所使用的固定式平台、移动式平台、浮式储油装置、输油管线及其他辅助设施，应当符合防渗、防漏、防腐蚀的要求；作业单位应当经常检查，防止发生漏油事故。

⑧海洋工程建设过程中需要进行海上爆破作业的，建设单位应当在爆破作业前报告海洋主管部门，海洋主管部门应当及时通报海事、渔业等有关部门。进行海上爆破作业，应当设置明显的标志、信号，并采取有效措施保护海洋资源。在重要渔业水域进行炸药爆破作业或进行其他可能对渔业资源造成损害的作业活动的，应当避开主要经济类鱼虾的产卵期。

⑨海洋工程需要在海上弃置的，应当拆除可能造成海洋环境污染损害或影响海洋资源开发利用的部分，并按照有关海洋倾倒废弃物管理的规定进行。海洋工程拆除时，施工单位应当编制拆除的环境保护方案，采取必要的措施，防止对海洋环境造成污染和损害。

3. 污染物排放或处置管理

①海洋油气矿产资源勘探开发作业中产生的污染物的处置，含油污水不得直接或经稀释排放入海，应当经处理符合国家有关排放标准后再排放；塑料制品、残油、废油、油基泥浆、含油垃圾和其他有毒有害残液残渣，不得直接排放或弃置入海，应当集中储存在专门容器中，运回陆地处理。

②严格控制向水基泥浆中添加油类，确需添加的，应当如实记录并向原核准该工程环境影响报告书的海洋主管部门报告添加油的种类和数量。禁止向海域排放含油量超过国家规定标准的水基泥浆和钻屑。

③建设单位在海洋工程试运行或正式投入运行后，应当如实记录污染物排放设施、处理设备的运转情况及其污染物的排放、处置情况，并按照国家海洋主管部门的规定，定期向原核准该工程环境影响报告书的海洋主管部门报告。

④县级以上人民政府海洋主管部门，应当按照各自的权限核定海洋工程排放污染物的种类、数量，根据国务院价格主管部门和财政部门制定的收费标准确定排污者应当缴纳的排污费数额（依法缴纳环境保护税的，不再缴纳排污费）。

⑤海洋油气矿产资源勘探开发作业中应当安装污染物流量自动监控仪器，对生产污水、机舱污水和生活污水的排放进行计量。

⑥禁止向海域排放油类、酸液、碱液、剧毒废液和高、中水平放射性废水；

严格限制向海域排放低水平放射性废水，确需排放的，应当符合国家放射性污染防治标准。

⑦严格限制向大气排放含有毒物质的气体，确需排放的，应当经过净化处理达到国家或地方规定的排放标准；向大气排放含放射性物质的气体，应当符合国家放射性污染防治标准。

⑧严格控制向海域排放含有不易降解的有机物和重金属的废水；其他污染物的排放应当符合国家或地方标准。

（三）海洋工程违法行为及查处规定

《防治海洋工程建设项目污染损害海洋环境管理条例》第四十五条至第五十六条规定了有关海洋工程的违法行为及应承担的法律责任（表 2-12）。

表 2-12 违反《防治海洋工程建设项目污染损害海洋环境管理条例》的行为及应承担的法律责任

责任条款	违法行为款项	应承担的法律责任
第四十五条	（一）环境影响报告书未经核准，擅自开工建设的 （二）海洋工程环境保护设施未申请验收或经验收不合格即投入运行的	建设单位有本条款项行为之一的，由负责核准该工程环境影响报告书的海洋主管部门责令停止建设、运行，限期补办手续，并处五万元以上二十万元以下的罚款
第四十六条	（一）海洋工程的性质、规模、地点、生产工艺或拟采取的环境保护措施发生重大改变，未重新编制环境影响报告书报原核准该工程环境影响报告书的海洋主管部门核准的 （二）自环境影响报告书核准之日起超过五年，海洋工程方开工建设，其环境影响报告书未重新报原核准该工程报告书的海洋主管部门核准的 （三）海洋工程需要拆除或改作他用时，未报原核准该工程环境影响报告书的海洋主管部门备案或未按要求进行环境影响评价的	建设单位有本条款项行为之一的，由原核准该工程环境影响报告书的海洋主管部门责令停止建设、运行，限期补办手续，并处五万元以上二十万元以下的罚款
第四十七条	（一）擅自拆除或闲置环境保护设施的 （二）未在规定时间内进行环境影响后评价或未按要求采取整改措施的	建设单位有本条款项行为之一的，由原核准该工程环境影响报告书的海洋主管部门责令限期改正；逾期不改正的，责令停止运行，并处一万元以上十万元以下的罚款

责任条款	违法行为款项	应承担的法律责任
第四十八条	（一）造成领海基点及其周围环境被侵蚀、淤积或损害的 （二）违反规定在海洋自然保护区内进行海洋工程建设活动的	建设单位有本条款项行为之一的，由县级以上人民政府海洋主管部门责令停止建设、运行，限期恢复原状；逾期未恢复原状的，海洋主管部门可以指定具有相应资质的单位代为恢复原状，所需费用由建设单位承担，并处恢复原状所需费用1倍以上2倍以下的罚款
第四十九条	建设单位在围填海工程中使用的填充材料不符合有关环境保护标准的	由县级以上人民政府海洋主管部门责令限期改正；逾期不改正的，责令停止建设、运行，并处五万元以上二十万元以下的罚款；造成海洋环境污染事故，直接负责的主管人员和其他直接责任人员构成犯罪的，依法追究刑事责任
第五十条	（一）未按规定报告污染物排放设施、处理设备的运转情况或污染物的排放、处置情况的 （二）未按规定报告其向水基泥浆中添加油的种类和数量的 （三）未按规定将防治海洋工程污染损害海洋环境的应急预案备案的 （四）在海上爆破作业前未按规定报告海洋主管部门的 （五）进行海上爆破作业时，未按规定设置明显标志、信号的	建设单位有本条款项行为之一的，由原核准该工程环境影响报告书的海洋主管部门责令限期改正；逾期不改正的，处一万元以上五万元以下的罚款
第五十一条	建设单位进行海上爆破作业时未采取有效措施保护海洋资源的	由县级以上人民政府海洋主管部门责令限期改正；逾期未改正的，处一万元以上十万元以下的罚款
	建设单位在重要渔业水域进行炸药爆破或进行其他可能对渔业资源造成损害的作业，未避开主要经济类鱼虾产卵期的	由县级以上人民政府海洋主管部门予以警告、责令停止作业，并处五万元以上二十万元以下的罚款
第五十二条	海洋油气矿产资源勘探开发单位向海洋排放含油污水，或将塑料制品、残油、废油、油基泥浆、含油垃圾和其他有毒有害残液残渣直接排放或弃置入海的	由国家海洋主管部门或其派出机构责令限期清理，并处二万元以上二十万元以下的罚款；逾期未清理的，国家海洋主管部门或其派出机构可以指定有相应资质的单位代为清理，所需费用由海洋油气矿产资源勘探开发单位承担；造成海洋环境污染事故，直接负责的主管人员和其他直接责任人员构成犯罪的，依法追究刑事责任

责任条款	违法行为款项	应承担的法律责任
第五十三条	海水养殖者未按规定采取科学的养殖方式，对海洋环境造成污染或严重影响海洋景观的	由县级以上人民政府海洋主管部门责令限期改正；逾期不改正的，责令停止养殖活动，并处清理污染或恢复海洋景观所需费用1倍以上2倍以下的罚款
第五十四条	建设单位未缴纳排污费的（依照法律规定缴纳环境保护税的，不再缴纳排污费）	由县级以上人民政府海洋主管部门责令限期缴纳；逾期拒不缴纳的，处应缴纳排污费数额2倍以上3倍以下的罚款
第五十五条	造成海洋环境污染事故	直接负责的主管人员和其他直接责任人员构成犯罪的，依法追究刑事责任
第五十六条	（一）未按规定核准海洋工程环境影响报告书的 （二）未按规定验收环境保护设施的 （三）未按规定对海洋环境污染事故进行报告和调查处理的 （四）未按规定征收排污费的 （五）未按规定进行监督检查的	海洋主管部门的工作人员有本条款项行为之一的，依法给予行政处分；构成犯罪的，依法追究刑事责任

三、防治海岸工程、船舶、陆源污染物对海洋环境污染损害的执法

（一）防治海岸工程建设项目对海洋环境的污染损害的执法清单

①新建、改建、扩建海岸工程建设项目，是否执行了环境影响评价审批手续，并把防治污染所需资金纳入建设项目投资计划。在依法划定的海洋自然保护区、海滨风景名胜区、重要渔业水域及其他需要特别保护的区域，是否存在从事污染环境、破坏景观的海岸工程项目建设或其他违法活动。

②海岸工程建设项目是否执行了“三同时”制度。其环境保护设施，是否与主体工程同时设计、同时施工、同时投产使用。环境保护设施是否符合经批准的环境影响评价报告书（表）的要求。

③是否存在禁止在沿海陆域内新建不具备有效治理措施的化学制浆造纸、化工、印染、制革、电镀、酿造、炼油、岸边冲滩拆船以及其他严重污染海洋环境的工业生产违法项目。

④兴建海岸工程建设项目，是否采取有效措施，保护国家和地方重点保护的野生动植物及其生存环境和海洋水产资源。

⑤是否严格限制在海岸采挖砂石。露天开采海滨砂矿和从岸上打井开采海底矿产资源，是否采取有效措施，防止污染海洋环境。

（二）防治船舶及有关作业活动对海洋环境的污染损害的执法清单

所有船舶均有监视海上污染的义务，在发现海上污染事故或违法行为时，应当立即向就近的依照本法规定行使海洋环境监督管理权的部门报告。

民用航空器发现海上排污或污染事件，应当及时向就近的民用航空空中交通管制单位报告。接到报告的单位，应当立即向依照本法规定行使海洋环境监督管理权的部门通报。

①检查在我国管辖海域，是否存在船舶及相关作业向海洋排放污染物、废弃物和压载水、船舶垃圾及其他有害物质的违法行为。从事船舶污染物、废弃物、船舶垃圾接收、船舶清舱、洗舱作业活动的，必须具备相应的接收处理能力。

②检查船舶是否按规定持有防止海洋环境污染的证书与文书，在进行涉及污染物排放及操作时，如实记录。

③检查船舶是否按规定配置相应的防污设备和器材。载运具有污染危害性货物的船舶，其结构与设备应当能够防止或减轻所载货物对海洋环境的污染。

④检查船舶是否遵守海上交通安全法律、法规的规定，防止因碰撞、触礁、搁浅、火灾或爆炸等引起的海难事故，造成海洋环境的污染。

⑤检查载运具有污染危害性货物进出港口的船舶，其承运人、货物所有人或代理人，是否事先向海事行政主管部门申报。应当经批准后，进出港口、过境停留或装卸作业。

⑥检查交付船舶装运污染危害性货物的单证、包装、标志、数量限制等，是否符合对所装货物的有关规定。需要船舶装运污染危害性不明的货物，应当按照有关规定事先进行评估。装卸油类及有毒有害货物的作业，船岸双方应当遵守安全防污操作规程。

⑦检查港口、码头、装卸站和船舶修造厂是否按照有关规定备有足够的用于处理船舶污染物、废弃物的接收设施，并使该设施处于良好状态。装卸油类的港

口、码头、装卸站和船舶应当编制溢油污染应急计划，并配备相应的溢油污染应急设备和器材。

⑧检查船舶及有关作业活动是否遵守有关法律法规和标准，采取有效措施防止造成海洋环境污染。船舶进行散装液体污染危害性货物的过驳作业，应当事先按照有关规定报经海事行政主管部门批准。

（三）防治陆源污染物对海洋环境的污染损害的执法清单

①检查向海域排放陆源污染物，是否严格执行国家或地方规定的标准和有关规定。

②检查入海排污口位置的选择，是否经设区的市级以上人民政府生态环境主管部门审查批准。生态环境主管部门在批准设置入海排污口之前，必须征求海洋、海事、渔业行政主管部门和军队环境保护部门的意见。

在海洋自然保护区、重要渔业水域、海滨风景名胜区和其他需要特别保护的区域，不得新建排污口。

在有条件的地区，应当将排污口深海设置，实行离岸排放。设置陆源污染物深海离岸排放排污口，应当根据海洋功能区划、海水动力条件和海底工程设施的有关情况确定，具体办法由国务院规定。

③检查排放陆源污染物的单位，是否向生态环境主管部门申报拥有的陆源污染物排放设施、处理设施和在正常作业条件下排放陆源污染物的种类、数量和浓度，并提供防治海洋环境污染方面的有关技术和资料。排放陆源污染物的种类、数量和浓度有重大改变的，应当及时申报。

④检查是否存在向海域排放油类、酸液、碱液、剧毒废液和高、中水平放射性废水的违法行为。严格限制向海域排放低水平放射性废水；确需排放的，必须严格执行国家辐射防护规定；严格控制向海域排放含有不易降解的有机物和重金属的废水。

⑤检查含病原体的医疗污水、生活污水和工业废水是否经过处理，符合国家有关排放标准后排入海域。

⑥检查含有机物和营养物质的工业废水、生活污水，是否做到严格控制向海湾、半封闭海及其他自净能力较差的海域排放。

⑦检查向海域排放含热废水，是否采取有效措施，保证邻近渔业水域的水温符合国家海洋环境质量标准，避免热污染对水产资源的危害。

⑧检查沿海农田、林场施用化学农药，是否执行国家农药安全使用的规定和标准。沿海农田、林场应当合理使用化肥和植物生长调节剂。

⑨检查在岸滩弃置、堆放和处理尾矿、矿渣、煤灰渣、垃圾和其他固体废物的，是否依照《固体废物污染环境防治法》的有关规定执行。

⑩检查是否存在经我国内水、领海转移危险废物的违法行为。经我国管辖的其他海域转移危险废物的，必须先取得生态环境部的书面同意。

（四）防治倾倒废弃物对海洋环境的污染损害的执法清单

①检查是否存在未经国家海洋行政主管部门批准，向中国管辖海域倾倒任何废弃物的违法行为。需要倾倒废弃物的单位，应当向国家海洋行政主管部门提出书面申请，经国家海洋行政主管部门审查批准，发给许可证后倾倒。禁止境外的废弃物在中国管辖海域倾倒的违法行为。

②检查获准倾倒废弃物的单位，是否按照许可证注明的期限及条件，到指定的区域进行倾倒。废弃物装载之后，应当经批准部门核实。

③检查获准倾倒废弃物的单位，是否详细记录倾倒的情况，并在倾倒后向批准部门作出书面报告。倾倒废弃物的船舶应当向驶出港的海事行政主管部门作出书面报告。

④检查是否存在在海上焚烧废弃物的违法行为。

⑤检查在海上处置放射性废弃物或其他放射性物质是否符合国家规定。

四、违反《海洋环境保护法》的行为及查处规定

《海洋环境保护法》第七十三条至第九十三条规定了有关海洋环境保护的违法行为及应承担的法律责任（表 2-13）。关于造成海洋环境污染损害事件的责任追究见项目五。

表 2-13　违反《海洋环境保护法》的行为及应承担的法律责任

责任条款	违法行为款项	应承担的法律责任
第七十三条	（一）向海域排放本法禁止排放的污染物或其他物质的 （二）不按照本法规定向海洋排放污染物，或超过标准、总量控制指标排放污染物的 （三）未取得海洋倾倒许可证，向海洋倾倒废弃物的 （四）因发生事故或其他突发性事件，造成海洋环境污染事故，不立即采取处理措施的	有本条款项行为之一的，由依照本法规定行使海洋环境监督管理权的部门责令停止违法行为、限期改正或责令采取限制生产、停产整治等措施，并处以罚款；拒不改正的，依法作出处罚决定的部门可以自责令改正之日的次日起，按照原罚款数额按日连续处罚；情节严重的，报经有批准权的人民政府批准，责令停业、关闭。 有前款第（一）、（三）项行为之一的，处三万元以上二十万元以下的罚款；有前款第（二）、（四）项行为之一的，处二万元以上十万元以下的罚款
第七十四条	（一）不按照规定申报，甚至拒报污染物排放有关事项，或在申报时弄虚作假的 （二）发生事故或其他突发性事件不按照规定报告的 （三）不按照规定记录倾倒情况，或不按照规定提交倾倒报告的 （四）拒报或谎报船舶载运污染危害性货物申报事项的	有本条款项行为之一的，由依照本法规定行使海洋环境监督管理权的部门予以警告，或处以罚款。 有前款第（一）、（三）项行为之一的，处二万元以下的罚款；有前款第（二）、（四）项行为之一的，处五万元以下的罚款
第七十五条	拒绝现场检查，或在被检查时弄虚作假的	由依照本法规定行使海洋环境监督管理权的部门予以警告，并处二万元以下的罚款
第七十六条	造成珊瑚礁、红树林等海洋生态系统及海洋水产资源、海洋保护区破坏的	由依照本法规定行使海洋环境监督管理权的部门责令限期改正和采取补救措施，并处一万元以上十万元以下的罚款；有违法所得的，没收其违法所得
第七十七条	违反规定设置入海排污口的	由县级以上地方人民政府生态环境主管部门责令其关闭，并处二万元以上十万元以下的罚款
第七十八条	经中华人民共和国管辖海域，转移危险废物的	由国家海事行政主管部门责令非法运输该危险废物的船舶退出中国管辖海域，并处五万元以上五十万元以下的罚款
第七十九条	海岸工程建设项目未依法进行环境影响评价的	依照《环境影响评价法》的规定处理

责任条款	违法行为款项	应承担的法律责任
第八十条	海岸工程建设项目未建成环境保护设施，或环境保护设施未达到规定要求即投入生产、使用的	由生态环境主管部门责令其停止生产或使用，并处二万元以上十万元以下的罚款
第八十一条	新建严重污染海洋环境的工业生产建设项目的	按照管理权限，由县级以上人民政府责令关闭
第八十二条	海洋工程建设项目单位应当对海洋环境进行科学调查，编制海洋环境影响报告书（表），并在建设项目开工前，报海洋行政主管部门审查批准。违反该规定，进行海洋工程建设项目的	由海洋行政主管部门责令其停止施工，根据违法情节和危害后果，处建设项目总投资额百分之一以上百分之五以下的罚款，并可以责令恢复原状
	海洋工程建设项目未建成环境保护设施、环境保护设施未达到规定要求即投入生产、使用的	由海洋行政主管部门责令其停止生产、使用，并处五万元以上二十万元以下的罚款
第八十三条	使用含超标准放射性物质或易溶出有毒有害物质材料的	由海洋行政主管部门处五万元以下的罚款，并责令其停止该建设项目的运行，直到消除污染危害
第八十四条	进行海洋石油勘探开发活动，造成海洋环境污染的	由国家海洋行政主管部门予以警告，并处二万元以上二十万元以下罚款
第八十五条	不按照许可证的规定倾倒，或向已经封闭的倾倒区倾倒废弃物的	由海洋行政主管部门予以警告，并处三万元以上二十万元以下的罚款；对情节严重的，可以暂扣或吊销许可证
第八十六条	将中国境外废弃物运进中国管辖海域倾倒的	由国家海洋行政主管部门予以警告，并根据造成或可能造成的危害后果，处十万元以上一百万元以下的罚款
第八十七条	（一）港口、码头、装卸站及船舶未配备防污设施、器材的 （二）船舶未持有防污证书、防污文书，或不按照规定记载排污记录的 （三）从事水上和港区水域拆船、旧船改装、打捞和其他水上、水下施工作业，造成海洋环境污染损害的 （四）船舶载运的货物不具备防污适运条件的	有符合相关款项行为之一的，由依照本法规定行使海洋环境监督管理权的部门予以警告，或处以罚款；有前款第（一）、（四）项行为之一的，处二万元以上十万元以下的罚款；有前款第（二）项行为的，处二万元以下的罚款；有前款第（三）项行为的，处五万元以上二十万元以下的罚款
第八十八条	船舶、石油平台和装卸油类的港口、码头、装卸站不编制溢油应急计划的	由按本法规定行使海洋环境监督管理权的部门予以警告，或责令限期改正
第九十二条	有关缴纳排污费、倾倒费规定的违法行为	行政处罚由国务院规定
第九十三条	海洋环境监督管理人员滥用职权、玩忽职守、徇私舞弊，造成海洋环境污染损害的	依法给予行政处分；构成犯罪的，依法追究刑事责任

扫码下载学习资料
任务 9-2 案例放送
任务 9-3 更多资讯和案例

知识点应用与训练

【填空题】

1．海洋环境包括中国________、________、毗连区、________、_______以及中国管辖的其他海域。

2．按照生态环境管理要求，海洋工程必须实行______________________制度和______________________制度。

3．在有条件的地区，应当将排污口深海设置，实行______排放。

【单选题】

1．以下属于合法排污行为的是（　）。

A.港口、码头未配备防污设施、器材

B.船舶未配备防污设施、器材

C.装卸站建设未进行环境影响评价就投产

D.非保护区沿海工厂将排污口深海设置，实行离岸排放

E.某跨海大桥自环境影响报告书核准之日起超过 5 年才开工建设，没有再补办环评文件

2．以下属于可以在海域排放的废水是（　）。

A.排放油类　　B.任意排放低水平放射性废水

C.含病原体经过处理达标的医疗污水　　D.生活污水　　E.废酸碱

【多选题】

1．以下属于海洋工程的是（　　）

A.海上堤坝　　B.跨海大桥　　C.海洋矿产资源勘探开发

D.大型海水养殖场　　E.潮汐电站

2．以下不得新建排污口的海洋区域有（　　）

A.海洋自然保护区

B.重要渔业水域

C.海滨风景名胜区

D.港口

3．以下属于违法行为的是（　　）

A.向已经封闭的倾倒区倾倒废弃物

B.船舶使用易溶出有毒有害物质材料

C.在海上临时设置排污口

D.向海域限量排放低水平放射性废水

【简答题】

1．列出海洋工程现场执法检查清单。

2．列出防治陆源污染源对海洋污染的执法清单。

【实训项目】

沿海城市开展一次海滨工厂现场执法仿真实训。带上执法取证工具和采样工具。

扫码下载学习资料

任务9-4 陆源污染物对海洋环境的污染损害的现场检查表

项目三　生态环境行政处罚与行政复议

任务 10　生态环境行政处罚

工作任务：对某企业环境违法行为进行行政处罚模拟操作。

建议学时：3～4 学时。

学习目标：①能识别不同环境法律责任。

②能对生态环境违法行为提出处罚意见。

③能正确实施行政处罚程序。

教学过程：设计"课前+课中+课后"学习任务，实施"线上+线下"立体化教学。

教学方法：启发式、微视频、案例分析。

教学模式：任务引领→思政与案例分析→模块知识领学→任务实践、教学方法应用→任务完成与点评→练习与实践训练。

教学平台及媒体：多媒体教室、移动设备、校外实训基地、云班课、钉钉、微信、腾讯；教学课件包、教材。

思政元素：展示各类生态环境行政处罚的警示案例、视频；宣传我国生态环境法治建设的重要性；做事严谨，树立生态"铁军"的使命感和环保"排头兵"的时代精神。

一、辨识环境法律责任类别

法律责任，是指公民、法人或其他组织实施违法行为而受到的相应法律制裁。

环境法律责任，是指环境法主体因违反其法律义务而应当依法承担的，具有强制性否定性法律后果。

环境法律责任包括环境行政责任、环境民事责任和环境刑事责任。

（一）环境行政责任

环境行政责任，是指违反环境保护行政管理法律、法规的单位和个人所应承担的行政管理的法律责任。

责任承担对象为法人单位及其领导者和直接责任人，其他公民，行政管理机关及其所属的公务人员。

1. 构成要件

行为有违法性、行为人有主观过错。主观过错分故意和过失两种：

①故意。行为人明知自己的行为会造成污染或破坏环境的结果，并放任这种结果发生（间接故意，如企业无视环境法律规定偷排、乱排废水造成水环境污染），或希望发生（直接故意，如狩猎国家保护动物）。

②过失。行为人因疏忽大意或过于自信，造成危害后果而没有预见到的心理状态。如工厂疏于管理，排放污水发生的污染事故或轻信经验判断失误造成污染事故。

当事人有证据足以证明没有主观过错的，不予行政处罚。法律、行政法规另有规定的，从其规定。

2. 责任形式

行政法律责任包括行政处罚和行政处分。

（1）行政处罚

根据《行政处罚法》，行政处罚是指行政机关依法对违反行政管理秩序的公民、法人或其他组织，以减损权益或增加义务的方式予以惩戒的行为。

①处罚形式：警告、通报批评；罚款、没收违法所得、没收非法财物；暂扣许可证件、降低资质等级、吊销许可证件；限制开展生产经营活动、责令停产停

业、责令关闭、限制从业；行政拘留；法律、行政法规规定的其他行政处罚。其中，限制人身自由的行政处罚，只能由法律设定。除法律、法规、规章外，其他规范性文件不得设定行政处罚。

②实施处罚的机关。国家在生态环境、城市管理、市场监管、文化市场、交通运输、应急管理、农业等领域推行建立综合行政执法制度，相对集中行政处罚权。国务院或省、自治区、直辖市人民政府可以决定一个行政机关行使有关行政机关的行政处罚权。

法律、法规授权的具有管理公共事务职能的组织可以在法定授权范围内实施行政处罚，比如生态环境执法机构是专职负责生态环境主管部门的现场执法工作。《行政处罚法》规定，委托行政机关对受委托组织实施行政处罚的行为应当负责监督，并对该行为的后果承担法律责任。受委托组织在委托范围内，以委托行政机关名义实施行政处罚；不得再委托其他组织或个人实施行政处罚。

行政拘留的行政处罚权只能由公安机关和法律规定的其他机关行使。

③适用行政拘留的环境违法案件。根据《行政主管部门移送适用行政拘留环境违法案件暂行办法》（公治〔2014〕853 号），县级以上人民政府生态环境主管部门或其他负有环境保护监督管理职责的部门办理尚不构成犯罪，依法作出行政处罚决定后，仍需要移送公安机关处以行政拘留的案件适用行政拘留。具体规定见表 3-1。

表 3-1 《环境保护法》有关行政拘留的违法行为及具体释义

法律条款	违法行为	具体违法情形或释义
第六十三条第一款	建设项目未依法进行环境影响评价，被责令停止建设，拒不执行	（一）送达责令停止建设决定书后，再次检查发现仍在建设的； （二）现场检查时虽未建设，但有证据证明在责令停止建设期间仍在建设的； （三）被责令停止建设后，拒绝、阻扰生态环境主管部门或其他负有环境保护监督管理职责的部门核查的
第六十三条第二款	未取得排污许可证排放污染物，被责令停止排污，拒不执行	（一）送达责令停止排污决定书后，再次检查发现仍在排污的； （二）现场检查虽未发现当场排污，但有证据证明在被责令停止排污期间有过排污事实的； （三）被责令停止排污后，拒绝、阻挠生态环境主管部门或其他具有环境保护管理职责的部门核查的

法律条款	违法行为	具体违法情形或释义
第六十三条第三款	通过暗管、渗井、渗坑、灌注等不经法定排放口排放污染物等逃避监管的方式违法排放污染物	暗管是指通过隐蔽的方式达到规避监管目的而设置的排污管道，包括埋入地下的水泥管、瓷管、塑料管等，以及地上的临时排污管道； 渗井、渗坑是指无防渗漏措施或起不到防渗作用的、封闭或半封闭的坑、池、塘、井和沟、渠等； 灌注是指通过高压深井向地下排放污染物
第六十三条第三款	篡改、伪造用于监控、监测污染物排放的手工及自动监测仪器设备的监测数据	（一）违反国家规定，对污染源监控系统进行删除、修改、增加、干扰，或对污染源监控系统中存储、处理、传输的数据和应用程序进行删除、修改、增加，造成污染源监控系统不能正常运行的； （二）破坏、损毁监控仪器站房、通信线路、信息采集传输设备、视频设备、电力设备、空调、风机、采样泵及其它监控设施的，以及破坏、损毁监控设施采样管线，破坏、损毁监控仪器、仪表的； （三）稀释排放的污染物故意干扰监测数据的； （四）其他致使监测、监控设施不能正常运行的情形
第六十三条第三款	通过不正常运行防治污染设施等逃避监管的方式违法排放污染物	（一）将部分或全部污染物不经过处理设施，直接排放的； （二）非紧急情况下开启污染物处理设施的应急排放阀门，将部分或全部污染物直接排放的； （三）将未经处理的污染物从污染物处理设施的中间工序引出直接排放的； （四）在生产经营或作业过程中，停止运行污染物处理设施的； （五）违反操作规程使用污染物处理设施，致使处理设施不能正常发挥处理作用的； （六）污染物处理设施发生故障后，排污单位不及时或不按规程进行检查和维修，致使处理设施不能正常发挥处理作用的； （七）其他不正常运行污染防治设施的情形
第六十三条第四款	生产、使用国家明令禁止生产、使用的农药，被责令改正，拒不改正的行为	（一）送达责令改正文书后再次检查发现仍在生产、使用的； （二）无正当理由不及时完成责令改正文书规定的改正要求的； （三）送达责令改正文书后，拒绝、阻挠环境保护、农业、工业和信息化、质量监督检验检疫等主管部门核查的。 国家明令禁止生产、使用的农药是指法律、行政法规和国家有关部门规章、规范性文件明令禁止生产、使用的农药

《环境保护法》第六十三条规定涉及“直接负责的主管人员”，是指违法行为主要获利者和在生产、经营中有决定权的管理、指挥、组织人员；其他直接责任人员是指直接排放、倾倒、处置污染物或篡改、伪造监测数据的工作人员等。

案件移送部门应当向公安机关移送下列案卷材料：移送材料清单；案件移送书；案件调查报告；涉案证据材料；涉案物品清单；行政执法部门的处罚决定等相关材料；其他有关涉案材料等。案卷材料应当为原件，移送前应当将案卷材料复印备查。案件移送部门对移送材料的真实性、合法性负责。

（2）行政处分

行政处分又称纪律处分，是行政机关内部，上级对有隶属关系的下级违反纪律的行为或是对尚未构成犯罪的轻微违法行为所给予的纪律制裁。

①处分形式，包括警告、记过、记大过、降级、降职、撤职、开除留用察看、开除。

②实施行政处分的机关必须是具有隶属关系和行政处分权的国家行政机关或企业事业单位。

③环境行政处分与政务处分的区别。按照《中华人民共和国监察法》（以下简称《监察法》）的规定，监察委员会对违法的公职人员依法作出政务处分决定。环境行政处分与政务处分具体区别如表 3-2 所示。

表 3-2　环境行政处分与政务处分的区分

法律责任名称	环境行政处分	政务处分
实施机构	环境任免机关或监察机关按照管理权限	各级监察委员会
实施对象	国家环境行政机关及其工作人员、企业中由国家环境行政机关任命的人员有环境保护违法违纪行为	①党政机关工作人员、人大及其常务委员会机关、监察委员会、人民法院、人民检察院、政治会议各级委员会机关、民主党派机关和工商联机关的公务员，以及参照《中华人民共和国公务员法》管理的人员 ②法律、法规授权或受国家机关依法委托管理公共事务的组织中从事公务的人员 ③国有企业管理人员 ④公办的教育、科研、文化、医疗卫生、体育等单位中从事管理的人员 ⑤基层群众性自治组织中从事管理的人员 ⑥其他依法履行公职的人员
责任形式	警告、记过、记大过、降级、降职、撤职、开除留用察看、开除	警告、记过、记大过、降级、撤职、开除
法律依据	《环境保护违法违纪行为处分暂行规定》	《监察法》

《监察法》颁布后，部分行政处分应当归为政务处分。例如，生态环境执法人员在生态环境执法过程中存在职务违法，应当依法承担政务处分。

（二）环境民事责任

环境民事责任，是指公民或法人因违反《环境保护法》污染、破坏或损害环境而侵害公共财产或他人正当的环境权益，所应承担的民事方面的法律责任。

1. 构成要件

①行为的违法性。非必要条件，《环境保护法》第六十四条规定："因污染环境和破坏生态造成损害的，应当依照《中华人民共和国民事侵权法》的有关规定承担侵权责任。"2021年1月1日起，施行《中华人民共和国民法典》（以下简称《民法典》），《中华人民共和国侵权责任法》同时废止。《民法典》第一千一百六十六条规定："行为人造成他人民事权益损害，不论行为人有无过错，法律规定应当承担侵权责任的，依照其规定。"

②行为有损害的结果。

③行为与损害之间有因果关系。法律规定的一些免除行为人承担民事责任的例外除外，比如不可抗力。

2. 责任形式

排除所造成的环境危害；支付消除危害的费用；对造成的损失进行赔偿。《环境保护法》第六十六条规定："提起环境损害赔偿诉讼的时效期间为三年，从当事人知道或应当知道其受到损害时起计算。"

因环境污染引起民事纠纷的调查处理详见任务15。

（三）环境刑事责任

环境刑事责任，指因违反环境法律或刑事法律而严重污染或破坏环境，造成财产重大损失或人身伤亡，构成犯罪所应承担的刑事方面的责任。

1. 构成要件

破坏环境的犯罪构成要件，同一般犯罪构成没有实质上的区别，但也具有一定的特点。

（1）犯罪主体

根据《环境保护法》和《刑法》的规定，关于环境犯罪的主体，已打破了“个人刑罚观”，除了达到法定年龄具备刑事责任能力的自然人，还包括法人。

（2）犯罪客体

破坏环境资源罪的犯罪客体，是指侵害各种环境要素和自然资源从而侵犯财产所有权、人身权和环境权。环境犯罪的客体具有复合客体的特征。

（3）犯罪的客观方面

犯罪的客观方面，是指有污染和破坏环境及自然资源的行为及其社会危害性。环境犯罪造成的危害后果可能特别严重，往往会造成重大污染事故，致使公私财产遭受重大损失或人身伤亡的严重后果。

未造成严重后果的环境违法行为通常是追究其行政责任。危害后果是否严重是区别行政责任和刑事责任的重要依据。如非法处置危险废物罪，即以 3 t 为界。

（4）犯罪的主观方面

犯罪的主观方面，是指犯罪主体进行犯罪行为时的故意或过失的主观心理状态。一般而言，破坏环境和资源的行为多为故意，而污染环境的行为多为过失。因损害环境的行为可能产生极其严重的危害后果，在认定是否构成环境犯罪时，就不能仅仅看社会危害性一个方面，必须强调具备犯罪的故意或过失，这是区别罪与非罪的重要界限。

2. 实施处罚的机关

司法机关依照刑事诉讼程序实施刑事处罚。

3. 责任形式

环境刑事责任的形式同一般的刑事责任的形式没有区别，主要分为主刑和附加刑。主刑的种类包括管制、拘役、有期徒刑、无期徒刑、死刑。附加型的种类包括罚金、剥夺政治权利、没收财产。附加刑可以独立适用。

关于如何处理行政处罚与刑事处罚的关系，根据两高三部《关于办理环境污染刑事案件有关问题座谈会纪要》（简称《座谈会纪要》），按照以下规定实施：①违法行为构成犯罪，应当依法追究刑事责任的，不得以行政处罚代替刑事处罚。②违法行为构成犯罪，人民法院判处拘役或有期徒刑时，行政机关已经给予当事人行政拘留的，应当依法折抵相应刑期。③违法行为构成犯罪，人民法院判处罚金时，行政机关已经给予当事人罚款的，应当折抵相应罚金；行政机关尚未给予当事人罚款的，不再罚款。

4. 环境污染刑事案件界定

在实施环境责任追究过程中遵照《座谈会纪要》执行。

（1）关于单位犯罪的认定

办理环境污染犯罪案件，认定单位犯罪时，重点打击出资者、经营者和主要获利者。为了单位利益，实施环境污染行为，并具有下列情形之一的，应当认定为单位犯罪：①经单位决策机构按照决策程序决定的。②经单位实际控制人、主要负责人或授权的分管负责人决定、同意的。③单位实际控制人、主要负责人或授权的分管负责人得知单位成员个人实施环境污染犯罪行为，并未制止或及时采取措施，而是予以追认、纵容或默许的。④使用单位营业执照、合同书、公章、印鉴等对外开展活动，并调用单位车辆、船舶、生产设备、原辅材料等实施环境污染犯罪行为的。

单位犯罪中的“直接负责的主管人员”，一般是指对单位犯罪起决定、批准、组织、策划、指挥、授意、纵容等作用的主管人员，包括单位实际控制人、主要负责人或授权的分管负责人、高级管理人员等；“其他直接责任人员”，一般是指在直接负责的主管人员的指挥、授意下积极参与实施单位犯罪或对具体实施单位犯罪起较大作用的人员。

（2）关于犯罪未遂的认定

对于行为人已经着手实施非法排放、倾倒、处置有毒有害污染物的行为，由于有关部门查处或其他意志以外的原因未得逞的情形，可以污染环境罪（未遂）追究刑事责任。

（3）关于主观过错的认定

判断犯罪嫌疑人、被告人是否具有环境污染犯罪的故意，应当依据犯罪嫌疑人、被告人的任职情况、职业经历、专业背景、培训经历、本人因同类行为受到行政处罚或刑事追究情况以及污染物种类、污染方式、资金流向等证据，结合其供述，进行综合分析判断。

具有下列情形之一，犯罪嫌疑人、被告人不能作出合理解释的，可以认定其故意实施环境污染犯罪，但有证据证明确系不知情的除外：①企业没有依法通过环境影响评价，或未依法取得排污许可证，排放污染物，或已经通过环境影响评价并且防治污染设施验收合格后，擅自更改工艺流程、原辅材料，导致产生新的污染物质。②不使用验收合格的防治污染设施或不按规范要求使用。③防治污染设施发生故障，发现后不及时排除，继续生产放任污染物排放。④生态环境主管部门责令限制生产、停产整治或予以行政处罚后，继续生产放任污染物排放。⑤将危险废物委托第三方处置，没有尽到查验经营许可的义务，或委托处置费用明显低于市场价格或处置成本。⑥通过暗管、渗井、渗坑、裂隙、溶洞、灌注等逃避监管排放污染物。⑦通过篡改、伪造监测数据的方式排放污染物。⑧其他足以认定的情形。

（4）关于生态环境损害标准的认定

“造成生态环境严重损害的”“造成生态环境特别严重损害的”定罪量刑标准，2017 年，中央办公厅、国务院办公厅印发《生态环境损害赔偿制度改革方案》，在全国范围内试行生态环境损害赔偿制度。在损害赔偿制度试行阶段，全国各省（自治区、直辖市）可以结合本地实际情况，因地制宜，因时制宜，根据案件具体情况准确认定“造成生态环境严重损害”和“造成生态环境特别严重损害”。

（5）关于非法经营罪的适用

要高度重视非法经营危险废物案件的办理，坚持全链条、全环节、全流程对非法排放、倾倒、处置、经营危险废物的产业链进行刑事打击，查清犯罪网络，深挖犯罪源头，斩断利益链条，不断挤压和铲除此类犯罪滋生蔓延的空间。把握两个原则：

一是坚持实质判断原则。对行为人非法经营危险废物行为的社会危害性作实质性判断。如一些单位或个人虽未依法取得危险废物经营许可证，但其收集、贮存、利用、处置危险废物经营活动，没有超标排放污染物、非法倾倒污染物或其他违法造成环境污染情形的，则不宜以非法经营罪论处。

二是坚持综合判断原则。对行为人非法经营危险废物行为根据其在犯罪链条中的地位、作用综合判断其社会危害性。如有证据证明单位或个人的无证经营危险废物行为属于危险废物非法经营产业链的一部分，并且已经形成了分工负责、利益均沾、相对固定的犯罪链条，如果行为人或与其联系紧密的上游或下游环节具有排放、倾倒、处置危险废物违法造成环境污染的情形，且交易价格明显异常的，对行为人可以根据案件具体情况在污染环境罪和非法经营罪中，择一重罪处罚。

（6）关于投放危险物质罪的适用

司法实践中对环境污染行为适用投放危险物质罪追究刑事责任时，应当重点审查判断行为人的主观恶性、污染行为恶劣程度、污染物的毒害性危险性、污染持续时间、污染结果是否可逆、是否对公共安全造成现实、具体、明确的危险或危害等各方面因素。对于行为人明知其排放、倾倒、处置的污染物含有毒害性、放射性、传染病病原体等危险废物，仍实施环境污染行为放任其危害公共安全，造成重大人员伤亡、重大公私财产损失等严重后果，以污染环境罪论处明显不足以罚当其罪的，可以按投放危险物质罪定罪量刑。

实践中，此类情形主要是向饮用水水源保护区，饮用水供水单位取水口和出水口，南水北调水库、干渠、涵洞等配套工程，重要渔业水体以及自然保护区核心区等特殊保护区域，排放、倾倒、处置毒害性极强的污染物，危害公共安全并造成严重后果的情形。

（7）关于涉大气污染环境犯罪的处理

打赢"蓝天保卫战"是打好污染防治攻坚战的重中之重。对重污染天气预警期间，违反国家规定，超标排放二氧化硫、氮氧化物，受过行政处罚后又实施上述行为或具有其他严重情节的，可以适用《最高人民法院　最高人民检察院　关于办理环境污染刑事案件适用法律若干问题的解释》（以下简称《环境解释》）第一条第十八项规定的"其他严重污染环境的情形"追究刑事责任。

（8）关于非法排放、倾倒、处置行为的认定

司法实践中认定非法排放、倾倒、处置行为时，应当根据《固体废物污染环境防治法》和《环境解释》的有关规定，从其行为方式是否违反国家规定或行业操作规范、污染物是否与外环境接触、是否造成环境污染的危险或危害等方面进行综合分析判断。对名为运输、贮存、利用，实为排放、倾倒、处置的行为应当认定为非法排放、倾倒、处置行为，可以依法追究刑事责任。例如，未采取相应防范措施将没有利用价值的危险废物长期贮存、搁置，放任危险废物或其有毒有害成分大量扬散、流失、泄漏、挥发，污染环境的。

（9）关于有害物质的认定

常见的有害物质主要有：工业危险废物以外的其他工业固体废物；未经处理的生活垃圾；有害大气污染物、受控消耗臭氧层物质和有害水污染物；在利用和处置过程中必然产生有毒有害物质的其他物质；生态环境部会同国家卫健委公布的有毒有害污染物名录中的有关物质等。

（10）关于从重处罚情形的认定

对于发生在长江经济带 11 省（直辖市）的下列环境污染犯罪行为，可以从重处罚：①跨省（直辖市）排放、倾倒、处置有放射性的废物、含传染病病原体的废物、有毒物质或其他有害物质的。②向国家确定的重要江河、湖泊或其他跨省（直辖市）江河、湖泊排放、倾倒、处置有放射性的废物、含传染病病原体的废物、有毒物质或其他有害物质。

（11）关于严格适用不起诉、缓刑、免予刑事处罚

具有下列情形之一的，一般不适用不起诉、缓刑或免予刑事处罚：①不如实供述罪行的。②属于共同犯罪中情节严重的主犯的。③犯有数个环境污染犯罪依法实行并罚或以一罪处理的。④曾因环境污染违法犯罪行为受过行政处罚或刑事处罚的。⑤其他不宜适用不起诉、缓刑、免予刑事处罚的情形。

对于情节恶劣、社会反映强烈的环境污染犯罪，不得适用缓刑、免予刑事处罚。人民法院对判处缓刑的被告人，一般应当同时宣告禁止令，禁止其在缓刑考验期内从事与排污或处置危险废物有关的经营活动。生态环境主管部门根据禁止令，对上述人员担任实际控制人、主要负责人或高级管理人员的单位，依法不得发放排污许可证或危险废物经营许可证。

（12）关于管辖的问题

跨区域环境污染犯罪案件由犯罪地的公安机关管辖。如果由犯罪嫌疑人居住地的公安机关管辖更为适宜的，可以由犯罪嫌疑人居住地的公安机关管辖。犯罪地包括环境污染行为发生地和结果发生地。

“环境污染行为发生地”包括环境污染行为的实施地以及预备地、开始地、途经地、结束地以及排放、倾倒污染物的车船停靠地、始发地、途经地、到达地等地点；环境污染行为有连续、持续或继续状态的，相关地方都属于环境污染行为发生地。

“环境污染结果发生地”含污染物排放地、倾倒地、堆放地、污染发生地等。

多个公安机关都有权立案侦查的，由最初受理的或主要犯罪地的公安机关立案侦查，管辖有争议的，按照有利于查清犯罪事实、有利于诉讼的原则，由共同的上级公安机关协调确定的公安机关立案侦查，需要提请批准逮捕、移送审查起诉、提起公诉的，由该公安机关所在地的人民检察院、人民法院受理。

（13）关于危险废物的认定

根据《环境解释》，对于列入《国家危险废物名录》的，如果来源和相应特征明确，司法机关可以依据名录直接认定。对于来源和相应特征不明确的，由生态环境主管部门、公安机关等出具书面意见，司法机关可以依据涉案物质的来源、产生过程、被告人供述、证人证言以及经批准或备案的环境影响评价文件等证据，结合上述书面意见作出是否属于危险废物的认定。

对于需要生态环境主管部门、公安机关等出具书面认定意见的，区分下列情况分别处理：

①对已确认固体废物产生单位，且产废单位环评文件中明确为危险废物的，根据产废单位建设项目环评文件和审批、验收意见、案件笔录等材料，可对照《国家危险废物名录》等出具认定意见。

②对已确认固体废物产生单位，但产废单位环评文件中未明确为危险废物的，应进一步分析废物产生工艺，对照判断其是否列入《国家危险废物名录》。列入名录的可以直接出具认定意见；未列入名录的，应根据原辅材料、产生工艺等进一步分析其是否具有危险特性，不可能具有危险特性的，不属于危险废物；可能具有危险特性的，抽取典型样品进行检测，并根据典型样品检测指标浓度，对照危险废物鉴别方法标准出具认定意见。

③对固体废物产生单位无法确定的，应抽取典型样品进行检测，根据典型样品检测指标浓度，对照危险废物鉴别方法标准出具认定意见。对确需进一步委托有相关资质的检测鉴定机构进行检测鉴定的，生态环境主管部门或公安机关按照有关规定开展检测鉴定工作。

（14）关于鉴定的问题

根据《环境解释》的规定，对涉及案件定罪量刑的核心或关键专门性问题难以确定的，由司法鉴定机构出具鉴定意见。

在实践中，这类核心或关键专门性问题主要是案件具体适用的定罪量刑标准涉及的专门性问题，比如公私财产损失数额、超过排放标准倍数、污染物性质判断等。对案件的其他非核心或关键专门性问题，或可鉴定也可不鉴定的专门性问题，一般不委托鉴定。如适用《环境解释》第一条第二款“非法排放、倾倒、处置危险废物三吨以上”的规定对当事人追究刑事责任的，除可能适用公私财产损失第二档定罪量刑标准的以外，则不应再对公私财产损失数额或超过排放标准倍数进行鉴定。

（15）关于监测数据的证据资格问题

地方生态环境主管部门及其所属监测机构委托第三方监测机构出具的监测报告，其在行政执法过程中予以采用的，其实质属于《环境解释》第十二条规定的“生态环境主管部门及其所属监测机构在行政执法过程中收集的监测数据”，在刑事诉讼中可以作为证据使用。

2017 年，中共中央办公厅、国务院办公厅印发了《关于深化环境监测改革提高环境监测数据质量的意见》，规定排污单位要落实自行监测数据质量主体责任，“对数据的真实性负责”。并规定，“取消环境保护部门负责的有效性审核。重点排污单位自行开展污染源自动监测的手工比对，及时处理异常情况，确保监测数据完整有效。自动监测数据可作为环境行政处罚等监管执法的依据”。基于以上规定，一些地区生态环境主管部门认为，国家规定了企业对监测数据的主体责任，由企业自行对监测真实性负责。因此，自动监测数据可以直接作为行政处罚依据。

《行政处罚法》对于在线监控等非现场数据的运用提出了明确的条件和标准。《行政处罚法》第四十一条规定：“行政机关依照法律、行政法规规定利用电子技术监控设备收集、固定违法事实的，应当经过法制和技术审核，确保电子技术监控设备符合标准、设置合理、标志明显，设置地点应当向社会公布。”

总之，在线监控的数据运用必须经过法制和技术双审核。对于在线监控的审核而言，也就是此前生态环境主管部门开展的有效性审核。尽管国家取消了生态环境主管部门负责的有效性审核。但如果需要将在线监控数据作为行政处罚的事实依据，还是需要生态环境主管部门开展有效性审核工作，除非行政相对人已经自行开展了相关工作。

二、行政处罚的适用原则

1. 遵循公正、公开的原则

设定和实施行政处罚必须以事实为依据，与违法行为的事实、性质、情节以及社会危害程度相当。对违法行为给予行政处罚的规定必须公布；未经公布的，不得作为行政处罚的依据。

2. 坚持处罚与教育相结合原则

实施行政处罚，纠正违法行为，应当坚持处罚与教育相结合，教育公民、法人或其他组织自觉守法。

3. 当事人享有维护权利原则

公民、法人或其他组织对行政机关所给予的行政处罚，享有陈述权、申辩权；对行政处罚不服的，有权依法申请行政复议或提起行政诉讼。

公民、法人或其他组织因行政机关违法给予行政处罚受到损害的，有权依法提出赔偿要求。

4. 行政处罚法定原则

实施行政处罚权的机构按照规定范围、依照法定程序实施行政处罚。违反法定程序构成重大且明显违法的，行政处罚无效。

5. 一事不再法原则

对当事人的同一个违法行为，不得给予两次以上罚款的行政处罚。同一个违法行为违反多个法律规范应当给予罚款处罚的，按照罚款数额高的规定处罚。

三、行政处罚的管辖权与适用条件

1. 行政处罚的管辖权

①行政处罚由违法行为发生地的行政机关管辖。法律、行政法规、部门规章另有规定的，从其规定。

②行政处罚由县级以上地方人民政府具有行政处罚权的行政机关管辖。法律、行政法规另有规定的，从其规定。

③两个以上行政机关都有管辖权的，由最先立案的行政机关管辖。对管辖发生争议的，应当协商解决，协商不成的，报请共同的上一级行政机关指定管辖；也可以直接由共同的上一级行政机关指定管辖。

④违法行为涉嫌犯罪的，行政机关应当及时将案件移送司法机关，依法追究刑事责任。对依法不需要追究刑事责任或免予刑事处罚，但应当给予行政处罚的，司法机关应当及时将案件移送有关行政机关。

由此可见，法律对于行政处罚与刑事处罚的办案顺序中，明确了先“刑事”、后“行政”的处罚要求。

2. 行政处罚的适用条件

（1）关于违法所得的行政处罚规定

行政机关实施行政处罚时，应当责令当事人改正或限期改正违法行为。当事人有违法所得，除依法应当退赔的外，应当予以没收。违法所得是指实施违法行为所取得的款项。法律、行政法规、部门规章对违法所得的计算另有规定的，从其规定。

（2）“首违不罚”的界定

《行政处罚法》第三十三条规定：“初次违法且危害后果轻微并及时改正的，可以不予行政处罚。”

2020 年 8 月，上海、江苏、浙江、安徽等长三角税务部门联合出台了《长江三角洲区域税务轻微违法行为“首违不罚”清单》，首违的具体时间段确定为“一年内首次违反”。“首违不罚”不仅仅是“首违”即可，需要同时满足“危害后果轻微并及时改正的”要求。“首违不罚”与“轻微不处罚”有区分。在“轻微不处罚”中，要求“没有造成危害后果”。

“首违不罚”并不影响案件正常的“立案调查”。同时，考虑到“首违不罚”对后续违法行为的影响，即如果第二次违法必须处罚。因此，“首违不罚”仍要立案，只是免予处罚。

（3）追究违法行为时效规定

《行政处罚法》第三十六条规定：“违法行为在二年内未被发现的，不再给予行政处罚；涉及公民生命健康安全、金融安全且有危害后果的，上述期限延长至五年。法律另有规定的除外。”

是否该追溯期限的，需要把握两个关键：

一是“涉及公民生命健康安全、金融安全”。这一点需要在环境执法调查过程中予以适当体现。比如非法填埋处置危险废物等。

二是“有危害后果”。即与“公民生命健康安全、金融安全”相关的危害后果。比如环境污染行为，尚未危及“公民生命健康安全、金融安全”，但是造成了环境污染，就不算“有危害后果”。前款规定的期限，从违法行为发生之日起计算；违法行为有连续或继续状态的，从行为终了之日起计算。

（4）执法行为规范性界定

在行政执法过程中，行政执法人员也常常采取暗访的形式获取第一手的环境违法信息。特别是对于一些隐蔽性、恶意性环境违法而言，暗访暗查常常能取得出其不意的效果。

但是暗查不等同于执法。新修订的《行政处罚法》第五十五条规定："执法人员在调查或进行检查时，应当主动向当事人或有关人员出示执法证件。""执法人员不出示执法证件的，当事人或有关人员有权拒绝接受调查或检查。"

生态环境执法人员，要更加注重自身执法行为的规范性，切实做到亮证执法。同时，在暗查暗访工作中，要准确把握调查行为的界限，在未出示执法证件前，不得随意开展调查、检查工作。更为重要的是，要注意做好自身安全防护工作，避免行为不当而得不到法律保护。

（5）减轻处罚条件

当事人有下列情形之一，应当从轻或减轻行政处罚：①主动消除或减轻违法行为危害后果的；②受他人胁迫或诱骗实施违法行为的；③主动供述行政机关尚未掌握的违法行为的；④配合行政机关查处违法行为有立功表现的；⑤法律、法规、规章规定其他应当从轻或减轻行政处罚的。

（6）行政处罚决定以新法为准

实施行政处罚，适用违法行为发生时的法律、法规、规章的规定。但是，作出行政处罚决定时，法律、法规、规章已被修改或废止，且新的规定处罚较轻或不认为是违法的，适用新的规定。

四、行政处罚的管理

1. 信息依法公开

行政处罚的实施机关、立案依据、实施程序和救济渠道等信息应当公示。

具有一定社会影响的行政处罚决定应当依法公开。公开的行政处罚决定被依法变更、撤销、确认违法或确认无效的，行政机关应当在 3 日内撤回行政处罚决定信息并公开说明理由。

2. 电子信息证据需要依法审核并方便当事人查询、申辩

作为行政机关依照法律、行政法规规定利用电子技术监控设备收集、固定违法事实的，应当经过法制和技术审核，确保电子技术监控设备符合标准、设置合理、标志明显，设置地点应当向社会公布。

电子技术监控设备记录违法事实应当真实、清晰、完整、准确。行政机关应当审核记录内容是否符合要求；未经审核或经审核不符合要求的，不得作为行政处罚的证据。

行政机关应当及时告知当事人违法事实，并采取信息化手段等措施，为当事人查询、陈述和申辩提供便利。不得限制或变相限制其享有的陈述权、申辩权。

3．与案件可能有利害关系的应当回避

执法人员与案件有直接利害关系或其他关系可能影响公正执法的，应当回避。

当事人认为执法人员与案件有直接利害关系或有其他关系可能影响公正执法的，有权申请回避。

当事人提出回避申请的，行政机关应当依法审查，由行政机关负责人决定。决定作出之前，不停止调查。

4．受行政处罚的当事人享有申辩权

行政机关在作出行政处罚决定之前，应当告知当事人拟作出的行政处罚内容及事实、理由、依据，并告知当事人依法享有的陈述、申辩、要求听证等权利。

当事人有权进行陈述和申辩。行政机关必须充分听取当事人的意见，对当事人提出的事实、理由和证据，应当进行复核；当事人提出的事实、理由或证据成立的，行政机关应当采纳。

行政机关不得因当事人陈述、申辩而给予更重的处罚。

5．行政处罚全过程记录档案

行政机关应当依法以文字、音像等形式，对行政处罚的启动、调查取证、审核、决定、送达、执行等进行全过程记录，归档保存。

6．重大传染病疫情等突发事件依法快速、从重处罚

发生重大传染病疫情等突发事件，为了控制、减轻和消除突发事件引起的社会危害，行政机关对违反突发事件应对措施的行为，依法快速、从重处罚。

7．依法保守秘密

行政机关及其工作人员对实施行政处罚过程中知悉的国家秘密、商业秘密或个人隐私，应当依法予以保密。

8．行政处罚实行监督制度

行政机关应当建立健全对行政处罚的监督制度。县级以上人民政府应当定期组织开展行政执法评议、考核，加强监督检查，规范和保障行政处罚的实施。

行政机关实施行政处罚应当接受社会监督，发现有错误的，应当主动改正。公民、法人或其他组织对行政机关实施行政处罚的行为，有权申诉或检举。

五、实施行政处罚程序

实施行政处罚程序包括简易程序（图 3-1）、普通程序（图 3-2）。另外拟作出重大处罚决定时，当事人有要求听证的，行政机关应组织听证程序（图 3-3）。

1. 简易程序

适用条件：违法事实确凿并有法定依据，对公民处以二百元以下、对法人或其他组织处以三千元以下罚款或警告的行政处罚的，可以当场作出行政处罚决定。法律另有规定的从其规定。具体环境行政执法检查笔录、行政处罚有关的文书制作方法请查阅《环境行政处罚主要文书制作指南》。

扫码获取学习资源
任务 10-1 环境行政处罚主要文书制作指南

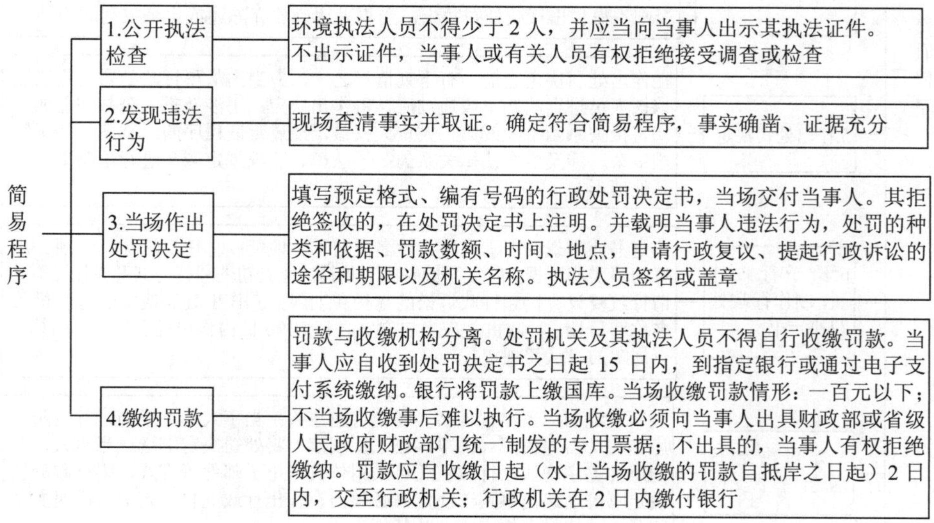

图 3-1　行政处罚简易程序

2. 普通程序

适用条件：除当场作出的行政处罚外，发现公民、法人或其他组织有依法应当给予行政处罚的行为。具体执法调查、检查笔录、立案、审查、处罚决定事先告知书、听证告知书、行政处罚决定及送达等处罚有关的文书制作方法，请查阅《环境行政处罚主要文书制作指南》。

普通程序

1.发现违法行为，公开调查、检查	发现公民、法人或其他组织有违法行为依法应当给予行政处罚（当场处罚的除外），环境执法人员不得少于2人，向当事人出示其执法证件，全面、客观、公正地调查，收集有关证据；必要时，依照法律、法规的规定进行检查
2.立案	符合立案标准的，应及时立案：依法应当或可以处罚；管辖权内。违法行为在2年内未被发现的，不再给予处罚；涉及公民生命健康安全、金融安全且有危害后果的，期限延长至五年。法律另有规定的除外
3.调查结果审查	调查终结，行政机关负责人对调查结果进行审查，分别作出：①违法行为确有应受处罚，根据情节轻重及情况作出处罚决定；②违法行为轻微，依法可不予处罚；③违法事实不成立不予处罚；④违法行为涉嫌犯罪，移送司法机关。情节复杂或重大违法行为的行政处罚，行政机关负责人应当集体讨论决定
4. 处罚决定事先告知书	行政机关及其执法人员在作出行政处罚决定之前，应当依法向当事人告知拟作出的处罚内容及事实、理由、依据，听取当事人的陈述、申辩，否则不得作出行政处罚决定。当事人明确放弃陈述或申辩权利的除外
5.作出处罚决定	在作出处罚决定之前，有下列情形之一，应当由从事行政处罚决定法制审核人员进行法制审核通过后，再作出决定：①涉及重大公共利益的；②直接关系当事人或第三人重大权益，经过听证程序的；③案件情况疑难复杂、涉及多个法律关系的；④法律、法规规定应当进行法制审核的其他情形
6.给予行政处罚，制作行政处罚决定书	决定书应当载明：①当事人姓名或名称、地址；②违反法律、法规、规章的事实和证据；③处罚的种类和依据；④处罚的履行方式和期限；⑤申请行政复议、提起行政诉讼的途径和期限；⑥作出处罚决定的行政机关名称和日期。行政机关应当自立案之日起90日内作出处罚决定。法律另有规定的，从其规定
7.处罚决定书送达，宣告交付	处罚决定书应当在宣告后当场交付当事人；当事人不在场的，行政机关应当在7日内依照《民事诉讼法》规定，将处罚决定书送达当事人，其同意并签字确认，行政机关可采用传真、电子邮件等方式，将行政处罚决定书等送达当事人。决定书必须盖有作出行政处罚决定的行政机关的印章。法律另有规定的，从其规定
8.执行行政处罚	处罚决定依法作出后，当事人应当在处罚决定书载明的期限内，予以履行。其确有经济困难，需要延期或分期缴纳罚款的，经当事人申请和行政机关批准，可以暂缓或分期缴纳。具体缴纳罚款规定见简易程序

图 3-2　行政处罚普通程序

3. 听证程序

符合听证程序的条件：行政机关拟作出下列行政处罚决定，应当告知当事人有要求听证的权利，当事人要求听证的，行政机关应当组织听证：①较大数额罚款；②没收较大数额违法所得、没收较大价值非法财物；③降低资质等级、吊销许可证件；④责令停产停业、责令关闭、限制从业；⑤其他较重的行政处罚；⑥法律、法规、规章规定的其他情形。

当事人不承担行政机关组织听证的费用。

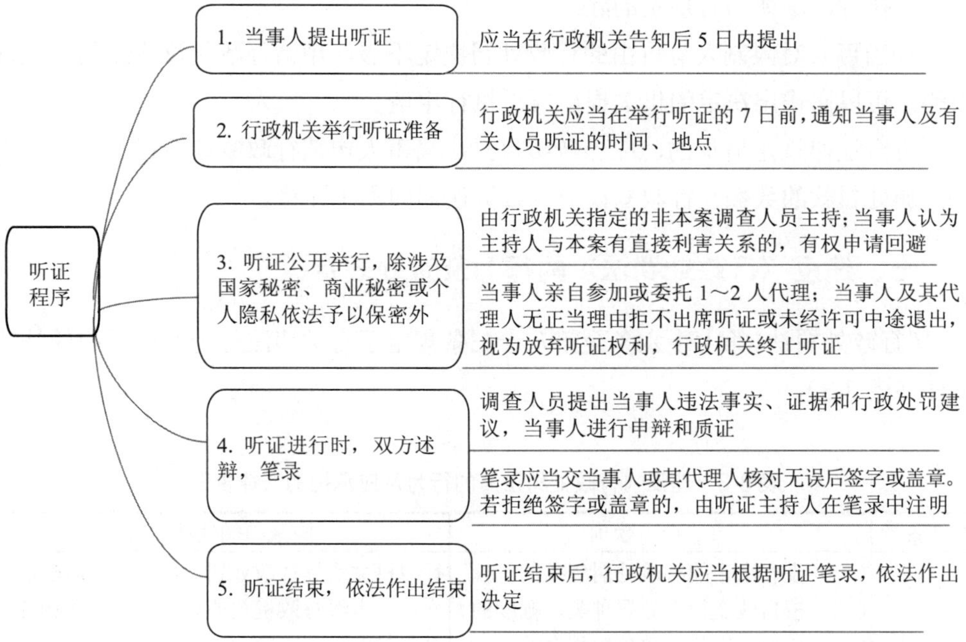

图 3-3　行政处罚听证程序

六、对逾期不履行行政处罚决定的管理

当事人逾期不履行行政处罚决定的，作出行政处罚决定的行政机关可以依法采取下列措施：

①到期不缴纳罚款的，每日按罚款数额的 3%加处罚款，加处罚款的数额不得超出罚款的数额。

②根据法律规定，将查封、扣押的财物拍卖、依法处理或将冻结的存款、汇款划拨抵缴罚款。

③根据法律规定，采取其他行政强制执行方式。

④依照《中华人民共和国行政强制法》的规定申请人民法院强制执行。行政机关批准延期、分期缴纳罚款的，申请人民法院强制执行的期限，自暂缓或分期缴纳罚款期限结束之日起计算。

⑤当事人对行政处罚决定不服，申请行政复议或提起行政诉讼的，行政处罚不停止执行，法律另有规定的除外。

⑥当事人对限制人身自由的行政处罚决定不服，申请行政复议或提起行政诉讼的，可以向作出决定的机关提出暂缓执行申请。

符合法律规定情形的，应当暂缓执行。当事人申请行政复议或提起行政诉讼的，加处罚款的数额在行政复议或行政诉讼期间不予计算。

七、违反《行政处罚法》的行为及查处规定

《行政处罚法》第七十六条至第八十三条规定了有关违法行为及应承担的法律责任（表 3-3）。

表 3-3 违反《行政处罚法》的行为及应承担的法律责任

责任条款	违法行为款项	应承担的法律责任
第七十六条	（一）没有法定的行政处罚依据的 （二）擅自改变行政处罚种类、幅度的 （三）违反法定的行政处罚程序的 （四）违反本法第二十条关于委托处罚的规定的 （五）执法人员未取得执法证件的	行政机关实施行政处罚，有本条款项情形之一，由上级行政机关或有关机关责令改正，对直接负责的主管人员和其他直接责任人员依法给予处分。 行政机关对符合立案标准的案件不及时立案的，依照前款规定予以处理
第七十七条	行政机关对当事人进行处罚不使用罚款、没收财物单据或使用非法定部门制发的罚款、没收财物单据的	当事人有权拒绝，并有权予以检举，由上级行政机关或有关机关对使用的非法单据予以收缴销毁，对直接负责的主管人员和其他直接责任人员依法给予处分
第七十八条	行政机关违法自行收缴罚款的，财政部门违法向行政机关返还罚款、没收的违法所得或拍卖款项的	由上级行政机关或有关机关责令改正，对直接负责的主管人员和其他直接责任人员依法给予处分

责任条款	违法行为款项	应承担的法律责任
第七十九条	行政机关截留、私分或变相私分罚款、没收的违法所得或财物的	由财政部门或有关机关予以追缴，对直接负责的主管人员和其他直接责任人员依法给予处分；情节严重构成犯罪的，依法追究刑事责任
第七十九条	执法人员利用职务上的便利，索取或收受他人财物、将收缴罚款据为己有，构成犯罪的	依法追究刑事责任；情节轻微不构成犯罪的，依法给予处分
第八十条	行政机关使用或损毁查封、扣押的财物，对当事人造成损失的	应当依法予以赔偿，对直接负责的主管人员和其他直接责任人员依法给予处分
第八十一条	行政机关违法实施检查措施或执行措施，给公民人身或财产造成损害、给法人或其他组织造成损失的	应当依法予以赔偿，对直接负责的主管人员和其他直接责任人员依法给予处分；情节严重构成犯罪的，依法追究刑事责任
第八十二条	行政机关对应当依法移交司法机关追究刑事责任的案件不移交，以行政处罚代替刑事处罚	由上级行政机关或有关机关责令改正，对直接负责的主管人员和其他直接责任人员依法给予处分；情节严重构成犯罪的，依法追究刑事责任
第八十三条	行政机关对应当予以制止和处罚的违法行为不予制止、处罚，致使公民、法人或其他组织的合法权益、公共利益和社会秩序遭受损害的	对直接负责的主管人员和其他直接责任人员依法给予处分；情节严重构成犯罪的，依法追究刑事责任

扫码获取学习资源
任务 10-2　案例放送

扫码下载学习资料
任务 10-3　更多资讯和案例

知识点应用

【填空题】

1．环境法律责任包括__________、__________和__________。

2．行政处罚的程序包括__________和__________。

3．当事人对行政处罚决定不服，可以依法申请__________或提起__________。

【单选题】

1．到期不缴纳罚款的，每日按罚款数额的一定比例加处罚款，加处罚款的数额不得超出罚款的数额，该比例是（　）。

A.罚款数额的百分之一　　B.罚款数额的百分之二　　C.罚款数额的千分之三

D.罚款数额的百分之三　　E.罚款数额的千分之五

2．以下不得作为认定案件事实的根据（　）。

A.正常运行的在线监控数据　　B.公开执法时做的当事人的笔录

C.公开执法获取的录音　　D.通过夜间暗访拍摄的企业违法偷排视频

3．环境执法人员利用职务上的便利，索取或收受他人 1 000 元的财物，应当追究（　）。

A.环境民事责任　　B.环境行政处罚　　C.刑事处罚

D.政务处分　　E.行政处分

【多选题】

1．符合从轻或减轻行政处罚的条件有（　　）。

A.主动消除或减轻违法行为危害后果

B.受他人胁迫或诱骗实施违法行为

C.主动供述行政机关尚未掌握的违法行为

D.配合行政机关查处违法行为有立功表现

2．以下符合听证程序的条件的是（　　）。

A.较大数额罚款

B.没收较大数额违法所得、没收较大价值非法财物

C.降低资质等级、吊销许可证件

D.责令停产停业、责令关闭、限制从业

E.其他较重的行政处罚

3．以下属于行政处罚基本原则的有（　　）。

A.公正、公开　　B.坚持处罚与教育相结合　　C.当事人享有陈述权、申辩权

D.法定程序　　E.一事不再罚

【判断题】

1．生态环境执法人员有权执行行政处罚关于违法行为实施限制人身自由的

案子。（　）

2. 某单位偷排有毒有害物质造成污染严重，已构成犯罪，应当依法追究刑事责任的，应当同时承担行政处罚和刑事处罚。（　）

3. 企业污染源在线自动监测数据可作为环境行政处罚等监管执法的依据。（　）

4. 同一个违法行为违反多个法律规范应当给予罚款处罚的，按照不同法律罚款数额的规定进行累计处罚。（　）

【简答题】

列出适用行政处罚普通程序的步骤。

【实训项目】制作一份行政处罚决定书

某市环境执法人员在检查某印染厂废水、废气治理情况时，发现该厂实验室未建立健全、如实记录环保管理台账，染整车间产生的废气无组织排放。

请根据所学的有关法律法规规定，辨识案例中存在的环境违法行为，参照“案例放送：检测厂未竣工验收投入运行环境违法的行政处罚决定书”的格式，拟定一份某市生态环境局的行政处罚决定书。

任务 11　生态环境行政复议

工作任务：模拟训练生态环境行政复议案例流程操作。

建议学时：2～3 学时。

学习目标：①能辨识行政复议和行政诉讼审理要求。
②能分析行政复议案例并正确执行行政复议程序。
③能列出行政诉讼审理程序。

教学过程：设计“课前+课中+课后”学习任务，实施“线上+线下”立体化教学。

教学方法：启发式、微视频、案例分析。

教学模式：任务引领→思政与案例分析→模块知识领学→任务实践、教学方法应用→任务完成与点评→练习与训练。

教学平台及媒体：多媒体教室、移动设备、云班课、钉钉、微信、腾讯；教学课件包、教材。

思政元素：展示行政复议和行政诉讼案例；宣讲公平公正规范执法的重要性；养成知法、守法、用法能力，树立良好的环境维权法治意识。

一、行政复议

行政复议指国家行政机关在依法赋予的职权进行行政管理的活动中，与行政管理相对人发生争议时，上一级行政机关或依法规定的行政机关，根据相对人的申请，对争议的具体行政行为是否合法适当进行复查审理并作出裁决的活动。

依照《中华人民共和国行政复议法》（以下简称《行政复议法》）的规定，公民、法人或其他组织对行政复议决定不服的，可以依照行政诉讼法的规定向人民法院提起行政诉讼，但是法律规定行政复议决定为最终裁决的除外。

根据《环境行政复议办法》，公民、法人或其他组织认为地方生态环境主管部门的具体行政行为侵犯其合法权益的，可以向该部门的本级人民政府申请行政复议，也可以向上一级生态环境主管部门申请行政复议。认为生态环境部的具体行政行为侵犯其合法权益的，向生态环境部提起行政复议。

（一）行政复议的申请人与被申请人

1. 申请人

申请行政复议的公民、法人或其他组织为申请人。

《行政复议法》规定：①有权申请行政复议的公民死亡的，其近亲属可以申请行政复议。②有权申请行政复议的公民为无民事行为能力人或限制民事行为能力人的，其法定代理人可以代为申请行政复议。③有权申请行政复议的法人或其他组织终止的，承受其权利的法人或其他组织可以申请行政复议。④同申请行政复议的具体行政行为有利害关系的其他公民、法人或其他组织，可以作为第三人参加行政复议。⑤申请人、第三人可以委托代理人代为参加行政复议。

同一环境行政复议案件，申请人超过5人的，推选1～5名代表参加复议。

2. 被申请人

公民、法人或其他组织对生态环境主管部门的具体行政行为不服，依法申请行政复议的，作出该具体行政行为的生态环境主管部门为被申请人。

生态环境主管部门与法律、法规授权的组织以共同名义作出具体行政行为的，生态环境主管部门和法律、法规授权的组织为共同被申请人。生态环境主管部门与其他组织以共同名义作出具体行政行为的，生态环境主管部门为被申请人。

生态环境主管部门设立的派出机构、内设机构或其他组织，未经法律、法规授权，对外以自己名义作出具体行政行为的生态环境主管部门为被申请人。

（二）行政复议机关及其职责

1. 复议机关

履行行政复议职责的行政机关是行政复议机关。

①对县级以上地方各级人民政府工作部门的具体行政行为不服的，由申请人选择，可以向该部门的本级人民政府申请行政复议，也可以向上一级主管部门申请行政复议。比如，对某县级生态环境主管部门作出的行政处罚不服，被处罚的

申请人可以向其上一级市生态环境主管部门，或本县人民政府申请行政复议。

②对地方各级人民政府的具体行政行为不服的，向上一级地方人民政府申请行政复议。对省、自治区人民政府依法设立的派出机关所属的县级地方人民政府的具体行政行为不服的，向该派出机关申请行政复议。

③对国务院部门或省、自治区、直辖市人民政府的具体行政行为不服的，向作出该具体行政行为的国务院部门或省、自治区、直辖市人民政府申请行政复议。对行政复议决定不服的，可以向法院提起行政诉讼；也可以向国务院申请裁决，国务院依照本法的规定作出最终裁决。

④对①、②、③规定以外的其他行政机关、组织的具体行政行为不服的，按照下列规定申请行政复议：对县级以上地方人民政府依法设立的派出机关的具体行政行为不服的，向设立该派出机关的人民政府申请行政复议；对人民政府工作部门依法设立的派出机构依照法律、法规或规章规定，以自己的名义作出的具体行政行为不服的，向设立该派出机构的部门或该部门的本级地方人民政府申请行政复议；对法律、法规授权的组织的具体行政行为不服的，分别向直接管理该组织的地方人民政府、地方人民政府工作部门或国务院部门申请行政复议；对两个或两个以上行政机关以共同的名义作出的具体行政行为不服的，向其共同上一级行政机关申请行政复议；对被撤销的行政机关在撤销前所作出的具体行政行为不服的，向继续行使其职权的行政机关的上一级行政机关申请行政复议。

有④所列情形之一的，申请人也可以向具体行政行为发生地的县级地方人民政府提出行政复议申请，由接受申请的县级地方人民政府依法办理。

2. 复议机关职责

行政复议机关负责法制工作的机构具体办理行政复议事项，履行下列职责：①受理行政复议申请；②向有关组织和人员调查取证，查阅文件和资料；③审查申请行政复议的具体行政行为是否合法与适当，拟订行政复议决定；④处理或转送对《行政复议法》第七条所列有关规定的审查申请；⑤对行政机关违反本法规定的行为依照规定的权限和程序提出处理建议；⑥办理因不服行政复议决定提起行政诉讼的应诉事项；⑦法律、法规规定的其他职责。

行政机关中初次从事行政复议的人员，应当通过国家统一法律职业资格考试取得法律职业资格。

公民、法人或其他组织对行政复议决定不服的，可以依照行政诉讼法的规定向人民法院提起行政诉讼，但是法律规定行政复议决定为最终裁决的除外。

（三）行政复议申请范围

有下列情形之一的，公民、法人或其他组织可以依法申请环境行政复议：①对行政机关作出的警告、罚款、没收违法所得、没收非法财物、责令停产停业、暂扣或吊销许可证、暂扣或吊销执照、行政拘留等行政处罚决定不服的；②对行政机关作出的限制人身自由或查封、扣押、冻结财产等行政强制措施决定不服的；③对行政机关作出的有关许可证、执照、资质证、资格证等证书变更、中止、撤销的决定不服的；④认为行政机关侵犯合法的经营自主权的；⑤认为行政机关违法集资、征收财物、摊派费用或违法要求履行其他义务的；⑥认为符合法定条件，申请行政机关颁发许可证、执照、资质证、资格证等证书，或申请行政机关审批、登记有关事项，行政机关没有依法办理的；⑦认为行政机关的其他具体行政行为侵犯其合法权益的。

对行政机关作出的行政处分或其他人事处理决定不服的，依照有关法律、行政法规的规定提出申诉。

对生态环境主管部门对环境污染纠纷作出的调解或其他处理不服的，依法申请仲裁或向人民法院提起诉讼。具体操作见任务 15。

生态环境主管部门对信访事项作出的处理意见，当事人不服的，依照信访条例和环境信访办法规定的复查、复核程序办理，不适用环境行政复议。具体操作见任务 15。

（四）行政复议程序

1．提出复议申请

①申请时限。公民、法人或其他组织认为具体行政行为侵犯其合法权益的，可以自知道该具体行政行为之日起 60 日内提出行政复议申请；但是法律规定的申请期限超过 60 日的除外。因不可抗力或其他正当理由耽误法定申请期限的，申请期限自障碍消除之日起继续计算。

②申请形式。申请人申请行政复议，可以书面申请，也可以口头申请；口头

申请的，行政复议机关应当当场记录申请人的基本情况、行政复议请求、申请行政复议的主要事实、理由和时间。

③申请限制条件。公民、法人或其他组织申请行政复议，行政复议机关已经依法受理的，或法律、法规规定应当先向行政复议机关申请行政复议、对行政复议决定不服再向人民法院提起行政诉讼的，在法定行政复议期限内不得向人民法院提起行政诉讼。公民、法人或其他组织向人民法院提起行政诉讼，人民法院已经依法受理的，不得申请行政复议。

④有下列情形之一的，申请人应当提供相应证明材料：认为被申请人不履行法定职责的，提供曾经要求被申请人履行法定职责而被申请人未履行的证明材料；申请行政复议日期超过法律、法规规定的行政复议申请期限的，提供因不可抗力或其他正当理由耽误法定申请期限的证明材料；申请行政复议时一并提出行政赔偿请求的，提供受具体行政行为侵害而造成损害的证明材料；法律、法规规定需要申请人提供证据材料的其他情形。

2. 复议受理

公民、法人或其他组织依法提出行政复议申请，行政复议机关无正当理由不予受理的，上级机关应当责令其受理；必要时，上级机关也可以直接受理。

（1）受理时限

行政复议机关收到行政复议申请后，应当在 5 日内进行审查，对不符合法定的行政复议申请，决定不予受理，并书面告知申请人；对符合法定但不属于本机关受理的行政复议申请，应当告知申请人向有关行政复议机关提出。除此之外，行政复议申请自行政复议机关负责法制工作的机构收到之日起即为受理。

依法接受行政复议申请的县级地方人民政府，对法定属于其他行政复议机关受理的行政复议申请，应当自接到该行政复议申请之日起 7 日内，转送有关行政复议机关，并告知申请人。接受转送的行政复议机关应当依法定时限办理。

法律、法规规定应当先向行政复议机关申请行政复议、对行政复议决定不服再向人民法院提起行政诉讼的，行政复议机关决定不予受理或受理后超过行政复议期限不作答复的，公民、法人或其他组织可以自收到不予受理决定书之日起或行政复议期满之日起 15 日内，依法向人民法院提起行政诉讼。

（2）适用调解的情形

有下列情形之一的，环境行政复议机关可以按照自愿、合法的原则进行调解：①公民、法人或其他组织对生态环境主管部门行使法律、法规规定的自由裁量权作出的具体行政行为不服申请行政复议的。②当事人之间的行政赔偿或行政补偿纠纷。③当事人经调解达成协议的，环境行政复议机关应当制作行政复议调解书。调解书应当载明行政复议请求、事实、理由和调解结果，并加盖环境行政复议机关印章。行政复议调解书经双方当事人签字，即具有法律效力。④调解未达成协议或调解书生效前一方反悔的，环境行政复议机关应当及时作出行政复议决定。

（3）复议期间停止执行具体行政行为的情形

行政复议期间具体行政行为不停止执行。但是，有下列情形之一的，可以停止执行：①被申请人认为需要停止执行的；②行政复议机关认为需要停止执行的；③申请人申请停止执行，行政复议机关认为其要求合理，决定停止执行的；④法律规定停止执行的。

3．复议决定

行政复议原则上采取书面审查的办法，但是申请人提出要求或行政复议机关负责法制工作的机构认为有必要时，可以向有关组织和人员调查情况，听取申请人、被申请人和第三人的意见。

（1）决定时限

复议机关负责法制工作的机构应当自复议申请受理之日起 7 日内，将行政复议申请书副本或申请笔录复印件发送被申请人。被申请人应当自收到申请书副本或申请笔录复印件之日起 10 日内，提出书面答复，并提交当初作出具体行政行为的证据、依据和其他有关材料。

复议机关对国务院部门的规定、县级以上地方各级人民政府及其工作部门的规定和乡、镇人民政府的规定有权处理的行政复议申请，应当在 30 日内依法处理；无权处理的，应当在 7 日内按照法定程序转送有权处理的机关依法处理，有权处理的行政机关应当在 60 日内依法处理。处理期间，中止对具体行政行为的审查。

复议机关在对被申请人作出的具体行政行为进行审查时，认为其依据不合法，本机关有权处理的，应当在 30 日内依法处理；无权处理的，应当在 7 日内按照法定程序转送有权处理的国家机关依法处理。处理期间，中止对具体行政行为的审查。

复议机关应当自受理申请之日起60日内作出行政复议决定；但是法律规定的行政复议期限少于60日的除外。情况复杂，不能在规定期限内作出行政复议决定的，经复议机关的负责人批准，可以适当延长，并告知申请人和被申请人；但是延长期限最多不超过30日。

（2）复议期间相关人权限

申请人、第三人可以查阅被申请人提出的书面答复、作出具体行政行为的证据、依据和其他有关材料，除涉及国家秘密、商业秘密或个人隐私外，复议机关不得拒绝。行政复议决定作出前，申请人要求撤回复议申请的，经说明理由，可以撤回；撤回复议申请的，行政复议终止。

复议过程中，被申请人不得自行向申请人和其他有关组织或个人收集证据。

（3）作出决定

复议机关负责法制工作的机构应当对被申请人作出的具体行政行为进行审查，提出意见，经复议机关的负责人同意或集体讨论通过后，按照下列规定作出行政复议决定：

①具体行政行为认定事实清楚，证据确凿，适用依据正确，程序合法，内容适当的，决定维持。

②被申请人不履行法定职责的，决定其在一定期限内履行。

③具体行政行为有下列情形之一的，决定撤销、变更或确认该具体行政行为违法；决定撤销或确认该具体行政行为违法的，可以责令被申请人在一定期限内重新作出具体行政行为：主要事实不清、证据不足的；适用依据错误的；违反法定程序的；超越或滥用职权的；具体行政行为明显不当的。

④被申请人不按照规定应当自收到申请书副本或申请笔录复印件之日起10日内，提出书面答复，并提交当初作出具体行政行为的证据、依据和其他有关材料的，视为该具体行政行为没有证据、依据，决定撤销该具体行政行为。

行政复议机关责令被申请人重新作出具体行政行为的，被申请人不得以同一的事实和理由作出与原具体行政行为相同或基本相同的具体行政行为。

关于行政赔偿决定相关事项，详见“三、行政赔偿”。

4．执行复议决定

行政复议机关作出复议决定，应当制作行政复议决定书，并加盖印章。决定书一经送达，即发生法律效力。复议决定执行要求如下：

①被申请人应当履行复议决定。不履行或无正当理由拖延履行复议决定的，复议机关或有关上级行政机关应当责令其限期履行。

②申请人逾期不起诉又不履行行政复议决定的，或不履行最终裁决的复议决定的，按照下列规定分别处理：维持具体行政行为的复议决定，由作出具体行政行为的行政机关依法强制执行，或申请人民法院强制执行；变更具体行政行为的复议决定，由复议机关依法强制执行，或申请人民法院强制执行。

（五）违反《行政复议法》的行为及其查处规定

《行政复议法》第三十四条至第三十八条规定了有关违法行为及应承担的法律责任（表 3-4）。

表 3-4　违反《行政复议法》的行为及应承担的法律责任

责任条款	违法行为款项	应承担的法律责任
第三十四条	行政复议机关无正当理由不予受理依法提出的行政复议申请或不按照规定转送行政复议申请的，或在法定期限内不作出行政复议决定的	对直接负责的主管人员和其他直接责任人员依法给予警告、记过、记大过的行政处分；经责令受理仍不受理或不按照规定转送行政复议申请，造成严重后果的，依法给予降级、撤职、开除的行政处分
第三十五条	行政复议机关工作人员在行政复议活动中，徇私舞弊或有其他渎职、失职行为的	依法给予警告、记过、记大过的行政处分；情节严重的，依法给予降级、撤职、开除的行政处分；构成犯罪的，依法追究刑事责任
第三十六条	被申请人不提出书面答复或不提交作出具体行政行为的证据、依据和其他有关材料，或阻挠、变相阻挠公民、法人或其他组织依法申请行政复议的	对直接负责的主管人员和其他直接责任人员依法给予警告、记过、记大过的行政处分；进行报复陷害的，依法给予降级、撤职、开除的行政处分；构成犯罪的，依法追究刑事责任
第三十七条	被申请人不履行或无正当理由拖延履行行政复议决定的	对直接负责的主管人员和其他直接责任人员依法给予警告、记过、记大过的行政处分；经责令履行仍拒不履行的，依法给予降级、撤职、开除的行政处分
第三十八条	行政复议机关负责法制工作的机构发现有无正当理由不予受理行政复议申请、不按照规定期限作出行政复议决定、徇私舞弊、对申请人打击报复或不履行行政复议决定等情形的	应当向有关行政机关提出建议，有关行政机关应当依照本法和有关法律、行政法规的规定作出处理

二、行政诉讼

《中华人民共和国行政诉讼法》（以下简称《行政诉讼法》）规定，公民、法人或其他组织认为行政机关和行政机关工作人员的行政行为侵犯其合法权益，有权依照本法向人民法院提起诉讼。

环境行政诉讼，是人民法院根据对具体环境行政行为不服的公民、法人或其他组织（环境行政相对人）的请求，在双方当事人和其他诉讼参与人的参加下，依照法定程序，审理并裁决环境行政争议案件的司法执法活动。

对属于人民法院受案范围的行政案件，公民、法人或其他组织可以先向行政机关申请复议，对复议决定不服的，再向人民法院提起诉讼；也可以直接向人民法院提起诉讼。

法律、法规规定应当先向行政机关申请复议，对复议决定不服再向人民法院提起诉讼的，依照法律、法规的规定。

行政诉讼遵循如下原则：①以事实为根据，以法律为准绳；②对行政行为是否合法进行审查；③依法实行合议、回避、公开审判和两审终审制度；④当事人在行政诉讼中的法律地位平等；⑤当事人在行政诉讼中有权进行辩论；⑥人民检察院有权对行政诉讼实行法律监督；⑦审理行政案件不适用调解。

但是，行政赔偿、补偿以及行政机关行使法律、法规规定的自由裁量权的案件可以调解。

调解应当遵循自愿、合法原则，不得损害国家利益、社会公共利益和他人合法权益。

（一）行政诉讼受理机关与管辖权限

1. 受理机关

人民法院，保障公民、法人和其他组织的起诉权利，对应当受理的行政案件依法受理。

2. 行政诉讼管辖权限

①行政案件由最初作出行政行为的行政机关所在地人民法院管辖。经复议的案件，也可以由复议机关所在地人民法院管辖。

②对限制人身自由的行政强制措施不服提起的诉讼，由被告所在地或原告所在地人民法院管辖。

③两个以上人民法院都有管辖权的案件，原告可以选择其中一个人民法院提起诉讼。原告向两个以上有管辖权的人民法院提起诉讼的，由最先立案的人民法院管辖。

④人民法院对管辖权发生争议，由争议双方协商解决。协商不成的，报双方的共同上级人民法院指定管辖。

⑤基层人民法院管辖第一审行政案件，上级人民法院有权审理下级人民法院管辖的第一审行政案件。

⑥中级人民法院管辖的第一审行政案件：对国务院部门或县级以上地方人民政府所作的行政行为提起诉讼的案件；海关处理的案件；本辖区内重大、复杂的案件；其他法律规定由中级人民法院管辖的案件。

⑦高级人民法院管辖本辖区内重大、复杂的第一审行政案件。经最高人民法院批准，高级人民法院可以根据审判工作的实际情况，确定若干人民法院跨行政区域管辖行政案件。

最高人民法院管辖全国范围内重大、复杂的第一审行政案件。

（二）行政诉讼受案范围与不受理事项

1. 受案范围

人民法院受理公民、法人或其他组织提起的下列诉讼：①对行政拘留、暂扣或吊销许可证和执照、责令停产停业、没收违法所得、没收非法财物、罚款、警告等行政处罚不服；②对限制人身自由或对财产的查封、扣押、冻结等行政强制措施和行政强制执行不服；③申请行政许可，行政机关拒绝或在法定期限内不予答复，或对行政机关作出的有关行政许可的其他决定不服；④对征收、征用决定及其补偿决定不服；⑤认为行政机关违法集资、摊派费用或违法要求履行其他义务；⑥认为行政机关没有依法支付抚恤金、最低生活保障待遇或社会保险待遇；⑦认为行政机关侵犯其他人身权、财产权等合法权益。

除以上规定外，人民法院受理法律、法规规定可以提起诉讼的其他行政案件。

2. 不受理环境事项

人民法院不受理公民、法人或其他组织对下列事项提起的诉讼：①行政法规、规章或行政机关制定、发布的具有普遍约束力的决定、命令；②行政机关对行政机关工作人员的奖惩、任免等决定；③法律规定由行政机关最终裁决的行政行为。

（三）诉讼参与人员

1. 原告以及相关诉讼人

①行政行为的相对人以及其他与行政行为有利害关系的公民、法人或其他组织，有权提起诉讼。

②有权提起诉讼的公民死亡，其近亲属可以提起诉讼。

③有权提起诉讼的法人或其他组织终止，承受其权利的法人或其他组织可以提起诉讼。

④人民检察院在履行职责中发现生态环境和资源保护领域负有监督管理职责的行政机关违法行使职权或不作为，致使国家利益或社会公共利益受到侵害的，应当向行政机关提出检察建议，督促其依法履行职责。行政机关不依法履行职责的，人民检察院依法向人民法院提起诉讼。

⑤当事人一方或双方为 2 人以上，因同一行政行为发生的行政案件，或因同类行政行为发生的行政案件、人民法院认为可以合并审理并经当事人同意的，为共同诉讼。

⑥当事人一方人数众多的共同诉讼，可以由当事人推选代表人进行诉讼。代表人的诉讼行为对其所代表的当事人发生效力，但代表人变更、放弃诉讼请求或承认对方当事人的诉讼请求，应当经被代表的当事人同意。

⑦公民、法人或其他组织同被诉行政行为有利害关系但没有提起诉讼，或同案件处理结果有利害关系的，可以作为第三人申请参加诉讼，或由人民法院通知参加诉讼。

⑧人民法院判决第三人承担义务或减损第三人权益的，第三人有权依法提起上诉。

⑨没有诉讼行为能力的公民，由其法定代理人代为诉讼。法定代理人互相推诿代理责任的，由人民法院指定其中一人代为诉讼。

⑩当事人、法定代理人，可以委托1～2人作为诉讼代理人。代理诉讼的律师，有权按照规定查阅、复制本案有关材料，有权向有关组织和公民调查，收集与本案有关的证据。对涉及国家秘密、商业秘密和个人隐私的材料，应当依照法律规定保密。当事人和其他诉讼代理人有权按照规定查阅、复制本案庭审材料，但涉及国家秘密、商业秘密和个人隐私的内容除外。

2．被告

①公民、法人或其他组织直接向人民法院提起诉讼的，作出具体行政行为的行政机关是被告。

②经复议的案件，环境复议机关决定维持原行政行为的，作出原环境行政行为的行政机关和复议机关是共同被告；复议机关改变原行政行为的，复议机关是被告。

③环境复议机关在法定期限内未作出复议决定，公民、法人或其他组织起诉原行政行为的，作出原行政行为的行政机关是被告；起诉复议机关不作为的，复议机关是被告。

④两个以上行政机关作出同一环境行政行为的，共同作出行政行为的行政机关是共同被告。

⑤环境行政机关委托的组织所作的行政行为，委托的行政机关是被告。

⑥环境行政机关被撤销或职权变更的，继续行使其职权的行政机关是被告。被诉行政机关负责人应当出庭应诉。不能出庭的，应当委托行政机关相应的工作人员出庭。

（四）举证

①被告对作出的行政行为负有举证责任，应当提供作出该行政行为的证据和所依据的规范性文件。被告不提供或无正当理由逾期提供证据，视为没有相应证据。但是，被诉行政行为涉及第三人合法权益，第三人提供证据的除外。在诉讼过程中，被告及其诉讼代理人不得自行向原告、第三人和证人收集证据。被告在作出行政行为时已经收集了证据，但因不可抗力等正当事由不能提供的，经人民法院准许，可以延期提供。

②原告或第三人提出了其在行政处理程序中没有提出的理由或证据的，经人

民法院准许，被告可以补充证据。原告可以提供证明行政行为违法的证据。原告提供的证据不成立的，不免除被告的举证责任。在起诉被告不履行法定职责的案件中，原告应当提供其向被告提出申请的证据。但有下列情形之一的除外：被告应当依职权主动履行法定职责的；原告因正当理由不能提供证据的。在行政赔偿、补偿的案件中，原告应当对行政行为造成的损害提供证据。因被告的原因导致原告无法举证的，由被告承担举证责任。

③人民法院有权要求当事人提供或补充证据。人民法院有权向有关行政机关以及其他组织、公民调取证据。但是，不得为证明行政行为的合法性调取被告作出行政行为时未收集的证据。

④与本案有关的下列证据，原告或第三人不能自行收集的，可以申请人民法院调取：由国家机关保存而须由人民法院调取的证据；涉及国家秘密、商业秘密和个人隐私的证据；确因客观原因不能自行收集的其他证据。

⑤在证据可能灭失或以后难以取得的情况下，诉讼参加人可以向人民法院申请保全证据，人民法院也可以主动采取保全措施。

⑥证据应当在法庭上出示，并由当事人互相质证。对涉及国家秘密、商业秘密和个人隐私的证据，不得在公开开庭时出示。人民法院应当按照法定程序，全面、客观地审查核实证据。对未采纳的证据应当在裁判文书中说明理由。

⑦以非法手段取得的证据，不得作为认定案件事实的根据。

（五）行政诉讼程序

1. 提起行政诉讼

提起诉讼应当符合下列条件：①原告是符合行政诉讼法规定的公民、法人或其他组织；②有明确的被告；③有具体的诉讼请求和事实根据；④属于人民法院受案范围和受诉人民法院管辖。

起诉应当向人民法院递交起诉状，并按照被告人数提出副本。书写起诉状确有困难的，可以口头起诉，由人民法院记入笔录，出具注明日期的书面凭证，并告知对方当事人。

2. 受理

①停止环境行政行为的执行。诉讼期间，不停止行政行为的执行。但有下列

情形之一的，裁定停止执行：被告认为需要停止执行的；原告或利害关系人申请停止执行，人民法院认为该行政行为的执行会造成难以弥补的损失，并且停止执行不损害国家利益、社会公共利益的；人民法院认为该行政行为的执行会给国家利益、社会公共利益造成重大损害的；法律、法规规定停止执行的。

当事人对停止执行或不停止执行的裁定不服的，可以申请复议1次。

②在涉及环境行政许可、登记、征收、征用和行政机关对民事争议所作的裁决的行政诉讼中，当事人申请一并解决相关民事争议的，人民法院可以一并审理。在行政诉讼中，人民法院认为行政案件的审理需以民事诉讼的裁判为依据的，可以裁定中止行政诉讼。

③人民法院对行政案件宣告判决或裁定前，原告申请撤诉的，或被告改变其所作的行政行为，原告同意并申请撤诉的，是否准许，由人民法院裁定。

④人民法院在审理行政案件中，认为行政机关的主管人员、直接责任人员违法违纪的，应当将有关材料移送监察机关、该行政机关或其上一级行政机关；认为有犯罪行为的，应当将有关材料移送公安、检察机关。

人民法院对被告经传票传唤无正当理由拒不到庭，或未经法庭许可中途退庭的，可以将被告拒不到庭或中途退庭的情况予以公告，并可以向监察机关或被告的上一级行政机关提出依法给予其主要负责人或直接责任人员处分的司法建议。

3. 判决

①判决撤销或部分撤销。环境行政行为有下列情形之一的，人民法院判决撤销或部分撤销，并可以判决被告重新作出行政行为：主要证据不足的；适用法律、法规错误的；违反法定程序的；超越职权的；滥用职权的；明显不当的。

人民法院判决被告重新作出行政行为的，被告不得以同一的事实和理由作出与原行政行为基本相同的行政行为。

②人民法院经过审理，查明被告不履行法定职责的，判决被告在一定期限内履行。法院经过审理，查明被告依法负有给付义务的，判决被告履行给付义务。

③判决确认违法。行政行为有下列情形之一的，人民法院判决确认违法，但不撤销行政行为：行政行为依法应当撤销，但撤销会给国家利益、社会公共利益造成重大损害的；行政行为程序轻微违法，但对原告权利不产生实际影响的。

④不需要撤销或判决履行。行政行为有下列情形之一，不需要撤销或判决履

行的，人民法院判决确认违法：行政行为违法，但不具有可撤销内容的；被告改变原违法行政行为，原告仍要求确认原行政行为违法的；被告不履行或拖延履行法定职责，判决履行没有意义的。

⑤环境行政行为有实施主体不具有行政主体资格或没有依据等重大且明显违法情形，原告申请确认行政行为无效的，人民法院判决确认无效。人民法院判决确认违法或无效的，可以同时判决责令被告采取补救措施；给原告造成损失的，依法判决被告承担赔偿责任。

⑥环境行政处罚明显不当，或其他行政行为涉及对款额的确定、认定确有错误的，人民法院可以判决变更。人民法院判决变更，不得加重原告的义务或减损原告的权益。但利害关系人同为原告，且诉讼请求相反的除外。

⑦被告不依法履行、未按照约定履行或违法变更、解除法律规定的协议的，人民法院判决被告承担继续履行、采取补救措施或赔偿损失等责任。被告变更、解除法律规定的协议合法，但未依法给予补偿的，人民法院判决给予补偿。

（六）行政诉讼程序分类

1. 行政诉讼第一审普通（图 3-4）

行政诉讼第一审流程如图 3-4 所示。

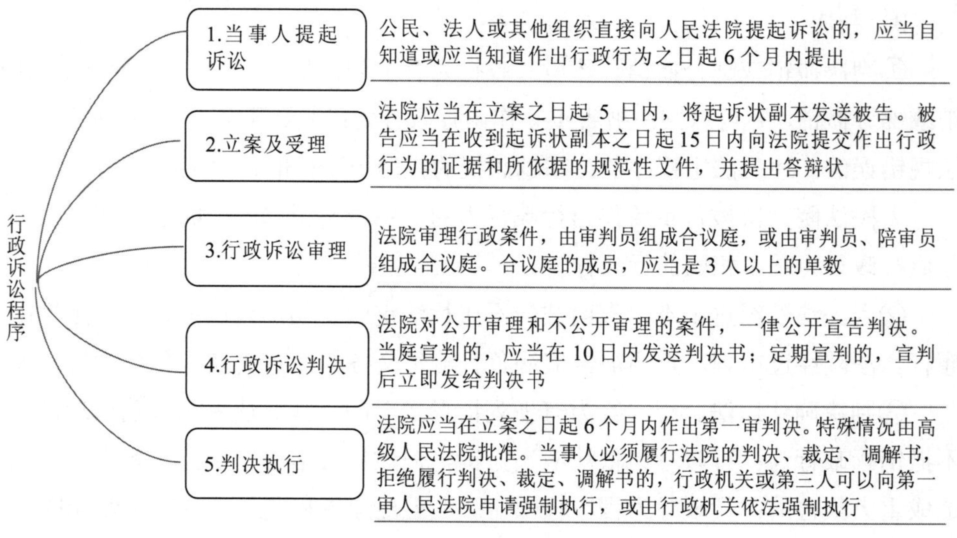

图 3-4 行政诉讼流程

2. 简易程序

人民法院审理下列第一审行政案件，认为事实清楚、权利义务关系明确、争议不大的，可以适用简易程序：①被诉行政行为是依法当场作出的；②案件涉及款额二千元以下的；③属于人民政府信息公开案件的。

除上述规定以外的第一审行政案件，当事人各方同意适用简易程序的，可以适用简易程序。

发回重审、按照审判监督程序再审的案件不适用简易程序。

适用简易程序审理的行政案件，由审判员 1 人独任审理，并应当在立案之日起 45 日内审结。

3. 第二审程序

①当事人不服人民法院第一审判决的，有权在判决书送达之日起 15 日内向上一级人民法院提起上诉。当事人不服人民法院第一审裁定的，有权在裁定书送达之日起 10 日内向上一级人民法院提起上诉。逾期不提起上诉的，人民法院的第一审判决或裁定发生法律效力。

②人民法院对上诉案件，应当组成合议庭，开庭审理。经过阅卷、调查和询问当事人，对没有提出新的事实、证据或理由，合议庭认为不需要开庭审理的，也可以不开庭审理。

③人民法院审理上诉案件，应当对原审人民法院的判决、裁定和被诉行政行为进行全面审查。

④人民法院审理上诉案件，应当在收到上诉状之日起 3 个月内作出终审判决。有特殊情况需要延长的，由高级人民法院批准，高级人民法院审理上诉案件需要延长的，由最高人民法院批准。

⑤作出二审处理。人民法院审理上诉案件，按照下列情形，分别处理：原判决、裁定认定事实清楚，适用法律、法规正确的，判决或裁定驳回上诉，维持原判决、裁定；原判决、裁定认定事实错误或适用法律、法规错误的，依法改判、撤销或变更；原判决认定基本事实不清、证据不足的，发回原审人民法院重审，或查清事实后改判；原判决遗漏当事人或违法缺席判决等严重违反法定程序的，裁定撤销原判决，发回原审人民法院重审。

原审人民法院对发回重审的案件作出判决后，当事人提起上诉的，第二审人民法院不得再次发回重审。人民法院审理上诉案件，需要改变原审判决的，应当同时对被诉行政行为作出判决。

三、行政赔偿

《中华人民共和国国家赔偿法》（以下简称《国家赔偿法》）规定，国家机关和国家机关工作人员行使职权，有依法规定的侵犯公民、法人和其他组织合法权益的情形，造成损害的，受害人有依法取得国家赔偿的权利。

1．侵犯人身权的行政赔偿

行政机关及其工作人员在行使行政职权时有下列侵犯人身权情形之一的，受害人有取得赔偿的权利：①违法拘留或违法采取限制公民人身自由的行政强制措施的；②非法拘禁或以其他方法非法剥夺公民人身自由的；③以殴打、虐待等行为或唆使、放纵他人以殴打、虐待等行为造成公民身体伤害或死亡的；④违法使用武器、警械造成公民身体伤害或死亡的；⑤造成公民身体伤害或死亡的其他违法行为。

2．侵犯财产权的行政赔偿

行政机关及其工作人员在行使行政职权时有下列侵犯财产权情形之一的，受害人有取得赔偿的权利：①违法实施罚款、吊销许可证和执照、责令停产停业、没收财物等处罚的；②违法对财产采取查封、扣押、冻结等行政强制措施的；③违法征收、征用财产的；④造成财产损害的其他违法行为。

3．通过行政复议与行政诉讼获得的行政赔偿

（1）行政复议决定有关的行政赔偿

申请人在申请行政复议时可以一并提出行政赔偿请求，行政复议机关对符合国家赔偿法的有关规定应当给予赔偿的，在决定撤销、变更具体行政行为或确认具体行政行为违法时，应当同时决定被申请人依法给予赔偿。

申请人在申请行政复议时没有提出行政赔偿请求的，行政复议机关在依法决定撤销或变更罚款，撤销违法集资、没收财物、征收财物、摊派费用以及对财产的查封、扣押、冻结等具体行政行为时，应当同时责令被申请人返还财产，解除对财产的查封、扣押、冻结措施，或赔偿相应的价款。

（2）行政诉讼决定有关的行政赔偿

人民法院判决确认行政行为违法或无效的，可以同时判决责令被告采取补救措施；给原告造成损失的，依法判决被告承担赔偿责任。

被告不依法履行、未按照约定履行或违法变更、解除法律规定的协议的，人民法院判决被告承担继续履行、采取补救措施或赔偿损失等责任。

被告变更、解除法律规定的协议合法，但未依法给予补偿的，人民法院判决给予补偿。

3．国家赔偿与民事赔偿的区别

国家赔偿是从民事赔偿发展而来的，因此两者有许多共通之处。但是，国家赔偿是独立于民事赔偿的自成体系的法律制度，两者的区别如下所述。

（1）赔偿发生的原因不同

国家赔偿由国家侵权行为引起；而民事赔偿由民事侵权行为引起。

（2）赔偿主体不同

国家赔偿的主体是抽象的国家，具体的赔偿义务由国家赔偿法规定的赔偿义务机关履行。赔偿主体与赔偿义务人相互分离。而民事赔偿的主体通常是具体的民事违法行为人，赔偿主体与赔偿义务人相一致。

（3）赔偿的归责原则不同

国家赔偿的归责原则是违法原则，而民事赔偿的归责原则体系由过错责任原则、无过错责任原则、公平责任原则构成。

（4）赔偿程序不同

国家赔偿的程序较民事赔偿更为复杂，其区别在于：在提起国家赔偿诉讼之前，除在行政诉讼中一并提起赔偿外，请求人应先向赔偿义务机关提出赔偿请求，即实行赔偿义务机关决定前置原则，不经该决定程序，法院不予受理；而在民事赔偿程序中，受害人可以直接向法院提起赔偿请求，无须经过前置程序。证据规则不同。国家赔偿一般实行“初步证明”规则，即赔偿请求人首先要证明损害已经发生，并且该损害是由国家机关及其工作人员的违法行为所引起，继而，证明责任转移到被告；而在民事赔偿诉讼程序中则实行“谁主张、谁举证”的证据规则。

4．国家赔偿与国家补偿的区别

国家补偿是国家机关工作人员在行使职权过程中，因其合法行为给公民、法人或其他组织造成的损失，国家对其给予弥补的制度。国家补偿责任在国家赔偿责任之前就已经存在。其与国家赔偿的区别如下所述。

（1）两者发生的基础不同

国家赔偿由国家机关及其工作人员的违法行为引起，以违法为前提；国家补偿由国家的合法行为引起，不以违法为前提。

（2）两者性质不同

国家补偿的根本属性在于国家对特定受害的公民法人或其他组织损失的填补，旨在求得因公共利益而遭受特别损失的公民、法人或其他组织提供补救，以体现其与普通公众间的利益平衡，并不意味着任何对国家的非难。这可以说是两者最主要的区别。

（3）时间要求不同

国家赔偿责任的前提条件是损害的实际发生，即先有损害，后有赔偿；而国家补偿可以在损害发生之前或后进行。

（4）两者承担责任的方式不同

国家赔偿责任以金钱赔偿为原则，以恢复原状、返还财产等方式为辅；国家补偿责任多为支付一定数额的金钱。

（5）工作人员的责任不同

国家赔偿制度中有追偿制度。在国家赔偿了受害人的损失以后要向有故意或重大过失的作出违法行为的国家机关工作人员追偿，但是国家补偿制度中没有追偿制度。

扫码下载学习资料

任务 11-1　案例放送

任务 11-2　更多资讯和案例

知识点应用与训练

【填空题】

1．公民、法人或其他组织对行政复议决定不服的，可以依法向人民法院提起______________。

2．行政赔偿包括__________、___________。

3．当事人对行政处罚决定不服，可以依法申请__________或提起_________。

【单选题】

1．行政复议被申请人是（　）。

A.公民

B.法人

C.行政机关

D.作出复议中具体行政行为的行政机关

E.人民政府

2．行政复议中负有举证责任的是（　）。

A.申请人

B.作出具体行政行为的行政机关

C.行政复议机关

D.公安机关

3．对行政复议结果不服，依法可以（　）。

A.继续向更高一级行政机关申请行政复议

B.申请行政诉讼

C.到北京去上访

D.向监察机构写投诉信

【多选题】

1．行政复议决定撤销、变更或确认某具体行政行为违法的情形有（　　）。

A.主要事实不清、证据不足

B.适用依据错误

C.不按法定程序

D.滥用职权

2．提起行政诉讼应当符合的条件有（　　）。

A.原告是符合诉讼法规定的公民、法人或其他组织

B.有明确的被告

C.有具体的诉讼请求和事实根据

D.属于人民法院受案范围和受诉人民法院管辖

E.涉及商业秘密和个人隐私

3．行政机关及其工作人员在行使行政职权不当时，受害人有取得赔偿的权利的情形是（　　）。

A.违法对财产采取查封、扣押

B.跟案件无关人员剥夺公民人身自由

C.因冲动暴力执法造成对方身体伤害

D.违法征用被监管企业的财产

【判断题】

1．有权申请行政复议的公民死亡的，其近亲属可以申请行政复议。（　）

2．作出具体行政行为的行政机关是行政复议的申请人。（　）

3．已经行政复议受理的不能同时进行行政诉讼。（　）

【技能训练】

根据“案例放送”，制作一个行政复议处理案例分析的思维导图或流程图。

项目四　排污许可与污染源自动监测的监督执法

任务 12　排污许可的监督执法

工作任务：对某企业进行排污许可证模拟申请与监督管理。
建议学时：2～3 学时。
学习目标：①认知排污许可管理条例规定。
②基本能进行排污单位排污许可证网上申请和资料准备。
③能列出排污单位排污许可执法清单并依法执法。
教学过程：设计“课前+课中+课后”学习任务，实施“线上+线下”立体化教学。
教学方法：微视频教学、案例分析、探究式教学。
教学模式：任务引领→思政与问题导入→模块知识领学→任务实践、教学方法应用→任务完成与点评→练习与训练。
教学平台及媒体：多媒体教室、网上排污许可申请平台、移动设备、云班课、钉钉、微信、腾讯；教学课件包、教材。
思政元素：展示无排污许可证或不按许可内容排污的违法警示事件；分享各地排污许可环境监督执法经验；养成踏实肯干、做事细心的素养，树立环保主人翁精神。

一、排污许可管理

依照《排污许可管理条例》的规定，实行排污许可管理的企业事业单位和其他生产经营者（以下称排污单位），应当依照本条例规定申请取得排污许可证；未取得排污许可证的，不得排放污染物。

1．排污许可监督管理机构

生态环境部负责全国排污许可的统一监督管理。

设区的市级以上地方人民政府生态环境主管部门负责本行政区域排污许可的监督管理。

2．排污许可技术规范

排污许可证申请表、环境管理台账记录、排污许可证执行报告等文件的格式和内容要求，以及排污许可证申请与核发技术规范等，按照生态环境部制定发布的《排污许可证申请与核发技术规范　总则》（HJ 942—2018）、《排污单位环境管理台账及排污许可证执行报告技术规范　总则（试行）》（HJ 944—2018）实施。

环境管理台账，指排污单位根据排污许可证的规定，对自行监测、落实各项环境管理要求等行为的具体记录，包括电子台账和纸质台账两种。

排污许可证执行报告，指排污单位根据排污许可证和相关规范的规定，对自行监测、污染物排放及落实各项环境管理要求等行为的定期报告，包括电子报告和书面报告两种。

扫码获取学习资源
任务 12-1 排污单位环境管理台账及排污许可证执行报告技术规范　总则（试行）

3．排污许可实行分类管理

按照生态环境部发布的《固定污染源排污许可分类管理名录（2019 年版）》，根据排污单位污染物产生量、排放量、对环境的影响程度等因素，实行排污许可分类管理：①对污染物产生量、排放量或对环境的影响程度较大的排污单位，实行排污许可重点管理；②对污染物产生量、排放量和对环境的影响程度较小的排污单位，实行排污许可简化管理；③对污染物产生量、排放量和对环境的影响程度很小的排污单位，实行排污登记管理。实行登记管理的排污单位，不需要申请取得排污许可证，应当在全国排污许可证管理信息平台填报排污登记表，登记基本信息、污染物排放去向、执行的污染物排放标准以及采取的污染防治措施等信息。

二、排污许可证申请

1. 申请对象及归属管理部门

现有排污单位应当在生态环境部规定的实施时限内申请取得排污许可证或填报排污登记表。

新建排污单位应当在启动生产设施或发生实际排污之前申请取得排污许可证或填报排污登记表。

排污单位应当向其生产经营场所所在地设区的市级以上地方人民政府生态环境主管部门（以下称审批部门）申请取得排污许可证。

排污单位有两个以上生产经营场所排放污染物的，应当按照生产经营场所分别申请取得排污许可证；同一排污单位在同一场所从事《固定污染源排污许可分类管理名录（2019 年版）》中两个以上行业生产经营的，申请一张排污许可证。

2. 申请方式

通过全国排污许可证管理信息平台（图 4-1）提交排污许可证申请表，也可以通过信函等方式提交。

全国排污许可证管理信息平台网址为 http：//permit.mee.gov.cn。

图 4-1　全国排污许可证管理信息平台-企业端网上申报入口界面

3．申请表信息

排污许可证申请表应当包括下列事项：①排污单位名称、住所、法定代表人或主要负责人、生产经营场所所在地、统一社会信用代码等信息。②建设项目环境影响报告书（表）批准文件或环境影响登记表备案材料。③按照污染物排放口、主要生产设施或车间、厂界申请的污染物排放种类、排放浓度和排放量，执行的污染物排放标准和重点污染物排放总量控制指标。④污染防治设施、污染物排放口位置和数量，污染物排放方式、排放去向、自行监测方案等信息。⑤主要生产设施、主要产品及产能、主要原辅材料、产生和排放污染物环节等信息，及其是否涉及商业秘密等不宜公开情形的情况说明。

4．排污许可证申请重点管理需附加的材料

（1）排污许可证重点管理对象

有下列情形之一的，应当对其生产设施和相应的排放口等申请取得重点管理排污许可证：①被列入重点排污单位名录的；②二氧化硫或氮氧化物年排放量大于 250 t 的；③烟粉尘年排放量大于 500 t 的；④化学需氧量年排放量大于 30 t，或总氮年排放量大于 10 t，或总磷年排放量大于 0.5 t 的；⑤氨氮、石油类和挥发酚合计年排放量大于 30 t 的；⑥其他单项有毒有害大气、水污染物污染当量数大于 3 000 的。污染当量数按照《中华人民共和国环境保护税法》的规定计算。

（2）排污许可证重点管理应提交的材料

有下列情形之一的，申请取得排污许可证还应当提交相应材料：①属于实行排污许可重点管理的，排污单位在提出申请前已通过全国排污许可证管理信息平台公开单位基本信息、拟申请许可事项的说明材料。②属于城镇和工业污水集中处理设施的，排污单位的纳污范围、管网布置、最终排放去向等说明材料。③属于排放重点污染物的新建、改建、扩建项目和技术改造项目的，排污单位通过污染物排放量削减替代获得重点污染物排放总量控制指标的说明材料。

排污许可申请具体流程见图 4-2。

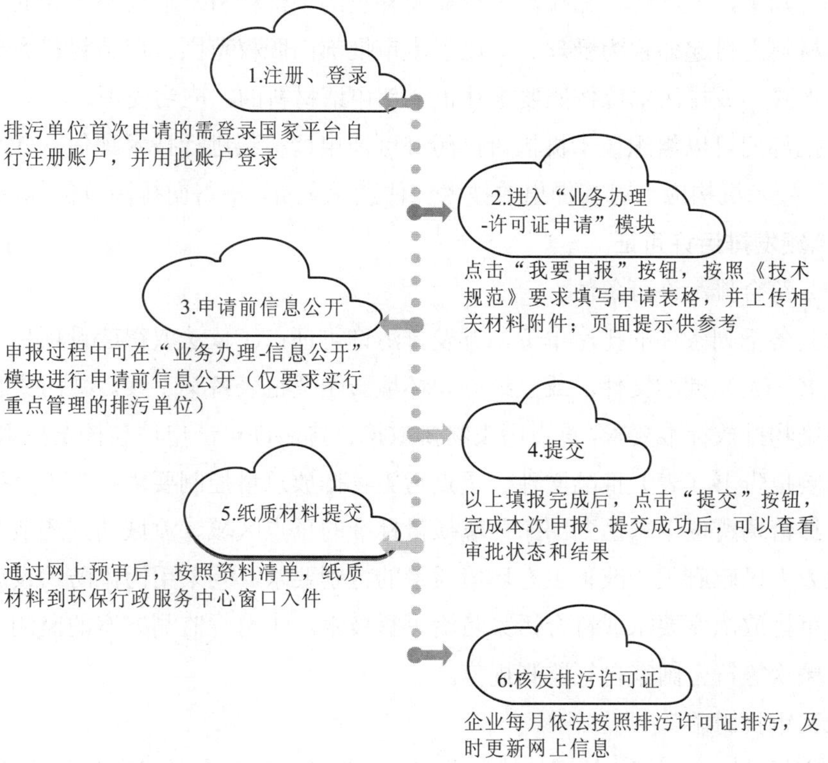

图 4-2　排污许可证申请流程

三、排污许可证审批

1. 材料审查

审批部门应当在全国排污许可证管理信息平台上公开受理或不予受理排污许可证申请的决定，同时向排污单位出具加盖本审批部门专用印章和注明日期的书面凭证。审批部门对收到的排污许可证申请，应当根据下列情况分别作出处理：①依法不需要申请取得排污许可证的，应当即时告知不需要申请取得。②不属于本审批部门职权范围的，应当即时作出不予受理的决定，并告知排污单位向有审批权的生态环境主管部门申请。③申请材料存在可以当场更正的错误的，应当允许排污单位当场更正。④申请材料不齐全或不符合法定形式的，应当当场或在 3 日内出具告知单，一次性告知排污单位需要补正的全部材料；逾期不告知的，自收到申请材料之日起即视为受理。⑤属于本审批部门职权范围，申请材料齐全、符合法定形式，或排污单位按照要求补正全部申请材料的，应当受理。

审批部门可以组织技术机构对排污许可证申请材料进行技术评估，并承担相应费用。技术机构应当对其提出的技术评估意见负责，不得向排污单位收取费用。

2. 颁发排污许可证

（1）符合排污许可条件

对具备下列条件的排污单位，颁发排污许可证：①依法取得建设项目环境影响报告书（表）批准文件，或已经办理环境影响登记表备案手续。②污染物排放符合污染物排放标准要求，重点污染物排放符合排污许可证申请与核发技术规范、环境影响报告书（表）批准文件、重点污染物排放总量控制要求；其中，排污单位生产经营场所位于未达到国家环境质量标准的重点区域、流域的，还应当符合有关地方人民政府关于改善生态环境质量的特别要求。③采用污染防治设施可以达到许可排放浓度要求或符合污染防治可行技术。④自行监测方案的监测点位、指标、频次等符合国家自行监测规范。

（2）审批时限

对实行排污许可简化管理的排污单位，审批部门应当自受理申请之日起 20 日内作出审批决定；对符合条件的颁发排污许可证，对不符合条件的不予许可并书面说明理由。

对实行排污许可重点管理的排污单位，审批部门应当自受理申请之日起 30 日内作出审批决定；需现场核查的，应当自受理申请之日起 45 日内作出审批决定；对符合条件的颁发排污许可证，对不符合条件的不予许可并书面说明理由。

（3）排污许可证编号

审批部门应当通过全国排污许可证管理信息平台生成统一的排污许可证编号。

（4）排污许可证规范格式

排污许可证规范格式如图 4-3 所示。正本采用 200g 铜版纸印刷，尺寸为 420 mm×297 mm，页边距分别为上：5 cm、下：0.75 cm、左：1.27 cm、右：1.27 cm。

排污许可证

证书编号：

单位名称：

注册地址：

法定代表人：

生产经营场所地址：

行业类别：

统一社会信用代码：

有效期限：自　年　月　日至　年　月　日止

发证机关：（盖章）

发证日期：　年　月　日

中华人民共和国生态环境部监制　　***印制

图 4-3　排污许可证的规范格式

排污许可证应当记载下列信息：①排污单位名称、住所、法定代表人或主要负责人、生产经营场所所在地等；②排污许可证有效期限、发证机关、发证日期、证书编号和二维码等；③产生和排放污染物环节、污染防治设施等；④污染物排放口位置和数量、污染物排放方式和排放去向等；⑤污染物排放种类、许可排放浓度、许可排放量等；⑥污染防治设施运行和维护要求、污染物排放口规范化建设要求等；⑦特殊时段禁止或限制污染物排放的要求；⑧自行监测、环境管理台账记录、排污许可证执行报告的内容和频次要求；⑨排污单位环境信息公开要求；⑩存在大气污染物无组织排放情形时的无组织排放控制要求；⑪法律法规规定排污单位应当遵守的其他控制污染物排放的要求。

（5）排污许可证有效期管理

排污许可证有效期为 5 年。排污许可证有效期届满，排污单位需要继续排放污染物的，应当于排污许可证有效期届满 60 日前向审批部门提出申请。审批部门应当自受理申请之日起 20 日内完成审查；对符合条件的予以延续，对不符合条件的不予延续并书面说明理由。

（6）排污许可证变更

排污单位变更名称、住所、法定代表人或主要负责人的，应当自变更之日起

30 日内，向审批部门申请办理排污许可证变更手续。

在许可证有效期内，排污单位有下列情形之一的，应当重新申请取得许可证：①新建、改建、扩建排放污染物的项目；②生产经营场所、污染物排放口位置或排放方式、排放去向发生变化；③污染物排放口数量或污染物排放种类、排放量、排放浓度增加。

排污单位适用的污染物排放标准、重点污染物总量控制要求发生变化，需要对排污许可证进行变更的，审批部门可以依法对排污许可证相应事项进行变更。

排污许可证申请与核发流程见图 4-4。

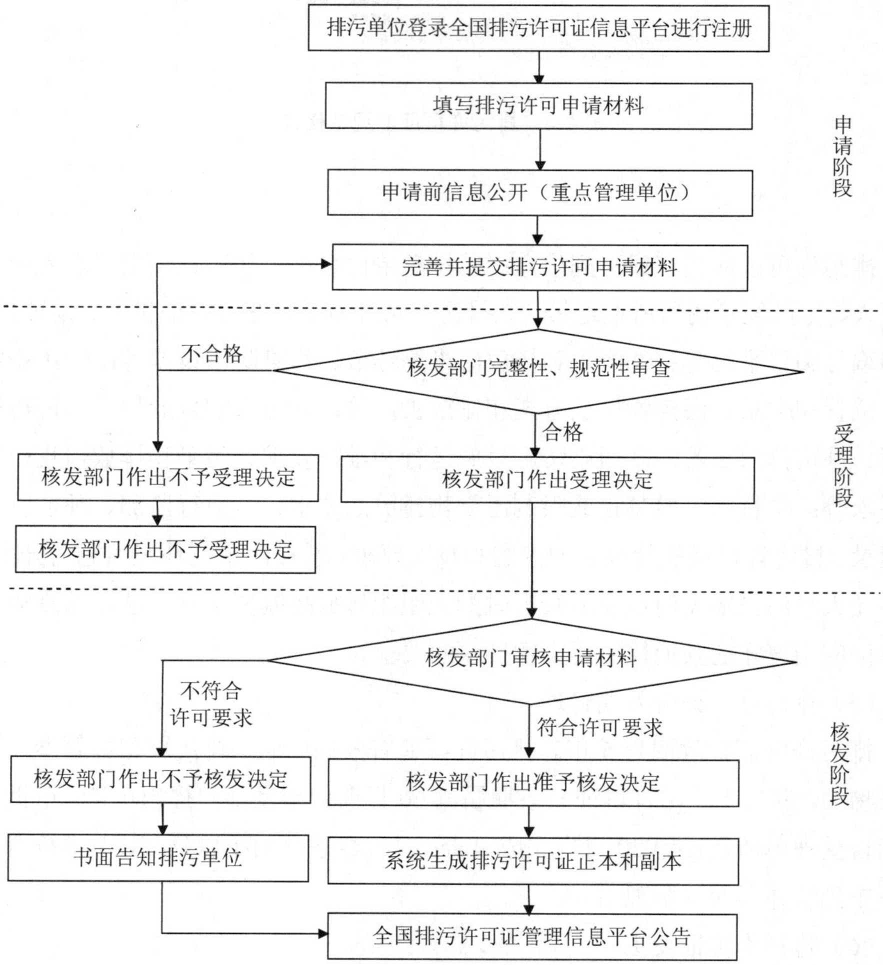

图 4-4　排污许可证申请与核发流程

四、排污许可监督执法

排污许可证是对排污单位进行生态环境监管的主要依据。

（一）排污单位的排污许可证管理执法清单

①排污单位是否遵守排污许可证规定，按照生态环境管理要求运行和维护污染防治设施，建立环境管理制度，严格控制污染物排放。

②排污单位是否按照生态环境主管部门的规定建设规范化污染物排放口，并设置标志牌。污染物排放口位置和数量、污染物排放方式和排放去向应当与排污许可证规定相符。实施新建、改建、扩建项目和技术改造的排污单位，应当在建设污染防治设施的同时，建设规范化污染物排放口。

③排污单位是否按照排污许可证规定和有关标准规范，依法开展自行监测，并保存原始监测记录。原始监测记录保存期限不得少于 5 年。排污单位应当对自行监测数据的真实性、准确性负责，不得篡改、伪造。

④实行排污许可重点管理的排污单位，是否依法安装、使用、维护污染物排放自动监测设备，并与生态环境主管部门的监控设备联网。排污单位发现污染物排放自动监测设备传输数据异常的，应当及时报告生态环境主管部门，并进行检查、修复。

⑤排污单位是否建立环境管理台账记录制度，按照排污许可证规定的格式、内容和频次，如实记录主要生产设施、污染防治设施运行情况以及污染物排放浓度、排放量。环境管理台账记录保存期限不得少于 5 年。排污单位发现污染物排放超过污染物排放标准等异常情况时，应当立即采取措施消除、减轻危害后果，如实进行环境管理台账记录，并报告生态环境主管部门，说明原因。超过污染物排放标准等异常情况下的污染物排放计入排污单位的污染物排放量。

⑥排污单位是否按排污许可证规定的内容、频次和时间要求，向审批部门提交许可证执行报告，如实报告污染物排放行为、排放浓度、排放量等。排污许可证有效期内发生停产的，排污单位应当在排污许可证执行报告中如实报告污染物排放变化情况并说明原因。排污许可证执行报告中报告的污染物排放量可以作为年度生态环境统计、重点污染物排放总量考核、污染源排放清单编制的依据。

⑦排污单位是否按照排污许可证规定，如实在全国排污许可证管理信息平台上公开污染物排放信息。污染物排放信息应当包括污染物排放种类、排放浓度和排放量，以及污染防治设施的建设运行情况、排污许可证执行报告、自行监测数据等。其中，水污染物排入市政排水管网的，还应包括污水接入市政排水管网位置、排放方式等信息。

⑧污染物产生量、排放量和对环境的影响程度都很小的企业事业单位和其他生产经营者，是否填报排污登记表，但不需要申请取得排污许可证。需要填报排污登记表的企业事业单位和其他生产经营者范围名录，由生态环境部制定并公布。

（二）排污许可证实施情况监督执法清单

①加强对排污许可的事中、事后监管，将排污许可执法检查纳入生态环境执法年度计划，根据排污许可管理类别、排污单位信用记录和生态环境管理需要等因素，合理确定检查频次和检查方式。应当在全国排污许可证管理信息平台上记录执法检查时间、内容、结果以及处罚决定，同时将处罚决定纳入国家有关信用信息系统向社会公布。

②检查排污单位的排污许可证、环境管理台账、执行报告、自行监测数据等相关材料，检查是否存在伪造、变造、转让排污许可证。

③通过许可证管理信息平台监控排污单位的污染物排放情况，必要时组织现场监测。发现排污单位的污染物排放浓度超过许可排放浓度的，应当要求排污单位提供排污许可证、环境管理台账记录、排污许可证执行报告、自行监测数据等相关材料进行核查，必要时可以组织开展现场监测。

④根据行政执法过程中收集的监测数据，以及排污单位的排污许可证、环境管理台账记录、排污许可证执行报告、自行监测数据等相关材料，对排污单位在规定周期内的污染物排放量，以及排污单位污染防治设施运行和维护是否符合排污许可证规定进行核查。

⑤依法通过现场监测、排污单位污染物排放自动监测设备、全国排污许可证管理信息平台获得的排污单位污染物排放数据，可以作为判定污染物排放浓度是否超过许可排放浓度的证据。排污单位自行监测数据与生态环境主管部门及其所属监测机构在行政执法过程中收集的监测数据不一致的，以生态环境主管部门及

其所属监测机构收集的监测数据作为行政执法依据。

⑥排污单位未采用污染防治可行技术的，要根据排污许可证、环境管理台账记录、排污许可证执行报告、自行监测数据等相关材料，以及生态环境主管部门及其所属监测机构在行政执法过程中收集的监测数据，综合判断排污单位采用的污染防治技术能否稳定达到排污许可证规定。对不能稳定达到排污许可证规定的，应当提出整改要求，并可以增加检查频次。

⑦接到举报应当依法快速处理。任何单位和个人对排污单位违反《排污许可管理条例》规定的行为，均有向生态环境主管部门举报的权利。接到举报的生态环境主管部门应当依法处理，按规定向举报人反馈处理结果，并为举报人保密。

五、排污许可证台账年度填报

全国排污许可证管理信息平台-公开端系统界面如图 4-5 所示 。

图 4-5　全国排污许可证管理信息平台-公开端

1. 排污许可证台账记录年度执行报告年度填报

按照《排污单位环境管理台账及排污许可证执行报告技术规范　总则（试行）》（HJ 944—2018）填报，图 4-6～图 4-10 是排污许可证年度执行报告平台部分界面。

扫码获取学习资源
任务 12-1 排污单位环境管理台账及排污许可证执行报告技术规范　总则（试行）

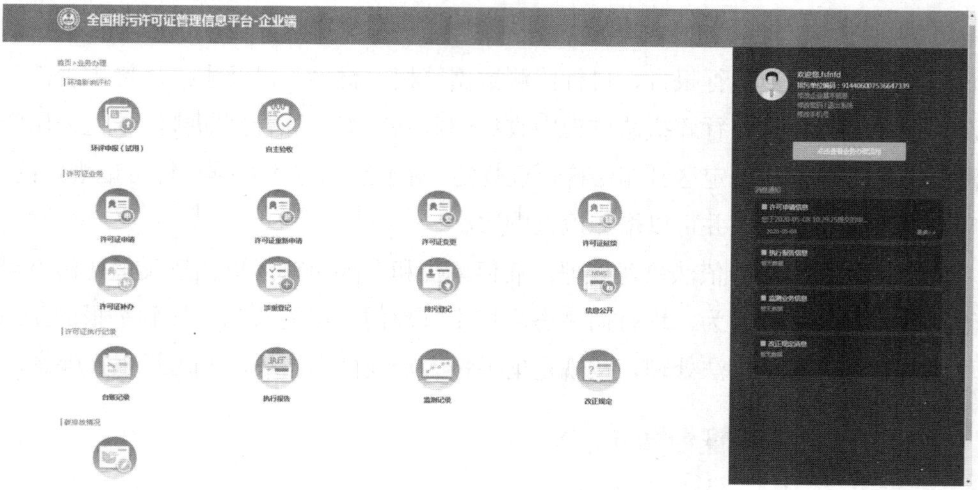

图 4-6　排污许可证填报界面

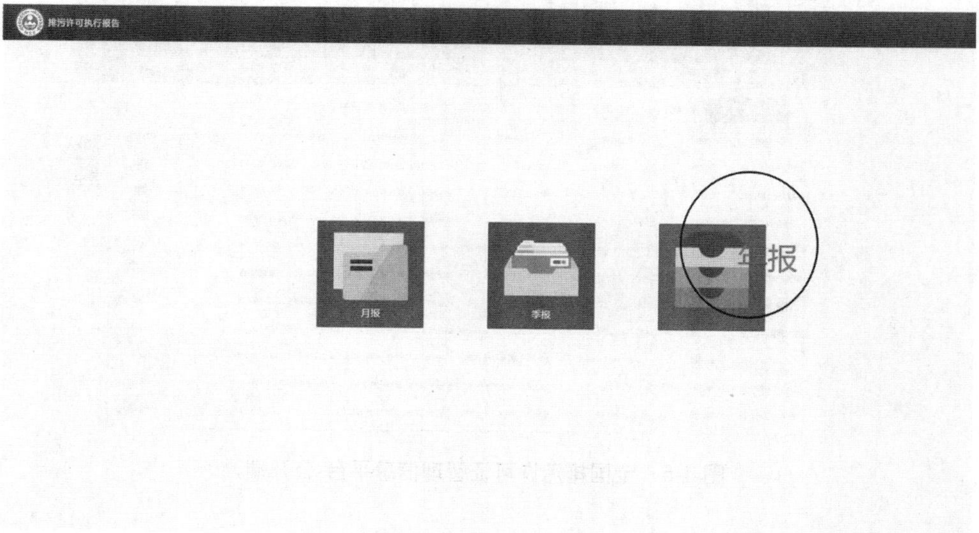

图 4-7　执行报告台账选择界面

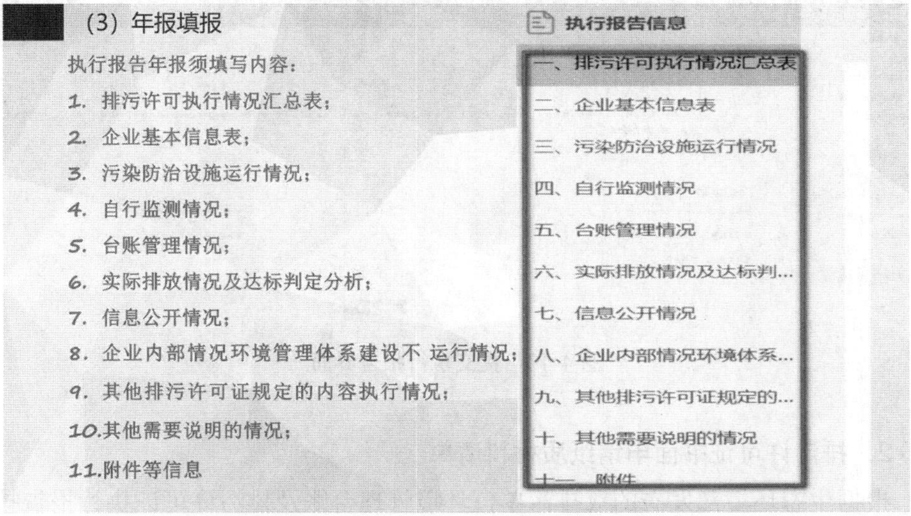

图 4-8　执行报告填报信息具体清单界面

图 4-9　台账证明材料提交界面

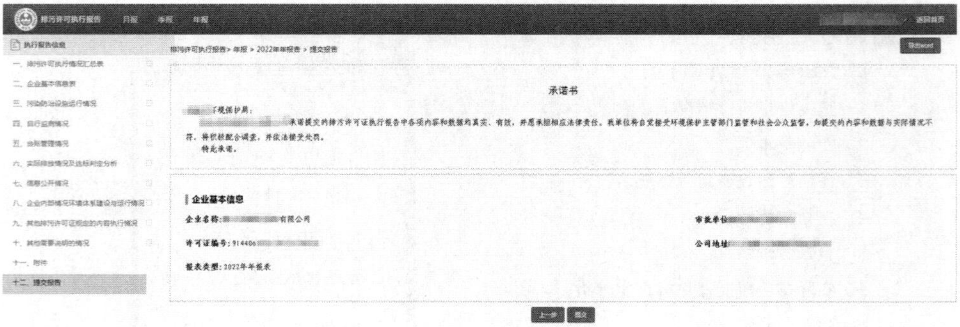

图 4-10 提交执行报告界面

2．排污许可证书面申请纸质材料清单

根据生态环境部发布的《排污单位环境管理台账及排污许可证执行报告技术规范 总则（试行）》（HJ 944—2018），排污许可证申请需要制作的相关资料。排污许可证台账资料纸质申请材料采用 A4 纸，手写材料应当字迹工整、清晰，复印件申请人均应签名、复印清晰、大小与原件相符。

排污许可证核发（首次申请）（适用于现有企业首次申领排污许可证、新建项目申领排污许可证、注销后完成整改要求后再次申领排污证等情形）申请材料目录清单请扫码查看或下载。

扫码下载学习资料

任务 12-2 首次申请排污许可证需提交的材料目录清单

六、相关违法行为及其查处规定

《排污许可管理条例》第三十二条至第四十五条规定了有关排污许可的违法行为及应承担的法律责任，具体内容见表 4-1。

表 4-1 违反《排污许可管理条例》的行为及其应承担的法律责任

责任条款	违法行为款项	应承担的法律责任
第三十二条	（一）对符合法定条件的排污许可证申请不予受理或不在法定期限内审批的 （二）向不符合法定条件的排污单位颁发排污许可证的 （三）违反审批权限审批排污许可证的 （四）发现违法行为不予查处的 （五）不依法履行监督管理职责的其他行为的	生态环境主管部门在排污许可证审批或监督管理中有本条款项违法行为之一的，由上级机关责令改正；对直接负责的主管人员和其他直接责任人员依法给予处分

责任条款	违法行为款项	应承担的法律责任
第三十三条	（一）未取得排污许可证排放污染物的 （二）排污许可证有效期届满未申请延续或延续申请未经批准排放污染物的 （三）被依法撤销、注销、吊销排污许可证后排放污染物的 （四）依法应当重新申请取得排污许可证，未重新申请取得排污许可证排放污染物的	排污单位有本条款项违法行为之一的，由生态环境主管部门责令改正或限制生产、停产整治，处二十万元以上一百万元以下的罚款；情节严重的，报经有批准权的人民政府批准，责令停业、关闭
第三十四条	（一）超过许可排放浓度、许可排放量排放污染物的 （二）通过暗管、渗井、渗坑、灌注或篡改、伪造监测数据，或不正常运行污染防治设施等逃避监管的方式违法排放污染物的	排污单位有本条款项违法行为之一的，由生态环境主管部门责令改正或限制生产、停产整治，处二十万元以上一百万元以下的罚款；情节严重的，吊销排污许可证，报经有批准权的人民政府批准，责令停业、关闭
第三十五条	（一）未按照排污许可证规定控制大气污染物无组织排放的 （二）特殊时段未按照排污许可证规定停止或限制排放污染物的	排污单位有本条款项违法行为之一的，由生态环境主管部门责令改正，处五万元以上二十万元以下的罚款；情节严重的，处二十万元以上一百万元以下的罚款，责令限制生产、停产整治
第三十六条	（一）污染物排放口位置或数量不符合排污许可证规定的 （二）污染物排放方式或排放去向不符合排污许可证规定的 （三）损毁或擅自移动、改变污染物排放自动监测设备的 （四）未按照排污许可证规定安装、使用污染物排放自动监测设备并与生态环境主管部门的监控设备联网，或未保证污染物排放自动监测设备正常运行的 （五）未按照排污许可证规定制定自行监测方案并开展自行监测的 （六）未按照排污许可证规定保存原始监测记录的 （七）未按照排污许可证规定公开或不如实公开污染物排放信息的 （八）发现污染物排放自动监测设备传输数据异常或污染物排放超过排放标准等异常情况不报告的 （九）违反法律法规规定的其他控制污染物排放要求的行为的	排污单位有本条款项违法行为之一的，由生态环境主管部门责令改正，处二万元以上二十万元以下的罚款；拒不改正的，责令停产整治

责任条款	违法行为款项	应承担的法律责任
第三十七条	（一）未建立环境管理台账记录制度，或未按照排污许可证规定记录的 （二）未如实记录主要生产设施及污染防治设施运行情况或污染物排放浓度、排放量的 （三）未按照排污许可证规定提交排污许可证执行报告的 （四）未如实报告污染物排放行为或污染物排放浓度、排放量的	排污单位有本条款项违法行为之一的，由生态环境主管部门责令改正，处每次五千元以上二万元以下的罚款；法律另有规定的，从其规定
第三十八条	排污单位违反本条例规定排放污染物，受到罚款处罚，被责令改正的，生态环境主管部门应当组织复查，发现其继续实施该违法行为或拒绝、阻挠复查的	依照《环境保护法》的规定按日连续处罚
第三十九条	排污单位拒不配合生态环境主管部门监督检查，或在接受监督检查时弄虚作假的	由生态环境主管部门责令改正，处二万元以上二十万元以下的罚款
第四十条	排污单位以欺骗、贿赂等不正当手段申请取得排污许可证的	由审批部门依法撤销其排污许可证，处二十万元以上五十万元以下的罚款，三年内不得再次申请排污许可证
第四十一条	伪造、变造、转让排污许可证的	由生态环境主管部门没收相关证件或吊销排污许可证，处十万元以上三十万元以下的罚款，三年内不得再次申请排污许可证
第四十二条	接受审批部门委托的排污许可技术机构弄虚作假的	由审批部门解除委托关系，将相关信息记入其信用记录，在全国排污许可证管理信息平台上公布，同时纳入国家有关信用信息系统向社会公布；情节严重的，禁止从事排污许可技术服务
第四十三条	需要填报排污登记表的企业事业单位和其他生产经营者，未依照本条例规定填报排污信息的	由生态环境主管部门责令改正，可以处五万元以下的罚款
第四十四条	（一）未取得排污许可证排放污染物，被责令停止排污，拒不执行 （二）通过暗管、渗井、渗坑、灌注或篡改、伪造监测数据，或不正常运行污染防治设施等逃避监管的方式违法排放污染物	排污单位有本条款项违法行为之一的，尚不构成犯罪的，除依照本条例规定予以处罚外，对直接负责的主管人员和其他直接责任人员，依照《环境保护法》的规定处以拘留
第四十五条	违反本条例规定，构成违反治安管理行为的	依法给予治安管理处罚；构成犯罪的，依法追究刑事责任

扫码下载学习资料

任务 12-3　案例放送

任务 12-4　更多资讯和案例

知识点应用与训练

【填空题】

1．依照《排污许可管理条例》规定，实行排污许可管理的企业事业单位和其他生产经营者，应当依照本条例规定申请取得________。

2．排污许可实行____________和____________分类管理。

3．排污许可证申请通过__________________提交排污许可证申请表，也可以通过信函等方式提交。

【单选题】

1．排污单位应当按照排污许可证规定和有关标准规范，依法开展自行监测，并保存原始监测记录。原始监测记录保存期限不得少于（　）。

A. 2 年　　B. 3 年　　C.5 年　　D.看情况而定

2．排污许可证有效期为（　　）

A. 2 年　　B. 3 年　　C. 5 年　　D. 10 年

3．污染物产生量、排放量和对环境的影响程度都很小的企业事业单位和其他生产经营者，应当填报排污登记表，排污许可证申请（　）。

A.需要　　B.不需要　　C.都可以

【多选题】

1．对具备条件的排污单位颁发排污许可证，以下符合条件的有（　　）。

A.依法取得建设项目环境影响报告书（表）批准文件，或已经办理环境影响登记表备案手续

B.污染物达标排放，重点污染物排放符合排污许可证、环境影响报告书（表）批准文件、重点污染物排放总量控制要求

C.采用污染防治设施可以达到许可排放浓度要求

D.执行的自行监测方案符合国家自行监测规范

2．属于对排污单位排污许可的检查有（　　）。

A.加强对排污许可的事中事后监管

B.是否存在伪造、变造、转让排污许可证

C.对排污单位可以组织开展现场监测

D.对排污单位污染物排放量是否符合排污许可证进行核查

E.对排污单位污染防治设施运行和维护是否符合排污许可证进行核查

3．以下属于违法行为的是（　　）。

A.没有按照监测报告内容上报污染物排放浓度、排放量

B.排污许可证取得后第 4 年未申请就排放污染物

C.排污单位缺乏规范的环境管理台账记录

D.排污单位时常停运污染防治设施排放污染物

【判断题】

1．企业污染物排放口位置或污染物排放方式、排放去向发生变化，去重新申请取得排污许可证。（　）

2．排污单位自行监测数据与生态环境监测机构在行政执法过程中收集的监测数据不一致的，选择第三方进行监测裁定并作为行政执法依据。（　）

3．企业开展自行监测次数高于排污许可证规定的自行监测方案属于违法行为。（　）

【简答题】

制作排污许可执法清单。

【实训项目】

排污许可现场检查模拟训练：选择一家工业类企业，参照《排污许可管理条例》的要求，带上执法取证工具，开展排污许可证执行情况现场检查模拟实训。

扫码下载学习资料

任务 12-5 排污许可证执行情况检查记录表

任务 13　污染源自动监测的监督执法

工作任务：对某企业污染源在线监测运维情况进行在线监控监督管理模拟执法。
建议学时：2～3 学时。
学习目标：①认知污染源自动监控管理。
②能列出污染源自动监控执法清单并按规范执法。
③基本能对有关违法行为提出处理意见。
教学过程：设计“课前+课中+课后”学习任务，实施“线上+线下”立体化教学。
教学方法：微视频教学、现场教学、探究式教学。
教学模式：任务引领→思政与工作任务导入→模块知识领学→任务实践、教学方法应用→任务完成与点评→练习与训练。
教学平台及媒体：多媒体教室、平台移动设备、云班课、钉钉、微信、腾讯；教学课件包、教材。
思政元素：展示各地在线自动监控违法查处事件的警示；分享各地在线监控建设管理的经验推广；踏实做事，树立担当生态环境保护的排头兵意识。

一、污染源自动监控设施的建设

（一）建设对象与监控系统组成

1．污染源自动监控设施的建设对象

为加强污染源监管，根据《环境保护法》《水污染防治法》《大气污染防治法》《噪声污染防治法》《污染源自动监控设施运行管理办法》《污染源自动监控设施现场监督检查办法》等环保法律法规规定以及污染源在线监测系统有关技术规范，对重点排污单位的固定污染源水污染物、大气污染物和噪声排放进行自动监控系

统的安装、运行、联网并进行监督管理。

2. 污染源自动监控系统组成

污染源自动监控系统由污染源自动监控设施和监控中心组成。

污染源自动监控设施，是指在污染源现场安装的用于监控、监测污染物排放的在线自动监测仪、流量（速）计、污染治理设施运行记录仪和数据采集传输仪器、仪表、传感器等设施，是污染防治设施的组成部分。

监控中心，是指生态环境部通过通信传输线路与自动监控设备连接用于对重点污染源实施自动监控的计算机软件和设备等。

水污染源自动监控设施，是指在污染源现场安装的用于监控、监测废水污染物排放的化学需氧量（COD_{Cr}）自动监测仪、总有机碳（TOC）水质自动分析仪、紫外（UV）吸收水质自动监测仪、流量监测仪和数据采集传输仪，以及 pH 水质自动分析仪、氨氮水质自动分析仪、重金属自动分析仪、水质自动分瓶采样器等设施。

烟气排放连续监测系统，是指连续监控、监测烟气中颗粒物和（或）气态污染物及烟气排放参数的设施，一般由采样、监测、数据采集与处理子系统组成。

（二）自动监测设备的建设与安装

因排放废水、废气污染物、噪声列入重点排污单位名录的、排污许可证申请与核发技术规范或排污单位自行监测指南中要求自动监测的、环评批复等其他生态环境主管部门管理文件要求自动监测的排污单位，必须按照相关要求和技术规范建设、安装污染源自动监测设备及其配套设施，并与生态环境主管部门联网（图 4-11、图 4-12）；已与市级生态环境主管部门联网的排污单位应当同时将自动监测设备联网至省级生态环境主管部门。

排污单位主动、自愿安装自动监测设备的，各级生态环境主管部门应当指导排污单位做好设备联网和数据传输工作。

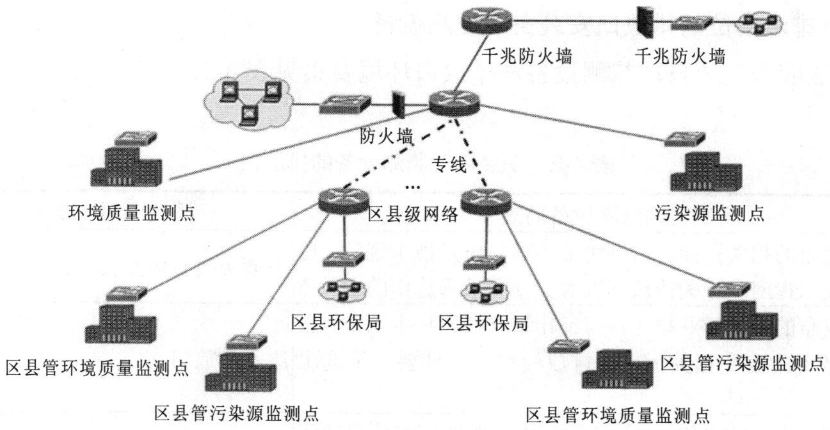

图 4-11 某市的区县自动监测专网拓扑图

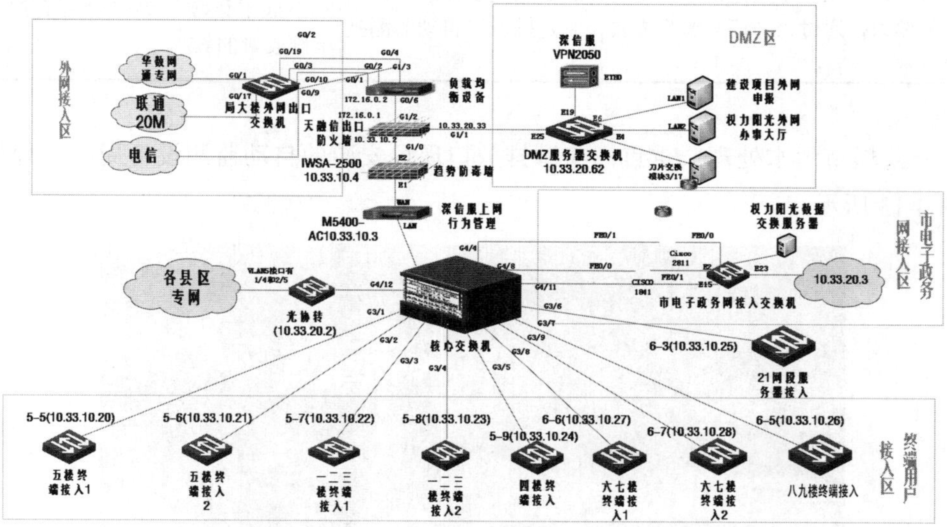

图 4-12 某市数字环保主干网络拓扑图

具体安装要求、自动监测数据的使用，可结合有关法律法规、办法、监测技术规范，并参考北京市生态环境局 2019 年发布的《北京市固定污染源自动监控管理办法》。

1. 排污单位的排放口安装自动监测设备

依法应当安装自动监测设备和排放口环境要素见表 4-2。

表 4-2 安装自动监测设备的排放口

安装自动监测设备的对象	排放口环境要素
按照已发布的相关行业排污许可证申请与核发技术规范、自行监测技术指南和相关排放标准等文件要求筛选出的对象	主要废气有组织排放口
按照已发布的相关行业排污许可证申请与核发技术规范、自行监测技术指南和相关污染物排放标准等文件要求筛选出的对象	废水排放口
已核发排污许可的单位，排污许可证中载明的应实施自动监测的对象	废水、废气或噪声排放口
排污单位通过以上三项筛选条件仍难以确定纳入的排放口范围的，可以在专家论证基础上，并满足相关法律法规和标准的要求，通过“一厂一策”方式，制定排放口自动监测技术方案	被监测排放口的污染物年排放量，应不低于该项污染物全部有组织年排放量的 65%

某城市污水处理厂重点污染源排放口现场安装的自动监测设备局部照片如图 4-13 所示。

图 4-13 某城市污水处理厂排放口现场安装的自动监测设备

2. 安装、配备污染物自动监测设备的监控项目

自动监测设备的监控项目见表4-3。

表4-3　排放口自动监测设备的监控项目

排放口类别	自动监测项目	备　注
锅炉废气排放口	至少包含二氧化硫、氮氧化物、颗粒物以及相关烟气参数（包括温度、压力、流速或流量、湿度、含氧量等），如图4-14所示	使用天然气的可以暂不监测二氧化硫和颗粒物
固定式燃气轮机的废气排放口		
冶金、建材行业及其他工业炉窑等的废气排放口		
固定式内燃机机组的废气排放口	至少包含氮氧化物、一氧化碳以及相关烟气参数（包括温度、压力、流速或流量、湿度、含氧量等）	
垃圾焚烧炉和危险废物焚烧设施的废气排放口	至少包含二氧化硫、氮氧化物、颗粒物、一氧化碳、氯化氢以及相关工艺参数（包括烟气温度、压力、流速或流量、湿度、含氧量和炉膛内温度等）	
产生挥发性有机物的生产设施的废气排放口	至少包含非甲烷总烃和相关废气参数（包括温度、压力、流速或流量、湿度等）	排放标准中规定需要按含氧量折算污染物排放浓度的，还应监测含氧量
小时处理能力大于8万m^3（含8万m^3）的废气污染物治理设施的处理前、处理后	①对相应监测项目进行监测 ②同时，安装污染源排放过程（工况）监控系统，监控生产、排放及治理设施的关键参数。监控项目至少包含表征生产负荷的参数、污染物处理用原料输送泵电流、污染物处理用原料供应量、脱硫岛pH、除尘器运行信号等	处理前、处理后，对相应监测项目进行监测
集中污水处理设施的废水排放口	至少包含化学需氧量、氨氮、pH和流量	纳入国家或本市规定的氮、磷重点排放行业的排污单位还应当监测总氮和（或）总磷两项污染物
设计日处理能力大于1万t（含1万t）的集中污水处理设施	①除规定监测项目，还应监测进水的化学需氧量、氨氮、pH和流量 ②同时，安装污染源排放过程（工况）监控系统，监控相关生产、排放及治理设施的关键参数。监控项目至少包含鼓风机电流、鼓风量、曝气设备运行状况、曝气池溶解氧浓度、污泥浓度和剩余污泥流量等	
排污许可证或其他法律、法规和标准规定的情形	按规定执行	

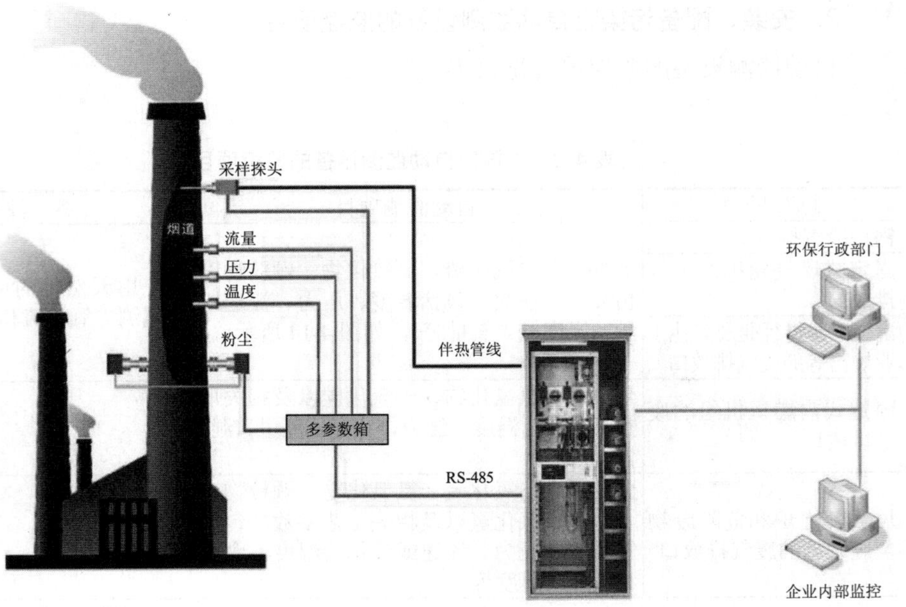

图 4-14 某企业燃烧废气排放在线监控示意图

二、污染源自动监测设备建设与运维的监督管理

（一）污染源自动监控设施的监督管理机构

生态环境部负责制定污染源自动监控设施运行管理的规章制度、标准，地方生态环境主管部门负责本辖区污染源自动监控设施运行的监督管理（图 4-15）。

自动监控系统经生态环境主管部门检查合格并正常运行的，其数据作为生态环境主管部门进行排污申报核定、排污许可证发放、总量控制、环境统计、排污费征收（或缴纳环境保护税）和现场环境执法等环境监督管理的依据，并按有关规定向社会公开。

污染源自动监控设施的现场监督检查，由各级生态环境主管部门或其委托的行使现场监督检查职责的机构（一般是生态环境执法机构）具体负责。

图 4-15　某生态环境管理部门监控中心端污染源在线监控大厅效果图

（二）污染源自动监控系统的监督管理

污染源自动监测设备安装的监管清单见表 4-4。

表 4-4　污染源自动监测设备安装的监管清单

项目/对象	监督管理要求
1.污染源自动监测设备安装的监督管理	
（1）自动监测设备	应当选用符合国家有关环境监测和计量规定的设备
（2）自动监测设备的安装和调试	应当符合污染源自动监测设备现场端建设技术规范等标准和要求
（3）自动监测数据的采集和传输	应当符合有关污染源自动监控（监测）系统数据传输标准
（4）自动监测设备的安装和调试	排污单位应在完成自动监测设备安装和调试工作后 10 个工作日内申请与生态环境主管部门联网，并如实提供单位名称、地址、排污口名称、监测和监控项目、排放标准等信息
（5）自动监测设备的验收	排污单位应在自动监测设备满足技术规范要求的验收条件并与生态环境主管部门联网后 3 个月内，按照建设项目竣工环境保护验收管理相关法律法规的规定，组织完成验收工作，验收合格后 5 个工作日内向所在市生态环境主管部门登记备案。验收项目和要求，按照自动监测相关技术规范执行

项目/对象	监督管理要求
其他相关技术规范、标准的要求	按规定执行（图 4-16 污染源自动监测正常运行中的场景）
2.更换自动监测设备或变更的监督管理	
更换自动监测设备，或出现采样位置变更、设备核心部件更换等重大变化	应当重新进行验收，并报所在市生态环境主管部门登记备案
3.设施运行与监测的监督管理	
（1）自动监测设备的操作人员	应当按照国家相关规定，经培训考核合格、持证上岗
（2）自动监测设备联网	应当按照有关标准、规范与生态环境主管部门监控设备联网，及时准确地传输监控信息和数据
（3）自动监测设备的操作和运营维护	应当符合有关标准和技术规范，符合仪器设备厂商提供的运维手册或使用说明书
（4）自动监测设备定期校准	应当按照有关标准、规范定期校准，定期开展手工比对校验；设备所需的试剂、标准物质和质控样，应注明制备单位、制备人员、制备日期、物质浓度和有效期限等重要信息
（5）自动监测设备比对监测	应每半年至少开展一次比对监测，比对结果应符合相关技术规范要求；若委托监测，应委托具备检验检测机构资质认定证书的环境监测机构开展
（6）自动监测设备因故障不能正常监测、采集、传输数据	应当于发生故障后 12 小时内向生态环境主管部门报告，并在 5 日内恢复正常运行；停运期间，应当手工监测污染物排放状况，并向该部门报送手工监测数据，每天不少于 4 次，间隔不得超过 6 小时；自行开展手工监测的，其实验室建设运行应当符合国家和本市相关标准；若委托监测，应当委托具备检验检测机构资质认定证书的环境监测机构开展
（7）自动监测设备需要进行更换的	应当至少提前 5 日向生态环境主管部门报告，设备更换时间不得超过 5 日，其间应当手工监测污染物排放状况，规定同（6）；确因特殊原因无法在 5 日内完成设备更换的，最长不超过 30 日
（8）自动监控设施的主要设备或核心部件更换、采样位置或主要设备安装位置等发生重大变化	应当重新组织验收；并在重新验收合格后 5 个工作日内，向有管辖权的监督检查机构变更登记备案；该机构应当对污染源自动监控设施登记事项及时予以登记，作为现场监督检查的依据
（9）排污单位任意连续 90 日内自动监测数据有效传输率	应当达到 90%以上
（10）排污单位应建立污染源自动监测设备运行、维护、管理和记录台账	自动监测历史数据应保存 5 年以上、污染源排放过程（工况）监测历史数据应保存 1 年以上
（11）其他标准、技术规范等规定的要求	按规范执行

项目/对象	监督管理要求
4.生态环境主管部门执行污染源自动监控设施现场监督检查工作报告制度	
（1）下级生态环境主管部门	应当每季度向上一级生态部门报告污染源自动监控设施现场监督检查工作情况；省级生态环境主管部门应当于每年的 1 月 30 日前向生态环境部报送上一年度本行政区域的相关工作报告。包括：辖区内污染源自动监控设施总体运行情况、存在的问题和建议；有关违法行为及其查处情况和典型案例；设施生产者、销售者和运营者在辖区内服务质量评估
（2）上级生态环境主管部门	应当定期组织对本辖区内下级生态部门污染源自动监控设施现场监督检查的工作情况进行督查，并实行专项考核
（3）污染源自动监控设施现场监督检查的有关情况	应当依法公开

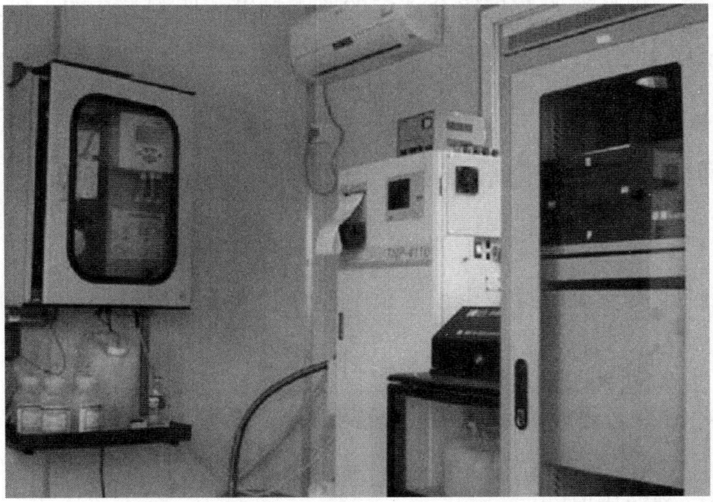

图 4-16　某企业污染源自动监测正常运行中的场景

（三）自动监测数据的监督执法应用

1．正常运行情况下的自动监测数据可以作为监督执法的事实依据

排污单位排放污染物过程中，自动监测设备正常运行情况下产生的自动监测数据，可以作为生态环境主管部门实施监督管理的依据；自动监测数据与其他有关证据共同构成证据链后，可以用于环境行政处罚。

2. 监测数据作为监督执法依据的优先权和符合性界定

①自动监测数据用于判定污染物排放浓度超标时，排污许可证、相关行业排污许可证申请与核发技术规范、国家及本市污染物排放标准明确规定使用小时均值、日均值（24 小时均值）或其他数据类型的，从其规定；没有明确规定的，水污染物排放浓度是否超标以日均值判定，大气污染物排放浓度是否超标以小时均值判定。排污单位或其委托的自动监测运营单位，依据有关标准、规范对异常、缺失数据进行修约补遗的，人工修约补遗数据不作为判定超标或达标的依据。

②自动监测数据用于计算排放量时，人工修约补遗数据可作为计算污染物排放量的依据。

③同一时段的生态环境主管部门委托开展的现场监测数据与排污单位自动监测数据不一致，现场监测数据符合法定的监测标准和监测方法的，以现场监测数据作为优先证据使用，作为判断污染物排放是否达标、自动监测设备是否正常运行的依据。

三、污染源自动监控设施建设与运维的现场执法

按照“二、（二）污染源自动监测设备建设与运的监督管理”规定，参照《污染源自动监控设施现场监督检查技术指南》开展执法检查工作，主要围绕以下要求进行。

（一）对污染源自动监控设施进行现场检查的重点清单

①排放口规范化情况；
②污染源自动监控设施现场端建设规范化情况；
③污染源自动监控设施变更情况；
④污染源自动监控设施运行状况；
⑤污染源自动监控设施运行、维护、检修、校准校验记录；
⑥相关资质、证书、标志的有效性；
⑦企业生产工况、污染治理设施运行与自动监控数据的相关性。

（二）开展例行检查和重点检查

监督检查机构应当对污染源自动监控设施定期进行例行检查。对国家重点监控企业污染源自动监控设施的例行检查每月至少 1 次；对其他企业污染源自动监控设施的例行检查每季度至少 1 次。

1. 自动监控设施运行状况例行检查

（1）工作状况

检查污染源自动监控设施各组成部分是否处于完好状态，正常运转。分析仪器产生的含有危险废物的废液是否有专门收集装置。

（2）数据传输及存储

检查污染源自动监控数据传输及存储是否符合 HJ/T 75、HJ/T 354 和 HJ 477 的相关规定：①检查污染源自动监控设施是否按要求正常工作并传输数据；②检查分析仪器数据、数采仪数据、监控中心数据是否一致；③检查历史数据是否保存 1 年以上。

（3）运行维护记录和校验记录检查

检查废水自动监控设施运行维护管理是否符合 HJ/T 355 的有关规定，检查废气自动监控设施运行维护管理是否符合 HJ/T 75 的有关规定。检查自动监控设施运行维护记录，主要包括停运、故障及其处理、耗材更换和校验记录等。

（4）自动监测数据有效性审核

查阅近期数据有效性审核报告，按照 HJ/T 356 和 HJ/T 75 的相关规定检查自动监测数据是否通过有效性审核；如果未通过数据有效性审核，则重点检查整改措施落实情况。

（5）自动监控设施运行参数检查

检查自动监控设施运行参数是否与验收、登记备案、最近一次有效性审核一致。

2. 对涉嫌不正常运行、使用污染源自动监控设施或有弄虚作假等违法情况的企业应当进行重点检查

重点检查可以邀请有关部门和专家参加。

实施污染源自动监控设施例行检查或重点检查的，可以根据情况，事先通知被检查单位，也可以不事先通知。

自动监控设施不正常运行情形判别。

（1）数据异常

①长期无正当理由无自动监控数据。

②自动监控数据长期在仪器分析方法检出限上下波动。

③自动监控数据变化幅度长期在某一固定值上下小幅波动。

④自动监控数据变化幅度长期在量程 2% 以内波动。

⑤监督性监测数值与同时段自动监控数值的误差超过 HJ/T 354 及 HJ/T 75 规定的比对监测指标范围。

⑥分析仪器、数采仪、监控中心之间数据异常。分析仪器数据与数采仪数据偏差大于 1%；数采仪数据与监控中心数据偏差大于 1%。

⑦企业生产工况、污染治理设施运行与自动监控数据的相关性异常。企业生产工况或污染治理设施发生变化，自动监控设施数据未及时响应或变化趋势不符合逻辑。

⑧其他不符合逻辑的数据变化情形。

（2）仪器参数设置异常

①仪器量程设置过大。

②实际监测条件发生变化，仪器参数未相应调整或变化调整未进行登记备案。

③自动监控数据换算公式与有关国家技术规定不一致。

④标准曲线发生改变未进行登记备案。

（3）自动监控设施状态异常

①部分擅自停运或闲置。

②工作环境发生变化未进行登记备案。

③自动监控设施硬件、软件发生变化未进行登记备案。

发现存在上述异常情况时，应将该自动监控设施列入重点检查对象。由现场监督检查部门会同环境监测及其他相关职能部门，必要时可邀请仪器设备和污染治理专业人员参加，成立专门检查组，对该污染源自动监控设施实施重点检查。

废水自动监控设施重点检查、固定污染源烟气自动监控设施重点检查以及数据采集传输仪器重点检查内容请扫码查看。

扫码获取学习资源

任务 13-1 污染源自动监控设施现场监督检查技术指南

（三）污染源自动监控设施的现场检查程序

现场监督检查人员应当按照有关技术规范要求填写现场监督检查表，制作现场监督检查笔录。现场监督检查人员进行污染源自动监控设施现场监督检查时，可以采取以下措施：①以拍照、录音、录像、仪器标定或拷贝文件、数据等方式保存现场检查资料。②使用快速监测仪器采样监测。必要时，由环境监测机构进行监督性监测或比对监测并出具监测结果。③要求排污单位或运营单位对污染源自动监控设施的硬件、软件进行技术测试。④封存有关样品、试剂等物质，并送交有关部门或机构检测。

现场检查程序如图4-17所示。

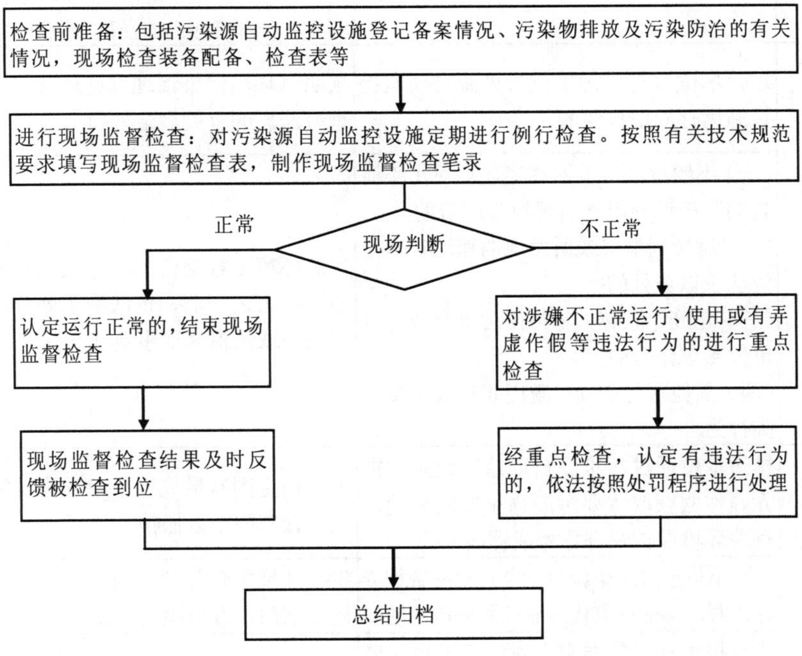

图4-17　污染源自动监控设施的现场检查流程

四、污染源自动监控相关违法行为及其查处规定

《污染源自动监控设施现场监督检查办法》（以下简称《检查办法》）规定了排

污单位或其他污染源自动监控设施所有权单位的违法行为应承担的法律责任，涉及《水污染防治法》《大气污染防治法》《噪声污染防治法》的有关规定，按其相关条款进行查处（本表略）；涉及《治安管理处罚法》《刑法》等法律法规规定的见表 4-5。

表 4-5　污染源自动监控有关的违法行为及应承担的法律责任

责任条款	违法行为款项	应承担的法律责任
《检查办法》第二十二条	污染源自动监控设施生产者、销售者参与排污单位污染源自动监控设施运行弄虚作假的	由生态环境主管部门予以通报，公开该生产者、销售者名称及其产品型号；情节严重的，收回其环境保护适用性检测报告和环境保护产品认证证书。对已经安装使用该生产者、销售者生产、销售的同类产品的企业，生态环境主管部门应当加强重点检查
《检查办法》第二十三条	运营单位参与排污单位污染源自动监控设施运行弄虚作假的	依照《环境污染治理设施运营资质许可管理办法》的有关规定处罚
《检查办法》第二十四条	(一) 不履行或不按照规定履行对污染源自动监控设施现场监督检查职责的 (二) 对接到举报或所发现的违法行为不依法予以查处的 (三) 包庇、纵容、参与排污单位或运营单位弄虚作假的 (四) 其他玩忽职守、滥用职权或徇私舞弊行为	生态环境主管部门的工作人员有本条款项违法行为之一的，依法给予处分；构成犯罪的，依法追究刑事责任
《检查办法》第二十五条	排污单位通过污染源自动监控设施数据弄虚作假获取主要污染物年度削减量、有关环境保护荣誉称号或评级	由原核定削减量或授予荣誉称号的生态环境主管部门予以撤销
	排污单位通过污染源自动监控设施数据弄虚作假，骗取国家优惠脱硫脱硝电价的	生态环境主管部门应当及时通报优惠电价核定部门，取消电价优惠
《检查办法》第二十六条	违反技术规范的要求，对污染源自动监控系统功能进行删除、修改、增加、干扰，造成污染源自动监控系统不能正常运行，或对污染源自动监控系统中存储、处理或传输的数据和应用程序进行删除、修改、增加的操作，构成违反治安管理行为的	由生态环境主管部门移送公安部门依据《治安管理处罚法》第二十九条规定处理；涉嫌构成犯罪的，移送司法机关依照《刑法》第二百八十六条追究刑事责任

责任条款	违法行为款项	应承担的法律责任
《治安管理处罚法》第二十九条	（一）违反国家规定，侵入计算机信息系统，造成危害的 （二）违反国家规定，对计算机信息系统功能进行删除、修改、增加、干扰，造成计算机信息系统不能正常运行的 （三）违反国家规定，对计算机信息系统中存储、处理、传输的数据和应用程序进行删除、修改、增加的 （四）故意制作、传播计算机病毒等破坏性程序，影响计算机信息系统正常运行的	有本条款项违法行为之一的，处5日以下拘留；情节较重的，处5日以上10日以下拘留。涉嫌构成犯罪的，移送司法机关依照《刑法》第二百八十六条： 后果严重的处5年以下有期徒刑或拘役；后果特别严重的，处5年以上有期徒刑。 对计算机信息系统中存储、处理或传输的数据和应用程序进行删除、修改、增加的操作，后果严重的，依照前款的规定处罚。 故意制作、传播计算机病毒等破坏性程序，影响计算机系统正常运行，后果严重的，依照第一款的规定处罚

扫码下载学习资料

任务 13-2　案例放送

任务 13-3　更多资讯和案例

知识点应用与训练

【填空题】

1. 污染源自动监控系统，由________和________组成。

2. 排污单位更换自动监测设备，或出现采样位置变更、设备核心部件更换等重大变化的，应当重新进行______，并报所在市________登记备案。

3. 对污染源自动监控设施进行现场检查分为________和________。

【单选题】

1. 按照规定，自动监测设备应在规定时间至少开展一次比对监测，比对监测结果应符合相关技术规范要求。规定时间为（　）。

A.一个季度　　B.半年　　C.1 年　　D.1 个月

2. 同一时段的生态环境主管部门委托开展的现场监测数据与排污单位自动监测数据不一致的，作为判断污染物排放是否达标的优先证据为（　）。

A.现场监测数据

B.排污单位自动监测数据

C.委托第三方监测单位重新测定比对，与哪一个监测数据更接近的优先考虑

D.现场监测数据符合法定的监测标准和监测方法的，以现场监测数据作为优先证据使用

3. 排污单位在自动监测设备满足技术规范要求的验收条件并与生态环境主管部门联网后规定时间内，按照《建设项目环境保护管理条例》规定，组织完成验收工作。具体限定时间为（　）。

A.一个月　　B.二个月　　C.三个月　　D.半年内

【多选题】

1. 以下属于必须按照相关要求和技术规范建设、安装污染源自动监测设备及其配套设施，并与生态环境主管部门联网的企业有（　　）。

A.排放废水污染物列入重点排污单位名录的

B.排放废气污染物列入重点排污单位名录的

C.排污许可证申请与核发技术规范或排污单位自行监测指南中要求自动监测的

D.环评批复等其他生态环境主管部门管理文件要求自动监测的排污单位

E.所有工业企业有排放废水废气污染物的

2. 以下属于违法行为的是（　　）。

A.对污染源自动监控系统功能进行私自删除，造成监控系统不能正常运行

B.对污染源自动监控系统中存储、处理或传输的数据和应用程序进行随意修改

C.干扰污染源自动监控系统功能，造成污染源自动监控系统不能正常运行

D.对污染源自动监控系统中存储、处理或传输的数据和应用程序进行删除

E.对污染源自动监控系统中存储、处理或传输的数据进行备份

3. 现场监督检查人员进行污染源自动监控设施现场监督检查时，可以采取的措施有（　　）。

A.拍照、录音、录像或拷贝企业环境管理文件、监测数据收集现场检查资料

B.使用快速监测仪器对排水口水质进行采样监测

C.要求排污单位对污染源自动监控设施的硬件、软件进行技术测试

D.封存排污单位现场有关样品、试剂等物质，并送交有关部门或机构检测

【判断题】

1．排污单位排放污染物过程中，自动监测设备正常运行情况下产生的自动监测数据，可以作为实施生态环境监督管理的依据。（　）

2．自动监测数据与其他有关证据共同构成证据链后，可以作为环境行政处罚依据。（　）

3．污染源自动监测设备因故障不能正常监测、采集，企业可以暂停监测数据报送。（　）

【简答题】

列出污染源自动监控设施进行现场检查的重点清单。

【实训项目】

选择一家有安装污染源自动监测设施的工业企业或城镇污水处理站，参照污染源自动监控监督管理要求，开展现场执法例行检查模拟实训。

扫码下载学习资料

任务 13-4　污染源自动监控设施例行检查表

项目五　突发环境事件的应急管理与环境侵权民事纠纷的调解处理

任务 14　突发环境事件的应急管理

工作任务： 制定突发环境事件应急预案并进行应急处理模拟训练。

建议学时： 3～4 学时。

学习目标： ①能辨识突发环境事件级别并能报告。

②基本能进行突发环境事件调查并提出处理建议。

③基本能制定工业企业突发环境事件应急预案。

教学过程： 设计“课前+课中+课后”学习任务，实施“线上+线下”立体化教学。

教学方法： 微视频教学、案例分析、探究式教学。

教学模式： 任务引领→思政与案例导入→模块知识领学→任务实践、教学方法应用→任务完成与点评→练习与训练。

教学平台及媒体： 多媒体教室、平台移动设备、云班课、钉钉、微信、腾讯；教学课件包、教材。

思政元素： 展示各类突发环境事件造成人员伤亡、环境污染和生态破坏的警示案例；分享突发环境事件应急演习的重要性；树立环境安全责任意识。

一、突发环境事件及分级

根据《国家突发环境事件应急预案》和《突发环境事件应急管理办法》（以下简称《应急管理办法》），突发环境事件是指由于污染物排放或自然灾害、生产安全事故等因素，导致污染物或放射性物质等有毒有害物质进入大气、水体、土壤等环境介质，突然造成或可能造成环境质量下降，危及公众身体健康和财产安全，或造成生态环境破坏，或造成重大社会影响，需要采取紧急措施予以应对的事件。

突发环境事件按照事件严重程度，分为特别重大、重大、较大和一般四级。

1. 特别重大突发环境事件

凡符合下列情形之一的，为特别重大突发环境事件：①因环境污染直接导致30人以上死亡或100人以上中毒或重伤的。②因环境污染疏散、转移人员5万人以上的。③因环境污染造成直接经济损失1亿元以上的。④因环境污染造成区域生态功能丧失或该区域国家重点保护物种灭绝的。⑤因环境污染造成设区的市级以上城市集中式饮用水水源地取水中断的。⑥Ⅰ、Ⅱ类放射源丢失、被盗、失控并造成大范围严重辐射污染后果的；放射性同位素和射线装置失控导致3人以上急性死亡的；放射性物质泄漏，造成大范围辐射污染后果的。⑦造成重大跨国境影响的境内突发环境事件。

2. 重大突发环境事件

凡符合下列情形之一的，为重大突发环境事件：①因环境污染直接导致10人以上30人以下死亡或50人以上100人以下中毒或重伤的。②因环境污染疏散、转移人员1万人以上5万人以下的。③因环境污染造成直接经济损失2 000万元以上1亿元以下的。④因环境污染造成区域生态功能部分丧失或该区域国家重点保护野生动植物种群大批死亡的。⑤因环境污染造成县级城市集中式饮用水水源地取水中断的。⑥Ⅰ、Ⅱ类放射源丢失、被盗的；放射性同位素和射线装置失控导致3人以下急性死亡或10人以上急性重度放射病、局部器官残疾的；放射性物质泄漏，造成较大范围辐射污染后果的。⑦造成跨省级行政区域影响的突发环境事件。

3. 较大突发环境事件

凡符合下列情形之一的，为较大突发环境事件：①因环境污染直接导致3人以上10人以下死亡或10人以上50人以下中毒或重伤的。②因环境污染疏散、转移人员 5 000 人以上 1 万人以下的。③因环境污染造成直接经济损失 500 万元以上 2 000 万元以下的。④因环境污染造成国家重点保护的动植物物种受到破坏的。⑤因环境污染造成乡镇集中式饮用水水源地取水中断的。⑥Ⅲ类放射源丢失、被盗的；放射性同位素和射线装置失控导致 10 人以下急性重度放射病、局部器官残疾的；放射性物质泄漏，造成小范围辐射后果的。⑦造成跨设区的市级行政区域影响的突发环境事件。

4．一般突发环境事件

凡符合下列情形之一的，为一般突发环境事件：①因环境污染直接导致 3 人以下死亡或 10 人以下中毒或重伤的。②因环境污染疏散、转移人员 5 000 人以下的。③因环境污染造成直接经济损失 500 万元以下的。④因环境污染造成跨县级行政区域纠纷，引起一般性群体影响的。⑤Ⅳ、Ⅴ类放射源丢失、被盗的；放射性同位素和射线装置失控导致人员受到超过年剂量限值的照射的；放射性物质泄漏，造成厂区内或设施内局部辐射污染后果的；铀矿冶、伴生矿超标排放，造成环境辐射污染后果的。⑥对环境造成一定影响，尚未达到较大突发环境事件级别的。

上述分级标准有关数量的表述中，“以上”含本数，“以下”不含本数。

二、突发环境事件的应急管理方法

突发环境事件应急管理工作坚持预防为主、预防与应急相结合的原则。

突发环境事件应对，应当在县级以上地方人民政府的统一领导下，建立分类管理、分级负责、属地管理为主的应急管理体制。分工具体规定如表 5-1 所示。

表 5-1　突发环境事件的应急管理职责分工

单位	管理工作
1. 突发环境事件的应急管理	
相关方	责任与义务
企业事业单位	应当按照相关法律法规和标准规范的要求，履行下列义务： ①开展突发环境事件风险评估； ②完善突发环境事件风险防控措施； ③排查治理环境安全隐患； ④制定突发环境事件应急预案并备案、演练； ⑤加强环境应急能力保障建设。 发生或可能发生突发环境事件时，企业事业单位应当依法进行处理，并对所造成的损害承担责任

单位	管理工作
县级以上地方人民政府生态环境主管部门	①应当在本级人民政府的统一领导下，对突发环境事件应急管理日常工作实施监督管理，指导、协助、督促下级人民政府及其有关部门做好突发环境事件应对工作； ②应当按照本级人民政府的要求，会同有关部门建立健全突发环境事件应急联动机制，加强突发环境事件应急管理； ③相邻区域地方生态环境主管部门应当开展跨行政区域的突发环境事件应急合作，共同防范、互通信息，协力应对突发环境事件

2. 突发环境事件的风险控制

相关方	责任与义务
企业事业单位	①应当按照生态环境部的规定开展突发环境事件风险评估，确定环境风险防范和环境安全隐患排查治理措施； ②应当按照有关要求和技术规范，完善突发环境事件风险防控措施。包括有效防止泄漏物质、消防水、污染雨水等扩散至外环境的收集、导流、拦截、降污等措施； ③应当按照有关规定建立健全环境安全隐患排查治理制度，建立相关档案，及时发现并消除环境安全隐患； ④对于发现后能够立即治理的环境安全隐患，应当立即采取措施，消除环境安全隐患。情况复杂、短期内难以完成治理，还可能产生较大隐患，应当制定隐患治理方案，落实整改措施、责任、资金、时限和现场应急预案，及时消除隐患
县级以上地方人民政府生态环境主管部门	①应当按照本级人民政府的统一要求，开展本区域突发环境事件风险评估工作，分析可能发生的突发环境事件，提高区域环境风险防范能力； ②应当对企事业单位环境风险防范和环境安全隐患排查治理工作进行抽查或突击检查，将存在重大环境安全隐患且整治不力的企业纳入社会诚信档案，并可以通报行业主管部门、投资主管部门、证券监督管理机构以及有关金融机构

3. 突发环境事件的应急准备

相关方	责任与义务
企业事业单位	①应当按规定，在开展突发环境事件风险评估和应急资源调查的基础上制定突发环境事件应急预案，分类分级管理报县级以上生态环境主管部门备案； ②应当定期开展应急演练，撰写演练评估报告，分析存在问题，并根据演练情况及时修改完善应急预案； ③应当将突发环境事件应急培训纳入单位工作计划，对从业人员定期进行应急知识和技能培训，建立培训档案，如实记录培训的时间、内容、参加人员等信息； ④应当加强环境应急处置救援能力建设； ⑤应当储备必要的环境应急装备和物资，并建立完善相关管理制度

单位	管理工作
县级以上地方人民政府生态环境主管部门	①应当根据本级人民政府突发环境事件专项应急预案，制定本部门的应急预案，报本级人民政府和上级生态环境主管部门备案； ②应当定期开展应急演练，撰写演练评估报告，分析存在的问题，并根据演练情况及时修改完善应急预案； ③环境污染可能影响公众健康和环境安全时，可以建议本级人民政府依法及时公布环境污染公共监测预警信息，启动应急措施； ④应当建立本行政区域突发环境事件信息收集系统，通过环保举报热线、新闻媒体等多种途径收集突发环境事件信息，并加强跨区域、跨部门信息交流与合作； ⑤应当建立健全环境应急值守制度，确定应急值守负责人和应急联络员并报上级生态环境主管部门； ⑥应当定期对从事突发环境事件应急管理工作的人员进行培训； ⑦省级人民政府生态环境主管部门和具备条件的市县级人民政府生态环境主管部门应设立环境应急专家库； ⑧应当加强环境应急处置救援能力建设，加强环境应急能力标准化建设，配备应急监测仪器设备和装备，提高重点流域区域水、大气突发环境事件预警能力； ⑨可以根据本行政区域的实际情况，建立环境应急物资储备信息库，有条件的地区可以设立环境应急物资储备库

4. 突发环境事件的应急处置

相关方	责任与义务
企业事业单位	①造成或可能造成突发环境事件时，应当立即启动应急预案，采取切断或控制污染源以及其他防止危害扩大的必要措施，及时通报可能受到危害的单位和居民，并向事发地县级以上人民政府生态环境主管部门报告，接受调查处理； ②应急处置期间，应当服从统一指挥，全面、准确地提供本单位与应急处置相关资料，协助维护应急现场秩序，保护与突发环境事件相关的各项证据
县级以上地方人民政府生态环境主管部门	①获知突发事件信息后，事件发生地生态环境主管部门应当按照《突发环境事件信息报告办法》规定的时限、程序和要求，向同级人民政府和上级主管部门报告； ②突发环境事件已经或可能涉及相邻行政区域的，事发地生态环境主管部门应当及时通报相邻区域同级主管部门，并向本级人民政府提出向相邻区域人民政府通报的建议； ③获知突发环境事件信息后，应当立即组织排查污染源，初步查明事件发生的时间、地点、原因、污染物质及数量、周边环境敏感区等情况； ④获知突发环境事件信息后，应当按照《突发环境事件应急监测技术规范》开展应急监测，及时向本级人民政府和上级主管部门报告监测结果； ⑤应急处置期间，事发地生态环境主管部门应当组织开展事件信息的分析、评估，提出应急处置方案和建议报本级人民政府； ⑥突发环境事件的威胁和危害得到控制或消除后，事发地生态环境主管部门应当根据本级人民政府的统一部署，停止应急处置措施

单位	管理工作
5. 突发事件事后恢复	
相关方	责任与义务
县级以上地方人民政府生态环境主管部门	①应急处置工作结束后，应当及时总结、评估应急处置工作情况，提出改进措施，并向上级生态环境主管部门报告； ②应当在本级人民政府的统一部署下，组织开展突发环境事件环境影响和损失等评估工作，并依法向有关人民政府报告； ③应当按照有关规定开展事件调查，查清突发环境事件原因，确认事件性质，认定事件责任，提出整改措施和处理意见； ④在本级人民政府统一领导下，参与制定环境恢复工作方案，推动环境恢复工作
6. 突发事件信息公开	
相关方	责任与义务
企事业单位	应当按有关规定，采取便于公众知晓和查询的方式公开本单位环境风险防范工作开展情况、突发环境事件应急预案及演练情况、突发环境事件发生及处置情况，以及落实整改要求等环境信息
县级以上地方人民政府生态环境主管部门	①事件发生后认真研判事件影响和等级，及时向本级人民政府提出信息发布建议； ②在职责范围内向社会公开有关突发环境事件应急管理的规定和要求，以及突发环境事件应急预案及演练情况等环境信息； ③对本行政区域内突发环境事件进行汇总分析，定期向社会公开突发环境事件的数量、级别，以及事件发生的时间、地点、应急处置概况等信息
人民政府	应当按照有关规定统一、准确、及时发布有关突发事件事态发展和应急处置工作的信息

三、突发环境事件的应急信息报告

（一）应急响应初步认定等级报告及时限要求

根据《突发环境事件信息报告办法》的规定，突发环境事件发生地设区的市级或县级人民政府生态环境主管部门在发现或得知突发环境事件信息后，应当立即进行核实，对突发环境事件的性质和类别作出初步认定。突发事件不同等级应急响应报告执行见表 5-2。

表 5-2　突发事件应急响应报告管理

<table>
<tr><th>初步认定严重程度</th><th>作出报告的机构</th><th>接受报告的机构</th><th>报告/通报时限</th></tr>
<tr><td>一般（IV 级）或较大（III 级）</td><td>事发地设区的市、县级人民政府生态环境主管部门</td><td>向本级人民政府和上一级人民政府生态环境主管部门报告</td><td>4 小时内</td></tr>
<tr><td rowspan="3">重大（II 级）或特别重大（I 级）
一时无法判明等级的，应当按重大或特别重大级上报：
①对饮用水水源保护区造成或可能造成影响；
②涉及居民聚居区、学校、医院等敏感区域和敏感人群；
③涉重金属或类金属污染；
④可能产生跨省或跨国影响；
⑤因环境污染引发群体性事件或社会影响较大；
⑥地方人民政府生态环境主管部门认为有必要报告</td><td>事发地设区的市级或县级人民政府生态环境主管部门</td><td>向本级人民政府和省级人民政府生态环境主管部门报告，同时上报生态环境部</td><td>2 小时内</td></tr>
<tr><td>省级人民政府生态环境主管部门接到报告后，应当进行核实</td><td>报告生态环境部</td><td>1 小时内</td></tr>
<tr><td>环境保护部在接到下级人民政府生态环境主管部门报告后</td><td>向国务院总值班室和中共中央办公厅秘书局报告</td><td>及时报告</td></tr>
<tr><td rowspan="2">突发环境事件已经或可能涉及相邻行政区域的</td><td>事件发生地生态环境主管部门</td><td>相邻区域同级人民政府生态环境主管部门，并向本级人民政府提出向相邻区域人民政府通报的建议</td><td>及时通报</td></tr>
<tr><td>接到通报的生态环境主管部门</td><td colspan="2">按照事发地规定进行报告</td></tr>
</table>

（二）突发环境事件的报告形式和内容

报告涉及国家秘密的突发环境事件信息，应当遵守国家有关保密的规定。

突发环境事件的报告分为初报、续报和处理结果报告。

1．初报

在发现或得知突发环境事件后首次上报。初报应当报告突发环境事件的发生时间、地点、信息来源、事件起因和性质、基本过程、主要污染物和数量、监测数据、人员受害情况、饮用水水源地等环境敏感点受影响情况、事件发展趋势、处置情况、拟采取的措施以及下一步工作建议等初步情况，并提供可能受到突发环境事件影响的环境敏感点的分布示意图。

突发环境事件信息应当采用传真、网络、邮寄和面呈等方式书面报告；情况紧急时，初报可通过电话报告，但应当及时补充书面报告。书面报告中应当载明突发环境事件报告单位、报告签发人、联系人及联系方式等内容，并尽可能提供地图、图片以及相关的多媒体资料。

2. 续报

在查清有关基本情况、事件发展情况后随时上报。续报应当在初报的基础上，报告有关处置进展情况。

3. 处理结果报告

在突发环境事件处理完毕后上报。处理结果报告应当在初报和续报的基础上，报告处理突发环境事件的措施、过程和结果，突发环境事件潜在或间接危害以及损失、社会影响、处理后的遗留问题、责任追究等详细情况。

（三）信息报告违法行为的查处

在突发环境事件信息报告工作中迟报、谎报、瞒报、漏报有关突发环境事件信息的，给予通报批评；造成后果的，对直接负责的主管人员和其他直接责任人员依法依纪给予处分；构成犯罪的，移送司法机关依法追究刑事责任。

（四）信息归档

县级以上人民政府生态环境主管部门应当建立突发环境事件信息档案，并按有关规定向上一级人民政府生态环境主管部门报送本辖区突发环境事件的月度、季度、半年度和年度报告以及统计情况。上一级人民政府生态环境主管部门定期对报告及统计情况进行通报。

四、突发环境事件的应急响应

按照《国家突发环境事件应急预案》的规定，根据突发环境事件的严重程度和发展态势，将应急响应设定为Ⅰ级、Ⅱ级、Ⅲ级和Ⅳ级 4 个等级。具体应急响应如表 5-3 所示。

表 5-3 突发环境事件的应急响应分级管理

初步判定严重程度	应急响应启动等级	负责应对的机构
特别重大突发环境事件	Ⅰ级	事发地省级人民政府
重大突发环境事件	Ⅱ级	事发地省级人民政府
较大突发环境事件	Ⅲ级	事发地设区的市级人民政府
一般突发环境事件	Ⅳ级	事发地县级人民政府
突发环境事件发生在易造成重大影响的地区或重要时段时	适当提高响应级别	按照响应等级确定负责应对的机构

注：应急响应启动后，可视事件损失情况及其发展趋势调整响应级别，避免响应不足或响应过度。

（一）响应措施

突发环境事件发生后，各有关地方、部门和单位根据工作需要，组织采取以下措施。

1. 现场污染处置

涉事企事业单位或其他生产经营者（以下简称涉事单位）要立即采取关闭、停产、封堵、围挡、喷淋、转移等措施，切断和控制污染源，防止污染蔓延扩散。做好有毒有害物质和消防废水、废液等的收集、清理和安全处置工作。当涉事单位不明时，由当地生态环境主管部门组织对污染来源开展调查，查明涉事单位，确定污染物种类和污染范围，切断污染源。

事发地人民政府应组织制订综合治污方案，采用监测和模拟等手段追踪污染气体扩散途径和范围；采取拦截、导流、疏浚等形式防止水体污染扩大；采取隔离、吸附、打捞、氧化还原、中和、沉淀、消毒、去污洗消、临时收贮、微生物消解、调水稀释、转移异地处置、临时改造污染处置工艺或临时建设污染处置工程处置污染物。必要时，要求其他排污单位停产、限产、限排，减轻污染负荷。

2. 转移安置人员

根据突发环境事件影响及事发当地的气象、地理环境、人员密集度等，建立现场警戒区、交通管制区域和重点防护区域，确定受威胁人员疏散的方式和途径，有组织、有秩序地及时疏散转移受威胁人员和可能受影响地区居民，确保生命安全。妥善做好转移人员安置工作，确保有饭吃、有水喝、有衣穿、有住处和必要医疗条件。

3. 医学救援

迅速组织当地医疗资源和力量，对伤病员进行诊断治疗，根据需要及时、安全地将重症伤病员转运到有条件的医疗机构加强救治。指导和协助开展受污染人员的去污洗消工作，提出保护公众健康的措施建议。视情增派医疗卫生专家和卫生应急队伍、调配急需医药物资，支持事发地医学救援工作。做好受影响人员的心理援助。

4. 应急监测

加强大气、水体、土壤等应急监测工作，根据突发环境事件的污染物种类、性质以及当地自然、社会环境状况等，明确相应的应急监测方案及监测方法，确定监测的布点和频次，调配应急监测设备、车辆，及时准确监测，为突发环境事件应急决策提供依据。

5. 市场监管和调控

密切关注受事件影响地区市场供应情况及公众反应，加强对重要生活必需品等商品的市场监管和调控。禁止或限制受污染食品和饮用水的生产、加工、流通和食用，防范因突发环境事件造成的集体中毒等。

6. 信息发布和舆论引导

通过人民政府授权发布、发新闻稿、接受记者采访、举行新闻发布会、组织专家解读等方式，借助电视、广播、报纸、互联网等多种途径，主动、及时、准确、客观向社会发布突发环境事件和应对工作信息，回应社会关切，澄清不实信息，正确引导社会舆论。信息发布内容包括事件原因、污染程度、影响范围、应对措施、需要公众配合采取的措施、公众防范常识和事件调查处理进展情况等。

7. 维护社会稳定

加强受影响地区社会治安管理，严厉打击借机传播谣言制造社会恐慌、哄抢救灾物资等违法犯罪行为；加强转移人员安置点、救灾物资存放点等重点地区治安管控；做好受影响人员与涉事单位、地方人民政府及有关部门矛盾纠纷化解和法律服务工作，防止出现群体性事件，维护社会稳定。

8. 国际通报和援助

如需向国际社会通报或请求国际援助时，生态环境部商外交部、商务部提出需要通报或请求援助的国家（地区）和国际组织、事项内容、时机等，按照有关规定由指定机构向国际社会发出通报或呼吁信息。

（二）响应终止

当事件条件已经排除、污染物质已降至规定限值以内、所造成的危害基本消除时，由启动响应的人民政府终止应急响应。

五、后期工作

1．损害评估

突发环境事件应急响应终止后，要及时组织开展污染损害评估，并将评估结果向社会公布。评估结论作为事件调查处理、损害赔偿、环境修复和生态恢复重建的依据。

2．事件调查

突发环境事件发生后，根据有关规定，由生态环境主管部门牵头，可会同监察机关及相关部门，组织开展事件调查，查明事件原因和性质，提出整改防范措施和处理建议。

3．善后处置

事发地人民政府要及时组织制订补助、补偿、抚慰、抚恤、安置和环境恢复等善后工作方案并组织实施。保险机构要及时开展相关理赔工作。

六、应急保障

1．队伍保障

各级人民政府环境应急监测队伍、公安消防部队、大型国有骨干企业应急救援队伍及其他相关方面应急救援队伍等力量，要积极参加突发环境事件应急监测、应急处置与救援、调查处理等工作任务。发挥环境应急专家组作用，为重特大突发环境事件应急处置方案制订、污染损害评估和调查处理工作提供决策建议。县级以上地方人民政府要强化环境应急救援队伍能力建设，加强环境应急专家队伍管理，提高突发环境事件快速响应及应急处置能力。

2．物资与资金保障

有关部门按照职责分工，组织做好环境应急救援物资紧急生产、储备调拨和紧急配送工作，保障支援突发环境事件应急处置和环境恢复治理工作的需要。县级以上地方人民政府及其有关部门要加强应急物资储备，鼓励支持社会化应急物资储备，保障应急物资、生活必需品的生产和供给。生态环境主管部门要加强对当地环境应急物资储备信息的动态管理。

突发环境事件应急处置所需经费首先由事件责任单位承担。县级以上地方人民政府对突发环境事件应急处置工作提供资金保障。

3．通信、交通与运输保障

地方各级人民政府及其通信主管部门要建立健全突发环境事件应急通信保障体系，确保应急期间通信联络和信息传递需要。交通运输部门要健全公路、铁路、航空、水运紧急运输保障体系，保障应急响应所需人员、物资、装备、器材等的运输。公安部门要加强应急交通管理，保障运送伤病员、应急救援人员、物资、装备、器材车辆的优先通行。

4．技术保障

支持突发环境事件应急处置和监测先进技术、装备的研发。依托环境应急指挥技术平台，实现信息综合集成、分析处理、污染损害评估的智能化和数字化。

七、核辐射事故等级及应急处理

（一）核辐射事故等级

《放射性同位素与射线装置安全和防护条例》规定：“根据辐射事故的性质、严重程度、可控性和影响范围等因素，从重到轻将辐射事故分为特别重大辐射事故、重大辐射事故、较大辐射事故和一般辐射事故四个等级。”具体见表 5-4。

表 5-4　核辐射事故等级划分

辐射事故等级	符合条件之一
特别重大辐射事故	指Ⅰ类、Ⅱ类放射源丢失、被盗、失控造成大范围严重辐射污染后果，或放射性同位素和射线装置失控导致 3 人以上（含 3 人）急性死亡
重大辐射事故	指Ⅰ类、Ⅱ类放射源丢失、被盗、失控，或放射性同位素和射线装置失控导致 2 人以下（含 2 人）急性死亡或 10 人以上（含 10 人）急性重度放射病、局部器官残疾

辐射事故等级	符合条件之一
较大辐射事故	指Ⅲ类放射源丢失、被盗、失控，或放射性同位素和射线装置失控导致9人以下（含9人）急性重度放射病、局部器官残疾
一般辐射事故	指Ⅳ类、Ⅴ类放射源丢失、被盗、失控，或放射性同位素和射线装置失控导致人员受到超过年剂量限值的照射

（二）辐射事故应急处理

1. 按规范编制辐射事故应急预案

县级以上人民政府生态环境主管部门应当会同同级公安、卫生健康、财政等部门编制辐射事故应急预案，报本级人民政府批准。辐射事故应急预案应当包括：①应急机构和职责分工；②应急人员的组织、培训以及应急和救助的装备、资金、物资准备；③辐射事故分级与应急响应措施；④辐射事故调查、报告和处理程序。

生产、销售、使用放射性同位素和射线装置的单位，应当根据可能发生的辐射事故的风险，制定本单位的应急方案，做好应急准备。

2. 事故单位立即启动应急方案，采取应急措施并报告

发生辐射事故时，生产、销售、使用放射性同位素和射线装置的单位应当立即启动本单位的应急方案，采取应急措施，并立即向当地生态环境主管部门、公安部门、卫生健康部门报告。应当立即将可能受到辐射伤害的人员送至当地卫生健康部门指定的医院或有条件救治辐射损伤病人的医院，进行检查和治疗，或请求医院立即派人赶赴事故现场，采取救治措施。

生态环境主管部门、公安部门、卫生健康部门接到辐射事故报告后，应当立即派人赶赴现场，进行现场调查，采取有效措施，控制并消除事故影响，同时将辐射事故信息报告本级人民政府和上级人民政府生态环境主管部门、公安部门、卫生健康部门。

县级以上地方人民政府及其有关部门接到辐射事故报告后，应当按照事故分级报告的规定及时将辐射事故信息报告上级人民政府及其有关部门。

发生特别重大辐射事故和重大辐射事故后，事故发生地省、自治区、直辖市人民政府和国务院有关部门应当在4小时内报告国务院；特殊情况下，事故发生地人民政府及其有关部门可以直接向国务院报告，并同时报告上级人民政府及其有关部门。

禁止缓报、瞒报、谎报或漏报辐射事故。

3．采取临时控制措施

在发生辐射事故或有证据证明辐射事故可能发生时，县级以上人民政府生态环境主管部门有权采取下列临时控制措施：①责令停止导致或可能导致辐射事故的作业；②组织控制事故现场。

4．有关县级以上人民政府组织实施相应的应急预案

辐射事故发生后，有关县级以上人民政府应当按照辐射事故的等级，启动并组织实施相应的应急预案。

县级以上人民政府生态环境主管部门、公安部门、卫生健康部门，按照职责分工做好相应的辐射事故应急工作：①生态环境主管部门负责辐射事故的应急响应、调查处理和定性定级工作，协助公安部门监控追缴丢失、被盗的放射源；②公安部门负责丢失、被盗放射源的立案侦查和追缴；③卫生健康部门负责辐射事故的医疗应急。

生态环境主管部门、公安部门、卫生健康部门应当及时相互通报辐射事故应急响应、调查处理、定性定级、立案侦查和医疗应急情况。国务院指定的部门根据生态环境主管部门确定的辐射事故的性质和级别，负责有关国际信息通报工作。

八、重污染天气应急处理

重污染天气应对工作按照《大气污染防治行动计划》《大气污染防治法》等有关规定执行。

省、自治区、直辖市、设区的市人民政府以及可能发生重污染天气的县级人民政府，应当制定重污染天气应急预案，向上一级人民政府生态环境主管部门备案，并向社会公布。县级以上地方人民政府应当将重污染天气应对纳入突发事件应急管理体系。建立监测预警应急体系，妥善应对重污染天气。

1．建立预报预警信息通报

可能发生重污染天气的，应当及时向本级人民政府报告。

省、自治区、直辖市、设区的市人民政府依据重污染天气预报信息，进行综合研判，确定预警等级并及时发出预警。预警等级根据情况变化及时调整。任何单位和个人不得擅自向社会发布重污染天气预报预警信息。

预警信息发布后，人民政府及其有关部门应当通过电视、广播、网络、短信等途径告知公众采取健康防护措施，指导公众出行和调整其他相关社会活动。

2. 启动应急预案

县级以上地方人民政府应当依据重污染天气的预警等级，及时启动应急预案，根据应急需要可以采取责令有关企业停产或限产、限制部分机动车行驶、禁止燃放烟花爆竹、停止工地土石方作业和建筑物拆除施工、停止露天烧烤、停止幼儿园和学校组织的户外活动、组织开展人工影响天气作业等应急措施。

应急响应结束后，人民政府应当及时开展应急预案实施情况的评估，适时修改完善应急预案。

3. 造成大气污染的突发环境事件的应急处置

发生造成大气污染的突发环境事件，人民政府及其有关部门和相关企事业单位，应当依照《中华人民共和国突发事件应对法》（以下简称《突发事件应对法》）和《环境保护法》的规定，做好应急处置工作。生态环境主管部门应当及时对突发环境事件产生的大气污染物进行监测，并向社会公布监测信息。

造成国际环境影响的突发环境事件的涉外应急通报和处置工作，按照国家有关国际合作的相关规定执行。

九、突发环境事件有关违法行为及其查处规定

企业事业单位违反《突发环境事件应急管理办法》《突发事件应对法》《环境保护法》《水污染防治法》《大气污染防治法》《固体废物污染环境防治法》《海洋环境保护法》《自然保护区条例》等法律法规导致突发环境事件的发生，依照有关法律法规执行，见表 5-5。

表 5-5 突发环境事件有关违法行为及应承担的法律责任

责任条款	违法行为款项	应承担的法律责任
《突发环境事件应急管理办法》第三十七条	较大、重大和特别重大突发环境事件发生后，企业事业单位未按要求执行停产、停排措施，继续违反法律法规规定排放污染物的	生态环境主管部门应当依法对造成污染物排放的设施、设备实施查封、扣押

责任条款	违法行为款项	应承担的法律责任
《突发环境事件应急管理办法》第三十八条	(一)未按规定开展突发环境事件风险评估工作，确定风险等级 (二)未按规定开展环境安全隐患排查治理工作，建立隐患排查治理档案 (三)未按规定将突发环境事件应急预案备案 (四)未按规定开展突发环境事件应急培训，如实记录培训情况 (五)未按规定储备必要的环境应急装备和物资 (六)未按规定公开突发环境事件相关信息	企业事业单位有本条款项情形之一的，由县级以上人民政府生态环境主管部门责令改正，可以处一万元以上三万元以下罚款
《环境保护法》第六十五条	环境影响评价机构、环境监测机构以及从事环境监测设备和防治污染设施维护、运营的机构，在有关环境服务活动中弄虚作假，对造成的环境污染和生态破坏负有责任的	除依照有关法律法规规定予以处罚外，还应当与造成环境污染和生态破坏的其他责任者承担连带责任
《水污染防治法》第九十四条	企业事业单位造成水污染事故的	除依法承担赔偿责任外，由县级以上人民政府生态环境主管部门依照本条第二款的规定处以罚款，责令限期采取治理措施，消除污染；未按要求采取治理措施或不具备治理能力的，由生态环境主管部门指定有治理能力的单位代为治理，所需费用由违法者承担； 有《环境保护法》第六十三条规定的违法排放水污染物等行为之一，尚不构成犯罪的，由公安机关对直接负责的主管人员和其他直接责任人员处十日以上十五日以下的拘留；情节较轻的，处五日以上十日以下的拘留
	造成一般或较大水污染事故的	按照水污染事故造成的直接损失的百分之二十计算罚款
	造成重大或特大水污染事故的	按照水污染事故造成的直接损失的百分之三十计算罚款；可以报经有批准权的人民政府批准，责令关闭；对直接负责的主管人员和其他直接责任人员可以处上一年度从本单位取得的收入百分之五十以下罚款
	造成渔业污染事故或渔业船舶造成水污染事故的	由渔业主管部门进行处罚
	其他船舶造成水污染事故的	由海事管理机构进行处罚

责任条款	违法行为款项	应承担的法律责任
《大气污染防治法》第一百二十二条	造成大气污染事故的	由县级以上人民政府生态环境主管部门依照本条第二款的规定处以罚款；对直接负责的主管人员和其他直接责任人员可以处上一年度从本企业事业单位取得收入百分之五十以下的罚款
	造成一般或较大大气污染事故的	按照污染事故造成直接损失的一倍以上三倍以下计算罚款
	造成重大或特大大气污染事故的	按照污染事故造成的直接损失的三倍以上五倍以下计算罚款
《固废污染环境防治法》第一百一十八条	造成固体废物污染环境事故的	除依法承担赔偿责任外，由生态环境主管部门依照本条第二款的规定处以罚款，责令限期采取治理措施
	造成一般或较大固体废物污染环境事故的	按照事故造成的直接经济损失的一倍以上三倍以下计算罚款
	造成重大或特大固体废物污染环境事故的	可以报经有批准权的人民政府批准，责令关闭；按照事故造成的直接经济损失的三倍以上五倍以下计算罚款，并对法定代表人、主要负责人、直接负责的主管人员和其他责任人员处上一年度从本单位取得的收入百分之五十以下的罚款
《海洋环境保护法》第九十条	造成海洋环境污染事故的单位的	除依法承担赔偿责任外，由依照本法规定行使海洋环境监督管理权的部门依照本条第二款的规定处以罚款；对直接负责的主管人员和其他直接责任人员可以处上一年度从本单位取得收入百分之五十以下的罚款；直接负责的主管人员和其他直接责任人员属于国家工作人员的，依法给予处分
	造成一般或较大海洋环境污染事故的	按照直接损失的百分之二十计算罚款；对责任人的处罚同（一）
	造成重大或特大海洋环境污染事故的	按照直接损失的百分之三十计算罚款；对责任人的处罚同（一）
	严重污染海洋环境、破坏海洋生态，构成犯罪的	依法追究刑事责任

<table>
<tr><th>责任条款</th><th>违法行为款项</th><th>应承担的法律责任</th></tr>
<tr><td>《突发事件应对法》第六十三条</td><td>（一）未按规定采取预防措施，导致发生突发事件，或未采取必要的防范措施，导致发生次生、衍生事件的
（二）迟报、谎报、瞒报、漏报有关突发事件的信息，或通报、报送、公布虚假信息，造成后果的
（三）未按规定及时发布突发事件警报、采取预警期的措施，导致损害发生的
（四）未按规定及时采取措施处置突发事件或处置不当，造成后果的
（五）不服从上级人民政府对突发事件应急处置工作的统一领导、指挥和协调的
（六）未及时组织开展生产自救、恢复重建等善后工作的
（七）截留、挪用、私分或变相私分应急救援资金、物资的
（八）不及时归还征用的单位和个人的财产，或对被征用财产的单位和个人不按规定给予补偿的</td><td>地方各级人民政府和县级以上各级人民政府有关部门不履行法定职责的，由其上级行政机关或监察机关责令改正；有本条款项违法行为之一的，根据情节对直接负责的主管人员和其他直接责任人员依法给予处分</td></tr>
<tr><td rowspan="2">《突发事件应对法》第六十四条</td><td rowspan="2">（一）未按规定采取预防措施，导致发生严重突发事件的
（二）未及时消除已发现的可能引发突发事件的隐患，导致发生严重突发事件的
（三）未做好应急设备、设施日常维护、检测工作，导致发生严重突发事件或突发事件危害扩大的
（四）突发事件发生后不及时组织开展应急救援工作，造成严重后果的</td><td>有关单位有本条款项违法行为之一的，由所在地履行统一领导职责的人民政府责令停产停业，暂扣或吊销许可证或营业执照，并处五万元以上二十万元以下的罚款；构成违反治安管理行为的，由公安机关依法给予处罚</td></tr>
<tr><td>该款规定的行为，其他法律、行政法规规定由人民政府有关部门依法决定处罚的，从其规定</td></tr>
<tr><td>《突发事件应对法》第六十五条</td><td>编造并传播有关突发事件事态发展或应急处置工作的虚假信息，或明知是有关突发事件事态发展或应急处置工作的虚假信息而进行传播的</td><td>责令改正，给予警告；造成严重后果的，依法暂停其业务活动或吊销其执业许可证；负有直接责任的人员是国家工作人员的，还应当对其依法给予处分；构成违反治安管理行为的，由公安机关依法给予处罚</td></tr>
<tr><td>《突发事件应对法》第六十六条</td><td>单位或个人不服从所在地人民政府及其有关部门发布的决定、命令或不配合其依法采取的措施，构成违反治安管理行为的</td><td>由公安机关依法给予处罚</td></tr>
</table>

责任条款	违法行为款项	应承担的法律责任
《突发事件应对法》第六十七条	单位或个人导致突发事件发生或危害扩大，给他人人身、财产造成损害的	应当依法承担民事责任
《突发事件应对法》第六十八条	违反本法规定，构成犯罪的	依法追究刑事责任
《自然保护区条例》第四十条	造成自然保护区重大污染或破坏事故，导致公私财产重大损失或人身伤亡的严重后果，构成犯罪的	对直接负责的主管人员和其他直接责任人员依法追究刑事责任

扫码下载学习资料
任务 14-1 案例放送
任务 14-2 更多资讯和案例

知识点应用与训练

【填空题】

1 突发环境事件按照事件严重程度，分为________、________、_________和________四级。

2．突发环境事件的应急信息报告包括_____、______和________3 种方式。

3．按照《国家突发环境事件应急预案》规定，根据突发环境事件的严重程度和发展态势，将应急响应设定为______、_______、_______和______4 个等级。

【单选题】

1．对初步认定为重大（II 级）或特别重大（I 级）突发环境事件的，事发地设区的市级或县级人民政府生态环境主管部门应在规定时间内向本级人民政府和省级人民政府生态环境主管部门报告，同时上报生态环境部。时限要求（ ）。

A. 1 小时　　B. 2 小时　　C. 4 小时　　D. 6 小时

2．突发环境事件发生在易造成重大影响的地区或重要时段时，应急响应等级（ ）。

A.维持不变　　B.适当提高等级　　C.领导决定　　D.上级领导决定

3．根据《水污染防治法》规定，对造成较大水污染事故的，具体罚款数额（ ）。

A.按照水污染事故造成的直接损失的百分之二十计算

B.按照水污染事故造成的直接损失的百分之三十计算

C.按照水污染事故造成的直接损失的百分之五十计算

D.罚款 100 万元　　E.罚款 50 万元

【多选题】

1．企业事业单位应当按照相关法律法规和标准规范的要求，履行下列义务（　　）。

A.开展突发环境事件风险评估　　B.完善突发环境事件风险防控措施

C.排查治理环境安全隐患　　D.制定突发环境事件应急预案并备案、演练

E.加强环境应急能力保障建设

2．以下可定为重大突发环境事件的是（　　）。

A.因环境污染直接导致 12 人死亡

B.放射性物质泄漏，造成较大范围辐射污染后果

C.因环境污染造成某县城市自来水厂取水中断

D.突发环境事件造成两省环境污染影响

E.因环境污染疏散、转移人员 4 000 多人

3．以下属于企业事业单位突发环境事件的应急准备的是（　　）。

A.企业事业单位应当储备必要的环境应急装备和物资

B.将突发环境事件应急培训纳入单位工作计划

C.应当定期开展应急演练，撰写演练评估报告

D.对从业人员定期进行突发环境事件应急知识和技能培训和建档

E.如实记录培训时间、内容、参加人员等信息

【简答题】

简述突发环境事件发生后各有关地方、部门和单位根据工作需要应采取的响应措施。

【实训项目】

根据突发环境事件对企业的应急管理要求，按照风险控制目标、应急准备、应急响应、应急处置、应急措施、应急保障等方面内容，制定一份生产洗涤剂类的日用化工厂的突发环境污染事件的简要应急预案。小组分工合作完成。

任务 15 环境侵权民事纠纷的调解处理

工作任务：对环境侵权民事纠纷案例进行行政调解处理模拟训练。
建议学时：3～4 学时。
学习目标：①认知《民法典》关于环境污染民事侵权的法律责任。
②基本能依法对污染纠纷进行调解处理。
③能执行环境信访和环境举报程序。
教学过程：设计“课前+课中+课后”学习任务，实施“线上+线下”立体化教学。
教学方法：微视频教学、案例分析、师生互动。
教学模式：任务引领→思政与案例导入→模块知识领学→任务实践、教学方法应用→任务完成与点评→练习与训练。
教学平台及媒体：多媒体教室、举报热线与平台、移动设备、云班课、钉钉、微信、腾讯；教学课件包、教材。
思政元素：展示环境污染纠纷民事责任侵权案例分析；关注环境举报、投诉社会热点问题；发扬守护生态环境、保护和谐美好家园的环保卫士精神。

一、环境污染纠纷的调解与处理

（一）辨识环境污染纠纷及成因

《民法典》第九条规定：“民事主体从事民事活动，应当有利于节约资源、保护生态环境。”

环境污染纠纷，是指因环境污染引起的单位与单位之间、单位与个人之间或个人与个人之间的矛盾和冲突。这种纠纷通常是由于单位或个人在利用环境和资源的过程中污染和破坏环境，侵犯他人的合法权益而产生的。

1．性质

环境污染纠纷的主要性质是民事侵权纠纷，在一般污染事件和污染事故中，只要污染存在民事侵权行为，都可能产生环境污染纠纷。环境污染纠纷一般可以通过协商的方式予以疏导，化解矛盾，妥善解决。

企业事业单位内部引起的环境污染纠纷和因公伤害问题不能称为环境污染纠纷，那是属于工厂内部劳动保护关系，应当根据《中华人民共和国劳动法》进行调解。要构成污染纠纷，还应有污染物、污染源、防治管理标准、影响、危害等一些定量的条件。

2．产生原因

环境污染纠纷产生的原因错综复杂，大致有以下6个方面。

①经济建设布局不合理，规划失控，环境保护历史欠债太多。许多老的污染企业和城市发展过程中产生污染纠纷多属于这种情况；部分新建排污单位没有留足卫生防护距离，也是形成环境污染纠纷的原因之一。

②违反建设项目环境影响评价制度和“三同时”规定，产生新的污染源。许多乡镇、街道、个体企业和“三产”企业，产生污染纠纷多属于这种情况。

③许多排污者因管理不善或设备陈旧，生产过程中跑、冒、滴、漏现象严重，经常对周围单位和群众产生污染危害。

④排污者法制观念淡薄，无视生态环境保护法律、法规的规定，不仅不积极治理污染，还经常偷排偷放各种污染物，常常产生环境污染纠纷。

⑤数量众多的饮食、娱乐、服务企业与居民和单位距离很近或就在同一座楼内、楼上和楼下，产生的油烟、噪声、异味对居民影响很大，也是大部分污染纠纷产生的原因。

⑥人民群众生活水平改善，环境法制观念和环境意识迅速提高，对不良环境状况的危害有了更深刻的认识，同时也会因缺乏环境相关的科学知识而侵犯他人权益造成环境污染纠纷。

（二）造成环境污染纠纷应承担的民事责任

《民法典》第十条规定，处理民事纠纷，应当依照法律；法律没有规定的，可以适用习惯，但是不得违背公序良俗。

法律规定惩罚性赔偿的，依照其规定。

本条规定的承担民事责任的方式，可以单独适用，也可以合并适用。

1. 环境污染和生态破坏责任

《民法典》第一百七十九条规定了 11 种类别的民事责任方式，相关民事责任方式可以单独适用，也可以合并适用。涉及环境污染和生态破坏的民事责任方式，《民法典》第一千二百二十九条至第一千二百三十五条作了规定，主要包括停止侵害、排除危害、恢复原状、赔偿损失等。具体规定如下。

（1）侵权人承担侵权责任

因污染环境、破坏生态造成他人损害的，侵权人应当承担侵权责任。排污单位达标排放造成的污染损失，同样应负赔偿责任。

民事主体因同一行为应当承担民事责任、行政责任和刑事责任的，承担行政责任或刑事责任不影响承担民事责任；民事主体的财产不足以支付的，优先用于承担民事责任。

（2）行为人承担举证责任

因污染环境、破坏生态发生纠纷，行为人应当就法律规定的不承担责任或减轻责任的情形及其行为与损害之间不存在因果关系承担举证责任。

不承担责任或减轻责任的情形有：①因不可抗力不能履行民事义务的，不承担民事责任。法律另有规定的，依照其规定。不可抗力是不能预见、不能避免且不能克服的客观情况。由于不可抗拒的灾害，如地震、海啸、台风、山洪、泥石流等自然灾害，尽管企业已经及时采取了力所能及的合理措施，仍然无法避免发生环境污染，并造成损失，免除污染者承担污染责任和赔偿责任。②因紧急避险造成损害的，由引起险情发生的人承担民事责任。危险由自然原因引起的，紧急避险人不承担民事责任，可以给予适当补偿；紧急避险采取措施不当或超过必要的限度，造成不应有的损害的，紧急避险人应当承担适当的民事责任。

（3）两个以上侵权人，承担连带责任

两个以上侵权人污染环境、破坏生态的，承担责任的大小，根据污染物的种类、浓度、排放量，破坏生态的方式、范围、程度，以及行为对损害后果所起的作用等因素确定。

（4）侵权人有故意违法行为，承担惩罚性赔偿责任

侵权人违反法律规定故意污染环境、破坏生态造成严重后果的，被侵权人有权请求相应的惩罚性赔偿。

（5）第三人有过错的，承担赔偿责任

因第三人过错污染环境、破坏生态的，被侵权人可以向侵权人请求赔偿，也可以向第三人请求赔偿。侵权人赔偿后，有权向第三人追偿。例如，某人挖开某工厂贮存污水的水池，使污水灌入他人农田造成农作物损害，工厂有权向挖池人追偿。

（6）侵权人承担修复责任

违反国家规定造成生态环境损害，生态环境能够修复的，国家规定的机关或法律规定的组织有权请求侵权人在合理期限内承担修复责任。

侵权人在期限内未修复的，国家规定的机关或法律规定的组织可以自行或委托他人进行修复，所需费用由侵权人负担。

2. 侵权人违反国家规定造成生态环境损害应承担的赔偿损失和费用

违反国家规定造成生态环境损害的，国家规定的机关或法律规定的组织有权请求侵权人赔偿下列损失和费用：①生态环境受到损害至修复完成期间服务功能丧失导致的损失；②生态环境功能永久性损害造成的损失；③生态环境损害调查、鉴定评估等费用；④清除污染、修复生态环境费用；⑤防止损害的发生和扩大所支出的合理费用。

3. 侵害他人的民事责任损害赔偿

①人身损害赔偿。侵害他人造成人身损害的，应当赔偿医疗费、护理费、交通费、营养费、住院伙食补助费等为治疗和康复支出的合理费用，以及因误工减少的收入。造成残疾的，还应当赔偿辅助器具费和残疾赔偿金；造成死亡的，还应当赔偿丧葬费和死亡赔偿金。

②死亡赔偿。因同一侵权行为造成多人死亡的，可以以相同数额确定死亡赔偿金。

③被侵权人死亡或被侵权人为组织，侵权人应承担的侵权责任。被侵权人死亡的，其近亲属有权请求侵权人承担侵权责任；被侵权人为组织，该组织分立、合并的，承继权利的组织有权请求侵权人承担侵权责任。被侵权人死亡的，支付被侵权人医疗费、丧葬费等合理费用的人有权请求侵权人赔偿费用，但是侵权人已经支付该费用的除外。

④侵害他人人身权益造成财产损失的赔偿。侵害他人人身权益造成财产损失的，按照被侵权人因此受到的损失或侵权人因此获得的利益赔偿；被侵权人因此受到的损失以及侵权人因此获得的利益难以确定，被侵权人和侵权人就赔偿数额协商不一致，向人民法院提起诉讼的，由法院根据实际情况确定赔偿数额。

⑤侵害自然人人身权益造成严重精神损害的，被侵权人有权请求精神损害赔偿。因故意或重大过失侵害自然人具有人身意义的特定物造成严重精神损害的，被侵权人有权请求精神损害赔偿。

⑥侵害他人财产的，财产损失按照损失发生时的市场价格或其他合理方式计算。

⑦受害人和行为人对损害的发生都没有过错的，依照法律的规定由双方分担损失。

⑧赔偿费用的支付方式。损害发生后，当事人可以协商赔偿费用的支付方式。协商不一致的，赔偿费用应当一次性支付；一次性支付确有困难的，可以分期支付，但是被侵权人有权请求提供相应的担保。

（三）环境污染纠纷的解决途径

根据我国现行法律规定，环境污染纠纷的解决主要有以下 4 个阶段。

1．双方当事人自行协商解决

在实际生活中，常有当事人自行协商解决环境纠纷的事例。注意，当事人协商解决纠纷也必须遵守法律，必须遵守诚实信用的原则，而且一旦一方当事人发现对方不遵守法律，没有诚意，应当及时地依照法定程序去解决，可以申请环境执法机关调解处理，也可以直接诉诸法院，以便及时合理、合法地解决纠纷。

2．行政机关调解处理

双方协商，长期不能缓解矛盾，环境污染纠纷通过来信来访反映到生态环境主管部门和其他有关部门的，由生态部门执法机构邀请有关单位和矛盾双方进行座谈予以调解处理。

调解处理要注意如下 3 点：

①这里的“处理”是环境执法机关对民事权益争议进行调解，没有处罚的意思。如果当事人不服，即意味着调解不成。在这种情况下，如果当事人向法院起诉，即构成民事诉讼案件，而不是行政诉讼案件。诉讼当事人（原告和被告）仍是环境纠纷的双方当事人，不能把进行调解处理的环境执法机关当作被告。

②对环境纠纷进行行政调解，以当事人的请求为前提，即进行行政调解必须根据当事人的请求；调解过程中，一方当事人提出的请求，应征得另一方当事人的同意，否则调解无效。

③环境污染纠纷责任承担既包含“停止侵害、排除危害、恢复原状”，也包含“赔偿损失”。赔偿损失包括人身损害赔偿和侵害他人人身权益造成财产损失的赔偿。

3．司法处理

当事人不服行政调解和仲裁处理，或矛盾已经发展到公私财产与人身权益受到危害，就要按司法程序解决矛盾，由人民法院按民事诉讼程序处理污染纠纷案件。可以是当事人向人民法院起诉，也可以由生态执法部门提请人民法院进行处理。

向人民法院请求保护民事权利的诉讼时效期间为3年。法律另有规定的，依照其规定。

诉讼时效期间自权利人知道或应当知道权利受到损害以及义务人之日起计算。法律另有规定的，依照其规定。

《环境保护法》第五十八条规定了对污染环境、破坏生态，损害社会公共利益的行为，符合下列条件的社会组织可以向人民法院提起诉讼：①依法在设区的市级以上人民政府民政部门登记；②专门从事环境保护公益活动连续5年以上且无违法记录。

符合前款规定的社会组织向人民法院提起诉讼，人民法院应当依法受理。

提起诉讼的社会组织不得通过诉讼谋取经济利益。

4．通过仲裁程序解决

仲裁程序一般适用于涉外性的海洋环境污染损害赔偿案件。有些地方也尝试采用仲裁形式解决污染纠纷。

（四）环境污染纠纷行政调解处理

环境执法的工作职责之一是调解环境污染纠纷。对于产生的污染纠纷事件和群众在来信来访中涉及的污染事件，有责任进行调查、处理和调解。

1．区分对待，依法办事

在环境污染事件的行政处罚和污染纠纷的调查处理中，环境执法机构应区分对待，依法办事：①对环境污染事件中存在的违法行为，按相关环境污染防治法律法规实施行政处罚。而许多污染事件和突发环境事件中都不同程度地存在环境污染损害和赔偿问题，即环境污染纠纷问题需要进行侵权责任行政调解。②在受理环境污染纠纷中如存在违反环境法律法规的行为，要追究违法行为的行政法律责任，不属于调解污染纠纷的民事侵权责任问题。

在环境污染纠纷事件中，对造成污染影响和损害的责任方，环境执法人员应观点鲜明地确定其民事责任，制止其污染行为，责令其消除影响，并对污染造成损害的赔偿依法进行行政调解。侵权人造成环境污染和生态破坏的应当承担侵权责任；造成人身损害或财产损失的应当依法承担侵权责任的损害赔偿。

2. 行政调解注意事项

①以双方当事人自愿为原则。自愿决定是否采取调解方式来解决争议，自愿决定是否达成协议，自愿决定是否接受协议。环境执法机构不能强制当事人接受调解，也不能强制当事人接受某种决定。

②以当事人提出申请为前提。

③调解性质属于行政机关对当事人之间的民事侵权争议的调解处理。

④行政调解不成不发生效力。如果对环境执法机构作出的调解协议，某一方当事人不接受，则调解协议不发生效力。

⑤对行政调解协议不服，当事人不能因此状告调解机构。当事人对环境执法机构就污染纠纷所作的行政调解不服的，可以就加害方向人民法院提起民事诉讼。但是不能对行政调解协议提出行政复议，也不能以环境行政调解机构作为被告提起行政诉讼。

3. 环境污染纠纷调解处理程序

环境执法机构在处理环境污染纠纷时执行行政调解程序。

（1）登记审查

环境执法机构调解处理环境污染纠纷以当事人的请求为前提。环境执法人员接到当事人书面或口头申请，应先接受登记。环境执法机构对人大、政协有关环境污染和生态破坏的提案、群众的污染举报、生态部门承接的来信来访也要先进行登记。

环境执法人员在现场检查和行政执法过程中，对于当事人书面填写《环境污染纠纷申请书》或口头申请，不管是否有权管辖、反映的情况是否属实、是否符合立案条件，都应认真登记备案，然后对是否立案进行审查。审查的内容包括：

①管辖权审查。先审查是否属本部门管辖，再查级别管辖和地域管理问题。县级环境行政执法机关负责受理本行政区内的环境污染纠纷；市级环境行政执法机关管辖本行政区域内重大环境污染纠纷的受理。上级环境行政执法机关对所属下级执法机关管辖的环境纠纷有权处理；也可以把自己管辖的环境污染纠纷交下级环境行政执法机关处理。跨行政区域的环境污染纠纷，涉案各方面都有权管辖，但由被污染所在地（发生地）环境行政执法机关管辖，双方管辖发生争议的，由双方协商解决。协商不成的，由其共同的上级执法机关管辖。

②时效审查。《环境保护法》第六十六条规定："提起环境损害赔偿诉讼的时效期间为三年，从当事人知道或应当知道其受到损害时起计算。"调解环境污染纠纷也适用此时效期间的规定。法律另有规定的，依照其规定。

③审查有无具体的请求事项和事实依据。环境执法机构受理的污染纠纷调解申请，申请方必须申明引起纠纷的具体事项，还需提供相应的污染损害或污染影响的相应证据，以防止望风捕影。

（2）立案受理

是否立案受理最迟应在接到申请之日起 7 日内作出决定。对不符合受理条件的，告知当事人其解决问题的途径。对符合立案受理条件的，正式立案受理。环境执法机构发出受理通知书，同时将受理通知书副本送达被申请人，要求其提出答辩，不答辩的，不影响处理。

在以下情况下，即使生态环境主管部门有管辖权，也不能受理：①人民法院已经受理的环境污染纠纷；②其他有权管辖的部门已经受理的重大环境污染纠纷；③下级环境行政执法机关已经受理辖区内的环境污染纠纷；④上级环境行政执法机关或人民政府已经受理的重大环境污染纠纷；⑤行为主体无法确定的环境污染纠纷；⑥因时过境迁，证据无法收集，也不可能收集到的环境污染纠纷；⑦超过法定期限的环境污染纠纷。

（3）调查取证和鉴定

环境执法机构在案件受理后，除了对当事人双方提供的证据进行审核，还要依法客观、公正、全面地收集与案件有关的证据，调查核实污染事实，需要专业技术鉴定的，还要请相关部门（如生态环境监测站）作出鉴定，这里特别要注意证据的合法性和有效性问题。

（4）审理

对调查取得的证据、信息及双方当事人提供的证据进行汇总分析，理顺案情，辨明是非，分清责任。

调解。如果双方当事人都愿意接收调解，应召集双方当事人进行调解；当事人双方自愿达成协议的，应签订《环境污染纠纷调解协议书》，一式三份，在协议书上签字盖单位公章后送双方当事人。如果有一方当事人不愿意接受调解，对双方又无违法行为须查处的，告知当事人可以通过民事诉讼途径解决环境污染纠纷，调处结束。

（5）结案

①调解成功。双方当事人通过调解达成协议的，并写出纠纷处理过程的结案报告。环境保护部门作为见证人，留一份协议存查。

②调解不成。在告知双方当事人可采取民事诉讼途径解决之后写结案报告。

（6）立卷归档

将全部材料及时整理，装订成卷，按一案一卷要求存档备查。

4．环境污染纠纷赔偿金额的确定方法

环境污染损害的赔偿责任是因环境污染而产生的。从这个意义上说，造成污染的单位应该全部赔偿受害单位或个人的经济换失，损害多少赔多少。只有这样，才能有效地制裁违法行为，使受害人的损害得到全部补偿。

损害赔偿金额一般应包括受害者遭受的全部损失；受害者为消除污染和破坏实际支付或必须支付的费用；受害者因污染损害而丧失的正常效益。但在实行全部赔偿原则的同时还必须兼顾加害人无力全部赔偿和涉外应按国际条例规定的两种情况。环境污染赔偿金额的确定经常采用以下几种方法和原则：

①考虑当事人经济能力的原则。实行完全赔偿与考虑当事人经济能力相结合的原则，酌情确定赔偿金额。

②直接计算法。首先，确定受污染损害的范围和项目。其次，确定污染程度与受害时的效应关系。最后，用货币进行经济评估。

③环境效益代替法。某一环境单位受污染后，完全丧失了功能，其损失费用可以借助能提供相同环境效益的工程来代替，这个方法也可以称为影子工程法。

④防治费用法。即为防治污染采取防护和消除污染设施而支付的费用。

由于环境污染造成损害而进行赔偿，经常遇到的是厂矿企业排放污染物造成农、林、牧、副等产业的损失及人体健康危害。此类情况在具体确定金额时，首先，实地勘察污染受害面积、受害物的种类、数量，受害禽畜、鱼类的数量和病情，以及它们在正常年景的平均产量。其次，按当年的合理价格计算应赔偿的基本金额。同时还应考虑受污染危害者根治污染，减轻污染危害等所需人工、材料等金额，即治理污染的补偿金额。具体参照“（二）2、3”进行。

二、环境保护举报热线的处理

《环境保护法》第五十七条规定：“公民、法人和其他组织发现任何单位和个人有污染环境和破坏生态行为的，有权向环境保护主管部门或其他负有环境保护监督管理职责的部门举报。公民、法人和其他组织发现地方各级人民政府、县级以上人民政府环境保护主管部门和其他负有环境保护监督管理职责的部门不依法履行职责的，有权向其上级机关或监察机关举报。接受举报的机关应当对举报人的相关信息予以保密，保护举报人的合法权益。”

《环保举报热线工作管理办法》规定，举报热线应当使用“12369”特服电话号码，各地名称统一为“12369”环保举报热线。

承担“12369”环保举报热线工作的机构依法受理的举报事项，称举报件。

“12369”环保举报热线自2001年开通以来，全国平均每年接到群众举报的环境事件60万～70万件。这些环境事件均依靠全国环境执法人员到现场进行核实情况的真伪，并回复举报人和社会公众。

（一）环境举报热线的管理

1. 环保举报热线工作应当遵循的原则

环保举报热线工作应当遵循下列原则：①属地管理、分级负责，谁主管、谁负责；②依法受理，及时办理；③维护公众对环境保护工作的知情权、参与权和监督权；④调查研究，实事求是，妥善处理，解决问题。

环保举报热线要做到有报必接、违法必查，事事有结果、件件有回音。

除发生不可抗力情形外，环保举报热线应当保证畅通。

2．环境举报热线的机构、职责及人员配置

各级生态环境主管部门应当加强承担环保举报热线工作的机构建设，配备相应的专职工作人员，保障工作条件，保持队伍稳定。目前，“12369”环保举报热线的建设、管理和运行工作，通常设在各级生态环境机关的执法机构内。

①承担环保举报热线工作机构的职责：依法受理环境污染、生态破坏的举报事项；对举报件及时转送、交办、催办、督办；向上级交办部门报告交办件的办理结果；研究、分析环保举报热线工作情况，向生态环境主管部门提出改进工作的意见和建议；向本级和上一级生态环境主管部门提交年度工作报告，报告举报事项受理情况以及举报件的转送、交办、答复、催办、督办等情况；检查、指导和考核下级环保举报热线工作，总结交流工作经验，组织工作人员培训。

各地承担环保举报热线工作的机构可以根据实际情况依法履行其他工作职责，或承担当地人民政府授予的其他职责。

②环保举报热线工作人员应当具备的条件：遵纪守法，政治立场坚定，熟悉环境保护业务，了解相关的法律、法规和政策，经业务培训并且考核合格；热爱本职工作，有较强的事业心和责任感；大专以上文化程度；掌握受理举报事项的基本知识和技能，有较强的协调能力和沟通能力；作风正派，实事求是；严格遵守各项规章制度。

（二）热线举报整体建设平台及“12369”表现形式

1．非本地网（一个区号定义为一个本地网）的主叫举报电话

只要拨通该市所在地的区号和“12369”，即可接通该市生态环境主管部门举报中心。本地网中的举报电话直接拨“12369”，即可接通本市生态环境主管部门举报中心，县级市和县城也可单独开通“12369”特服电话号码。

2．24 小时人/机值守

即时接听、同步录音、呼叫转移、应急指挥、及时处理、分项统计、即时汇总、全国联网、资源共享、取信于民。

3．虚拟交换机方案

首先向本地电信公司申请在本地网内设立一个语音信箱（虚拟交换机），把呼叫本地“12369”的电话全部指向该语音信箱。当举报投诉者拨通“12369”后，语音信箱即提示："你好，这里是××市环保举报投诉热线……"举报投诉人按动哪一键，该次呼叫即通过本地电话网的内部循环，接入对应的市生态环境主管部门或区县生态环境主管部门原有的举报电话。各级生态环境主管部门安装国家生态环境部开发的"环保举报信息自动管理系统"后，即可以人工值守或自动值守的方式提供 24 小时不间断的人工或自动语音服务。

指挥中心系统是一个开放式的体系结构，业务流程可以由使用部门自行设定。中心城市可根据本地区的经济条件，在该指挥中心系统中选择增加各种辅助指挥系统，例如，广播系统、对讲系统、无线寻呼系统、微波传输系统、G1S 地理信息系统、DDN 连接系统、GPS 定位系统、光纤传输系统、城市扫描系统、污染源在线监测系统、排污许可证申请等。

4. "12369"其他环保举报方式

①可以通过"12369 环保举报"这个微信公众号举报环境污染问题（图 5-1）。

②访问"12369"网络举报平台，通过网上投诉。

图 5-1 12369 环保举报微信公众号（左）和网络举报平台截屏（右）

③在微博上@当地生态环境主管部门官方微博进行举报。

④"12345"政务服务便民热线（以下简称"12345"热线），由各地市人民政府设立的由电话"12345"、市长信箱、手机短信、手机客户端、微博、微信等方式组成的专门受理热线事项的公共服务平台，提供"7×24 小时"全天候人工服务。"12345"热线接线后分转到各部门，包括"12369"环保举报热线。

（三）举报热线工作程序

1．接听举报电话并按规范记录

环保举报热线工作人员接听举报电话，应当耐心细致，用语规范，准确据实记录举报时间、被举报单位的名称和地址、举报内容、举报人的姓名和联系方式、诉求目的等信息，并区分情况，分别按照下列方式处理：①对属于各级生态环境主管部门职责范围的环境污染和生态破坏的举报事项，应当予以受理。②对不属于生态环境主管部门处理的举报事项不予受理，但应当告知举报人依法向有关机关提出。③对依法应当通过诉讼、仲裁、行政复议等法定途径解决或已经进入上述程序的，应当告知举报人依照有关法律、法规规定向有关机关和单位提出。④举报事项已经受理，举报人再次提出同一举报事项的，不予受理，但应当告知举报人受理情况和办理结果的查询方式。⑤举报人对生态环境主管部门做出的举报件答复不服，仍以同一事实和理由提出举报的，不予受理，但应当告知举报人可以依照《信访条例》的规定提请复查或复核。⑥对涉及突发环境事件和有群体性事件倾向的举报事项，应当立即受理并及时向有关负责人报告。⑦涉及两个或两个以上生态环境主管部门的举报事项，由举报事项涉及的生态环境主管部门协商受理；协商不成的，由其共同的上一级主管部门协调、决定受理机关。

对举报人提出的举报事项，环保举报热线工作人员能当场决定受理的，应当当场告知举报人；不能当场告知是否受理的，应当在15日内告知举报人，但举报人联系不上的除外。

2．举报件转送或交办

属于本级生态环境主管部门办理的举报件，承担环保举报热线工作的机构受理后，应当在3个工作日内转送本级生态环境主管部门有关内设机构。

属于下级生态环境主管部门办理的举报件，承担环保举报热线工作的机构受理后，应当通过“12369”环保举报热线管理系统于3个工作日内向下级承担环保举报热线工作的机构交办。

地方各级环保举报热线工作人员应当即时接收上级交办的举报件，并按规定及时进行处理。

3. 举报件办结并转送

举报件应当自受理之日起60日内办结。情况复杂的，经本级生态环境主管部门负责人批准，可以适当延长办理期限，并告知举报人延期理由，但延长期限不得超过30日；对上级交办的举报件，下级承担环保举报热线工作的机构应当按照交办的时限要求办结，并将办理结果报告上级交办机构；情况复杂的，经本级生态环境主管部门负责人批准，并向交办机构说明情况，可以适当延长办理期限，并告知举报人延期理由。

举报件办结后，举报件办理部门应当将举报件办理结果及时答复举报人并转送承担环保举报热线工作的机构。对上级交办的举报件，负责办理的下级生态环境主管部门应当在办理后及时将办理结果向上级交办机构报告；上级交办机构发现报告内容不全或事实不清的，可以退回原办理部门重新办理。

举报件办理结果应当由生态环境主管部门负责人签发，并说明举报事项、查处情况、处理意见、答复情况等。

4. 催办与督办

举报件办理部门未及时转送或报告办理结果的，环保举报热线工作人员应当及时催办。

上级承担环保举报热线工作的机构发现向下级交办的举报件有下列情形之一的，应当向生态环境主管部门报告，由该部门按照有关规定及时督办：①办结后处理决定未得到落实的；②问题久拖不决，群众反复举报的；③办理时弄虚作假的；④未按照规定程序办理的；⑤其他需要督办的情形。

各级承担环保举报热线工作的机构应当视情况抽查、回访已经办结的举报件，听取意见，改进工作。

（四）工作制度

1. 各级生态环境主管部门应当履行的工作

①应当建立健全环保举报热线工作规章制度，确保环保举报热线工作有章可循、规范有序。

②应当定期分析总结环保举报热线工作情况，并根据工作需要，向有关单位和部门通报。

③应当通过电视、报刊、网络等媒体宣传环保举报热线，提高公众的参与意识和监督意识。

④应当定期组织开展环保举报热线工作人员政治理论学习和业务工作培训，不断提高工作人员的思想觉悟和业务水平。

⑤应当结合本单位工作实际，制定环保举报热线工作表彰和奖励制度，对事迹突出、成绩显著的工作人员或单位给予表彰和奖励。

⑥应当积极争取当地财政部门资金支持，将环保举报热线的建设、运行、管理、维护等资金纳入财政预算，确保环保举报热线工作及其管理系统正常运行。

为鼓励公众参与生态环境保护工作，提高发现环境污染问题能力，形成打击生态环境违法犯罪行为合力，切实保护生态环境，各地纷纷出台环境违法行为举报奖励办法，比如《浙江省生态环境厅　浙江省财政厅关于印发〈浙江省生态环境违法行为举报奖励办法〉的通知》。据生态环境部网站消息，至 2021 年 5 月全国有 30 个省，313 个地市级出台举报污染有奖。2020 年，全国共实施奖励案件 13 870 件，同比增加 44%；奖励总金额 719 万元，同比增加 100%。

2. 各级承担环保举报热线工作的机构应当履行的工作

①应当对各类举报信息和办理情况进行汇总、分析，提出建议，并向本级生态环境主管部门和上级承担环保举报热线工作的机构报告。

②应当健全保密管理制度，完善保密防护措施，加强保密检查，并积极开展保密宣传教育。

③应当妥善保存相关书面材料或录音资料，并按照档案管理规范建立档案。

3. 对有关违法行为追究责任

各级生态环境主管部门以及环保举报热线工作人员玩忽职守、滥用职权、徇私舞弊的，依法给予处分；涉嫌犯罪的，依法移送司法机关追究刑事责任。

生态环境主管部门及其工作人员对举报人进行打击报复的，依法给予处分；涉嫌犯罪的，依法移送司法机关追究刑事责任。

三、环境信访处理

环境保护是一项关乎公众的事，离不开公众参与。

根据《环境信访办法》，环境信访是指公民、法人或其他组织采用书信、电子邮件、传真、电话、走访等形式，向各级生态环境主管部门反映环境保护情况，提出建议、意见或投诉请求，依法由生态环境主管部门处理的活动。

（一）环境信访原则与管理制度

1．环境信访原则

环境信访工作应遵循以下原则：①属地管理、分级负责，谁主管、谁负责，依法、及时、就地解决问题与疏导教育相结合；②科学、民主决策，依法履行职责，从源头预防环境信访案件的发生；③建立统一领导、部门协调，统筹兼顾、标本兼治，各负其责、齐抓共管的环境信访工作机制；④维护公众对环境保护工作的知情权、参与权和监督权，实行政务公开；⑤深入调查研究，实事求是，妥善处理，解决问题。

2．环境信访管理制度

环境信访工作实行行政首长负责制。各级生态环境主管部门负责人应当阅批重要来信、接待重要来访，定期听取环境信访工作汇报，研究解决环境信访工作中的问题，检查指导环境信访工作。

各级生态环境主管部门应当建立健全环境信访工作责任制，将环境信访工作绩效纳入工作人员年度考核体系。对环境信访工作中的失职、渎职行为，按照有关法律、法规和本办法，实行责任追究制度。

信访人检举、揭发污染环境、破坏生态的违法行为或提出的建议、意见，对生态环保工作有重要推动作用的，应当给予表扬或奖励。

对在环境信访工作中做出优异成绩的单位或个人，由同级或上级生态环境主管部门给予表彰或奖励。

（二）环境信访工作机构、职责及工作人员

1．专职或专人负责环境信访工作

按照有利工作、方便信访人的原则，县级以上生态环境主管部门应当确定负责环境信访工作的机构或人员负责环境信访工作。

各级生态环境主管部门应当加强环境信访工作机构的能力建设，配备与环境信访工作相适应的工作人员，保证工作经费和必要的工作设备及设施；各级机关

的环境信访工作机构代表本机关负责组织、协调、处理和督促检查环境信访工作及信访事项的办理，保障环境信访渠道的畅通。

2．业务能力强并有一定工作经验的人员从事环境信访工作

各级生态环境主管部门应当选派责任心强，熟悉环境保护业务，了解相关的法律、法规和政策，有群众工作经验的人员从事环境信访工作；重视环境信访干部的培养和使用。

3．环境信访工作机构职责

环境信访工作机构履行下列职责：①受理信访人提出的环境信访事项；②向本级生态环境主管部门有关内设机构或单位、下级生态环境主管部门转送、交办环境信访事项；③承办上级生态环境主管部门和本级人民政府交办处理的环境信访事项；④协调、处理环境信访事项；⑤督促检查环境信访事项的处理和落实情况，督促承办机构上报处理结果；⑥研究、分析环境信访情况，开展调查研究，及时向生态环境主管部门提出改进工作的建议；⑦总结交流环境信访工作经验，检查、指导下级生态环境主管部门的环境信访工作，组织环境信访工作人员培训；⑧向本级和上一级生态环境主管部门提交年度工作报告，报告应当包括环境信访承办、转办、督办工作情况和受理环境信访事项的数据统计及分析等内容。

（三）环境信访渠道

各级生态环境主管部门应当切实建立起环境信访渠道，为社会办实事、办好事。具体做好以下几方面工作：

①应当向社会公布环境信访工作机构的通信地址、邮政编码、电子信箱、投诉电话，信访接待时间、地点、查询方式等。

②应当在其信访接待场所或本机关网站公布与环境信访工作有关的法律、法规、规章，环境信访事项的处理程序，以及其他为信访人提供便利的相关事项。

③应当建立负责人信访接待日制度，由部门负责人协调处理信访事项，信访人可以在公布的接待日和接待地点，当面反映环境保护情况，提出意见、建议或投诉；部门负责人或其指定的人员，必要时可以就信访人反映的突出问题到信访人居住地与信访人面谈或进行相关调查。

④充分利用现有政务信息网络资源，推进全国环境信访信息系统建设。应当

建立本行政区域的环境信访信息系统，与环境举报热线、环境统计和本级人民政府信访信息系统互相联通，实现信息共享。

环境信访工作机构应当及时、准确地将下列信息输入环境信访信息系统：信访人的姓名、地址和联系电话，信访事项基本要求、事实和理由摘要；已受理环境信访事项的转办、交办、办理和督办情况；重大紧急环境信访事项的发生、处置情况。

信访人可以到受理其信访事项的环境信访工作机构指定的场所，查询其提出的环境信访事项的处理情况及结果。

⑤可以协调相关社会团体、法律援助机构、相关专业人员、社会志愿者等共同参与，综合运用咨询、教育、协商、调解、听证等方法，依法、及时、合理处理信访人反映的环境问题。

（四）环境信访处理程序

1．环境信访事项的提出

①信访人可以提出以下环境信访事项：检举、揭发违反环境保护法律、法规和侵害公民、法人或其他组织合法环境权益的行为；对环境保护工作提出意见、建议和要求；

对生态环境主管部门及其所属单位工作人员提出批评、建议和要求。

对依法应当通过诉讼、仲裁、行政复议等法定途径解决的投诉请求，信访人应当依照有关法律、行政法规规定的程序向有关机关提出。

②信访人的环境信访事项，应当依法向有权处理该事项的本级或上一级生态环境主管部门提出。

③信访人一般应当采用书信、电子邮件、传真等书面形式提出环境信访事项；采用口头形式提出的，环境信访机构工作人员应当记录信访人的基本情况、请求、主要事实、理由、时间和联系方式。

④信访人采用走访形式提出环境信访事项的，应当到生态环境主管部门设立或指定的接待场所提出。多人提出同一环境信访事项的，应当推选代表，代表人数不得超过 5 人。

⑤信访人在信访过程中应当遵守法律、法规，自觉履行下列义务：尊重社会

公德，爱护接待场所的公共财物；申请处理环境信访事项，应当如实反映基本事实、具体要求和理由，提供本人真实姓名、证件及联系方式；对环境信访事项材料内容的真实性负责；服从生态环境主管部门作出的符合环境保护法律、法规的处理决定。

⑥信访人在信访过程中不得损害国家、社会、集体的利益和其他公民的合法权利，自觉维护社会公共秩序和信访秩序，不得有下列行为：围堵、冲击环保行政机关，拦截公务车辆，堵塞机关公共通道；捏造、歪曲事实，诬告、陷害他人；侮辱、殴打、威胁环境信访接待人员；采取自残、发传单、打标语、喊口号、穿状衣等过激行为或其他扰乱公共秩序、违反公共道德的行为；煽动、串联、胁迫、财物诱使、幕后操纵他人信访或借信访借机敛财；在信访接待场所滞留、滋事，或将生活不能自理的人弃留在接待场所；携带危险物品、管制器具，妨害国家和公共安全的其他行为。

2. 环境信访事项的受理

各级环境信访工作机构收到信访事项，应当予以登记，并区分情况，分别按下列方式处理：

①属于《环境信访办法》规定的环境信访事项的，应予以受理，并及时转送、交办本部门有关内设机构、单位或下一级生态环境主管部门处理，要求其在指定办理期限内反馈结果，提交办结报告，并回复信访人。对情况重大、紧急的，应当及时提出建议，报请本级生态环境主管部门负责人决定。

②对不属于生态环境主管部门处理的信访事项不予受理，但应当告知信访人依法向有关机关提出。

③对依法应当通过诉讼、仲裁、行政复议等法定途径解决的，应当告知信访人依照有关法律、行政法规规定程序向有关机关和单位提出。

④对信访人提出的环境信访事项已经受理并正在办理中的，其在规定的办理期限内再次提出同一环境信访事项的，不予受理。对提出的环境信访事项，环境信访机构能够当场决定受理的，应当场答复；不能当场答复的，应当自收到环境信访事项之日起 15 日内书面告知信访人。但是信访人联系不上的除外。各级生态环境主管部门收到的环境信访事项，交由环境信访工作机构按规定处理。

⑤同级人民政府信访机构转送、交办的环境信访事项，接办的生态环境主管

部门应当自收到转送、交办信访事项之日起15日内，决定是否受理并书面告知信访人。

⑥环境信访事项涉及两个或两个以上生态环境主管部门时，最先收到环境信访事项的部门可进行调查，由环境信访事项涉及的生态环境主管部门协商受理，受理有争议的，由上级部门协调、决定受理部门。对依法应当由其他生态环境主管部门处理的环境信访事项，工作人员应当告知信访人依照属地管理规定向有权处理的生态环境主管部门提出环境信访事项，并将事项转送有权处理的部门；上级生态环境主管部门认为有必要直接受理的信访事项可直接受理。

⑦信访人提出可能造成社会影响的重大、紧急环境信访事项时，工作人员应当及时向本级生态环境主管部门负责人报告。本级部门应当在职权范围内依法采取措施，果断处理，防止不良影响的发生或扩大，并立即报告本级人民政府和上一级生态环境主管部门。突发重大环境信访事项时，紧急情况下可直接报告生态环境部或国家信访局。生态环境主管部门对重大、紧急环境信访事项不得隐瞒、谎报、缓报，或授意他人隐瞒、谎报、缓报。

⑧各级生态环境主管部门及其工作人员不得将信访人的检举、揭发材料及有关情况透露或转给被检举、揭发的人员或单位。

3. 环境信访事项办理和督办

①各级生态环境主管部门及其工作人员办理环境信访事项，应当恪尽职守，秉公办理，查清事实，分清责任，正确疏导，及时、恰当、妥善处理，不得推诿、敷衍、拖延。

②有权作出处理决定的生态环境主管部门工作人员与环境信访事项或信访人有直接利害关系的，应当回避。

③各级生态环境主管部门或单位对办理的环境信访事项应当进行登记，并根据职责权限和信访事项的性质，按照下列程序办理。

经调查核实，按规定分别作出以下决定：属于环境信访受理范围、事实清楚、法律依据充分，作出予以支持的决定，并答复信访人；信访人的请求合理但缺乏法律依据的，应当对信访人说服教育，同时向有关部门提出完善制度的建议；信访人的请求不属于环境信访受理范围，不符合法律、法规及其他有关规定的，不予支持，并答复信访人。

对重大、复杂、疑难的环境信访事项可以举行听证。听证应当公开举行，通过质询、辩论、评议、合议等方式，查明事实，分清责任。听证范围、主持人、参加人、程序等可以按照有关规定执行。

④环境信访事项应当自受理之日起60日内办结，情况复杂的，经本级生态环境主管部门负责人批准，可以适当延长办理期限，但延长期限不得超过30日，并应告知信访人延长理由；法律、行政法规另有规定的，从其规定。

对上级生态环境主管部门或同级人民政府信访机构交办的环境信访事项，接办的生态环境主管部门必须按照交办的时限要求办结，并将办理结果报告交办部门和答复信访人；情况复杂的，经本级生态环境主管部门负责人批准，并向交办部门说明情况，可以适当延长办理期限，并告知信访人延期理由。

上级生态环境主管部门或同级人民政府信访机构认为交办的环境信访事项处理不当的，可以要求原办理的生态环境主管部门重新办理。

⑤信访人对生态环境主管部门作出的环境信访事项处理决定不服的，可以自收到书面答复之日起 30 日内请求原办理部门的同级人民政府或上一级生态环境主管部门复查。收到复查请求的生态环境主管部门自收到复查请求日起30日内提出复查意见，并予书面答复。

⑥信访人对复查意见不服的，可以自收到书面答复之日起30日内请求复查部门的本级人民政府或上一级生态环境主管部门复核，收到复核请求的部门自收到复核请求之日起30日内提出复核意见。

⑦上级生态环境主管部门对环境信访事项进行复查、复核时，应当听取作出决定的生态环境主管部门的意见，必要时可以要求信访人和原处理部门共同到场说明情况，需要向其他有关部门调查核实的，也可以向其他有关部门和人员进行核实。

上级生态环境主管部门对环境信访事项进行复查、复核时，发现下级生态环境主管部门处理不当，在复查、复核的同时，有权直接处理或要求下级生态环境主管部门重新处理。

各级生态环境主管部门在复查、复核环境信访事项中，本级人民政府或上一级人民政府对信访事项的复查、复核有明确规定的，按其规定执行。

⑧信访人对复核决定不服的，仍以同一事实和理由提出环境信访事项的，各

级生态环境主管部门不再受理。

⑨各级生态环境主管部门，发现有权作出处理决定的下级生态环境主管部门办理环境信访事项有下列情形之一的，应当及时督办，并提出改进建议：无正当理由未按规定的办理期限办结的；未按规定程序反馈办理结果的；办结后信访处理决定未得到落实的；未按规定程序办理的；办理时弄虚作假的；其他需要督办的事项。

⑩各级环境信访工作机构对信访人反映集中、突出的政策性问题，应当及时向本级生态环境主管部门负责人报告，会同有关部门进行调查研究，提出完善政策、解决问题的建议。

对在环境信访工作中推诿、敷衍、拖延、弄虚作假，造成严重后果的工作人员，可以向有权作出处理决定的部门提出行政处分建议。

（五）环境信访有关违法行为及其查处规定

《环境信访办法》第三十七条至第四十一条规定了环境信访的违法行为及应承担的法律责任，具体内容见表 5-6。

表 5-6　环境信访的违法行为及应承担的法律责任

责任条款	违法行为款项	应承担的法律责任
第三十七条	（一）超越或滥用职权，侵害信访人合法权益的 （二）应当作为而不作为，侵害信访人合法权益的 （三）适用法律、法规错误或违反法定程序，侵害信访人合法权益的 （四）拒不执行有权处理的行政机关做出的支持信访请求意见	由本条款项违法行为情形之一导致环境信访事项发生、造成严重后果的，对直接负责的主管人员和其他直接责任人员依照有关法律、行政法规的规定给予行政处分；构成犯罪的，依法追究刑事责任
第三十八条	各级环境信访工作机构对收到的环境信访事项应当登记、受理、转送、交办和告知信访人事项的而未按规定登记、受理、转送、交办和告知信访人事项的，或应当履行督办职责而未履行的	由其所属的生态环境主管部门责令改正；造成严重后果的，对直接负责的主管人员和其他直接责任人员依法给予行政处分

责任条款	违法行为款项	应承担的法律责任
第三十九条	（一）推诿、敷衍、拖延环境信访事项办理或未在法定期限内办结环境信访事项的 （二）对事实清楚、符合法律、法规、规章或其他有关规定的投诉请求未给予支持的	生态环境主管部门在办理环境信访事项过程中，有本条款项违法行为之一的，由其上级生态环境主管部门责令改正；造成严重后果的，对直接负责的主管人员和其他直接责任人员由有权处理的行政部门依法给予行政处分
第四十条	各级生态环境主管部门及其工作人员在处理环境信访事项过程中，作风粗暴、激化矛盾并造成严重后果的	依法给予行政处分
	各级生态环境主管部门及其工作人员将信访人的检举、揭发材料及有关情况透露或转给被检举、揭发的人员或单位，造成严重后果的	对直接负责的主管人员和其他直接责任人员依法给予行政处分；构成犯罪的，移交司法机关追究刑事责任
	各级生态环境主管部门及其工作人员打击报复信访人	尚不构成犯罪的，依法给予行政处分或纪律处分；构成犯罪的，移交司法机关追究刑事责任
第四十一条	信访人捏造歪曲事实、诬告陷害他人的	依法承担相应的法律责任
	信访人违反本办法第二十一条规定的	有关机关及所属单位工作人员应当对信访人进行劝阻、批评或教育；经劝阻、批评和教育无效的，交由公安机关依法进行处置。构成犯罪的，依法追究刑事责任

扫码下载学习资料

任务 15-1　案例放送

任务 15-2　更多资讯和案例

知识点应用与训练

【填空题】

1.《民法典》第九条规定，民事主体从事民事活动，应当__________、________。

2．环境执法机构在处理环境污染纠纷时，以双方当事人________为原则。

3．损害是因受害人故意造成的，行为人________责任。

4．环境信访工作实行__________负责制。

【单选题】

1．环境污染纠纷主要性质属于（　）。

A.民事侵权纠纷　　B.劳动关系纠纷

C.行政责任引起的纠纷　　D.经济纠纷

2．环境执法机构在处理环境污染纠纷时，执行的程序是（　）。

A.行政处罚程序　B.行政调解程序　C.民事诉讼程序　D.行政执法程序

3．根据《环境保护法》的规定，提起环境损害赔偿诉讼的时效期限为（　）。

A.二年　B.三年　C.四年　D.五年　E.不确定，不同法律规定不一样

4．环保举报热线电话为（　）。

A. 12315　B. 12345　C. 12369　D. 110

5．举报事项已经受理，举报人再次提出同一举报事项的，以下处理正确的是（　）。

A.不予受理

B.不予受理，但应当告知举报人受理情况和办理结果的查询方式

C.予以受理，直到满意为止

【多选题】

1．与环境污染有关的民事责任方式，有以下几种（　　）。

A.停止侵害　B.排除危害　C.恢复原状　D.赔偿损失　E.公开赔礼道歉

2．以下属于侵权责任的损害赔偿的是（　　）。

A.因环境污染导致死亡的赔偿　　B.因环境污染导致的人身损害赔偿

C.因环境污染造成财产损失的赔偿　　D.因环境污染导致的精神损害赔偿

3．以下属于环境污染和生态破坏责任的是（　）。

A.侵权人承担侵权责任　B.行为人承担举证责任

C.两个以上侵权人，承担连带责任

D.侵权人有故意违法行为，承担惩罚性赔偿责任

E.第三人有过错的，承担赔偿责任

F.侵权人承担修复责任　G.侵权人赔偿损失和费用

4．侵权人违反国家规定造成生态环境损害的，国家规定的机关或法律规定的组织有权请求侵权人赔偿损失和费用的有（　）。

A.生态环境受到损害至修复完成期间服务功能丧失导致的损失

B.生态环境功能永久性损害造成的损失

C.生态环境损害调查、鉴定评估等费用

D.清除污染、修复生态环境费用

E.防止损害的发生和扩大所支出的合理费用

5．环保举报平台或方式可以选择（　　）。

A.可以通过“12369 环保举报”这个微信公众号举报

B.访问 12369 网络举报平台

C.在微博上@当地生态环境主管部门官方微博进行举报

D.“12345”政务服务便民热线转接环保热线

6．信访人在信访过程中不得损害国家、社会、集体的利益和其他公民的合法权利，自觉维护社会公共秩序和信访秩序，下列行为属于违法的是（　　）。

A.围堵、冲击环境保护行政机关，拦截公务车辆，堵塞机关公共通道

B.侮辱、环境信访接待人员

C.采取自残、发传单、打标语、喊口号

D.在环境信访接待场所滞留、滋事，或将生活不能自理的人弃留在接待场所

【判断题】

1．根据《民法典》规定，环境污染有关的几种民事责任方式，可以单独适用，也可以合并适用。（　）

2．因不可抗力不能履行民事义务的，可以不承担民事责任。（　）

3．某排污单位因偷排有毒废气违法行为依法应当承担民事责任、行政责任和刑事责任的，承担行政责任或刑事责任不再承担民事责任。（　）

4．3 个工厂分别向河道超标排污造成下游的鱼塘大量死鱼，因难以确定责任大小，因此平均承担责任。（　）

【实训项目】

1．请用思维导图或流程图的形式绘出环境污染纠纷调解处理流程。

2．“12369”环境保护热线举报训练：关注环境污染问题，提高公民环境保护监督意识。发现偷排废水、废气（如油烟）、噪声超标、乱排废渣（含危险废物）的行为，勇于举报。体验一下生态环境执法部门对环保热线举报的管理方式和处理水平。

参考文献

[1] 阮亚男. 环境监察[M]. 北京：中国环境出版集团，2018.
[2] 生态环境部. 中华人民共和国环境保护法[Z/OL]. 2014[2014-04-25]. https://www.mee.gov.cn/ywgz/fgbz/fl/201404/t20140425_271040.shtml.
[3] 生态环境部. 生态环境保护综合行政执法事项指导目录（2020 年版）[G/OL]. 2020[2020-03-11]. http://www.gov.cn/zhengce/zhengceku/2020-03/26/5495865/files/8b9541245e6740e695e0664320eb5fc4.pdf.
[4] 中华人民共和国中央人民政府. 中央生态环境保护督察工作规定[Z/OL]. 2019[2019-06-17]. http://www.gov.cn/zhengce/2019-06/17/content_5401085.htm.
[5] 生态环境部. 全国污染源普查条例[Z/OL]. 2019. [2019-01-10]. https://www.mee.gov.cn/ywgz/fgbz/xzfg/202006/t20200610_783571.shtml.
[6] 生态环境部.环境保护主管部门实施查封、扣押办法[Z/OL]. 2014[2014-12-19]. https://www.mee.gov.cn/gkml/hbb/bl/201412/t20141223_293366.htm.
[7] 生态环境部. 工业污染源现场检查技术规范：HJ 606—2011[S/OL]. 北京：中国环境科学出版社，2011[2011-02-12]. https://www.mee.gov.cn/ywgz/fgbz/bz/bzwb/other/qt/201102/W020130206498314046247.pdf.
[8] 中国人大网. 中华人民共和国水污染防治法[Z/OL]. 2018[2017-06-29]. http://www.npc.gov.cn/npc/sjxflfg/201906/863e41b43f744efda56b14762e28dc6f.shtml.
[9] 生态环境部. 地表水和污水监测技术规范：HJ/T 91—2002[S/OL]. 2002[2002-12-25]. https://www.mee.gov.cn/image20010518/3589.pdf.
[10] 生态环境部. 污水监测技术规范：HJ 91.1—2019，部分代替 HJ/T 91—2002[S/OL].2019[2019-12-24]. https://www.mee.gov.cn/ywgz/fgbz/bz/bzwb/jcffbz/201912/W020191227499037308984.pdf.
[11] 生态环境部. 固定源废气监测技术规范：HJ/T 397—2007[S/OL]. 2007[2007-12-07]. https://www.mee.gov.cn/ywgz/fgbz/bz/bzwb/jcffbz/200712/W020120106360054174772.pdf.
[12] 中国人大网. 中华人民共和国大气污染防治法[Z/OL]. 2018[2018-11-05]. http://www.npc.gov.cn/npc/sjxflfg/201906/daae57a178344d39985dcfc563cd4b9b.shtml.
[13] 生态环境部. 消耗臭氧层物质管理条例[Z/OL]. 2018[2018-04-04]. https://www.mee.gov.cn/ywgz/fgbz/xzfg/201811/t20181129_676347.shtml.
[14] 生态环境部. 中华人民共和国固体废物污染环境防治法[Z/OL]. 2020[2020-04-30]. https://www.

mee.gov.cn/ywgz/fgbz/fl/202004/t20200430_777580.shtml.
[15] 生态环境部. 危险废物转移管理办法[Z/OL]. 2021[2021-11-30]. https://www.mee.gov.cn/gzk/gz/202112/t20211228_965467.shtml.
[16] 生态环境部. 中华人民共和国土壤污染防治法[Z/OL]. 2018[2018-08-31]. https://www.mee.gov.cn/ywgz/fgbz/fl/201809/t20180907_549845.shtml.
[17] 生态环境部. 土壤环境监测技术规范：HJ/T 166—2004[S/OL]. 2004[2007-12-09]. https://www.mee.gov.cn/image20010518/5406.pdf.
[18] 生态环境部，国家市场监督管理总局. 土壤环境质量 农用地土壤污染风险管控标准（试行）：GB 15618—2018[S/OL]. 2018[2018-06-22].https://www.mee.gov.cn/ywgz/fgbz/bz/bzwb/trhj/201807/W020190626595212456114.pdf.
[19] 生态环境部，国家市场监督管理总局. 土壤环境质量 建设用地土壤污染风险管控标准（试行）：GB 36600—2018[S/OL]. 2018[2018-06-22].https://www.mee.gov.cn/ywgz/fgbz/bz/bzwb/trhj/201807/W020190626596188930731.pdf.
[20] 生态环境部. 中华人民共和国噪声污染防治法[Z/OL]. 2021[2021-12-25]. https://www.mee.gov.cn/ywgz/fgbz/fl/202112/t20211225_965275.shtml.
[21] 中华人民共和国中央人民政府. 放射性废物安全管理条例[Z/OL]. 2011[2011-12-29]. http://www.gov.cn/zwgk/2011-12/29/content_2033177.htm.
[22] 生态环境部. 放射性同位素与射线装置安全和防护条例[Z/OL]. 2019[2019-03-18]. https://www.mee.gov.cn/ywgz/fgbz/xzfg/201909/t20190918_734315.shtml.
[23] 中华人民共和国中央人民政府. 中华人民共和国放射性污染防治法[Z/OL]. 2003[2005-06-27]. http://www.gov.cn/flfg/2005-06/27/content_9911.htm.
[24] 生态环境部. 中华人民共和国环境影响评价法[Z/OL]. 2018[2019-01-11]. https://www.mee.gov.cn/ywgz/fgbz/fl/201901/t20190111_689247.shtml.
[25] 生态环境部. 建设项目环境影响登记表备案管理办法[Z/OL]. 2016[2016-11-16]. https://www.mee.gov.cn/gkml/hbb/bl/201611/t20161125_368260.htm.
[26] 生态环境部. 建设项目环境影响评价文件分级审批规定[Z/OL]. 2009[2009-01-16]. https://www.mee.gov.cn/gkml/hbb/bl/200910/t20091022_174586.htm.
[27] 中华人民共和国中央人民政府. 建设项目环境保护管理条例[Z/OL]. 2017[2017-08-01]. http://www. gov.cn/zhengce/content/2017-08/01/content_5215255.htm.
[28] 生态环境部. 建设项目竣工环境保护验收技术指南 污染影响类[Z/OL]. 2018[2018-05-16]. https://www.mee.gov.cn/xxgk2018/xxgk/xxgk01/201805/t20180522_629585.html.
[29] 生态环境部. 中华人民共和国自然保护区条例[Z/OL]. 2017[2018-07-23]. https://www.mee.gov.cn/zcwj/gwywj/201811/t20181129_676588.shtml.
[30] 生态环境部. 国家级自然保护区监督检查办法[Z/OL]. 2021[2021-12-13]. https://www.mee.gov.cn/gzk/gz/202112/t20211201_962532.shtml.
[31] 中华人民共和国中央人民政府. 湿地保护管理规定[Z/OL]. 2017.[2017-12-13]. http://www.gov.cn/xinwen/2017-12/13/content_5246590.htm.

[32] 中华人民共和国中央人民政府. 国家级森林公园管理办法[Z/OL]. 2011[2011-08-01]. http://www. gov.cn/flfg/2011-08/02/content_1918095.htm.

[33] 生态环境部. 风景名胜区条例[Z/OL]. 2016[2016-03-01]. https://www.mee.gov.cn/ywgz/fgbz/xzfg/201907/t20190701_708222.shtml.

[34] 中国人大网. 中华人民共和国野生动物保护法[Z/OL]. 2020[2020-01-22]. http://www.npc.gov.cn/npc/c238/202001/a0d85c00a9a44b7a80fd88f2bb678253.shtml.

[35] 中华人民共和国中央人民政府. 地下水管理条例[Z/OL]. 2021[2021-11-09]. http://www.gov.cn/zhengce/content/2021-11/09/content_5649924.htm.

[36] 中华人民共和国中央人民政府. 畜禽规模养殖污染防治条例[Z/OL]. 2013[2013-11-26]. http://www.gov.cn/flfg/2013-11/26/content_2535095.htm.

[37] 中国人大网. 中华人民共和国海洋环境保护法[Z/OL]. 2017[2017-11-28]. http://www.npc.gov.cn/npc/sjxflfg/201906/604accded97d4cc39268d7f16720ef1d.shtml.

[38] 生态环境部. 防治海洋工程建设项目污染损害海洋环境管理条例[Z/OL]. 2018[2018-04-04]. https://www.mee.gov.cn/ywgz/fgbz/xzfg/201805/t20180516_440445.shtml.

[39] 中国人大网. 行政处罚法[Z/OL]. 2021[2021-01-22]. http://www.npc.gov.cn/npc/c30834/202101/49b50d96743946bda545ef0c333830b4.shtml.

[40] 生态环境部. 行政主管部门移送适用行政拘留环境违法案件暂行办法[Z/OL]. 2014[2014-12-24]. https://www.mee.gov.cn/gkml/hbb/gwy/201501/t20150105_293789.htm.

[41] 中国人大网. 中华人民共和国监察法[Z/OL]. 2018[2018-03-21]. http://www.npc.gov.cn/npc/c30834/201803/ce9c51c278f24ebab91b2178a4498404.shtml.

[42] 中国人大网. 中华人民共和国民法典[Z/OL]. 2021[2020-06-02]. http://www.npc.gov.cn/npc/c30834/202006/75ba6483b8344591abd07917e1d25cc8.shtml.

[43] 最高人民检察院，最高人民法院，最高人民检察院，公安部，司法部，生态环境部. 关于办理环境污染刑事案件有关问题座谈会纪要[Z/OL]. 2019[2019-02-20]. https://www.spp.gov.cn/spp/zdgz/201902/t20190220_408574.shtml.

[44] 最高人民法院. 最高人民法院，最高人民检察院. 关于办理环境污染刑事案件适用法律若干问题的解释[Z/OL]. 2016[2016-12-26]. https://www.court.gov.cn/zixun-xiangqing-33781.html.

[45] 生态环境部. 环境行政执法文书制作指南[Z/OL]. 2016[2016-05-26]. https://www.mee.gov.cn/gkml/hbb/bgt/201910/t20191009_736819.htm.

[46] 国家市场监督管理总局. 中华人民共和国行政复议法[Z/OL]. 2017[2017-09-01]. https://gkml.samr.gov.cn/nsjg/fgs/201908/t20190819_306102.html.

[47] 中国人大网. 中华人民共和国行政诉讼法[Z/OL]. 2017[2017-06-29]. http://www.npc.gov.cn/zgrdw/npc/xinwen/2017-06/29/content_2024894.htm.

[48] 最高人民检察院. 中华人民共和国国家赔偿法[Z/OL]. 2012[2014-04-24]. https://www.spp.gov.cn/sscx/201404/t20140424_71280.shtml.

[49] 中华人民共和国中央人民政府. 排污许可管理条例[Z/OL]. 2021[2021-01-29]. http://www.gov.cn/zhengce/content/2021-01/29/content_5583525.htm.

[50] 生态环境部. 排污许可证申请与核发技术规范　总则：HJ 942—2018[S/OL]. 2018[2018-02-08]. https://www.mee.gov.cn/ywgz/fgbz/bz/bzwb/pwxk/201802/W020180211407147198154.pdf.

[51] 生态环境部. 排污单位环境管理台账及排污许可证执行报告技术规范　总则：HJ 944—2018 [S/OL]. 2018[2018-03-27]. https://www.mee.gov.cn/ywgz/fgbz/bz/bzwb/pwxk/201803/W020180329547957768586.pdf.

[52] 生态环境部. 固定污染源排污许可分类管理名录（2019 年版）[Z/OL]. 2019[2019-12-20]. http://www.gov.cn/gongbao/content/2020/content_5492499.htm.

[53] 生态环境部. 污染源自动监控设施运行管理办法[Z/OL]. 2008[2008-03-18]. http://www.gov.cn/gongbao/content/2008/content_1107616.htm.

[54] 生态环境部. 污染源自动监控设施现场监督检查办法[Z/OL]. 2012[2012-04-01]. http://www.gov.cn/gongbao/content/2012/content_2169164.htm.

[55] 北京市生态环境局. 北京市固定污染源自动监控管理办法[Z/OL]. 2019[2019-01-22]. http://sthj.ln.gov.cn/hjgl/yjzf/zdjk/201901/t20190122_3681856.html.

[56] 生态环境部. 污染源自动监控设施现场监督检查技术指南[S/OL]. 2012[2012-04-11]. https://www. mee.gov.cn/gkml/hbb/bgt/201204/t20120417_226344.htm.

[57] 生态环境部. 环保举报热线工作管理办法[Z/OL]. 2021[2021-12-13]. https://www.mee.gov.cn/gzk/gz/202112/t20211210_963739.shtml.

[58] 生态环境部. 国家突发环境事件应急预案[Z/OL]. 2019[2019-12-27]. https://www.mee.gov.cn/ywgz/hjyj/yjzb/201912/t20191227_751708.shtml.

[59] 中华人民共和国中央人民政府. 突发环境事件应急管理办法[Z/OL]. 2015[2015-6-5]. http://www.gov.cn/gongbao/content/2015/content_2901378.htm.

[60] 生态环境部. 突发环境事件信息报告办法[Z/OL]. 2011[2011-05-01]. http://www.gov.cn/gongbao/content/2011/content_1977835.htm.

[61] 中华人民共和国中央人民政府. 大气污染防治行动计划[Z/OL]. 2013[2013-09-12]. http://www.gov.cn/zwgk/2013-09/12/content_2486773.htm.

[62] 中华人民共和国中央人民政府. 中华人民共和国突发事件应对法[Z/OL]. 2007[2007-08-30]. http://www.gov.cn/ziliao/flfg/2007-08/30/content_732593.htm.

[63] 生态环境部. 环境信访办法[Z/OL]. 2021[2021-12-13]. https://www.mee.gov.cn/gzk/gz/202112/t20211201_962526.shtml.

[64] 郜风涛. 建设项目环境保护管理条例释义[M]. 北京：中国法制出版社，1997.